Wissenschaftliche Weiterbildung zwischen Implementierung und Optimierung

D1641956

Wolfgang Seitter · Marianne Friese
Pia Robinson
(Hrsg.)

Wissenschaftliche Weiterbildung zwischen Implementierung und Optimierung

WM³ Weiterbildung Mittelhessen

Herausgeber
Wolfgang Seitter
Philipps-Universität Marburg
Marburg, Deutschland

Pia Robinson
Technische Hochschule Mittelhessen Gießen
Gießen, Deutschland

Marianne Friese
Justus-Liebig-Universität Gießen
Gießen, Deutschland

Dieses Vorhaben wird aus Mitteln des Bundesministeriums für Bildung und Forschung mit den Förderkennzeichen 16OH12008, 16OH12009 und 16OH12010 gefördert.

GEFÖRDERT VOM

Bundesministerium
für Bildung
und Forschung

ISBN 978-3-658-19651-6   ISBN 978-3-658-19652-3   (eBook)
https://doi.org/10.1007/978-3-658-19652-3

Die Deutsche Nationalbibliothek verzeichnet diese Publikation in der Deutschen National-bibliografie; detaillierte bibliografische Daten sind im Internet über http://dnb.d-nb.de abrufbar.

Inhaltsverzeichnis

Wissenschaftliche Weiterbildung zwischen Implementierung und Optimierung. Eine Einleitung

Wolfgang Seitter/Marianne Friese/Pia Robinson[1]

Die Ausgestaltung wissenschaftlicher Weiterbildung an (deutschen) Hochschulen hat in den letzten Jahren deutlich an Gewicht gewonnen. Neben vielfältig genannten Treibern wie demographischer Wandel, Fachkräftemangel, Akademisierung, Lebenslanges Lernen, etc. haben auch maßgeblich politische Zielvorgaben und Förderprogramme zu diesem Bedeutungszuwachs beigetragen. In diesem Zusammenhang ist insbesondere der Wettbewerb 'Aufstieg durch Bildung: offene Hochschulen' zu nennen, der durch seine lange Laufzeit (2011 bis 2020) und sein finanzielles Fördervolumen (250 Millionen Euro) zu einem gezielten, kontinuierlichen und breit gestreuten Innovationsschub beigetragen hat – und noch immer beiträgt.[2]

Das hochschultypenübergreifende Verbundprojekt *'WM³ Weiterbildung Mittelhessen'* ist eines von 26 geförderten Projekten der ersten Wettbewerbsrunde, die im September 2017 zu Ende geht. Im Kontext der Projektförderung (2011 bis 2017) haben sich die drei mittelhessischen Hochschulen (Justus Liebig Universität Gießen, Philipps-Universität Marburg und Technische Hochschule Mittelhessen) als Verbundpartnerinnen auf das Segment der kostenpflichtigen, abschlussorientierten, wissenschaftlichen Weiterbildung konzentriert. Dabei wurden sowohl gemeinsam als auch standortbezogen eine Vielzahl von Aktivitäten entfaltet, um die wissenschaftliche Weiterbildung als hochschulisches Angebotssegment, als organisationale Verstetigungsaufgabe und als Forschungsgegenstand zu etablieren bzw. weiter zu entwickeln.[3]

---

[1] *Wolfgang Seitter* | Philipps-Universität Marburg | seitter@staff.uni-marburg.de
Marianne Friese | Justus-Liebig-Universität Gießen | Marianne.Friese@erziehung.uni-giessen.de
Pia Robinson | Technische Hochschule Mittelhessen | pia.robinson@w.thm.de

[2] Das Programm ist in zwei Wettbewerbsrunden zu je zwei Phasen unterteilt: 1. Wettbewerbsrunde (2011 bis 2015 und 2015 bis 2017); 2. Wettbewerbsrunde (2015 bis 2018 und 2018 bis 2020). Zur Ausrichtung des Wettbewerbs insgesamt und zu den geförderten Projekten im Einzelnen vgl. www.wettbewerb-offene-hochschulen-bmbf.de.

[3] Das Verbundprojekt wurde in der ersten Förderphase (2011-2015) aus Mitteln des BMBF und aus dem ESF der EU mit den Förderkennzeichen 16OH11008, 16OH11009, 16OH11010 und in der zweiten Förderphase (2015-2017) mit den Förderkennzeichen 16OH12008, 16OH12009, 16OH12010 aus Mitteln des BMBF gefördert. Zu den verschiedenen Facetten und Phasen des WM³'Projektes vgl. auch www.wmhoch3.de.

In diesem Kontext sind die beiden Sammelbände ‚Wissenschaftliche Weiterbildung zwischen Entwicklung und Implementierung' und ‚Wissenschaftliche Weiterbildung zwischen Implementierung und Optimierung' entstanden. Sie geben – am Ende der ersten Wettbewerbsrunde – einen verdichteten und resümierenden Einblick in den wissenschaftlichen Ertrag, die angebotsbezogenen Aktivitäten und die organisationalen Strukturbildungsprozesse, die im Rahmen der beiden Projektphasen erreicht werden konnten.

Der erste Sammelband *Wissenschaftliche Weiterbildung zwischen Entwicklung und Implementierung'* (Seitter/Friese/Robinson 2018) fokussiert die Entwicklung und marktförmige Implementierung von Angeboten der wissenschaftlichen Weiterbildung, die vor allem in der ersten Projektphase im Vordergrund standen. Dabei werden zentrale Dimensionen wie Bedarfe/Zielgruppen, Angebot, Personal, Organisation/Kooperation beleuchtet und auch die konkreten Instrumente der konzeptionell-rechtlichen Entwicklungsarbeit – wie (rechtliche) Rahmenbedingungen innerhalb der beteiligten Hochschulen, Handreichungen für unterschiedliche Zielgruppen und Konzepte – systematisiert dargestellt.

Der zweite, hier vorgelegte Sammelband *Wissenschaftliche Weiterbildung zwischen Implementierung und Optimierung'* ist – wie die gesamte zweite Förderphase – stärker forschungsbezogen ausgerichtet mit dem Ziel, zentrale Gelingensbedingungen der Angebotsgestaltung zu erforschen und entsprechende Optimierungspotentiale abzuleiten. Er ist nach den vier Bereichen Bedarf, Angebote/Teilnehmende, Personal und Organisation/Vernetzung untergliedert und präsentiert in insgesamt 14 Beiträgen ausgewählte Forschungs- und Entwicklungsergebnisse aus den Arbeitspaketen der zweiten Förderphase. In der Gleichzeitigkeit der Ergebnispräsentation bzw. in der Abfolge der einzelnen Beiträge erschließt sich ein Mehrwert der Erkenntnisproduktion, der thematisch in den Spezifika der Zielgruppen, in der Qualitätssicherung und Optimierung der Angebote, im Bedarf an hochschulischer Professionalitätsentwicklung sowie im Matching aller Zielgruppen und didaktischen Ebenen durch Kooperation und Kommunikation gebündelt werden kann. Der Band schließt mit einer systematisierenden Zusammenfassung und Kommentierung sowie einem Ausblick auf die weitere Entwicklung der wissenschaftlichen Weiterbildung an den einzelnen Hochschulen, im Verbund und im Kontext der ‚offenen Hochschulen'.

Neben diesen beiden Sammelbänden sind zwei weitere Sammelbände des Verbundprojektes zu erwähnen, die die beiden phasenbezogenen Herausforderungen ‚Entwicklung/Implementierung' und ‚Implementierung/Optimierung' um zwei weitere, vor- bzw. nachgelagerte Aspekte ergänzen: So fokussiert der Sammelband *Zielgruppen in der wissenschaftlichen Weiterbildung'* (Seitter/Schemmann/Vossebein 2015) den vierfachen (externen wie internen) Zielgruppenbezug von wissenschaftlicher Weiterbildung sowie die damit verbundenen – der konkreten Entwicklung von Weiterbildungsangeboten vorgelagerten – Abstimmungsprozesse. Der Sammelband *,Nachhaltigkeit in der wissenschaftlichen Weiterbildung. Beiträge zur Verankerung in die Hochschulstrukturen'* (Sturm/Spenner 2018) untersucht hingegen die Herausforderungen einer nachhaltigen Verstetigung von wissenschaftlicher Weiterbildung und versammelt Beiträge aus anderen Projekten des Wettbewerbs ,Aufstieg durch Bildung: offene Hochschulen'. In gewisser Weise bilden diese vier Bände ein Viergespann der Ergebnisse von WM³ in der *Konzeptionierung, Implementierung, Optimierung* und *Verstetigung* wissenschaftlicher Weiterbildung.

Weitere Einzelheiten zum Kontext und zur Ausgestaltung des hochschultypenübergreifenden Verbundprojekts WM³, zur Parallelität von Projekt- und Regelbetrieb, zu den spezifischen Bedingungen entwicklungsbezogener hochschulischer Weiterbildungsforschung und auch zum Dank an die individuellen und institutionellen Partnerinnen und Partnern des Projekts sowie an das BMBF, den ESF und den Projektträger VDI/VDE sind der Einleitung des ersten Sammelbandes zu entnehmen. An dieser Stelle sei lediglich darauf hingewiesen, dass die beiden hier vorgestellten Sammelbände als *zusätzliche*, nicht in der Meilensteinplanung des Projektes verankerte, kollektive Schreibleistung nur durch das hohe Engagement der beteiligen Mitarbeiterinnen und Mitarbeiter zustande kommen konnte. Ihnen allen gilt unser besonderer Dank!

Literatur

Seitter, Wolfgang/Friese, Marianne/Robinson, Pia (2018) (Hrsg.): *Wissenschaftliche Weiterbildung zwischen Entwicklung und Implementierung. WM³ Weiterbildung Mittelhessen*. Wiesbaden: Springer VS.

Seitter, Wolfgang/Schemmann, Michael/Vossebein, Ulrich (2015) (Hrsg.): *Zielgruppen in der wissenschaftlichen Weiterbildung. Empirische Studien zu Bedarf, Potential und Akzeptanz*. Wiesbaden: Springer VS.

Sturm, Nico/Spenner, Katharina (2018) (Hrsg.): *Nachhaltigkeit in der wissenschaftlichen Weiterbildung. Beiträge zur Verankerung in die Hochschulstrukturen*. Wiesbaden: Springer VS.

Bedarf

Von der Bedarfsartikulation zur kooperativ nachfrageorientierten Angebotsentwicklung. Gelingensfaktoren wissenschaftlicher Weiterbildung

Anika Denninger/Ramin Siegmund/Noell Bopf[1]

Zusammenfassung

Eine gelingende kooperativ-nachfrageorientierte Angebotsentwicklung der Hochschulen fußt einerseits auf einer erfolgreichen Artikulation des Weiterbildungsbedarfs auf Unternehmensseite und andererseits auf einer passgenauen Verarbeitung der artikulierten Bedarfe auf Hochschulseite. Hinsichtlich der zentralen Bedarfsartikulationsprozesse zwischen Unternehmen und Hochschulen gibt es bisher allerdings kaum spezifisches Wissen. Der Beitrag betrachtet daran anknüpfend die Rolle der Prozesse der Bedarfsartikulation vor dem Hintergrund zentraler Passungsproblematiken zwischen Hochschulen und Unternehmen sowie deren Relevanz als möglichen Ansatzpunkt hochschulischer Implementierungs- und Optimierungsprozesse.

Schlagwörter

Bedarfsartikulation, Prozessanalyse, wissenschaftliche Weiterbildung, Fallstudie, Unternehmen, Kooperationsanforderungen, Angebotsentwicklung

Inhalt

---

1 *Anika Denninger* | Justus-Liebig-Universität Gießen | anika.denninger@erziehung.uni-giessen.de
Ramin Siegmund | Philipps-Universität Marburg | ramin.siegmund@staff.uni-marburg.de
Noell Bopf | Technische Hochschule Mittelhessen

1   Einleitung

Durch die Einrichtung neuer Weiterbildungsangebote an den Hochschulen und
der zeitgleich stattfindenden Öffnung der Angebote für nicht-traditionelle Zielgruppen erhalten die Unternehmen eine neue Option, den heutigen Anforderungen an das berufliche Qualifikationsniveau ihrer Angestellten aktiv zu begegnen. Die Implementierung und Optimierung eines passgenauen und an den
institutionellen sowie individuellen Bedarfen ausgerichteten Weiterbildungsangebots ist jedoch an zahlreiche Gelingensfaktoren gekoppelt. Von besonderer
Wichtigkeit ist dabei eine enge Zusammenarbeit von Hochschulen und Unternehmen, die zum einen eine Einbindung praxisrelevanter Fragestellungen in die
Wissenschaft sowie umgekehrt eine effektive Anbindung von forschungsbasier-
tem Wissen an die Unternehmenspraxis möglich machen kann (vgl. Dennin-
ger/Präßler 2015, S. 3). Eine enge Zusammenarbeit kann zudem als wichtiger
Stützpfeiler einer kooperativ-nachfrageorientierten Angebotsentwicklung der
Hochschulen fungieren. Voraussetzung hierfür ist jedoch einerseits eine erfolgreiche Artikulation des Weiterbildungsbedarfs auf Unternehmensseite und zum
anderen die passgenaue Verarbeitung der artikulierten Bedarfe auf Hochschulseite.

   Als Ansatzpunkt für die hochschulischen Implementierungs- und Optimierungsprozesse dienen dabei unter anderem Untersuchungen der jüngeren Vergangenheit, die die Bedarfe sowie Gelingensfaktoren wissenschaftlicher Weiterbildung aus Unternehmenssicht benennen. Insbesondere das Erfordernis eines
optimalen Theorie-Praxis-Transfers, der nach Hanft/Brinkmann (2013. S. 214)
in der Hochschulpraxis „bislang nur unzureichend implementiert" wurde, spiegelt sich vielfach in der Fachliteratur wider und wird gleichzeitig regelmäßig
von Wirtschaftsvertreterinnen und -vertretern sowie zielgruppenübergreifend
von Adressatinnen und Adressaten der wissenschaftlichen Weiterbildung gefördert (vgl. u.a. Maschwitz 2014, S. 44; Leuphana Universität Lüneburg 2012, S.
15f.). Daneben zeigt sich insbesondere vor dem Hintergrund des betriebswirtschaftlichen Kosten-Nutzen-Kalküls bzw. „eines hohen Kostenbewusstseins"
(Käpplinger 2009b, S. 2) der Unternehmen ein Bedarf nach einer transparenten
und erschwinglichen Kostengestaltung der Weiterbildungsangebote (vgl. Banscherus 2013, S. 17). Schließlich werden als weitere zentrale Voraussetzungen
gelingender Kooperation eindeutig identifizierbare Ansprechpartner, Schnelligkeit und die Notwendigkeit eines proaktiven Zugehens auf die Unternehmen benannt (vgl. Habeck/Denninger 2015, S. 225-229, S. 285ff.).

   Trotz dieser Erkenntnisse über die vielseitigen Unternehmensbedarfe und
die zunehmende Bedeutung von Kooperationen zwischen Unternehmen und
Hochschulen gestaltet sich die Passungsfähigkeit der beiden Akteure in der Um-

setzungsrealität der wissenschaftlichen Weiterbildung weiterhin als problematisch (vgl. Maschwitz 2015, S. 42). So gibt es zwar aufseiten der Hochschulen insgesamt einen Anstieg der Zufriedenheit hinsichtlich der Kooperationen mit der regionalen Wirtschaft (vgl. Stifterverband für die Deutsche Wissenschaft 2013, S. 5) und auch die Unternehmen betonen einen zunehmenden Kooperationsbedarf (vgl. Maschwitz 2015, S. 42). Auf beiden Seiten bestehen jedoch aufgrund zentraler Umsetzungsschwierigkeiten und Hindernisse nach wie vor Vorbehalte. Als hinderlich werden unter anderem die „unterschiedlichen Systeme und verschiedenen Kulturen der beiden Organisationsformen" (ebd., S. 43) sowie die teils unbefriedigenden gesetzlichen Rahmenbedingungen angeführt (vgl. Meyer-Guckel et al. 2008, S. 35). Auch kommunikative Schwierigkeiten werden bis heute vielfach als wesentliche Hindernisse benannt (vgl. u.a. Wolter 2004, S. 20; IHK Regensburg 2007, S. 8; Seitter et al. 2014, S. 34; Habeck 2015, S. 39). Einen entscheidenden Grund, weshalb Unternehmen mit Hochschulen bisher primär im Bereich der Forschung und weniger im Bereich der Weiterbildung kooperieren, sehen Hanft und Knust (2007, S. 76) u.a. in der unzureichenden Umsetzung einer nachfrageorientierten Bedarfsorientierung der hochschulischen Weiterbildung. Hinsichtlich der zentralen Bedarfsartikulationsprozesse zwischen Unternehmen und Hochschulen gibt es bisher allerdings kaum spezifisches Wissen, sodass ihr Einfluss auf diese mangelnde Passungsfähigkeit weitestgehend unklar ist. Entsprechend ist nicht bekannt, ob die aufgezeigten Schwierigkeiten der Unternehmen, ihre Bedarfe konkret zu benennen und mit der wissenschaftlichen Weiterbildung in Verbindung zu bringen (vgl. Habeck/Denninger 2015, S. 242f.), ein Matching verhindert. Ebenfalls denkbar ist, dass ein erfolgreiches Matching durch die Hochschulen gehemmt wird, indem sie die artikulierten Bedarfe der Unternehmen nicht aufgreifen und durch entsprechende Angebote bedienen. Sodann bleibt unklar, inwiefern eine Optimierung der Prozesse der Bedarfsartikulation überhaupt notwendig ist und ggf. zu einer verbesserten Passungsfähigkeit von Hochschulen und Unternehmen beitragen kann. Insbesondere für eine nachfrageorientierte Angebotsentwicklung und nachhaltige Kooperationsorientierung der Hochschulen wären derartige Kenntnisse jedoch von großer Wichtigkeit.

Auf der Grundlage dieser Überlegungen betrachtet der vorliegende Beitrag die Rolle der Prozesse der Bedarfsartikulation vor dem Hintergrund zentraler Passungsproblematiken zwischen Hochschulen und Unternehmen sowie deren Relevanz als möglichen Ansatzpunkt hochschulischer Implementierungs- und Optimierungsprozesse. Hierfür werden im Sinne einer Kontextualisierung zunächst eine problemzentrierte Betrachtung der Bedarfsartikulation vorgenommen und ein Bezug zum Handlungsfeld des Kooperationsmanagements hergestellt. Darauf aufbauend wird anhand ausgewählter empirischer Ergebnisse aus der zweiten Förderphase des Verbundprojektes „WM³ Weiterbildung Mittelhessen"[2] der Blick auf die Bedingungen eines funktionierenden Kooperationsmanagements gelegt.

2   Von der Bedarfsartikulation zur kooperativ-nachhaltigen Angebotsentwicklung – ein Problemaufriss

Forschungen zur Planung und Organisation betrieblicher Weiterbildung und der dafür relevanten Entscheidungsprozesse sind sowohl in deutscher als auch internationaler Literatur vorhanden (vgl. u.a. Käpplinger 2009a; Heuer 2010; Weber et al. 1994). Zum konkreten Prozess der Bedarfsartikulation findet sich in diesem Kontext dagegen bisher keine wissenschaftliche Auseinandersetzung. Eine Fachliteraturrecherche[3] zeigt, dass der Begriff tatsächlich lediglich in einem Publikationstitel Erwähnung findet (vgl. Bayer/Stiegler 1992). In anderen Artikeln dagegen wird er in der Regel in einem Nebensatz als eine Unteraufgabe der Bedarfserhebung und/oder -analyse erwähnt. Aber auch hier lassen sich keine tiefergehenden Auseinandersetzungen mit den Spezifika dieses Prozessschrittes erkennen. Eine Ausnahme stellt Vornkahl dar, die die Bedarfsartikulation als einen eigenen Prozessschritt hervorhebt. Ihrer Systematik folgend fügt sich die Bedarfsartikulation dabei als eigener Schritt zwischen der Bedarfswahrnehmung und Bedarfsanalyse ein und dient primär der Kenntlichmachung erhobener Bedarfe an die verantwortlichen Stellen im Unternehmen (vgl. Vornkahl 1997, S. 36ff.). Diese Ausgangslage erfordert eine eigene Begriffsannäherung. Artikulation bedeutet die „Formulierung von Gedanken" (Tenorth/Tippelt 2007, S. 39), wobei etwas bisher Diffuses in Worte gefasst bzw. kommunikativ angemessen zum Ausdruck gebracht wird. Aufbauend auf dieser Grundlage kann die Artiku-

---

2   Die drei mittelhessischen Hochschulen Justus-Liebig-Universität Gießen, Philipps-Universität Marburg und Technische Hochschule Mittelhessen haben sich im Hinblick auf ihre gemeinsamen Entwicklungsplanungen im Bereich der wissenschaftlichen Weiterbildung zum Verbundprojekt „WM³ Weiterbildung Mittelhessen" zusammen geschlossen, um mit Hilfe des BMBF-Wettbewerbs „Aufstieg durch Bildung: offene Hochschulen" ein an wirtschaftlichen und gesellschaftlichen Interessen optimal ausgerichtetes Weiterbildungsangebot zu schaffen und zu einer nachhaltigen Stärkung der wissenschaftlichen Weiterbildung an den Hochschulen beizutragen. Dieses Vorhaben wurde in der ersten Förderphase (2011-2015) aus Mitteln des BMBF und aus dem ESF der EU mit den Förderkennzeichen: 16OH11008, 16OH11009, 16OH11010 und in der zweiten Förderphase (2015-2017) mit den Förderkennzeichen 16OH12008, 16OH12009, 16OH12010 aus Mitteln des BMBF gefördert. Weitere Projektinformationen sind unter www.wmhoch3.de zu finden.

3   Entsprechende Suchen wurden in den Suchportalen FIS-Bildung, HEBIS sowie der Datenbank der deutschen Nationalbibliothek durchgeführt.

lation innerbetrieblicher Weiterbildungsbedarfe dabei in zwei Prozessschritte unterteilt werden (s. Abb. 1.):

(1) Der zunächst noch unzureichend präzisierte Weiterbildungsbedarf wird zum Zweck der Konkretisierung innerhalb des Unternehmens artikuliert. In einer solchen Perspektive dient die Bedarfsartikulation zunächst der internen kommunikativen Rückversicherung mit dem Ziel, auf der Grundlage dieser Rückversicherung entscheidungsfähig zu werden.

(2) Der konkretisierte Weiterbildungsbedarf wird zielgerichtet an relevante Schnittstellen artikuliert, von denen sich eine Befriedigung des Bildungsbedarfs versprochen wird. Diese können sowohl interne Anbieter (wie eine Weiterbildungsabteilung oder interne Trainer/Experten) als auch externe Anbieter (wie Akademien, externe Trainer, Kooperationspartner, etc.) sein.

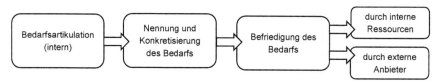

Abbildung 1:   Prozessschritte der Bedarfsartikulation (eigene Darstellung)

Beide Prozessschritte können nicht getrennt voneinander betrachtet werden: Zunächst bedarf es der Fähigkeit eines Unternehmens, die internen Bedarfe soweit zu benennen, dass diese bearbeitet werden können. Erst dann können im Anschluss entsprechende Lösungsstrategien initiiert werden. Für externe Bildungsanbieter ist Schritt (2) der relevantere, denn hier werden durch die Bedarfsartikulation die unternehmensinternen Weiterbildungsbedarfe externalisiert, an der die angesprochenen Anbieter im Idealfall anknüpfen können. Die Bedarfsartikulation beinhaltet dabei bereits Selektionen zu Form, Zeit, Ort des Angebots und welcher Anbieter überhaupt in Frage kommt. Wird dem Begriff der Bedarfsartikulation ein solches Verständnis zugrunde gelegt, wird die Relevanz dieses Prozessschrittes für das Matching zwischen nachfragendem Unternehmen und Bildungsanbieter deutlich: Die Bedarfsartikulation nimmt eine Gatekeeper-Funktion ein, indem sie Verknüpfungen zu bestimmten Anbietern ermöglicht oder von vornherein verhindert.

Übertragen auf die in der Einleitung hingewiesene Problematik, dass es Unternehmen oftmals schwer fällt, ihre Bedarfe auf Angebote der wissenschaftlichen Weiterbildung hin zu artikulieren und zu spezifizieren, scheint es ein Problem in genau diesem Prozessschritt der Bedarfsartikulation zu geben. Um dieses Problem weiter zu veranschaulichen, soll im Folgenden auf Hippel/Röbel

(2016) Bezug genommen werden, die eine neue Systematisierung betrieblicher Weiterbildungsangebote nach Programmarten vornehmen.

Die Autorinnen schlagen eine vorläufige[4] Einordung der Programmarten in die Kategorien *Programmkatalog, bereichsinterne Angebote, externe Angebote, maßgeschneiderte Angebote* und *weitere Einzelangebote* vor (vgl. Hippel/Röbel 2016, S. 69). Ziel der Weiterbildungsverantwortlichen[5] im Unternehmen ist es, für den aktuellen Bildungsbedarf die passende Programmart auszuwählen. Im Sinne der Bedarfsartikulation werden auch hier selektive Vorüberlegungen getroffen. Wenn zum Beispiel das interne Weiterbildungsangebot als nicht zielführend exkludiert wird, fällt die Wahl der Verantwortlichen auf die Programmart *externe Angebote*. Unternehmen besitzen dabei in der Regel bereits einen oder mehrere „Stammanbieter" (z.B. Verbände, Kooperationspartner oder private Bildungsakademien), die bezüglich der Befriedigung der Weiterbildungsbedarfe zuerst angefragt werden. Aus Effizienz-Gesichtspunkten ist dies auch plausibel: Die Kommunikationswege sind bereits gelegt, die interorganisationale Passung zwischen nachfragender und anbietender Organisation hat sich bewährt, unnötiger Aufwand kann vermieden werden. Für den Prozess der Bedarfsartikulation bedeutet dies, dass eine Artikulation des Weiterbildungsbedarfs zum Zeitpunkt ihrer Externalisierung immer bereits einer Vorauswahl unterworfen wurde und damit zwangsläufig bereits bestimmte Formen, Zeiten und auch Anbieter ausklammert.

An dieser Stelle zeigt sich die eingangs geschilderte Problematik für hochschulische Anbieter: Die Bedarfsartikulation der Unternehmen scheint oftmals Schwierigkeiten dahingehend zu haben, die eigenen Bedarfe mit den Angeboten der wissenschaftlichen Weiterbildung in Verbindung zu bringen. Die wissenschaftliche Weiterbildung findet keinen Platz in den vorhandenen Programmarten betrieblicher Weiterbildung. Im Prozess der Bedarfsartikulation wird die wissenschaftliche Weiterbildung deshalb exkludiert, eine entsprechend an die Hochschule angepasste Artikulation der Bedarfe findet nicht statt. Hier stellt sich die Frage, wo genau das Problem dieser Passung zwischen dem Weiterbildungsbedarf der Unternehmen und der Hochschule als möglichem Ansprechpartner liegt.

Eine Erklärung könnte sein, dass es Hochschulen bisher noch immer nicht gelingt, sich proaktiv und offensiv genug als „neue" Programmart bei den Unternehmen bekannt zu machen und zu positionieren. Die wissenschaftliche Wei-

---

4 Die Einordnung von Hippel/Röbel wurde aus einem empirischen Fallvergleich abgeleitet und stellt daher einen ersten Versuch der Systematisierung dar (vgl. Hippel/Röbel 2016, S. 69).
5 Hierunter fallen nicht nur Mitarbeitende von Personalentwicklungsabteilungen, sondern i.d.R. auch Abteilungsleiter und -leiterinnen sowie sonstige Führungspersonen mit Entscheidungskompetenzen.

terbildung als Programmart muss zunächst eine strukturelle Implementierung in den Unternehmen erfahren, d.h., sie muss in der Lage sein, „ein Handlungsfeld zu öffnen und zu strukturieren, auf das alle Beschäftigten Bezug nehmen" (Heuer 2010, S. 18). Im Idealfall könnte die wissenschaftliche Weiterbildung dann bei künftigen Weiterbildungsentscheidungen der Unternehmen als eine potentielle Lösung der akuten Bildungsbedarfe bewusst sein, in Erwägung gezogen und in den Prozess der Bedarfsartikulation einbezogen werden.

Um eine solche strukturelle Implementierung der wissenschaftlichen Weiterbildung für den Prozess der Bedarfsartikulation zu erreichen, bedarf es sowohl des Engagements von Hochschulen, diese Implementierungsprozesse mitzugestalten, als auch der Bereitschaft der Unternehmen, diesen mitgestalterischen Eingriff in die internen Prozesse zuzulassen. Eine einfache Bewerbung der Angebote auf dem Weiterbildungsmarkt (alleine) reicht hierzu in der Regel nicht aus, sondern kann in gezielter Weise vor allem durch ein entsprechend angelegtes Kooperationsmanagement erreicht werden. Die Kooperation zwischen Unternehmen und Hochschule generiert das nötige Vertrauen, um in einem nächsten Schritt die Prozesse der Bedarfsartikulation so zu beeinflussen, dass die wissenschaftliche Weiterbildung in diesem Rahmen nicht mehr ausgeschlossen, sondern bewusst als potentielle Möglichkeit der Bedarfserfüllung wahrgenommen wird. Erst dann kann eine erfolgreiche an die Hochschule gerichtete Artikulation unternehmerischer Bedarfe stattfinden, die das Fundament einer kooperativ-nachhaltigen Angebotsentwicklung darstellt.

Ein Kooperationsmanagement, das die unternehmensbezogene Bedarfsartikulationsprozesse als mitzugestaltenden Faktor einbeziehen will, muss zahlreiche unternehmensübergreifende sowie unternehmensspezifische Gelingensfaktoren berücksichtigen. Diese ganzheitliche Berücksichtigung ist maßgeblicher Ansatzpunkt für eine Implementierung und Optimierung wissenschaftlicher Weiterbildung an Hochschulen und kann die Voraussetzungen für ein erfolgreiches Matching der beteiligten Akteure verbessern. Entsprechend sind die Gelingensfaktoren von Seiten des Kooperationsmanagements im Rahmen einer kooperativ-nachfrageorientierten Angebotsentwicklung zu beachten. Wie wichtig es für das Kooperationsmanagement ist, insbesondere die unternehmensspezifischen Anforderungen zu identifizieren und zu befriedigen, soll nachfolgend anhand erster empirischer Ergebnisse einer Teilstudie des Verbundforschungsprojektes „WM³ Weiterbildung Mittelhessen" verdeutlicht werden.

3   Forschungsdesign der Teilstudie

Basierend auf dem voraussetzungsreichen Passungsverhältnis von Hochschulen
und Unternehmen hat es sich die Teilstudie der „Unternehmensbezogenen Prozessanalyse der Bedarfsartikulation" zum Ziel gesetzt, Transparenz über diejе-
nigen unternehmensinternen Prozesse herzustellen, die eine Artikulation des
Weiterbildungsbedarfs erst ermöglichen. Analysiert werden u.a. kommunikativ
rückgebundene Management- und Klärungsprozesse, die für eine präzisierte
Bedarfsartikulation sowie in der Folge für eine gelingende kooperativ-nachfrageorientierte Angebotsentwicklung und damit für eine erfolgreiche Kooperation maßgeblich sind. Ferner liefert das Arbeitspaket eine branchendifferenzierte
Betrachtung der Forschungsergebnisse. Dazu werden drei Fallanalysen in Kooperation mit ausgewählten Unternehmen aus verschiedenen Branchen (Industrie, Soziales, Gesundheit) durchgeführt (s. Abbildung 2).

In den Fallstudien werden mittels leitfadengestützter Interviews die relevanten Vertreterinnen und Vertreter verschiedener Organisationsebenen zu den
Prozessen und Einflussfaktoren der Bedarfsentstehung, -artikulation und der daraus resultierenden Angebotsakquise befragt. Zusätzlich werden für jeden Fall je
eine Gruppendiskussion mit Vertreterinnen und Vertretern aller relevanten Hierar-
chieebenen sowie eine parallel verlaufende Dokumentenanalyse durchgeführt. Ergänzend zu den drei Fallstudien werden insgesamt neun leitfadengestützte Interviews mit fallexternen regionalen und branchenbezogenen Expertinnen und
Experten durchgeführt. Ziel dieser vorgeschalteten Interviews ist es, den Forschenden zum einen den branchenspezifischen Feldzugang zu erleichtern und
zum anderen Hinweise auf etwaige branchenspezifische Problemstellungen und
Besonderheiten, bezogen auf die Bedarfsartikulation von Weiterbildung, zu erlangen.

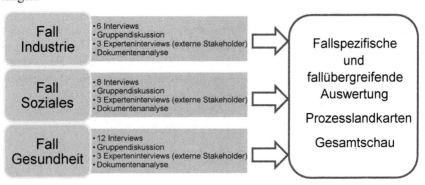

Abbildung 2:   Forschungsdesign (eigene Darstellung)

Die Auswertung[6] des explorativ erhobenen Datenmaterials erfolgt sowohl fall-spezifisch als auch fallübergreifend. Die Ergebnisse der Analyse sollen nicht nur in einem umfassenden Forschungsbericht aufbereitet werden, vielmehr sieht das Projekt außerdem vor, die erhobenen Prozessstrukturen der Fälle in Form einer Prozesslandkarte zu systematisieren und zu visualisieren. Diese Prozesslandkar-te stellt nicht nur für die teilnehmenden Unternehmen einen Nutzen dar, indem diese die Ergebnisse als Impuls für eine etwaige Optimierung im Bereich der Personal- und/oder Organisationsentwicklung verwenden können. Die Prozess-landkarte soll auch als Orientierungshilfe und Handlungsspielraum für Unter-nehmen dienen, die interessiert sind, ihr Unternehmen für die wissenschaftliche Weiterbildung zu öffnen.

4   Fallspezifische Analyse

Die fallspezifische Analyse betrachtet ein mittelständisches Familienunterneh-men aus dem Bereich Industrie sowie zwei Großunternehmen aus den Branchen Soziales und Gesundheit. Eine Auswahl der fallspezifischen Anforderungen,[7] die diese drei Unternehmen an eine potentielle Zusammenarbeit mit Hochschu-len als Weiterbildungsanbieter stellen, wird im Folgenden detailliert vorgestellt. Anhand des empirischen Materials konnten dabei drei Themenkomplexe identi-fiziert werden, die in allen drei Fällen ersichtlich sind, sich jedoch im Detail fallspezifisch ausdifferenzieren: 1. die jeweiligen Rollenverständnisse, 2. die spezifischen Forderungen nach Transparenz sowie 3. „unternehmenseigene" Besonderheiten, die für das Unternehmen in puncto Kooperationsanforderungen eine außerordentliche Relevanz besitzen.

4.1 Industrie

4.1.1   Fallbeschreibung

In dem Fall *Industrie* wird ein mittelständisches Familienunternehmen unter-sucht. Ein internationales Vertriebsnetz und weit mehr als 400 Beschäftigte hel-

---

6   Die Auswertung erfolgt anhand einer qualitativen Inhaltsanalyse nach Mayring (2003).
7   Die fallübergreifende Analyse erster empirischer Ergebnisse der „Unternehmensbezogenen Prozessanalyse der Bedarfsartikulation" zeigt, dass die befragten Unternehmensvertreterinnen und
–vertreter in insgesamt sechs Punkten übereinstimmende Anforderungen an die Hochschule als
Anbieter wissenschaftlicher Weiterbildung stellen: 1. Proaktives Zugehen, 2. Identifizierbare
Ansprechpartner, 3. Schnelligkeit, 4. Mitspracherecht, 5. Theorie-Praxis-Verzahnung, 6. Adäquate Kosten.

fen dabei, die über 40.000 Kunden zu bedienen. Mit seinen Produkten und Leistungen ist das Unternehmen Marktführer in dem Segment. Dies bestätigen auch die jährlich wachsenden Unternehmens- und Arbeitnehmerstrukturen sowie der stetig steigende Umsatz.

Das Unternehmen lässt sich in drei Hauptbereiche unterteilen: Vertrieb, Logistik und Verwaltung, wobei der Bereich Verwaltung der größte und damit in weitere Abteilungen aufgegliedert ist. In dem Unternehmen wird die Hierarchiestruktur bewusst flach gehalten, um zum einen die Nähe zu den Beschäftigten nicht zu verlieren und etwaige Probleme oder Weiterbildungsbedarfe offen ansprechen zu können, und zum anderen, um die Kommunikations- und Entscheidungswege möglichst kurz zu halten. Neben der Geschäftsführung gibt es Teamleiter der einzelnen Abteilungen als Leitungsebene.

4.1.2 Fallspezifische Teilbefunde

Die Analyse des Falls *Industrie* zeigt in drei Anforderungsbereichen unternehmensspezifische Bedarfe und Gelingensfaktoren: Rollenverständnis, Transparenz und Unternehmenskultur. Diese sind primär von fallinterner Bedeutung und bedingen eine fallspezifische Kooperationsausgestaltung mit dem hier untersuchten Familienunternehmen in entscheidender Weise.

Rollenverständnis

Das Rollenverständnis kann in dem Fall *Industrie* als serviceorientiertes Dienstleistungsverhältnis betrachtet werden, d.h. aus Sicht des Familienunternehmens sollen Hochschulen im Rahmen kooperativer Angebotsentwicklungen die Rolle des Dienstleisters einnehmen. Dabei wird der Wunsch nach einem proaktiven Zugehen und nach unterstützenden Serviceleistungen der Hochschulen betont. Als Beispiel für eine solche Serviceleistung wird die Entwicklung, Durchführung und Auswertung eines Fragebogens zur Bestimmung der Weiterbildungsbedarfe der Mitarbeitenden beschrieben. Auf diese Weise *„schafft man Vertrauen" (Leitung 34, Abs. 59)* gleich zu Beginn einer Kooperation und stärkt das Bündnis zwischen den Kooperationspartnern.

> „Ich glaube, dann [...] schafft man Vertrauen und bekommt dann auch, also ich würde dann gar nicht mehr überlegen: Ja, gehe ich zu jemand anderen hin? Sondern die sind auf mich zugekommen, da kam etwas Interessantes bei heraus, dann haben die auch die Kompetenz das zu vermitteln, so wäre da bei mir die Entscheidung" (ebd.).

Eine Person der Leitungsebene betont die Dringlichkeit der Unterstützung durch die Hochschulen auch bei der Organisation und Durchführung der Weiterbildung, da oftmals die entsprechenden personellen Ressourcen in kleinen und mittleren Unternehmen nicht zur Verfügung gestellt werden können. In dem befragten Unternehmen wird die Notwendigkeit der Personalentwicklung wahrgenommen, jedoch ist eine tatsächliche regelmäßige Ausübung in der Unternehmensrealität nicht immer möglich. Die Personalabteilung ist meist so ausgelastet, dass das Thema Weiterbildung in der Regel zu kurz kommt.

„Große Unternehmen machen das ja auch, aber jetzt grad uns als Mittelstand, wir sind in so einer Zwischengröße. Wir brauchen [Weiterbildung], aber wir haben da keine Abteilung, die sich da professionell mit beschäftigt und uns das organisieren kann. [...] eine fertige Idee [...], die vielleicht nur ein bisschen angepasst werden muss, dann würde uns das schon helfen, ja" (Gruppendiskussion 3, Abs. 45).

Ähnlich wie im Fall *Gesundheit* (s.u.) wird hier ein bereits bestehendes, noch nicht vollständig festgelegtes Konzept, das je nach Bedarf des Unternehmens angepasst werden kann, bevorzugt. Ebenso ist eine partnerschaftliche Kooperation gewünscht, in der die Vertreterinnen und Vertreter der Hochschule in regelmäßigen Abständen in einen aktiven Austausch mit dem Unternehmen treten, um aktuelle Bedarfe abstimmen zu können.

Transparenz

Als weitere wichtige fallspezifische Kooperationskomponente wird der Wunsch nach Transparenz genannt, der sich auf eine nachvollziehbare Darstellung der zu vermittelnden Inhalte und Denkweisen bezieht.

„Wir wollen den kennen, der unsere Mitarbeiter schult und wir wollen auch wissen, was er zu unseren Mitarbeitern sagt und wenn die einfach so auf andere Schulungen gehen, wissen wir nicht: Was nehmen die da mit? Ist es wirklich hilfreich für die Firma [Name des Unternehmens] oder ist es eigentlich eher schädlich[...]" (Leitung 31, Abs. 17).

Dabei ist dem Unternehmen die Reputation und Seriosität des Weiterbildungsanbieters besonders wichtig. Aufgrund von Erfahrungen mit *„relativ unseriöse[n] Verkaufsschulungen"* *(ebd.)* hat sich im Unternehmen eine mit Vorsicht bedachte Grundhaltung gegenüber externen Weiterbildungsanbietern entwickelt. Bei diesen Schulungen werden die Teilnehmenden nach Aussage des Unternehmens *„darauf getrimmt [...], schnell Abschlüsse zu machen und nicht über morgen nachzudenken[...]"* *(ebd.)*. Diese Denk- und Arbeitsweise wird von dem Unternehmen keinesfalls unterstützt.

Unternehmenskultur

> „Was natürlich der Vorteil von unserem bisherigen Partner […] ist, sage ich mal, die kennen uns, die kennen unsere Philosophie, die wissen was, ja, wie wir, sage ich mal, auch extern sprechen wollen, was da unsere Ansprüche sind" (Leitung 32, Abs. 65).

Die Ausgestaltung kooperativer Weiterbildungsangebote unterliegt in diesem Fall besonderen Ansprüchen. So legt das untersuchte Familienunternehmen besonderen Wert auf seine Traditionen und die Weiterführung der eigenen *„Philosophie"* *(ebd.)*. Auch der Blick von außen auf das Unternehmen ist von großer Bedeutung. Entsprechende Forderungen stellt das Unternehmen nicht nur an die eigenen Angestellten sondern auch an externe Weiterbildungsanbieter sowie Kooperationspartnerinnen und -partner. Demnach ist für eine gelingende Kooperation eine Auseinandersetzung mit der Unternehmenshistorie und den Leitbildern unumgänglich, um dem Maßstab des Unternehmens gerecht werden zu können. So lässt sich beispielsweise die Serviceorientierung als Teil des zu wahrenden Leitbildes und gleichzeitig als gewünschte Anforderung an die Kooperationspartnerinnen und -partner identifizieren. Demzufolge hat die Unternehmenskultur in vielerlei Hinsicht Einfluss auf die Strukturierung und Umsetzung der Weiterbildungsmaßnahmen. Eine Pauschalisierung der Angebote ist aus Sicht des Unternehmens in vielen Bereichen nicht denkbar:

> „Also man müsste diese Schulungen dann sehr spezialisieren. Die Leute, die extern schulen würden, müssten sich sehr mit der Firma [Name des Unternehmens] auseinandersetzen können. Mit der Geschichte, mit dem generellen Umgang mit Kunden, sowie natürlich auch mit dem internen Ablauf im Service-Innendienst, sowie im Vertrieb. Also das müsste dann schon sehr auf die Firma [Name des Unternehmens] zugeschnitten sein. Das kann man nicht 0-8-15 pauschalisieren" (Leitung 31, Abs. 11).

In anderen Bereichen sind jedoch diese Besonderheiten des Unternehmens nicht in diesem Umfang relevant, sodass *„Anfangsschulungen"* *(ebd., Abs. 34)*, die grundsätzlich unternehmensübergreifend gültig sind, von externen Anbietern durchgeführt werden können. Als Beispiel wird *„das Akquirieren von Kunden"* *(ebd.)* genannt.

Ausgehend von dieser Kultur sehen die Befragten großes Potential in der Modularisierung der Angebote. Eine der befragten Personen gibt diesbezüglich an, dass großes Interesse an wissenschaftlichen Weiterbildungsangeboten besteht, die sich über einen kürzeren Zeitraum erstrecken, auf modularer Ebene angesiedelt sowie stark praxisbezogen sind. Es werden sogleich mehrere Abteilungen benannt, die Bedarf an wissenschaftlicher Weiterbildung haben. Jedoch möchten bzw. können sich die Mitarbeitenden nicht für ein komplettes Weiterbildungsstudium verpflichten. Einige Abteilungen benötigen

„[…] noch einmal gezielte Schulungen, da wäre es toll, wenn das auf wissenschaftlichem Niveau wäre, aber die brauchen auch kein ganzes Studium und da haben die auch Respekt vor, das ist denen zu viel auf einmal, wollen sie sich auch gar nicht so lange dann festlegen. Also […] das Modulare, ich glaube, dass das eine große Chance bietet" (Leitung 34, Abs.17).

Die Durchführung einzelner Weiterbildungsmodule mit ausgewählten Themenbereichen, die direkten Anwendungsbezug zur beruflichen Tätigkeit aufweisen, werden ferner als *„ideale Lösung [bezeichnet], weil es dann auch im Job einhergeht, das passt zu dem Aufgabenfeld, es hilft einem weiter, man kann es anwenden[…]"* *(Gruppendiskussion 3, Abs. 197)*.

Zusammenfassend sind für den Fall *Industrie* eine Ausrichtung der Weiterbildungsangebote auf die Bedürfnisse des Unternehmens, die Dienstleistungsorientierung der Hochschulen sowie das gegenseitige Vertrauen und die Transparenz über die zu vermittelnden Inhalte und Denkweisen ausschlaggebend für eine Kooperation im Rahmen der wissenschaftlichen Weiterbildung. Zudem sehen die befragten Personen großes Potential in kurzzeitigen themenfokussierten Weiterbildungsangeboten, die praxis- und anwendungsorientiert auf das Unternehmen zugeschnitten sind.

4.2 Soziales

4.2.1 Fallbeschreibung

Der Fall *Soziales* stellt ein Großunternehmen der Sozialwirtschaft dar und ist als eingetragener Verein institutionalisiert. Mit einer Mitarbeiterzahl im dreistelligen Bereich und einem Umsatz von einem zweistelligen Millionenbetrag behandelt das Unternehmen eine Vielzahl an Bereichen der sozialen Arbeit, wie bspw. Jugendhilfe, Altenhilfe und Sozialpsychiatrie. Die einzelnen Standorte sind dabei zum Großteil dezentral in der gesamten Region aufgestellt und besitzen eine relativ hohe Entscheidungsautonomie.

Das Unternehmen besitzt eine eigene Weiterbildungseinrichtung, die – nicht in Form einer internen Abteilung, sondern als ausgegliedertes Dienstleistungsunternehmen – sowohl intern als auch extern ihre Dienstleistung zur Verfügung stellt. Allgemein vertritt die Unternehmensleitung eine stark partizipative Unternehmenskultur, die sich auch auf die Planung von Fort- und Weiterbildungsmaßnahmen auswirkt. Im Rahmen der empirischen Erhebungen wurde neben der Unternehmensleitung vor allem der Bereich der Jugendhilfe untersucht.

4.2.2   Fallspezifische Teilbefunde

In der Analyse des Falls *Soziales* wurden in Bezug auf unternehmensspezifische Anforderungen an Hochschulen drei Anforderungsbereiche fallintern besonders hervorgehoben: Ein spezifisches Rollenverständnis der Kooperationspartner, spezifische Erwartungen an Transparenz sowie flankierende Tätigkeiten außerhalb des Weiterbildungsbereichs.

Rollenverständnis

In den Befragungen des Falls *Soziales* wird deutlich, dass sich die befragte Institution für eine Zusammenarbeit im Weiterbildungsbereich kein einfaches Kunden-Dienstleister-Verhältnis wünscht. Vielmehr sollen beide Seiten – Hochschule und Unternehmen – die Rolle von Partnern übernehmen. In diesem Sinne wird von dem Weiterbildungsanbieter erwartet, dass dieser sich in einen intensiven inter-organisationalen Austausch einlässt. Das dadurch entstehende Vertrauensverhältnis ist dabei entscheidend:

> „Ich finde das Gespräch jetzt, was wir hier haben und ich habe das Gefühl, da kommt jemand von der Universität und fragt mich mal. Und ich kann ihm das alles erzählen, was ich so denke und spüre und sehe. Und dann habe ich Vertrauen zu Ihnen und Sie tragen das dann weiter und dann entsteht ein Pflänzchen" (Leitung 13, Abs. 41).

Von der Hochschule wird erwartet, an einem gegenseitigen Austausch interessiert zu sein und diesen zu befördern. Dabei spielt der Austausch auf der persönlichen Ebene eine maßgebliche Rolle, die sich näher und auch emotionaler (denken, spüren, sehen) ausgestaltet als ein klassisches Verhältnis zwischen Einkäufer und Dienstleister.

Mit dem Rollenverhältnis im Sinne einer Partnerschaft geht die Hoffnung einher, dass sich der Weiterbildungsanbieter besser auf die organisationsspezifischen Besonderheiten beziehen kann, um daraufhin passgenaue Angebote zu entwickeln, die mit der eigenen Organisationskultur auch tatsächlich kompatibel sind. Die Zuschreibung der eigenen Rolle als Partner impliziert dabei interessanterweise keine einseitige Entwicklungsperspektive – typischerweise passt sich der Anbieter den Bedarfen und Bedürfnissen seines Kunden an –, sondern eine wechselseitige:

> „(…) als Anbieter, was müssten Sie tun? Das, was sie gerade tun. Sich gemeinsam mit dem [Unternehmen] quasi entwickeln." (Mitarbeiter/in 11, Abs. 73).

Eine Zusammenarbeit mit hochschulischen Anbietern im Weiterbildungsbereich wird in diesem Fall also nicht nur als Möglichkeit der punktuellen Abnahme von Weiterbildungsbedarfen gesehen, sondern auch als eine zukunfts- und prozessbezogene Möglichkeit von wechselseitig beeinflusster Organisationsentwicklung.

Transparenz

Für den Fall *Soziales* zeigt sich eine spezifische Fokussierung, wo und in welcher Art und Weise Transparenz vom Kooperationspartner eingefordert wird. Ausgehend von dem bereits ausgeführten partnerschaftlichen Rollenverständnis geht das Unternehmen davon aus, dass eine gemeinsame und durch Nähe geprägte Kooperationsbeziehung aufgebaut wird. Die Transparenz der konkreten relevanten Prozesse innerhalb dieser Kooperation nimmt dabei einen hohen Stellenwert ein. Dadurch erhofft sich das Unternehmen eine optimierte Angleichung der Prozessgestaltung durch den Kooperationspartner an die eigene unternehmensinterne Vorgehensweise:

> „Wir haben nur die Erfahrung gemacht, dass das gut gelingt, also dass wir gute Kommunikationsstrukturen haben und das generell nicht hinter'm Berg zu halten [...]. Also von unserer Seite auch: ‚Wir können das und das ermöglichen weil, und das und das könnten wir bis dahin. Das können wir nicht.' Und da sehr klar zu sein. Und dann ergibt sich eigentlich so gut wie immer, auch beim Gegenüber was ganz ähnliches, dann gleicht man sich ja auch ein bisschen an oder wird so ein bisschen synchron in der Art und Weise wie man über solche Dinge spricht" (Leitung 10, Abs. 69).

Neben dem Wunsch nach Transparenz in den Prozessen ist auch die Sichtbarkeit der ‚Haltung' des Kooperationspartners und deren Passung für das eigene Unternehmen zentrales Thema. Das Unternehmen nimmt in der Sozialbranche eine klare Haltung und ein klares Verständnis bezüglich Arbeitsweisen, Menschenbild, etc. ein und erwartet diesbezüglich zumindest keine widersprechende Haltung von seinem Partner.

> „Also das müssen schon vertrauenswürdige Menschen sein. (...) Wir haben eher eine systemische, partizipative, auf Augenhöhe-Haltung. Und dann hätten alle anderen bei uns keine Chance" (Leitung 13, Abs. 53).

Diese Forderung nach einer transparenten Kommunikation von Einstellungen und Haltungen spielt auch auf Ebene der akquirierten Dozenten und Dozentinnen eine Rolle. Dem Unternehmen ist aber darüber hinaus explizit auch die Haltung der anbietenden Institution wichtig. Dies geht einher mit dem Wunsch, nicht nur punktuell im Feld der Weiterbildung, sondern in einem breiteren Rahmen und in mehreren Inhaltsbereichen inter-organisational zusammenzuarbeiten.

Kooperationskranz

Zu den Möglichkeiten der Anbahnung und Verstetigung einer Zusammenarbeit in der Weiterbildung mit Hochschulen orientiert sich das befragte Unternehmen an den vergangenen und aktuellen Erfahrungen, die es mit Hochschulen im Bereich der grundständigen Lehre und Forschung gemacht hat. Tatsächlich scheinen gerade diese Kooperationen in den angrenzenden Bereichen der Forschung und Lehre dafür zu sorgen, dass die Universität als ein Dienstleister überhaupt in das Bewusstsein rückt:

> „Und dass ich aber auch was von der Universität haben könnte/ das habe ich vielleicht manchmal, wenn man Studenten mit Forschungspraktika oder so hat, dann ist das spannend, weil manchmal rühren die noch so in einen wunden Punkt oder graben, ob noch was zu holen wäre" (Leitung 15, Abs. 35).

Die Kooperationsaktivitäten in den Feldern der grundständigen Lehre und Forschung – denkbar sind hier die Ermöglichung von Praktika, Haus- und Abschlussarbeiten sowie Forschungsprojekte – sorgen dafür, dass die Hochschule als ein vielseitiger Kooperationspartner sichtbar und die oftmals wahrgenommene Distanz zur Institution Hochschule dadurch verringert wird. So besteht im Unternehmen bereits seit Längerem auch eine Kooperation mit einem hochschulischen Fachbereich, die im Bereich der grundständigen Lehre verortet ist. Das Unternehmen bringt so einerseits spezifische Inhalte in die Hochschulausbildung des zukünftigen potentiellen Nachwuchses, andererseits bewirbt es sich aber auch als Partner für studentische Projekte.

> „Und an dem Beispiel wird dann schon deutlich, alleine so über eine Person, die da regelhaft drin ist, wie viele Kontakte [...], die sagen, wäre doch [Unternehmen] ein Partner, wo ich mal ein Praktikum machen könnte. Oder mich dann später auch bewerbe. Und so stelle ich mir das auch zu dem Thema Fort- und Weiterbildung vor. Da müsste es über konkrete Personen eine Verbindung geben" (Leitung 12, Abs. 53).

Auch hier zeigt sich beim Unternehmen der Wunsch nach einer Partnerschaft mit der Hochschule, bei der es immer auch um die Rekrutierung von Fachpersonal geht, die auf die spezifischen Themen des Unternehmens vorbereitet sind. Eine Zusammenarbeit mit der Hochschule wird dabei niemals eindimensional bezogen auf einen Bereich – bspw. der Weiterbildung – gesehen, sondern immer multidimensional: Forschung, Lehre und Weiterbildung stehen in einem Gleichverhältnis und befördern sich gegenseitig, indem die vorhandenen Kontakte des einen Bereichs als Brücke zu einem anderen genutzt werden.

Zusammenfassend für den Fall *Soziales* lassen sich drei spezifische Aspekte in Bezug auf die Zusammenarbeit im Weiterbildungsbereich mit Hochschulen herausarbeiten: Das Rollenverständnis spiegelt das einer Partnerschaft auf gleicher Augenhöhe wider. Bezogen auf die Transparenz der Kooperation wird der Fokus auf die institutionellen Prozesse und deren Angleichung an die fallinterne Taktung sowie auf die Haltung und Werte des Anbieters gelegt. Die Kooperationsbeziehung soll dabei nicht auf den Bereich der Weiterbildung beschränkt sein, sondern übergreifend auch die Bereiche der grundständigen Lehre und Forschung betreffen (können).

4.3 Gesundheit

4.3.1   Fallbeschreibung

Der Fall Gesundheit stellt ein Großunternehmen dar. Mit über zehntausend Beschäftigten an zwei Standorten übernimmt das Unternehmen neben medizinischen Leistungen u.a. eine Vielzahl an Aufgaben in den Disziplinen Pflege, Versorgung und Betreuung.

Das Unternehmen gliedert sich in die Managementebene und die Ebene der Mitarbeitenden. Das Unternehmensmanagement besteht wiederum aus drei Managementstufen (oberstes, mittleres und unteres Management). Die Unternehmensführung obliegt der standortübergreifenden Geschäftsführung sowie den Geschäftsleitungen an den jeweiligen Standorten. Das Unternehmen besitzt eine ebenfalls standortübergreifend operierende Weiterbildungsabteilung, die sowohl das interne Weiterbildungsangebot verantwortet als auch bei Bedarf externe Weiterbildungsangebote hinzukauft. Externen Interessierten steht eine Vielzahl an Weiterbildungsangeboten des Unternehmens gegen einen bestimmten Unkostenbeitrag offen.

4.3.2   Fallspezifische Teilbefunde

Die Analyse des Falls *Gesundheit* betont unternehmensspezifische Bedarfe an die Hochschulen in folgenden drei Anforderungsbereichen, die zunächst vor allem von fallinterner Relevanz sind: 1. Bereich des Rollenverständnisses, 2. Bereich der Transparenz, 3. Bereich der Ziel- und Berufsgruppenorientierung.

Rollenverständnis

Das Rollenverständnis zwischen den Kooperationspartnern wird in diesem Fall von den Unternehmensvertreterinnen und -vertretern differenziert betrachtet. So wird zu Beginn einer möglichen Kooperationsanbahnung auf der Ebene des Leitungspersonals von der Hochschule bereits die Vorlage eines Angebots gefordert, um den Anbahnungsprozess zu beschleunigen und zu vereinfachen:

„[…] es ist natürlich immer für mich einfacher, wenn jemand mir ein konkretes Angebot macht, wenn ich einfach sehe, okay, das sind die Weiterbildungsinhalte" (Leitung 22, Abs. 45).

Hierbei kommt der Hochschule die Dienstleisterfunktion und dem Unternehmen die Rolle des Kunden zu. Die von den Befragten geforderte Vorlage muss jedoch nicht unbedingt einem klassischen Endprodukt entsprechen. Vielmehr soll sie konkret genug ausgestaltet sein, um neben den thematischen Inhalten das „Konzept" sowie „eine grundsätzliche Richtung" (Mitarbeiter/in 21, Abs. 147) erkennen zu können und basierend darauf zu „entscheiden: Ist das sinnvoll – ja oder nein?" (Leitung 26, Abs. 57). Darüber hinaus ist es den Befragten ebenfalls wichtig, ein Mitspracherecht an der etwaigen weiteren Umsetzung des vorgelegten Angebotsentwurfs zu haben und diesen ggf. gemeinsam zu optimieren.

„Der müsste dann aber bereit sein, auch gegebenenfalls die zu verändern, also so. Aber ich persönlich finde es immer einfacher, wenn jemand Ihnen etwas hinlegt so jetzt mal schriftlich und sagt: „Die und die Punkte sind enthalten" und ich kann sagen: „Ja, das finde ich gut" oder: „Ich möchte das noch abgewandelt haben", als wenn man nur so einen Kontakt und lose über etwas spricht" (Leitung 22, Abs. 45).

Die Unternehmensvertreterinnen und -vertreter fordern auf dieser Ebene eine vorwiegend partnerschaftliche Zusammenarbeit, welche primär darauf abzielt, maßgeschneiderte, an den unternehmenseigenen Weiterbildungsbedarfen ausgerichtete Angebote zu schaffen und zu realisieren. Zudem soll dadurch vermieden werden, dass die Teilnehmenden die Wissensinhalte später nicht nutzen oder in die Unternehmenspraxis transferieren können. Die für das Unternehmen zentrale Frage bei der Ausgestaltung der Weiterbildungsangebote ist „Was bringt uns das?" (Leitung 25, Abs. 87). Insbesondere das Leitungspersonal hat jedoch nicht nur den Anspruch, ein beliebiges Angebot vorgelegt zu bekommen, vielmehr ist der Wunsch nach einem möglichst innovativen und „trendigen Thema" (Leitung 24, Abs. 53) gegeben, das das Unternehmen selbst in dieser Form noch nicht anbietet. Einerseits, um das Angebot für die Angestellten selbst „interessant zu machen" (ebd.) und andererseits, um sich so von der Konkurrenz abzuheben. Dieses „trendige Thema" (ebd.) kann jedoch auch dazu dienen, eine Art Probe- bzw. Testlauf für eine mögliche Kooperation sowie weitere gemeinsame und themenvertiefende Angebote zu initiieren.

Transparenz

Eine ebenfalls unumgängliche fallspezifische Anforderung an die Hochschulen ist Transparenz. Diese umfasst eine Transparenz hinsichtlich möglicher Kooperationsausgestaltungen sowohl auf inhaltlicher als auch auf struktureller Ebene und muss für das Unternehmen bereits zu Beginn einer Kooperationsanbahnung gegeben sein. Den Unternehmensvertreterinnen und -vertretern stellt sich die Frage: *„Was kann uns die Hochschule anbieten und da einfach abstimmen, wie können wir das organisieren und wie kann man da eine Kooperation aufbauen"* *(Leitung 21, Abs. 88)*. Mit Blick auf die Transparenz der im Rahmen der Kooperation zu erbringenden beiderseitigen Leistungen betont eine befragte Person des Leitungspersonals die Wichtigkeit eines Kooperationsvertrages mit festen *„gegenseitig[en] bestimmte[n] Regeln"* *(Leitung 23, Abs. 45)*. Solche Verträge werden im untersuchten Unternehmen bereits im Rahmen anderweitiger Kooperationen erfolgreich eingesetzt und ermöglichen eine klare Rollen- und Aufgabenverteilung, die dem Unternehmen eine gewisse Sicherheit gibt. Zudem bietet ein Kooperationsvertrag vor diesem Hintergrund die Möglichkeit, den Leistungsumfang der Kooperation, gemeinsame Ziele sowie die organisatorischen Rahmenbedingungen und weitere für beide Kooperationspartner wichtige Punkte festzulegen.

Ziel- und Berufsgruppenorientierung

Parallel zur Transparenz kann auch eine grundsätzliche Öffnung nach außen als entscheidende Anforderung an die Hochschulen in ihrer Funktion als potentielle Kooperationspartner benannt werden. Hierbei legen die Befragten vor allem Wert auf eine Öffnung der Hochschulen gegenüber nicht-traditionellen Zielgruppen mit besonderer Betonung auf den Berufstätigen. Insbesondere *„altetablierte Universitäten"* *(Leitung 23, Abs. 59)* werden von einem Leitungsmitglied zu einer entsprechenden Öffnung und Neuorientierung aufgerufen. Die Weiterbildungsangebote gilt es in diesem Zusammenhang bereits im Rahmen der Planung an diese Zielgruppen bzw. konkret an den im Unternehmen vertretenen Berufsgruppen des Gesundheitsbereichs sowie ihren spezifischen Lebensumständen anzupassen, wie folgende Aussage zeigt:

> „[...] also ich würde mich sehr freuen, wenn die sogenannten altetablierten Universitäten, wenn die sich auch mehr öffnen für Berufstätige und da wirklich dieses Potential sehen, was der Bologna-Prozess in Europa ausgelöst hat und nicht so dieses klassische Verfahren, also ein Student ist, wer nach dem Abitur sich dann als Student einschreibt" (ebd., Abs. 59).

Die Betonung liegt mit Blick auf die Zielgruppe der Berufstätigen auf der verstärkten Implementierung berufsbegleitender wissenschaftlicher Weiterbildungsangebote, die bei Bedarf in einzelnen Modulen flexibel und über mehrere Jahre absolviert werden können, *„damit die Leute, die am Arbeiten sind, nebenberuflich studieren können"* *(ebd., Abs. 45)*. Hinzu kommt die Forderung nach einer verbesserten Anrechnung und Anerkennung beruflicher Kompetenzen, die beispielsweise im Rahmen mehrjähriger Berufstätigkeiten oder anderen zuvor absolvierten Fachweiterbildungen sowie spezifischen Fortbildungen erworben wurden.

> „Also, ich will auf jeden Fall, dass man sich Gedanken macht, dass man die Weiterbildungen in den Betrieben und die Weiterbildungen auf Hochschulebene, dass man das irgendwie transparent gestaltet, also, dass man wirklich guckt, kann man Module anerkennen lassen oder wie sind da die Voraussetzungen. […] Das muss dringend gemacht werden, wenn man das in Zukunft einfach ein bisschen einfacher haben möchte […]und da ist halt Engagement von beiden Seiten gefragt" (Leitung 21, Abs. 98).

Speziell vor dem Hintergrund der für die Zukunft erwarteten Akademisierung der Pflege- und Gesundheitsberufe und des damit einhergehenden Bedarfs an Pflege- und Gesundheitspersonal mit akademischen Kenntnissen wird eine Kooperation mit Hochschulen als gewinnbringend und zukunftsfähig eingestuft. Für einige Befragte ist es im Rahmen dessen durchaus denkbar, ein speziell auf die Pflege- und Gesundheitsberufe abgestimmtes modulares Weiterbildungsangebot zu entwerfen, denn *„sonst ist dieser Weg einfach viel zu zähe" (ebd., Abs. 94).*

Zusammenfassend sind für den Fall Gesundheit drei zentrale spezifische Kooperationsanforderungen zu identifizieren. Das Rollenverständnis zeigt einen situationsabhängig notwendigen Balanceakt zwischen einer partnerschaftlichen Zusammenarbeit einerseits und einer Dienstleister-Kunden-Beziehung andererseits. Bezüglich der Transparenz einer möglichen Kooperation liegt der Fokus in diesem Fall auf einer für alle Beteiligten klaren und formal festgehaltenen Aufgaben- und Rollenverteilung. Zudem sollte bei der Konzeption von Weiterbildungsangeboten eine Orientierung an nicht-traditionellen Zielgruppen sowie spezifischen Berufsgruppen erfolgen.

4.4 Synopse

Die *fallspezifische Analyse* der drei durchgeführten Fallstudien zeigt, dass es bezüglich der Kooperationsanforderungen, die Unternehmen an Anbieter wissenschaftlicher Weiterbildung stellen, nicht ausreicht, sich auf branchenübergreifende Basisanforderungen[8] zu beschränken. Vielmehr ist es von großer Relevanz, dass stattdessen im Detail branchenspezifische und/oder unternehmensspezifische Lösungen entwickelt werden, die zunächst zwar auf allgemeinen unternehmensübergreifenden Bedarfen aufbauen, ferner aber die spezifischen und z.T. hochgradig differenten Gelingensfaktoren des einzelnen

---

8   „Proaktives Zugehen, identifizierbare Ansprechpartner/-innen, Schnelligkeit, Mitspracherecht, Theorie-Praxis-Verzahnung, adäquate Kosten".

Unternehmens fokussieren sollten. In den durchgeführten Fallanalysen zeigt sich dies im Detail anhand dreier Themenkomplexe besonders deutlich. Zwei davon – das Rollenverständnis und die Transparenz – zeigen sich oberflächlich zwar zunächst bei allen drei Fällen ähnlich, eine detaillierte Betrachtung offenbart allerdings, dass die Ausprägung sich fallspezifisch in unterschiedlichen Dimensionen gestaltet. Während im Fall *Industrie* das Rollenverständnis überwiegend dem von Kunde zu Dienstleister entspricht, zeigt sich im Fall *Soziales* mit den Erwartungen einer Partnerschaftsrolle ein anderes Bild. Der Fall *Gesundheit* dagegen beschreibt einen (erwünschten) Balanceakt zwischen diesen beiden Rollen, der situationsbedingt stärker mal in die eine, mal in die andere Richtung lenkt. Diese Ergebnisse einer unternehmenskulturell differenten Erwartungshaltung an das Rollenverständnis von Abnehmer und Anbieter wissenschaftlicher Weiterbildung bekräftigen die Erkenntnisse aus der als Vorstudie zu betrachtenden Potentialanalyse von Habeck/Denninger (2015, S. 284), in dem bereits eine Differenzierung der Rollenerwartungen nach Profit- und Non-Profit-Einrichtungen sowie Stiftungen empfohlen wurde.[9]

Ebenso wird in allen drei Fallstudien eine hohe Transparenz vom Anbieter Hochschule gefordert, allerdings wurden auch hier im Rahmen der Befragungen fallspezifisch unterschiedliche Akzentuierungen besonders hervorgehoben. Der Fall *Industrie* betont vor allem die Inhalte, Vermittlungsformen und darin enthaltenden Denk- und Verhaltensweisen der einzelnen Angebote. Diese müssen klar am Unternehmensnutzen orientiert sein sowie Reputation und Seriosität vorweisen können, um für den Fall als potentielles Angebot wahrgenommen zu werden. Der Fall *Soziales* setzt seinen Fokus hingegen auf die organisationalen Strukturen und die Haltung der anbietenden Institution. Diese muss mit den eigenen Werteschemata passungsfähig sein, damit im Anschluss daran eine partnerschaftliche Zusammenarbeit und Angebotsentwicklung möglich erscheint. Im Fall *Gesundheit* zeigt sich dagegen eine hohe Relevanz bei der Klärung und in erster Linie Absicherung von Aufgaben- und Rollenverteilungen innerhalb einer Zusammenarbeit. Diese gilt es dabei möglichst vertraglich festzuhalten, um Sicherheiten bezüglich des Leistungsversprechens zu erhalten.

Fallspezifisch zeigen sich zudem höchst ‚eigene‘ Anforderungen, von denen pro Fall im Rahmen dieses Artikels eine Besonderheit herausgearbeitet wurde. Diese Anforderungen kristallisieren sich in den Interviews jeweils fallspezifisch heraus, was jedoch nicht bedeuten muss, dass diese nicht auch in den

---

9   Die Potentialanalyse wurde bereits in der ersten Förderphase des Verbundprojektes WM³ durchgeführt. Ziel der Potentialanalyse war es, zum einen den Bedarf an wissenschaftlicher Weiterbildung und zum anderen die Möglichkeiten einer kooperativen Angebotsentwicklung bei Vertretern von insgesamt 48 ausgewählten Einrichtungen der Region Mittelhessen im Profit- und Non-Profit-Bereich sowie bei Stiftungen zu erheben.

anderen Fällen eine Rolle spielen können, wenngleich in nachrangiger Funktion. Sie untermauern allerdings, dass es neben den fallübergreifenden Anforderungen, die ein Unternehmen in Bezug auf eine Kooperation mit Weiterbildungsanbietern stellt, immer auch ‚innere' Angelegenheiten und Anforderungen gibt, die sich unternehmensspezifisch herausbilden. Hiermit setzen sich die Unternehmen – beeinflusst durch kulturelle, strukturelle und situationsbezogene Faktoren – höchst individuell auseinander und schreiben ihnen eine besondere Relevanz zu.

Fall Anforderungen	Industrie	Soziales	Gesundheit
Rollenverständnis	Vorwiegend Dienstleister	Vorwiegend Partner	Dienstleister/Partner
Transparenz	Inhalte	organisationale Struktur und Haltung	Aufgaben- und Rollenverteilung
‚unternehmens-eigene' Besonderheiten	Unternehmenskultur	Kooperationskranz	Berufsgruppenspezifika

Tabelle 1:   Fallspezifische Befunde (eigene Darstellung)

5   Ableitungen und Fazit

Genannte Befunde können als Ansatzpunkte möglicher hochschuleigener Schritte im Rahmen der Implementierung sowie Optimierung der wissenschaftlichen Weiterbildung betrachtet werden und als Grundlage bzw. Vorbereitung erster Kooperationsanbahnungen zwischen Hochschulen und Unternehmen dienen. Sie sprechen zudem für die Implementierung eines professionellen Kooperationsmanagements, das eine feste, bestenfalls mit Entscheidungsbefugnissen ausgestattete Anlaufstelle für kooperationsinteressierte und bereits kooperierende Unternehmen darstellt sowie gleichzeitig eine aktive, aufsuchende Kooperationsakquise leistet.

Wird eine nachhaltige Kooperationsbeziehung und damit eine erfolgreiche Passung der Akteure angestrebt, ist es für das Kooperationsmanagement letztendlich von großer Relevanz, eine ganzheitliche und gleichzeitig spezifische Betrachtung des potentiellen Partners vorzunehmen. Hierbei gilt es erstens die unternehmensspezifischen Bedarfsartikulationsprozesse als einen zentralen mitzugestaltenden Faktor einzubeziehen und zweitens abseits von etwaigen Kooperationsschemata die geäußerten unternehmenseigenen Bedarfe in der Kooperationsanbahnung und -pflege zu berücksichtigen. Ersteres meint jedoch keine Bearbeitung, Vereinheitlichung oder Optimierung der bestehenden innerbetrieblichen Bedarfsartikulationsprozesse, da diese aus Sicht der jeweiligen Unternehmen bereits funktional sind. Vielmehr ist es Aufgabe der Hochschulen, die wissenschaftliche Weiterbildung in den Unternehmen strukturell so zu implementieren, dass sie im Rahmen der internen Bedarfsartikulationsprozesse neben den bereits etablierten Anbietern überhaupt erst als relevante Programmart zur Befriedigung des eigenen Weiterbildungsbedarfs wahrgenommen wird. In diesem Zusammenhang spielt auch die Präsenz in fachlichen und regionalen Gremien bzw. Netzwerken eine große Rolle, da die Hochschulen bzw. die wissenschaftliche Weiterbildung hierdurch deutlich an Sichtbarkeit gewinnen. Ohne diese grundlegende Implementierung kommt es sehr wahrscheinlich zum automatischen, wenngleich unbeabsichtigten Ausschluss der wissenschaftlichen Weiterbildung von der nach extern gerichteten Bedarfsartikulation (Schritt 2) der Unternehmen. Ein erfolgreiches Matching wird somit erschwert.

Mit Blick auf die Ausgangsproblematik einer schwierigen Passungsfähigkeit von Hochschulen und Unternehmen bedeutet dies, dass die Hochschulen als Weiterbildungsanbieter zunächst in das Bewusstsein der Unternehmen gelangen müssen. Erst darauf aufbauend kann eine erfolgreiche, an die Hochschule gerichtete Artikulation unternehmerischer Weiterbildungsbedarfe stattfinden, die das Fundament einer kooperativ-nachhaltigen Angebotsentwicklung darstellt. Anschließend gilt es, die passgenaue Verarbeitung der artikulierten Bedarfe unter Einbezug der genannten unternehmensspezifischen Gelingensfaktoren in konkrete Weiterbildungsangebote umzusetzen.

Die Notwendigkeit einer ganzheitlichen und gleichzeitig spezifischen Betrachtung des potentiellen Kooperationspartners stellt das Kooperationsmanagement einer hochschulischen Weiterbildung vor die Herausforderung, die eigene Rolle immer wieder individuell neu zu bestimmen und entsprechende Konsequenzen für die jeweilige Kooperationsanbahnung und -pflege abzuleiten. Dabei übernimmt es nicht nur eine informierende, sondern auch eine beratende Rolle. Zudem müssen die jeweiligen unternehmensspezifischen Anforderungen immer auch mit dem jeweiligen hochschulischen Profil in Einklang gebracht werden.

Die zentralen Akteure der wissenschaftlichen Weiterbildung an Hochschulen müssen sich dieser hybriden sowie dynamischen Rolle bewusst sein und strukturelle Rahmenbedingungen erfahren, die ihr die Umsetzung einer solchen Dynamik auch ermöglicht. Hochschuleigene Optimierungs- und Implementierungsbestrebungen können letztendlich nur dann Aussichten auf Erfolg haben und zu einem Matching der beteiligten Akteure beitragen, wenn die Bedarfsartikulationsprozesse als einflussreicher Faktor mitgedacht und die Erwartungen sowie Bedarfe der möglichen Kooperationspartner konstruktiv in entsprechende Überlegungen integriert werden.

Literatur

Banscherus, Ulf (2013): *Erfahrungen mit der Konzeption und Durchführung von Nachfrage- und Bedarfsanalysen für Angebote der Hochschulweiterbildung – Ein Überblick.* Eine Publikation der wissenschaftlichen Begleitung des Bund-Länder-Wettbewerbs „Aufstieg durch Bildung: offene Hochschulen". Online verfügbar unter: http://www.offene-hochschulen.uni-oldenburg.de/download/2013-11-19_OH_Thematischer%20Bericht_Nachfrage%20und%20Bedarfsanalysen_Formatiert.pdf (letzter Zugriff am 22.03.2017).

Bayer, Manfred/Stiegler, Harald (Hrsg.) (1992): *Wissenschaftliche Weiterbildung an der Johannes-Kepler-Universität Linz: Angebotsentwicklung und Bedarfsartikulation.* 10 Jahre Senatsabteilung für Weiterbildung. Linz: Trauner.

Denninger, Anika/Präßler, Sarah (2015): *Wissenschaftliche Weiterbildung. Eine neue Perspektive für die Personalentwicklung.* Online verfügbar unter: http://www.wm-hoch3.de/images/dokumente1/Handreichung_Personalentwicklung.pdf (letzter Zugriff am 22.03.2017).

Habeck, Sandra (2015): Vom Einzelplayer zum Kooperationspartner. Kooperationsfähigkeit von Hochschulen aus Perspektive potentieller institutioneller Partner. In: *Hochschule und Weiterbildung* (2015) H. 1, S. 38-41.

Habeck, Sandra/Denninger, Anika (2015): Potentialanalyse. Forschungsbericht zu Potentialen institutioneller Zielgruppen. Profit-Einrichtungen, Non-Profit-Einrichtungen, Stiftungen. In: Wolfgang Seitter/Michael Schemmann/Ulrich Vossebein (Hrsg.): *Zielgruppen in der wissenschaftlichen Weiterbildung – Empirische Studien zu Bedarf, Potential und Akzeptanz.* Wiesbaden: Springer VS, S.189-289.

Hanft, Anke/Brinkmann, Katrin (2013): Studienorganisation für heterogene Zielgruppen. In: Dies. (Hrsg.): *Offene Hochschulen.* Münster [u.a.]: Waxmann, S. 208-222.

Hanft, Anke/Knust, Michaela (2007): Zusammenfassender Vergleich der Ergebnisse der einzelnen Länderstudien. In: Hanft, Anke/Knust, Michaela (Hrsg): *Weiterbildung und lebenslanges Lernen in Hochschulen: eine internationale Vergleichsstudie zu Strukturen, Organisation und Angebotsformen.* Münster: Waxmann, S. 37-86.

Heuer, Ulrike (2010): *Betriebliche Weiterbildungsentscheidungen: Aushandlungsprozesse und Bildungscontrolling. Fallstudienbericht.* Online verfügbar unter: https://www.bibb.de/veroeffentlichungen/de/publication/download/id/6221 (letzter Zugriff am 20.03.2017).

Hippel, Aiga von/Röbel, Tina (2016): Funktionen als akteursabhängige Zuschreibungen in der Programmplanung betrieblicher Weiterbildung. In: *ZfW – Zeitschrift für Weiterbildungsforschung* – Report 39, H.1, S. 61-81.

IHK Regensburg (2007): *Innovationsfaktor Kooperation – Ein Gewinn für Wirtschaft und Wissenschaft.* Online verfügbar unter: http://www.peringenio.de/file-admin/03_pdf/05_publikationen/innovationsfaktor_kooperation_wirtschaft_wissenschaft.pdf (letzter Zugriff am 20.03.2017).

Käpplinger, Bernd (2009a): *Betriebliche Weiterbildungsentscheidungen: Aushandlungsprozesse und Bildungscontrolling. Abschlussbericht.* Online verfügbar unter: https://www2.bibb.de/bibbtools/tools/dapro/data/documents/pdf/eb_22203.pdf (letzter Zugriff am 20.03.2017).

Käpplinger, Bernd (2009b): Bildungscontrolling: Vor allem in Großbetrieben ein Thema. BIBB-Umfragen von 1997 und 2008 im Vergleich. In: *BIBB-Report* H.13, S. 1-8.

Leuphana Universität Lüneburg (Hrsg.) (2012): *Hochschule als Weiterbildungsanbieter. Formate wissenschaftlicher Weiterbildung stellen sich der Praxis.* Online verfügbar unter: http://www.leuphana.de/fileadmin/user_upload/Forschungseinrichtungen/ ipm/files/hochschulen_als_weiterbildungsanbieter.pdf (letzter Zugriff am 22.03.2017).

Maschwitz, Annika (2014): Kooperationen zwischen öffentlichen Universitäten und Wirtschaftsunternehmen im Bereich weiterbildender Studiengänge. In: Nittel, Dieter/Tippelt, Rudolf/ Wahl, Johannes (Hrsg.): *Kooperation inner- und außerhalb des Systems des lebenslangen Lernens.* Frankfurt/München: Deutsches Institut für Internationale Pädagogische Forschung. Online verfügbar unter: http://www.pedocs.de/volltexte/2014/10017/pdf/Nittel_Tippelt_Wahl_2014_Kooperation_Lebens langes_Lernen.pdf (letzter Zugriff am 22.03.2017).

Maschwitz, Annika (2015): „Unternehmerische Kultur" an Universitäten. Voraussetzungen für erfolgreiche Kooperationen mit Unternehmen in der Weiterbildung? In: *Hochschule und Weiterbildung* H.1, S.42-46.

Mayring, Philipp (2003*): Qualitative Inhaltsanalyse. Grundlage und Techniken.* 8. Auflage. Weinheim und Basel: Beltz Verlag.

Meyer-Guckel, Volker/Schönfeld, Derk/Schröder, Ann-Kathrin/Ziegele, Frank (2008): *Quartäre Bildung. Chancen der Hochschulen für die Weiterbildungsnachfrage von Unternehmen.* Stifterverband für die Deutsche Wissenschaft. Essen: Ed. Stifterverband (Positionen, 2008).

Seitter, Wolfgang/Krähling, Simone/Rundnagel, Heike/Zink, Franziska (2014): Angebotsentwicklung und Marketing in Kooperationen der wissenschaftlichen Weiterbildung. In: *Hochschule und Weiterbildung* H.1, S. 32-36.

Stifterverband für die Deutsche Wissenschaft (2013): *Hochschul-Barometer. Wie Hochschulen mit Unternehmen kooperieren. Lage und Entwicklung der Hochschulen aus Sicht ihrer Leitungen.* Online verfügbar unter: http://www.stifterverband.de/ pdf/hochschulbarometer_2013.pdf (letzter Zugriff am 22.03.2017).

Tenorth, Heinz-Elmar/Tippelt, Rudolf (Hrsg.) (2007): *Beltz Lexikon Pädagogik.* Weinheim: Beltz.

Vornkahl, Heide (1997): *Marktforschung als Informationsverhalten von Unternehmen.* Wiesbaden: Gabler.

Weber, Wolfgang/Mayrhofer, Wolfgang/Nienhüser, Werner/Rodehuth, Maria/Rüther, Bernhardine (1994): *Betriebliche Bildungsentscheidungen. Entscheidungsverläufe und Entscheidungsergebnisse.* München u. Mering: Hampp.

Wolter, Andrä (2004): Weiterbildung und Lebenslanges Lernen als neue Aufgaben der Hochschule. Die Bundesrepublik Deutschland im Lichte internationaler Entwicklungen und Erfahrungen. In: Bund-Länder-Kommission für Bildungsplanung und Forschungsförderung (Hrsg.): *Wissenschaftliche Weiterbildung. Zukunftsfähig Lernen und Organisieren im Verbund – Weiterbildung und Hochschulreform.* Auftaktveranstaltung zum BLK-Programm „Wissenschaftliche Weiterbildung" am 17. und 18. Mai 2004 an der Universität Rostock. Online verfügbar unter: http://www.pedocs.de/volltexte/2008/248/pdf/heft119.pdf (letzter Zugriff am 22.03.2017).

Angebote und Teilnehmende

Zeitliche Optimierungsbedarfe zur Vereinbarkeit von wissenschaftlicher Weiterbildung und Berufstätigkeit aus Teilnehmendenperspektive

Anika Denninger/Ramona Kahl/Sarah Präßler[1]

Zusammenfassung

Dieser Beitrag betrachtet die zeitliche Vereinbarkeit der wissenschaftlichen Weiterbildung und der Berufstätigkeit von Teilnehmenden. Im Fokus der Darstellung stehen einerseits bereits vorhandene vereinbarkeitsfördernde Aspekte und andererseits Verbesserungsbedarfe aus Perspektive der Teilnehmenden. Dabei werden vier zentrale Themen behandelt: berufliche Freistellungs- und Vertretungspraktiken, individuelle Zeitmanagementstrategien, Vereinbarkeitskonflikte sowie der Umgang mit zeitlichen Belastungen. Aus diesen Befunden werden Ableitungen hinsichtlich zeitlicher Optimierungsbedarfe vorgenommen.

Schlagwörter

Zeitbudget, Vereinbarkeit, wissenschaftliche Weiterbildung, Zeitverausgabung, Zeitmanagement

Inhalt

1   *Anika Denninger* | Justus-Liebig-Universität Gießen | anika.denninger@erziehung.uni-giessen.de
     Ramona Kahl | Philipps-Universität Marburg | ramona.kahl@staff.uni-marburg.de
     Sarah Präßler | Technische Hochschule Mittelhessen

1   Einleitung

Angesichts fortschreitender gesellschaftlicher Beschleunigungs- und Entgren-
zungsprozesse tritt Zeit zunehmend als zentrale Ressource in Erscheinung. Insbesondere für den Bereich der Weiterbildung stellt sie einen basalen Ermögli-
chungsfaktor und zugleich ein knappes Gut dar. Denn im Unterschied zu Schul-
und Ausbildungszeiten gibt es für Erwachsene im Rahmen der Weiterbildung
keine „festgelegten Zeitinstitutionen" (Schmidt-Lauff 2011, S. 213). Vielmehr
sind individuelle Regelungen gefragt, um eine Weiterbildungsaktivität – speziell
eine so lernintensive wie die wissenschaftliche Weiterbildung – mit den bestehenden beruflichen wie privaten Aufgaben zu vereinbaren. Studien zur Vereinbarkeit untersuchen in der Mehrheit den Einklang zwischen Erwerbs- und Pri-
vatsphäre, womit im Besonderen die Familiensphäre gemeint ist (vgl. Böhm
2015; Keller/Haustein 2012; Klenner et al. 2013; Koschel/Ferber 2005;
Rump/Eilers 2006; Weßler-Poßberg 2014). Für das Feld der Weiterbildung respektive der wissenschaftlichen Weiterbildung ist das Thema der zeitlichen Vereinbarkeit trotz seiner Schlüsselfunktion für die Teilnahme unzureichend untersucht. Vorliegende Forschungsergebnisse aus dem Bereich der allgemeinen wie
hochschulischen Weiterbildung zeigen, dass sich die zeitbezogenen Vereinbar-
keitsanforderungen voraussetzungsvoll und komplex darstellen.[2] So gilt es nicht
nur, Zeiträume für Lernphasen zu schaffen, sondern gleichermaßen auf die Qualität dieser Zeiten zu achten. Vor- und nachfolgende Aktivitäten können die
Lernfähigkeit beeinflussen (vgl. Nahrstedt et al. 1998, S. 19) und insbesondere
die abendliche Lernzeit in der Woche kann durch die vorangegangene Erwerbstätigkeit oder Erfüllung von Familienpflichten als anstrengend und eingeschränkt erlebt werden (vgl. Schmidt-Lauff 2011, S. 376ff.). Entsprechend liegt
für einen Großteil der Personen der ideale Lernzeitraum am Vormittag, der jedoch aufgrund beruflicher und familiärer Verpflichtungen überwiegend nicht für
die Weiterbildung genutzt werden kann. Die größten Konkurrenzbereiche für
die Weiterbildung bilden die Sphären Arbeit und Familie, wobei die Weiterbildungszeit weniger aus der Arbeitszeit als vielmehr aus der Reduzierung von
Freizeit und Familienzeit generiert wird (vgl. Lobe 2015, S. 211f.). Zur Integration von Weiterbildung sind individuelle Vereinbarungs- und Aushandlungsprozesse mit dem privaten und beruflichen Umfeld notwendig. Aufgrund der einge-
schränkten privaten Zeit sind Absprachen mit dem Partner oder der Partnerin
unumgänglich, besonders bei Personen mit minderjährigen Kindern.[3] Gleicher-

---

2   Für eine ausführliche Darstellung der Methoden und Befunde des Forschungsstands vgl. Den-
    ninger/Kahl/Präßler 2017.
3   In diesem Zusammenhang treten geschlechtsspezifische Befunde in Erscheinung: Frauen mit
    minderjährigen Kindern geben den Vormittag als präferierte Weiterbildungszeit an, wenn die

maßen sind Regelungen mit dem beruflichen Umfeld zu treffen, wobei besonders die Möglichkeit zu flexiblen Arbeitszeiten ein wichtiges Vereinbarkeitsmoment darstellt (vgl. Lobe 2015, S. 236). Was die Zeitgestaltung der (wissenschaftlichen) Weiterbildung angeht, zeigt sich eine Präferenz für kompakte Präsenztermine und Angebote mit kürzerer Gesamtlaufzeit, für die möglichst geringe Fahrzeiten aufzuwenden sind (vgl. Präßler 2015, S. 178f.). Über derlei Befunde hinaus finden sich jedoch kaum Analysen zum Zusammenspiel der teilweise stark konkurrierenden Zeitanforderungen der verschiedenen Lebensbereiche bzw. zu den diesbezüglichen Integrationsleistungen der Weiterbildungsteilnehmenden (vgl. Schmidt-Lauff 2008, S. 237ff.).

Die Teilnahme an einer wissenschaftlichen Weiterbildung zieht aus Teilnehmendenperspektive umfangreiche Konsequenzen nach sich, denn diese muss im Sinne einer Work-Learn-Life-Balance (vgl. Antoni et al. 2014) in den Alltag integriert und als neuer Lebensbereich etabliert werden. Teilnehmende wissenschaftlicher Weiterbildungsangebote stehen im Unterschied zu grundständig Studierenden vor der Herausforderung, den beruflichen und privaten Lebensbereich um den der Weiterbildungstätigkeiten zu erweitern. Hieraus ergeben sich vor allem aus zeitlicher Perspektive Spannungsfelder: Wie gelingt es Teilnehmenden, die erforderlichen zeitlichen Ressourcen aus den verschiedenen Lebensbereichen freizusetzen, und wie werden diese neu miteinander vereinbart?

Dieser Frage wird in dem Forschungsprojekt „Individuumsbezogene Zeitbudgetstudie" nachgegangen, welches im Rahmen der zweiten Förderphase (2015-2017) des Verbundprojektes „WM³ Weiterbildung Mittelhessen"[4] der drei mittelhessischen Hochschulen Philipps-Universität Marburg, Justus-Liebig-Universität Gießen und Technische Hochschule Mittelhessen durchgeführt wird. Bereits in der ersten Förderphase (2011-2015) hat sich in der Studie zur Bedarfs-, Potential- und Akzeptanzanalyse die Ressource Zeit als knappes Gut her-

---

Betreuung gewährleistet ist; Blockveranstaltungen und abendliche Termine erweisen sich aufgrund ihrer zeitlichen Überschneidung mit Familienzeiten hingegen als weniger günstig (vgl. Nahrstedt et al. 1998, S. 9; Schmidt-Lauff 2011, S. 337ff.).

4   Die drei mittelhessischen Hochschulen Justus-Liebig-Universität Gießen, Philipps-Universität Marburg und Technische Hochschule Mittelhessen haben sich im Hinblick auf ihre gemeinsamen Entwicklungsplanungen im Bereich der wissenschaftlichen Weiterbildung zum Verbundprojekt „WM³ Weiterbildung Mittelhessen" zusammen geschlossen, um mit Hilfe des BMBF-Wettbewerbs „Aufstieg durch Bildung: offene Hochschulen" ein an wirtschaftlichen und gesellschaftlichen Interessen optimal ausgerichtetes Weiterbildungsangebot zu schaffen und zu einer nachhaltigen Stärkung der wissenschaftlichen Weiterbildung an den Hochschulen beizutragen. Dieses Vorhaben wurde in der ersten Förderphase (2011-2015) aus Mitteln des BMBF und aus dem ESF der EU mit den Förderkennzeichen: 16OH11008, 16OH11009, 16OH11010 und in der zweiten Förderphase (2015-2017) mit den Förderkennzeichen 16OH12008, 16OH12009, 16OH12010 aus Mitteln des BMBF gefördert. Weitere Projektinformationen sind unter www.wmhoch3.de zu finden.

ausgestellt.[5] Anknüpfend daran untersucht die hier dargestellte individuumsbezogene Zeitvereinbarkeitsstudie vorhandene Strategien und Möglichkeiten der Teilnehmenden zur Vereinbarkeit von wissenschaftlicher Weiterbildung mit Berufs- und Familienpflichten mit dem Ziel, temporale Optimierungsbedarfe der Angebotsorganisation zu eruieren.

Dieser Beitrag richtet sein Hauptaugenmerk auf die zeitliche Vereinbarkeit wissenschaftlicher Weiterbildung mit der Berufstätigkeit der Teilnehmenden. Zugleich findet aufgrund der engen Verbindung zwischen diesem Lebensbereich und dessen hoher Bedeutsamkeit für die Weiterbildung auch der private Lebensbereich Berücksichtigung. Ziel ist es, sowohl die bereits vorhandenen vereinbarkeitsfördernden Aspekte als auch Verbesserungsbedarfe aus Teilnehmendensicht herauszuarbeiten. Leitend sind dabei die Fragen:

- Wie wird die zeitliche Vereinbarkeit insbesondere mit der Berufstätigkeit hergestellt? Welche Strategien existieren hierfür?
- Welche Konflikte (auch mit anderen Lebensbereichen) treten auf und wie werden diese bewältigt?
- Welche Optimierungsbedarfe bestehen aus Sicht der Weiterbildungsteilnehmenden?

Diese Fragen werden im Kapitel „Zeitliche Vereinbarkeitsstrategien und -konflikte" thesenförmig vorgetragen und anhand des empirischen Materials erläutert. Dabei werden vier zentrale Themen behandelt: berufliche Freistellungs- und Vertretungspraktiken, individuelle Zeitmanagementstrategien, Vereinbarkeitskonflikte sowie der Umgang mit zeitlichen Belastungen. Aus diesen Befunden werden Ableitungen hinsichtlich zeitlicher Optimierungsbedarfe vorgenommen. Im Fokus stehen dabei sowohl Erfolgsfaktoren als auch Optimierungsbedarfe hinsichtlich der Angebotsorganisation, des beruflichen Umfeldes sowie der Selbstorganisation. Im Fazit werden sodann die Erkenntnisse mit dem bisherigen Forschungsstand diskutiert und entsprechende Forschungsdesiderata dargelegt.

2   Methodisches Vorgehen

Das empirische Datenmaterial des Beitrags entstammt der individuumsbezogenen Zeitvereinbarkeitsstudie. Dabei handelt es sich um eine von zwei Teilstudien des Forschungsprojekts „Individuumsbezogene Zeitbudgetstudie", das im

---

5   Detaillierte Ergebnisse der drei Studien Bedarfs-, Potential- und Akzeptanzanalyse sowie eine integrierende Zusammenschau sind im Sammelband „Zielgruppen in der wissenschaftlichen Weiterbildung" zu finden (vgl. Seitter/Schemmann/Vossebein 2015).

Rahmen der zweiten Förderphase von „WM³ Weiterbildung Mittelhessen"
(2015-2017) durchgeführt wird (s. Abb. 1). Zentrales Anliegen der „Individuumsbezogenen Zeitbudgetstudie" ist die Untersuchung von Vereinbarkeitsstrategien und Zeitbudgets von Teilnehmenden der wissenschaftlichen Weiterbildung an den Verbundhochschulen.

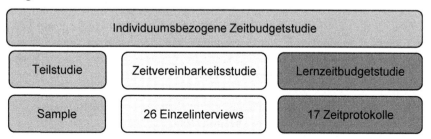

Abbildung 1:   Forschungsdesign der individuumsbezogenen Zeitbudgetstudie

Anhand von Zeitprotokollen untersucht die Teilstudie zu individuumsbezogenen
Lernzeitbudgets die Zeitverausgabung, zeitliche Lage und das Tätigkeitsprofil
für die wissenschaftliche Weiterbildung, insbesondere beim Selbststudium.
Hierfür sind 17 Zeitprotokolle von Teilnehmenden verschiedener hochschulischer Weiterbildungsangebote erhoben worden. Die Studie zur Zeitvereinbarkeit
analysiert hingegen Strategien der Work-Learn-Life-Balance (vgl. Antoni et al.
2014), welche das individuelle Zeitmanagement und Vereinbarkeitsstrategien,
betriebliche wie private Unterstützungsstrukturen, die zeitliche Gestaltung des
Weiterbildungsangebotes und die Zufriedenheit mit dem persönlichen Zeitbudget umfassen. Mit diesem Ziel sind 26 leitfadengestützte Einzelinterviews
mit Teilnehmenden von wissenschaftlichen Weiterbildungsangeboten und von
Studienangeboten mit vergleichbaren Zeitstrukturen[6] an allen drei Verbundhochschulen geführt und mittels qualitativer Inhaltsanalyse (vgl. Mayring 2013)
ausgewertet worden. Die nachfolgenden Befunde stellen erste Analyseergebnis-
se des erhobenen Interviewmaterials dar, wobei die Vereinbarkeit von Weiter-
bildungs- und Arbeitssphäre nebst entsprechenden zeitbezogenen Optimierungsbedarfen fokussiert wird.

---

6   Das Sample wurde während des Erhebungszeitraumes um diese Teilnehmendengruppen er-
     gänzt, da in den wissenschaftlichen Weiterbildungsangeboten nicht genügend Studienteilneh-
     mende akquiriert werden konnten. Bei den Studienangeboten mit vergleichbaren Zeitstrukturen
     wie in der wissenschaftlichen Weiterbildung handelt es sich um duale Masterstudiengänge so-
     wie um ein hochschulisches postgraduales Weiterbildungsangebot, die an den Verbundhoch-
     schulen angeboten werden.

3   Zeitliche Vereinbarkeitsstrategien und -konflikte

Die Zwischenergebnisse der kategorienbasierten Auswertung der qualitativen Interviewstudie werden in thesenhafter Form dargelegt und ausgeführt. Der Fokus liegt auf dem Lebensbereich Arbeit. Dabei finden auch Vereinbarkeitsstrategien und -konflikte aus dem privaten Bereich Eingang in die Betrachtungen, sofern sie für das Verständnis der Vereinbarkeit von Berufstätigkeit und Weiterbildung notwendig sind. Die Ausweitung bzw. Reduzierung von zeitlichen Ressourcen für einen Lebensbereich wirken sich immer auch auf die zur Verfügung stehenden temporalen Räume der anderen Lebensbereiche aus. So können kurzfristig auftretende besondere Belastungen, wie zum Beispiel Krankheitsfälle im privaten und beruflichen Bereich, die geplanten zeitlichen Ressourcen für den Weiterbildungsbereich negativ beeinflussen.

3.1   Freistellungen und Vertretungsregelungen

> Freistellungen vom Arbeitgeber beziehen sich primär auf Präsenzphasen, wohingegen das Selbststudium selten Berücksichtigung findet. Der Arbeitsaufwand steigt vor Präsenz- und während Prüfungszeiten deutlich an, wenn es keine (inhaltlichen) Vertretungsregelungen gibt.

Die Mehrheit der Befragten bildet sich berufsbezogen weiter. Einige Personen dieser Gruppe erhalten im Rahmen ihrer wissenschaftlichen Weiterbildung Unterstützung seitens des Arbeitgebers in Form von temporalen Freistellungen bzw. einem Arbeitszeiterlass. Diese Absprachen sind unterschiedlich geregelt und weichen zum Teil deutlich voneinander ab. So werden einige der Befragten grundsätzlich für die Teilnahme an den Präsenzterminen vom Arbeitgeber freigestellt, ohne die Arbeitszeit nachholen zu müssen oder Gehaltskürzungen zu erfahren.

„Also, das heißt, ich hatte immer an diesen Arbeitstagen, wo ich nach [Stadt 2] musste, Dienstbefreiung. Ansonsten hätte ich meine Urlaubstage nehmen müssen ohne diese Befreiung" (Teilnehmende/-r 7, Abs. 10).

Eine weitere Form der Freistellung durch den Arbeitgeber ist die Anrechnung der Wegezeiten zum Präsenztermin als Arbeitszeit. Den Teilnehmenden wird dadurch ermöglicht, während der eigentlichen Arbeitszeit zum Präsenztermin anzureisen. Dies ist oftmals notwendig, da Präsenztermine häufig freitags/samstags stattfinden und die Anreise damit an einem Werktag erfolgt. Bei längeren Anfahrtswegen kann dies auch bereits einen Tag im Voraus erfolgen. Andere Teilnehmende wiederum haben ein beschränktes Kontingent an *„Weiterbildungstagen" (Teilnehmende/-r 18, Abs. 78)* oder *„Entlastungsstunden" (Teilnehmende/-r 2, Abs. 35)* innerhalb eines bestimmten Zeitraums (z.b. Quartal) zur Verfügung, die sie für die Ableistung der Präsenzzeiten nutzen:

> „Also, die Teilnahme an den Seminaren kollidiert ja eigentlich nicht mit meinen Arbeitszeiten, weil unser Arbeitgeber da ja ganz toll ist und uns zum einen Stunden erlässt, damit wir das machen können, müssen ja sechs Stunden weniger arbeiten in der Woche. […] Das heißt, die Univeranstaltungen an sich sind ganz gut zu koordinieren von der Arbeit her" (Teilnehmende/-r 3, Abs. 5).

Diese Zeitkontingente reichen aber nur bedingt, sodass in einigen Fällen die Teilnehmenden mit ihren Arbeitgebern in (Nach-)Verhandlungen getreten sind, um eine Erhöhung der Kontingente und damit eine bessere Studierbarkeit zu erreichen. Ferner haben einzelne Teilnehmende die Möglichkeit, eine Vollzeitanstellung temporär auf eine Teilzeitanstellung zu kürzen. Die Betroffenen sind dann allerdings „im Gehalt runter gestuft" (Teilnehmende/-r 23, Abs. 23). Eine befragte Person schildert zudem, dass ihr Arbeitgeber sie für die Präsenztermine zwar freistellt, die angefallenen Arbeiten dennoch von ihr vor- bzw. nachgearbeitet werden. In diesem Fall handelt es sich also nicht um einen Arbeitszeiterlass, sondern lediglich um die Verschiebung der Arbeitslast auf die übrigen Arbeitstage.

> „Weil, er stellt mich schon dafür dann frei, dass ich da überhaupt hingehen kann und teilnehmen kann. […] Na ja, erlassen will ich nicht sagen. Ich glaube, das sind dann eher Dinge, die man vor- und nachbereitet an anderen Stellen" (Teilnehmende/-r 19, Abs. 29-31).

Ursächlich für solche Fälle ist der Mangel an flexiblen (inhaltlichen) Vertretungsregelungen oder die z.B. durch einen Personalmangel verursachte, nicht vorhandene Möglichkeit, Fehlzeiten zu kompensieren. Können also Freistellungen im Sinne eines ,tatsächlichen' Arbeitszeiterlasses nicht gewährt werden, kommt es an anderen Arbeitstagen – insofern keine Vertretungsregelungen geschaffen wurden – oftmals zu zusätzlichen zeitlichen Belastungen in Form von Mehrarbeit. Insbesondere vor Präsenzzeiten sowie während der Prüfungszeiträume steigt die Belastung durch die Weiterbildung für die Teilnehmenden dadurch spürbar an und die Vereinbarkeit der Lebensbereiche Arbeit und Weiterbildung verkompliziert sich deutlich.

> „Und was halt schwierig war, ist, dass […] die erste Praxiswoche, die ist halt auch noch in dieses, in diese zweieinhalb Monate geknallt, wo es halt wirklich, wo einfach viel war. Und das hat dann halt, weil ja so eine ganze Praxiswoche von dienstags bis samstags, die da in den normalen Dienstplan zu bauen, hat für eine Menge Diskussionsstoff einfach gesorgt. Also, ich

musste halt vorher viel arbeiten und nachher viel arbeiten, um das irgendwie rauszukriegen. [...] Das heißt, wenn ich wiederkomme, habe ich dann halt auch noch viel nachzuarbeiten einfach papiermäßig bei uns [...] Das macht's halt schwierig [...]" (Teilnehmende/-r 9, Abs. 27).

Einen Ersatz der Präsenzzeiten durch flexible E-Learning-Formate kommt für die Befragten überwiegend nicht in Frage. In diesem Fall besteht ihrer Meinung nach das Risiko, dass seitens der Arbeitgeber hierfür keine Freistellung erfolgt und sich diese Lernzeiten damit ebenfalls in die Freizeit verlagern.

„Also, ja im ersten Gedanken denkt man natürlich, ja, es würde auf jeden Fall es verbessern, weil man halt flexibler ist, grade was Ort und Zeit angeht. Die Gefahr, die ich dahinter so ein bisschen sehe, was jetzt grade auch auf Hinsicht von meinem Unternehmen, wenn ich so überlegen würde, wenn ich erzählen würde in meinem Unternehmen, dass ich ja über das Internet mir eine Vorlesung anschauen muss, die geht so und so viel Stunden, dann wäre der erste Kommentar, ja, dann schaue es dir nach der Arbeit an. Und das ist halt ein bisschen schwierig. Wenn ich sage, okay, da kommt ein Professor nach [Stadt 1] und ich muss anwesend sein, sonst muss ich ein Attest zeigen, dann ist das Fakt. Dann muss ich dahin fahren. Wenn ich mir Ort und Zeit aussuchen kann, dann kann ich mir Ort und Zeit auch aufs Wochenende legen. Ja und das ist so ein bisschen die Gefahr, die ich dahinter sehe, grade bei kleineren Unternehmen" (Teilnehmende/-r 22, Abs. 41).

Ferner ist mit Blick auf die Vereinbarkeit der Lebensbereiche Arbeit und Weiterbildung ebenfalls eine Abhängigkeit von der beruflichen Position im Unternehmen zu erkennen. Je mehr Verantwortung eine Person im Berufsleben hat, desto schwieriger wird auch das Fernbleiben vom Arbeitsplatz empfunden. Für einige Personen mit Leitungsfunktion ist es zudem aufgrund der hohen Arbeitsbelastung kaum möglich, flexibel zu agieren oder sich Zeiten für das Selbststudium am Arbeitsplatz einzurichten:

„[...] also der ein oder andere Kollege hat schon gesagt, dass er auf der Arbeit vom rein Tageszeitfenster, wenn er dort ist, Zeit zur Verfügung gestellt bekommt, wo er lernen kann, das bekommen wir zum Beispiel nicht. Also ich führe jetzt auch eine leitende Tätigkeit bei uns aus, da kann ich mir jetzt schlecht immer hier oder da was abzwacken und sagen, da setze ich mich hin und lerne" (Teilnehmende/-r 25, Abs.13).

Dies ist allerdings bei den meisten Teilnehmenden – unabhängig von der Position – ähnlich, da sich sämtliche der aufgeführten Abspracheregelungen allein auf die Präsenzphasen der Weiterbildungsmaßnahme beziehen. Zeiten des Selbststudiums, die die Weiterbildungsteilnehmenden u.a. mit der Vor- und Nachbereitung oder der Anfertigung von Prüfungsleistungen verbringen, sind folglich von den Regelungen ausgenommen.

„Auf der Arbeit ist das zeitlich also sehr marginal sozusagen, inwieweit dafür vorgesehen oder überhaupt möglich, weil es eben nicht vorgesehen ist sozusagen. Und dann mach ich das halt zum Beispiel am Wochenende" (Teilnehmende/-r 17, Abs. 09).

Lediglich in wenigen Ausnahmefällen, beispielsweise zu Zeiten eines geringen Arbeitsaufkommens, können Teilnehmende auch einzelne Arbeitszeitfenster zum Selbststudium am Arbeitsplatz nutzen.

„Also wenn ich meine Arbeit erledigt habe und alles so stimmt, wie es stimmen soll, dann. Und ich dann sage, ich habe jetzt mal ein Stündchen Zeit auf Arbeit oder so, dann könnte ich, es war bis jetzt noch nicht der Fall, steht auch quasi alles noch quasi an, aber könnte ich dann die Zeit nutzen halt, um halt irgendwas für die Uni zu erledigen" (Teilnehmende/-r 20, Abs. 45).

Aufgrund hoher Arbeitsbelastungen fehlt dafür jedoch bei dem Großteil der Befragten die Zeit und manchmal auch der „Kopf" (Teilnehmende/-r 6, Abs. 13), d.h. die Konzentrationsfähigkeit ist am zur Verfügung stehenden Zeitpunkt nicht abrufbar.

Mit Blick auf die Prüfungszeiträume ist für die Befragten speziell der zeitliche Aufwand für das Verfassen von Hausarbeiten schwer kalkulierbar. In manchen Fällen werden diese in Zeiten besonderer beruflicher Belastung in Nachtarbeit angefertigt, da für das Anfertigen von Hausarbeiten o.ä. keine Arbeitszeitentlastung seitens der Arbeitgeber vorgesehen ist. So geraten die Befragten schnell an ihre Grenzen und das Selbststudium wird deutlich erschwert. Entsprechend kommt es im Rahmen des Selbststudiums bzw. zu Prüfungszeiten häufiger zur Vernachlässigung anderer Pflichten, die in Zeiten geringerer (Prüfungs-)Belastung wiederum nachgeholt werden müssen:

„[…] also ich habe jetzt unter anderem die letzten zwei Wochen ständig an einer Arbeit gesessen und auch nachts und die letzte Nacht bis 1:30 Uhr, bin aber dann trotzdem um 6:00 Uhr heute Morgen wieder aufgestanden, weil halt Familie und Beruf und so etwas auch weitergehen muss und das ist, das ist schon manchmal hart […]" (Teilnehmende/-r 3, Abs. 5).

Folglich empfinden die Befragten die getroffenen Absprachen zu Freistellung bzw. Arbeitszeiterlass ausnahmslos als wichtige und unverzichtbare Unterstützungsmaßnahmen: Je flexibler die Arbeitszeiten sind, desto einfacher kann die Vereinbarkeit von Arbeit und Weiterbildung realisiert werden.

Eine befragte Person bildet sich im Gegensatz zu den zuvor genannten Beispielen über ihr Tätigkeitsfeld hinaus weiter und bekommt keine Freistellung o.ä. seitens des Arbeitgebers. Dennoch muss sie Absprachen mit dem Kollegium treffen, um insbesondere die Präsenzphasen an Werktagen zu bewältigen und mit ihrem Beruf vereinbaren zu können:

„[…] weil das für mich eine berufs-, also nicht berufsbezogene Fortbildung ist, habe ich da auch mit dem Arbeitgeber keine Absprachen weiterhin getroffen, natürlich schon im Team, dass ich irgendwann so wie jetzt in der Woche nicht da bin oder die Präsenzphasen waren ja teilweise freitags und samstags, dann muss ich natürlich donnerstags anreisen, weil ich einen weiteren Weg habe" (Teilnehmende/-r 6, Abs. 17).

In diesem Fall werden die Absprachen direkt mit dem Kollegium getroffen –
damit die Arbeit *„jemand anders halt mit übernimmt" (ebd.)* – und nicht mit
dem Arbeitgeber. Alternativ versucht die Person, die Aufgaben bestmöglich
vorzuarbeiten *„dass eben dann keine Arbeit da ist" (ebd.).* In solchen Fällen
bzw. in Arbeitszeitmodellen, bei denen kollegiale Absprachen über Dienstpläne,
Urlaubszeiten etc. zum Arbeitsalltag gehören und keine Freistellung seitens der
Arbeitgeber erfolgt, wird primär eine frühzeitige und langfristige Angebotsplanung seitens der Hochschulen als vereinbarkeitsfördernd benannt.

Zusammenfassend erweisen sich die dargestellten Unterstützungsvarianten
seitens der Arbeitgeber als wertvolle Maßnahmen für eine verbesserte Vereinbarkeit der Lebensbereiche Arbeit und Weiterbildung. Insbesondere die zusätzlichen Belastungen im Rahmen von Prüfungszeiträumen und Selbststudium
stehen dabei jedoch zu wenig im Fokus der Betrachtung. Diese stellen daher
einen möglichen weiteren Ansatzpunkt künftiger Optimierungsbestrebungen
von Unterstützungsmaßnahmen dar.

3.2 Individuelles Zeitmanagement mit gezielter Prioritätensetzung

> Individuelles Zeitmanagement mit gezielter Prioritätensetzung ist ein wich-
> tiger Gelingensfaktor für die Vereinbarkeit der wissenschaftlichen Weiter-
> bildung mit den anderen Lebensbereichen.

Für eine gelingende zeitliche Vereinbarkeit der wissenschaftlichen Weiterbildung mit dem beruflichen und auch privaten Lebensbereich sind die überfachlichen Kompetenzen der Selbstorganisation und Prioritätensetzung zentral. Dies
verlangt von Teilnehmenden wissenschaftlicher Weiterbildungsangebote, eigene
Zeitmanagementstrategien zu entwickeln und diese konsequent umzusetzen. So
müssen nicht nur die Präsenzphasen in den beruflichen und privaten Lebensalltag eingebunden, sondern im Besonderen Lernzeiträume für das Selbststudium
geschaffen werden. Hierbei ist der private Lebensbereich im Vergleich zum
Berufsleben weniger stark durch zeitliche Direktiven gekennzeichnet, weshalb
ein großer Teil der entsprechenden Lernzeitfenster und Lernorte darin stattfindet. Des Weiteren scheint das Präsenzstudium, welches häufig in Wochen-
endblöcken stattfindet, durch die fremdbestimmte Terminierung und die oftmals
damit einhergehende Präsenzpflicht sowie durch den Lernort Hochschule
gegenüber Vorgesetzten, Kolleginnen und Kollegen, Partnerin und Partner,
Familie oder Freunde sozial legitimiert zu sein. Dahingegen müssen für die
Selbstlerneinheiten eigenverantwortlich entsprechende Lernzeiten und auch

Lernorte – vor allem mit dem privaten Umfeld – ausgehandelt werden, denn *„es ist schon wirklich wichtig, dass man sich Zeiten reserviert und die auch verteidigt und auch vor sich selber verteidigt, da vielleicht am meisten"* *(Teilnehmende/-r 12, Abs. 91)*.
Dabei ist nicht nur die Quantität, sondern auch die Qualität der zur Verfügung stehenden temporalen Räume bedeutsam. Ein geeignetes Zeitfenster zu finden, welches eine konzentrierte und intensive Auseinandersetzung mit den Inhalten und Aufgaben der Weiterbildung ermöglicht, erfordert daher von den Teilnehmenden eine stärkere Strukturierung ihres privaten Alltags.

> „Und ansonsten verfolge ich die Strategien, dass ich wie das eben sehr viele machen in der Weiterbildung, dass man eben abends oder in der Woche sich, sagen wir mal, für einige Tage eine freie Zeit nimmt, wo man arbeitet, wo man Ruhe hat, meinetwegen dreimal in der Woche, dass man sich dann am Abend oder am Wochenende, dass man sich da mal Zeit nimmt, vor- und nachzubereiten" (Teilnehmende/-r 5, Abs. 17).

Dies umfasst unter anderem die Fähigkeit, langfristig Lernzeiten einzuplanen, *„das Ganze organisieren, die Deadlines kennen und einfach früh genug mit den Sachen anfangen"* *(Teilnehmende/-r 1, Abs. 31)* oder auch *„kleine Ziele setzen, ein Tagesziel setzen, Wochenziele setzen vielleicht oder eben großes Ziel halt, das Zertifikat zu schaffen"* *(Teilnehmende/-r 6, Abs. 45)*. Zugleich ist es notwendig, verschiedene Verpflichtungen mit Prioritäten zu versehen und *„das Unwichtigste davon möglichst vielleicht dann an einem anderen Tag zu machen"* *(Teilnehmende/-r 10, Abs. 36)*. Es gilt, mögliche Lernzeiträume im privaten und beruflichen Alltag zu erkennen und ein geeignetes Lernsetting zu schaffen, *„dass man sich so eine Art Plan machen muss, wann man für was Zeit haben möchte"* *(Teilnehmende/-r 13, Abs. 35)*. Zugleich ist es erforderlich, den eigenen Terminplan nicht zu überlasten und mögliche zeitliche Engpässe rechtzeitig zu erkennen und darauf zu reagieren.

> „Da kann man sich einfach viele Ballungsräume, die dann aufeinandertreffen, einfach vielleicht auch schon mal so im Vorhinein ein bisschen auseinanderziehen" (Teilnehmende/-r 9, Abs. 61).

Hierzu werden beispielsweise Arbeitspläne und Übersichten mit den zu erledigenden Aufgaben erstellt, um bevorstehende Termine zu überblicken und zu strukturieren sowie (zeitliche) Konflikte oder Kollisionen zu vermeiden.

> „Klar, man muss halt sein Zeitmanagement einhalten. Ich habe viele To-Do-Listen, die ich habe, um nichts zu vergessen. Ich ordne die, ich arbeite die nach Wichtigkeit ab, ich schaue, dass ich in Freistunden was gerissen kriege und mich nicht auf einen Kaffee hinsetze" (Teilnehmende/-r 1, Abs. 25).

Dabei werden die Aufgaben häufig einer Rangordnung unterworfen und „*dann fängt man irgendwann noch abzuwägen, wo investiere ich mehr Zeit und wo weniger. Weil, man hat ja nur so ein gewisses Kontingent, wo man was tun kann*" *(Teilnehmende/-r 25, Abs. 9)*.

Die Prioritätensetzung betrifft sowohl die Bewertung der Relevanz von Verpflichtungen gegenüber der Weiterbildung sowie dem beruflichen und privaten Lebensbereich als auch das Abwägen der Bedeutsamkeit angebotener Inhalte und Aufgaben für die eigene Qualifizierung.

Auch wenn sich die befragten Weiterbildungsteilnehmenden nicht konstant mit der Weiterbildung auseinandersetzen, erfordert doch gerade das Selbststudium ein hohes Maß an Selbstdisziplin, eigenverantwortlich Lerneinheiten in den Lebensalltag einzubinden.

> „Aber ich finde schon, man muss sich schon selber so zusammenreißen und sagen, du wolltest es machen also setz dich auch auf den Hosenboden und tu was dafür. Also diese Disziplin muss man dann schon aufbringen" (Teilnehmende/-r 26, Abs. 47).

Zusammenfassend erweist sich ein gutes Zeitmanagement, welches auf die individuellen Lebensumstände abgestimmt ist, als wichtig. Hierfür sind eine langfristige Planung aller Termine und Aufgaben, eine Strukturierung des Alltags und nicht zuletzt Disziplin notwendig, um die mit der Weiterbildung verbundenen zeitlichen Ressourcen in den Lebensalltag zu integrieren.

3.3   Vereinbarkeitskonflikte

> Vereinbarkeitskonflikte treten stärker hervor, wenn es um familiäre oder berufliche Verpflichtungen geht – insbesondere bei unvorhersehbaren Vorkommnissen. Während auf Freizeitangebote gezielt verzichtet werden kann, sind diese Verpflichtungen zu bewältigen und die wissenschaftliche Weiterbildung wird nachrangig.

Private und berufliche Aufgaben nehmen in vielfältiger Weise Einfluss auf die zeitlichen Ressourcen für die wissenschaftliche Weiterbildung. Sie stellen unterschiedliche Anforderungen an die Weiterbildungsteilnehmenden, von denen manche nur schwer oder gar nicht delegiert bzw. zeitlich verlagert werden können. So bedingen die Arbeitszeiten und das Arbeitspensum, wann für die Weiterbildung gelernt werden kann – sowohl hinsichtlich des Zeitraums als auch bezüglich der Konzentrations- und Aufnahmefähigkeit. Besonders nach einem langen Arbeitstag, an dem womöglich noch Überstunden geleistet worden sind, fällt es eher schwer, für die Weiterbildung tätig zu werden. Dies kann besonders in Prüfungsphasen, in denen viel für die Weiterbildung erarbeitet werden muss, zu Spannungen und zeitlichen Engpässen führen.

> „Oder gerade durch die Arbeit, wenn dann, so wie es halt seit Beginn des Jahres bei uns ist, mit sehr hohen Mengen einfach die Zeit gar nicht reicht, man einfach deutlich später nach Hause kommt. Da sind dann auch Arbeitstage 11, 12, 13 Stunden halt keine Seltenheit. Und dann ist es natürlich oftmals, wenn man dann heimkommt, schon schwierig zu sagen okay, jetzt setze ich mich noch hin. Dann ist man einfach oftmals körperlich wie aber auch geistig schon an einem Punkt, wo man sagt okay, jetzt ist dann wirklich eher der Couch-Moment da als der Lernmoment" (Teilnehmende/-r 25, Abs. 41).

Die Präsenzphasen können aufgrund ihrer zumeist frühzeitigen Bekanntgabe und Festlegung besser mit der beruflichen Sphäre in Einklang gebracht werden. Kurzfristige Veränderungen der Weiterbildungstermine rufen hingegen häufig Konflikte mit beruflichen Verpflichtungen hervor, die lediglich mithilfe der Flexibilität von Arbeitgeber und Kollegium aufgefangen werden können. Wenn eine Verschiebung der beruflichen Aufgaben nicht möglich ist und sich keine Vertretung finden lässt, entscheiden sich die Teilnehmenden in der Regel dafür, nicht nur das Selbststudium, sondern auch die Weiterbildungsveranstaltung in Teilen oder vollständig ausfallen zu lassen. Dasselbe gilt für kurzfristig auftretende oder sich verzögernde Aufgaben am Arbeitsplatz.

> „Da, ich arbeite ja in der [Organisation] in [Stadt 2]. Und da ging es noch um eine Patientenbehandlung. Ich weiß gar nicht, die anderen Kollegen waren alle voll beschäftigt, sodass ich erst später für den Master, weiß ich nicht, zwei Stunden oder zweieinhalb Stunden später zur Präsenzzeit antreten konnte" (Teilnehmende/-r 19, Abs. 41).

Es zeigt sich, dass die berufliche Tätigkeit in der Regel Vorrang vor der wissenschaftlichen Weiterbildung hat. Eine Ausnahme bilden Bereiche der Erwerbstätigkeit, die die Teilnehmenden eigenständig steuern können. So weist eine Befragte darauf hin, dass sie ihr berufliches Engagement reduziert und Aufgaben gezielt delegiert hat, um sich mehr Zeit für die Weiterbildung nehmen zu können.

> „Also ganz am Anfang, das war eigentlich das Schlimmste, und zwar da hatte ich dann noch meinen alten Beruf, (...) meine alte Position, und da ist bei uns viel passiert, und da war ich 14, 15 Stunden lang, war ich im Geschäft (...) und konnte mich eigentlich auf die erste Aufgabe oder Klausur oder auf dieses Ganze (...) nicht wirklich vorbereiten (...) und bin dann halt wirklich in Zeitdruck geraten, (...) habe dann halt nachts gelernt und auch ein bisschen gepokert, ja, und diese Situation halt, die ist mir dann zu gefährlich gewesen, weil ich ja trotzdem was erreichen will, also ich will ja nicht bloß bestehen, sondern habe ja auch Ansprüche an mich. Ich habe es in dem Sinne so gelöst, dass ich mich aus dem Geschäft wirklich auch rausnehme. Also, ich sage, okay, ich muss nicht immer so viel machen, also das ist jetzt 1,5 Jahre, da ist es halt so, und zwar dass ich, also in dem Sinne im Geschäft Abstriche gemacht

habe, mich da anders organisiert habe, nicht alles selber gemacht habe, sondern auch delegiert habe" (Teilnehmende/-r 24, Abs. 47ff.).

Hinsichtlich der Möglichkeiten, Aufgaben zu delegieren und dadurch eine zeitliche Entlastung zu erhalten, erweisen sich Erwerbstätigkeiten mit Führungsfunktionen einerseits als Vorteil. Zugleich sind solche Positionen jedoch mit mehr Verantwortung und vielfältigen Tätigkeiten verbunden, was die zeitliche Flexibilität andererseits einschränken kann. Die wiederholte Abwesenheit vom Arbeitsplatz aufgrund der Weiterbildung stellt beispielsweise für Teilnehmende mit Personalverantwortung eine Herausforderung dar.

> „Also ich mache viel Projektarbeit in Bezug auf kontinuierliche Verbesserungen, auch in Zusammenarbeit mit unseren Mitarbeitern. Und manchmal habe ich das Gefühl, ich kann den Vorschlägen, die die machen und die Bearbeitung, die damit zusammenhängt und die Umsetzung teilweise, da kann ich leider den Leuten und der Sache dann nicht ganz gerecht werden; und muss die dann auf die nächste Woche vertrösten. Wenn die jetzt mittwochs sage ich mal, zu mir kommen und sagen: Hier, ich habe da was, kannst Du Dir das mal angucken? Dann muss ich sagen: Ja, tut mir leid, ich bin jetzt morgen und übermorgen nicht da, ich muss es am Montag machen. Natürlich ist das Gefühl oder den Mitarbeitern dann so etwas zu sagen, ist natürlich für mich persönlich zumindest nicht schön. Also es ist nicht zu ändern, aber es tut mir dann auch immer persönlich extrem leid" (Teilnehmende/-r 23, Abs. 37).

Ähnliches beschreiben Personen aus dem Sozial- und Gesundheitsbereich bezüglich der Betreuung von Klientinnen und Klienten. Um Abwesenheiten oder verkürzte Übergabezeiten zu kompensieren, wird der notwendige Austausch mit Kolleginnen und Kollegen um die Weiterbildungsveranstaltungen herum organisiert. Solche Umgangsweisen veranschaulichen exemplarisch, dass fehlende Zeiten am Arbeitsplatz aufgrund von Weiterbildungsterminen häufig kompensiert – *„viel vor- und nacharbeiten" (Teilnehmende/-r 1, Abs. 23)* – werden (müssen).

Eine zeitweise oder dauerhafte hohe berufliche Arbeitsbelastung, die zum Beispiel aufgrund saisonbedingter Stoßzeiten, personeller Umstrukturierungen oder veränderter Auftragslagen entsteht, kann die Weiterbildungsaktivität zeitlich belasten. Durch Absprachen am Arbeitsplatz – wie etwa eine Freistellung oder Stellenreduktion, phasenweise Entlastung durch Kolleginnen und Kollegen oder die Möglichkeit zu Vor- und Nacharbeiten – kann die Weiterbildungsteilnahme wesentlich erleichtert oder gar erst ermöglicht werden. Entsprechend erweisen sich gegenläufige Tendenzen in der Erwerbstätigkeitssphäre, die eine Mehrbelastung während der Weiterbildungsteilnahme bedingen, als Erschwernis. Stoßzeiten im Weiterbildungs- oder Erwerbsarbeitsfeld sind infolgedessen ein Auslöser für zeitliche Engpässe und Vereinbarkeitskonflikte zwischen diesen beiden Lebensbereichen.

„Zeit gerade vor Weihnachten oder vor [Tätigkeitsbeschreibung] sind, wo die Arbeit sich häuft als [Beruf] und dann noch natürlich Hausarbeiten zu schreiben, dann Klausurvorbereitung zu machen, ist nicht ganz einfach. Also da muss man sich zwingen, da braucht man Disziplin, um das durchzuziehen. Das ist auch nicht ganz einfach. Es gibt sicherlich auch Momente, wo man, wo man vielleicht mehr Zeit bräuchte, die man nicht hat" (Teilnehmende/-r 5, Abs. 21).

Bezogen auf den privaten Bereich ist dieser von der Weiterbildung zumeist in mehrfacher Hinsicht zeitlich betroffen. Zum einen überschneiden sich die Zeiten der Weiterbildung in der Regel mit den Zeitfenstern für Familie, Partnerschaft und Freizeit. Präsenzveranstaltungen liegen an Abenden und vor allem an Wochenenden und auch die Selbstlernzeiten finden zumeist nach der Erwerbstätigkeit abends oder an Wochenenden, Feiertagen und im Urlaub statt. Hinsichtlich des Konfliktpotentials unterscheiden sich die Lebensbereiche Familie und Freizeit jedoch. Während der Freizeitbereich zumeist eigenständig gestaltet und leichter umorganisiert werden kann, gilt es in Familie und Partnerschaft, Absprachen und Regelungen im Rahmen des Möglichen neu zu treffen. Viele Befragte weisen darauf hin, dass bereits die Entscheidung für die wissenschaftliche Weiterbildung in Absprache mit dem Partner, der Partnerin bzw. der Familie getroffen worden ist. Die Unterstützung bzw. Entlastung des Weiterbildungsteilnehmenden durch Familienmitglieder oder Partnerin und Partner ist ein bedeutsamer Faktor zur Vereinbarkeit der Weiterbildung (vgl. These 2.4). Insbesondere Betreuungspflichten und Pflegetätigkeiten stellen Aufgabenbereiche dar, die sich schwerlich für die Weiterbildung aufschieben lassen, denn *„am schwierigsten ist es halt, Menschen deswegen zurückzustellen" (Teilnehmende/-r 12, Abs. 91).* Wenn keine Vertretung und Delegation möglich ist, haben diese Aufgaben für die Teilnehmenden Vorrang vor der Weiterbildung.

„Die Absprachen zu Hause gestalten sich schon ein bisschen schwieriger, weil da eben auch spontan Sachen wie Krankheit oder sowas dazukommen. Jetzt am Wochenende als kleines Beispiel wollte ich eigentlich eben meine eine Hausarbeit zu Ende schreiben und dafür hätte ich zwei Tage eingeplant und meine Frau wollte eigentlich zu ihren Eltern fahren. Ja aber nun war sie krank und ich saß mit beiden Kindern alleine da. Eine kranke Frau und zwei schreiende Kinder, da war nicht eine Minute für die Hausarbeit" (Teilnehmende/-r 2, Abs. 9).

Eine Befragte weist darauf hin, dass die Abwesenheit bei Präsenzveranstaltungen der Weiterbildung aufgrund privater Betreuungsaufgaben sogar schwieriger zu kompensieren sein kann als ein Ausfall am Arbeitsplatz.

„Weil das dadurch, dass wir immer so komprimierte Präsenzzeiten haben, würde mir ja wahnsinnig viel fehlen, wenn ich ein ganzes Wochenende sagen würde: „Ich bleibe zu Hause". Wenn ich in der [Organisation] mal einen Tag nicht da bin, da wird nicht so viel verpasst, aber wenn ich ein ganzes Wochenende nicht zur Uni gehe, weil meine Kinder krank sind, dann geht es ja nicht. Und deswegen ist es schon ein bisschen schwierig, finde ich" (Teilnehmen-de/-r 3, Abs. 5).

Im Fall von Familienfeiern oder gemeinsamen (Familien-)Aktivitäten werden Abwesenheiten und Einschränkungen zugunsten der Weiterbildung in Kauf genommen. Ähnlich verhält es sich mit anderen individuellen Freizeitaktivitäten. Im Vergleich zu anderen Bereichen des Lebens werden Hobbies und private Aktivitäten zugunsten der wissenschaftlichen Weiterbildung am ehesten eingeschränkt oder verändert, auf zeitintensive oder langfristig bindende Betätigungen wird zuweilen sogar ganz verzichtet.

> „Also ich kann irgendwie – das ist mir gleich aufgefallen, das habe ich nämlich am Anfang probiert – schlecht in Vereinen irgendwie mich engagieren oder Sport machen, das funktioniert irgendwie nicht. Deshalb habe ich mich halt jetzt im Fitnessstudio angemeldet, weil ich da einfach hingehen kann, wenn es halt gerade mal passt" (Teilnehmende/-r 14, Abs. 19).

In der Tendenz können Freizeitaktivitäten am leichtesten ausgesetzt oder umorganisiert werden, um Zeitfenster für die Weiterbildung zu schaffen. Bei der beruflichen und familiären Sphäre hängen zeitliche Flexibilität und Freiräume für die Weiterbildung stärker an individuellen Absprachen, zeitweisen Freistellungen, Umverteilungen und Vertretungsregelungen. In Stoßzeiten mit vielen Aufgaben oder bei unvorhersehbaren, plötzlich auftretenden Anforderungen und Veränderungen im beruflichen oder familiären Lebensbereich gerät das sensible Vereinbarkeitsgleichgewicht leicht aus der Balance und wird in der Tendenz durch eine Reduktion der Zeiträume für die Weiterbildung kompensiert.

3.4 Umgang mit zeitlichen Belastungen

> Wenn die Kommunikation mit dem privaten und beruflichen Umfeld gut funktioniert und flexible Absprachen möglich sind, macht das die zeitliche Belastung durch die wissenschaftliche Weiterbildung handhabbar.

Die zeitliche Vereinbarkeit ist nicht nur von der Kompetenz abhängig, Lernrhythmen eigenständig zu organisieren und in den Berufs- und Lebensalltag einzubinden, sondern sie wird im bedeutenden Umfang auch von der Unterstützung aus den verschiedenen Lebensbereichen beeinflusst. Diese kann unterschiedlich stark ausgeprägt sein und verschiedene Formen annehmen. Eine wichtige Voraussetzung für Unterstützungsleistungen durch das soziale Umfeld

besteht darin, klar über mögliche bevorstehende Veränderungen zu kommuni-
zieren und Abstimmungsprozesse zu initiieren. Im beruflichen Lebensbereich trägt nicht nur die Freistellung für
Präsenztermine zur zeitlichen Vereinbarkeit bei (vgl. These 2.1), sondern auch
eine gewisse Flexibilität in der Ausgestaltung der Arbeitszeiten. Gleitzeit- und
Vertrauensarbeitszeitmodelle erlauben es den Weiterbildungsteilnehmenden,
flexibel Überstunden auf- und abzubauen. So ist es möglich, variabel auf die
verschiedenen Lernphasen innerhalb einer Weiterbildung einzugehen und
Selbstlerneinheiten besser in den Lebensalltag zu integrieren. In Abschnitten mit
geringerem Lernaufwand können zusätzliche Arbeitsstunden geleistet werden,
wohingegen in Abschnitten besonderer (Lern-)Belastungen, wie z.B. in
Prüfungsphasen, Überstunden abgebaut werden können, „[...] *weil man dann
einfach auch mal eher gehen kann oder mal später kommen kann" (Teilneh-
mende/-r 18, Abs. 49)*. Voraussetzung für diese Zeitmodelle ist jedoch, dass
Arbeitsinhalte relativ losgelöst von Wochentagen und selbstständig erledigt
werden können.

Ferner ist nicht nur die Unterstützung von der Führungsebene, sondern
auch die des Kollegiums für eine bessere Vereinbarkeit zentral.

„Und ich habe momentan das Glück, also, die haben tatsächlich auch im Vorfeld schon ge-
schaut, dass mein Team in der Hauptgruppe, wo ich arbeite, so gut besetzt ist, dass ich halt
auch entlastet werden kann, weil ich hatte vorher einen Bereich, den habe ich alleine geleitet.
Da war das schwer. Aber in der neuen Gruppe sind wir jetzt ein Team und da ist noch jemand
dazugekommen und das entlastet schon massiv [...]" (ebd., Abs. 52).

Die Unterstützung kann verschiedene Formen annehmen. Sie kann sich bei
weniger flexiblen Arbeitszeitmodellen darin äußern, dass Schichten übernommen werden bzw. die Bereitschaft besteht, Dienstzeiten zu tauschen. Weiterhin
können inhaltliche Vertretungsregelungen Arbeitsrückstände vermeiden,
während Fehlzeiten andernfalls ein erhöhtes Arbeitspensum nach sich ziehen
würden.

„Es ist jetzt bei mir ein bisschen einfacher, da ich ja, in Anführungszeichen, nur im Kunden-
service bin und noch mehrere Kollegen habe, die gleichzeitig mit mir die Sachen machen. Da
bin ich dann eher mal raus aus dem Tagesgeschäft, das ist dann auch nicht zu schlimm wie bei
anderen Kollegen, die halt wirklich so eine Führungsposition haben, da halt wirklich mitten-
drin sind" (Teilnehmende/-r 26, Abs. 11).

Auch kann plötzlich anfallende Mehrarbeit von Kolleginnen und Kollegen
aufgefangen werden. Die kollegiale Unterstützung kann darüber hinaus an
Bedeutung gewinnen, wenn keine oder nur wenige Absprachen zur Weiterbildungsteilnahme mit dem Vorgesetzten bestehen. Kann hingegen nicht auf

diese Unterstützungsform zurückgegriffen werden, führt dies in Konflikt-situationen häufig dazu, dass die eigene Weiterbildungstätigkeit zugunsten der beruflichen Verpflichtungen vernachlässigt wird.

Über den beruflichen Bereich hinaus sind auch Kommunikation und Abspracheregelungen im privaten Bereich notwendig. In Abhängigkeit vom Beziehungsstatus sind Alleinstehende ohne familiäre Verpflichtungen weniger gezwungen, Absprachen zu treffen als Personen, die sich in einer Partnerschaft befinden und/oder familiäre Verpflichtungen aufweisen.

> „Und die Familie im Vorfeld auch damit einspannen ist auch wichtig, also, dass man diese Entscheidung wirklich gemeinsam trifft, wenn man eine Familie oder eine Partnerschaft oder sowas hat, weil das doch etwas ist, also natürlich mache ich das Studium, aber mein Mann ist dann doch Leidtragender in diesem Fall und die Familie auch und dann müssen einfach alle an einem Strang ziehen, sonst funktioniert es nicht" (Teilnehmende/-r 3, Abs. 29).

Die Unterstützung der Partnerin oder des Partners gilt als wichtige Vorausset-zung, eine wissenschaftliche Weiterbildung erfolgreich abzuschließen. Dabei wird es als zentral erachtet, bereits vor Beginn der Weiterbildung Absprachen zu treffen, denn alltägliche Verpflichtungen müssen möglicherweise in der Partnerschaft neu verteilt und Freizeitaktivitäten abgestimmt werden, um Lern-zeiträume zu schaffen. Eine fortwährende Kommunikation sowie die Abstim-mung untereinander sind über den gesamten Zeitraum der Weiterbildung notwendig, um Lernzeitfenster in den Lebensalltag und auch in schwierigen Phasen zu integrieren. Leben betreuungspflichtige Kinder im Haushalt, ist es darüber hinaus unter Umständen notwendig, Haushalts- und Betreuungsaufga-ben neu oder umzuverteilen. Die folgende Aussage belegt, wie wichtig die Unterstützung der Partnerin oder des Partners ist, um Selbstlerneinheiten in den privaten Lebensbereich einzubinden:

> „Also, unterstützt in dem Sinne natürlich die alltäglichen Hausarbeiten, dass das abgenommen wird, wenn man dann sagt: okay, ich habe jetzt nur noch eine Woche und muss mich jeden Abend da dransetzen und kochen, weiß ich nicht, also die alltäglichen Dinge wurden schon abgenommen, ja. Wäre auch schlimm, wenn es nicht so gewesen wäre" (Teilnehmende/-r 10, Abs. 13).

Weiterhin besteht bei weiblichen Personen mit Familienpflichten ein größerer Abstimmungsbedarf als bei männlichen Personen mit Familienpflichten, da Frauen häufig den Großteil der Haushaltsführung und Kinderfürsorge über-nehmen.

> „Es gibt natürlich dann immer Schwierigkeiten, ich habe zwei Kinder und mein Mann kann auch nicht immer unbedingt alles übernehmen. Also manchmal gibt es da schon Terminprob-

leme, dass ich zusehen muss, wie ich meine Kinder irgendwie untergebracht bekomme, oder wenn die krank sind, was mache ich dann mit denen" (Teilnehmende/-r 3, Abs. 5).

Resümierend wird deutlich, dass für eine gelingende zeitliche Vereinbarkeit der Weiterbildung nicht nur eine Abstimmung auf den verschiedenen Ebenen des beruflichen Umfeldes getroffen werden muss (z.b. flexible Arbeitszeitmodelle und betriebliche Absprachen), sondern die Unterstützung aus dem privaten Bereich zentral ist. Dabei existieren deutliche zielgruppenspezifische Unterschiede, die auch durch familiale und geschlechtliche Arbeitsteilungen geprägt sind.

4   Zeitliche Optimierungsbedarfe: Ableitungen

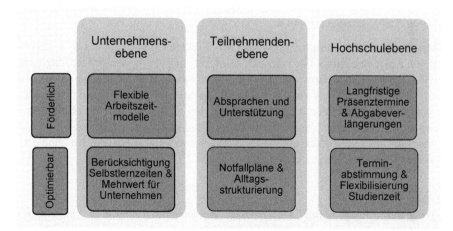

Abbildung 2:   Übersicht der Unterstützungs- und Optimierungsfaktoren (eigene Darstellung)

Eine funktionierende zeitliche Vereinbarkeit der wissenschaftlichen Weiterbildung mit dem beruflichen und privaten Lebensbereich stellt sowohl Teilnehmende als auch Hochschulen und Arbeitgeber als zentrale beteiligte Akteure vor große Herausforderungen. Die im Rahmen der Thesen dargestellten Zwischenergebnisse der individuumsbezogenen Zeitvereinbarkeitsstudie zeigen auf diesen drei Akteursebenen zum einen Aspekte, die die Vereinbarkeit von Weiterbildung und Berufstätigkeit aus Teilnehmendenperspektive bereits fördern, zum anderen verweisen sie aber ebenso deutlich auf entsprechende Optimierungsbedarfe (s. Abb. 2).[7] Die erste Ebene betrifft die Unternehmensseite und das berufliche Umfeld der Teilnehmenden. Ebene zwei fokussiert die Teilnehmenden selbst bzw. die Wirksamkeit ihres individuellen Zeitmanagements. Die dritte Ebene beschäftigt sich schließlich mit der Angebotsorganisation der Hochschulen.

4.1 Das berufliche Umfeld (Unternehmensebene)

Eine wichtige Prämisse wissenschaftlicher Weiterbildungen ist das berufsbegleitende Format. Dementsprechend soll es den Teilnehmenden ermöglicht werden, ein hochschulisches Angebot neben ihrer (Vollzeit-)Erwerbstätigkeit durchzuführen. Ein wesentlicher Gelingensfaktor der zeitlichen Vereinbarkeit sind Absprachregelungen mit dem beruflichen Umfeld im Vorfeld der Weiterbildung.

Vereinbarkeitsfördernde Aspekte

Mit Blick auf das berufliche Umfeld der Teilnehmenden lassen sich zunächst flexible Arbeitszeitmodelle wie z.b. Gleitzeit- und Vertrauensarbeitszeiten sowie Unterstützungsleistungen in Form von temporalen Freistellungen bzw. von einem Arbeitszeiterlass als vereinbarkeitsfördernde Aspekte identifizieren. Flexible Arbeitszeitmodelle tragen zudem dazu bei, Regenerations- und Erholungszeiten effektiver einzuplanen, die in den Vereinbarkeitsstrategien zunächst nicht oder nur unzureichend berücksichtigt werden und sich im Nachhinein ohne diese Flexibilität nur schwer erwirken lassen.

Optimierungsbedarfe

Trotz der oftmals bereits vorhandenen vereinbarkeitsfördernden Maßnahmen auf Arbeitgeberseite stellt sich die Vereinbarkeit der Lebensbereiche für die Teilnehmenden weiterhin als herausfordernd dar. Grund hierfür ist vor allem, dass entscheidende Elemente der Weiterbildung wie Prüfungszeiträume oder Selbststudium (z.b. E-Learning-Einheiten) von diesen flexiblen Regelungen und Unterstützungsmaßnahmen weitestgehend ausgenommen sind. Ein Einflussfaktor auf Freistellungsregelungen kann in der Unternehmensgröße sowie in der Form der Beschäftigung (z.b. geistige Arbeit, Dienstleistungs-, Verwaltungs-

---

7   Die Zwischenergebnisse sind im Vorfeld der Veröffentlichung in einem Gremium – dem sogenannten Weiterbildungsbeirat – bestehend aus Vertreterinnen und Vertretern der Wirtschaft, Wissenschaft, Politik und Bildung in Hessen vorgestellt worden und sind auf reges Interesse und großen Zuspruch gestoßen. Der Weiterbildungsbeirat ist im Rahmen des WM³-Projekts gegründet worden und stellt eine beratende Instanz bei strategischen Fragen und Entscheidungen für die Entwicklung von regionalen nachfrageorientierten wissenschaftlichen Weiterbildungsangeboten der Verbundhochschulen dar.

oder Produktionsbranche) liegen. Zudem kann das Selbststudium auf Arbeitgeberseite weniger sichtbar sein, da dies zumeist außerhalb der Arbeitszeiten und abseits des Arbeitsplatzes stattfindet. Eine Beachtung dieser Elemente im Rahmen von u.a. Freistellungsregelungen kann die Vereinbarkeit allerdings deutlich verbessern und stellt daher einen weiteren wichtigen Ansatzpunkt künftiger Optimierungsbestrebungen dar. Wünschenswert ist außerdem eine bessere Integration von Selbstlernmöglichkeiten am Arbeitsplatz, die primär in Abschnitten besonderer (Lern-)Belastungen zum Tragen kommen und gleichzeitig zum Abbau von Überstunden genutzt werden können. Dabei soll es jedoch keinesfalls um eine Verringerung, sondern vielmehr um eine Verlegung der Arbeitszeiten sowie Flexibilisierung vorhandener Strukturen gehen. Gleichzeitig bietet eine solche Integration eine Chance, die Sichtbarkeit der Selbstlernprozesse und damit bestenfalls auch dessen Akzeptanz auf Arbeitgeberseite zu fördern.

Die Anforderung, familiäre, berufliche und weiterbildungsbezogene Herausforderungen gleichzeitig zu bewältigen, birgt Konfliktpotential. Eine besondere Gelingensbedingung ist eine veränderte Unternehmenskultur, die der wissenschaftlichen Weiterbildung mit einer größeren Akzeptanz begegnet. Voraussetzung hierfür ist jedoch, dass für die Arbeitgeber sowohl der unternehmensspezifische als auch der mitarbeiterbezogene Mehrwert erkennbar wird. Entsprechend ist stärker zu verankern, dass eine Höherqualifizierung im Rahmen der wissenschaftlichen Weiterbildung mit einer Steigerung der Produktivität bzw. Qualität einhergeht und nicht primär die Gefahr einer möglichen Abwanderung der Teilnehmenden und eines damit zusammenhängenden Wissensverlustes gesehen wird. Zudem besteht für Arbeitgeber die Option, entsprechende Verträge zu verhandeln, die die Teilnehmenden länger an das Unternehmen binden und eine (anteilige) Rückzahlung der Weiterbildungsgebühr bei einer verfrühten Abwanderung garantiert.

4.2 Individuelles Zeitmanagement (Teilnehmendenebene)

Eine funktionierende zeitliche Vereinbarkeit der wissenschaftlichen Weiterbildung mit dem beruflichen und privaten Lebensbereich benötigt nicht nur verbesserte Unterstützungsmaßnahmen und Fördermöglichkeiten durch das berufliche Umfeld. Vielmehr ist es Aufgabe der Teilnehmenden, eigene Zeitmanagementstrategien zu entwickeln und diese im Rahmen von Präsenz- und Selbststudium konsequent umzusetzen. Diesbezüglich veranschaulicht die Interviewanalyse sowohl individuelle vereinbarkeitsfördernde Aspekte als auch Optimierungsbedarfe vor dem Hintergrund der Selbstorganisation und Prioritätensetzung.

Vereinbarkeitsfördernde Aspekte

Einige der Befragten setzen im Rahmen der Selbstorganisation bereits spezifische Strategien ein, um mögliche Vereinbarkeitskonflikte rechtzeitig vorherzusehen und eventuellen Kollisionen zu entgehen. Von großer Wichtigkeit ist es dabei zunächst, Prioritäten zu setzen und eine vorausschauende Terminplanung mit einer klaren Zielsetzung zu verwirklichen. Sodann zeichnen sich einerseits frühzeitige Absprachen mit dem Arbeitgeber (u.a. Freistellungsregelungen) bzw. mit dem Kollegium (u.a. Vertretungsregelungen) als vereinbarkeitsfördernd aus. Andererseits führt im privaten Bereich vor allem eine Unterstützung durch Familienmitglieder bzw. Partnerin oder Partner zu einer Verbesserung der Vereinbarkeit. An dieser Stelle wird deutlich, welch große Bedeutung das berufliche und das private Umfeld für die Verwirklichung der wissenschaftlichen Weiterbildung haben. Festzustellen ist jedoch auch, dass bisher keinesfalls alle Befragten solche umfassenden Unterstützungsleistungen abrufen können und es hinsichtlich ihrer Selbstorganisation zahlreiche Optimierungsbedarfe gibt.

Optimierungsbedarfe

Fehlt es an Unterstützungsmöglichkeiten oder greifen die ursprünglich geplanten Vereinbarkeitsstrategien nicht, geraten die Teilnehmenden schnell an ihre (zeitlichen) Grenzen. Insbesondere kurzfristige terminliche Änderungen der Weiterbildung sowie (unvorhersehbare) berufliche Ausnahmefälle, wie plötzliche Mehrarbeit, erschweren das individuell entwickelte Zeitmanagement und eine Teilnahme an den Präsenzterminen. In solchen Fällen verliert zumeist die Weiterbildung an Priorität und wird gegebenenfalls auch abgesagt, sofern keine zeitnahe, flexible und selbstgesteuerte Lösung gefunden werden kann. Hier erweist sich ein Entgegenkommen von Seiten der hochschulischen Angebotsorganisation, z.B. durch Abgabefristverlängerungen, wie auch von Seiten des Arbeitgebers als hilfreich. Ähnlich schwierig zeigt sich die Teilnahme an den Präsenzterminen beim Auftreten privater Ausnahmefälle. Können keine Vertretungsregelungen getroffen werden bzw. ist keine Delegation der Aufgaben z.B. an Familienmitglieder möglich, wird diesen Aufgaben der Vorrang vor der Weiterbildungsteilnahme gewährt. Aufgrund der Unvorhersehbarkeit genannter Ausnahmefälle gilt es für die Teilnehmenden, ihr Zeitmanagement zu optimieren und entsprechend einen Notfallplan aufzustellen, der mit den Beteiligten aus dem beruflichen und familiären Umfeld möglichst bereits zum Beginn der Weiterbildung abgesprochen wird. Bestenfalls werden solche Szenarien bereits bei der Entscheidung über die Weiterbildungsteilnahme mit einbezogen.

Im Gegensatz zu den Präsenzterminen ist das Selbststudium der Teilnehmenden weniger stark sozial legitimiert. Zudem wird es aufgrund der hier weniger vorhandenen zeitlichen Direktiven vorwiegend im privaten und weniger im beruflichen Lebensbereich umgesetzt. Das hat zur Folge, dass Selbstlerneinheiten (Lernzeiten, Lernorte etc.) vorrangig eigenverantwortlich mit dem privaten Umfeld ausgehandelt werden müssen. Besonders problematisch hierbei ist, dass sich dieses für viele Teilnehmende oftmals als herausfordernder darstellt als zu Beginn der Weiterbildung angenommen, denn die Selbstlernphasen sind nicht nur für die Arbeitgeber, sondern auch für die Teilnehmenden selbst weniger greifbar als die Präsenzphasen. Dadurch wird der eigentliche Aufwand im Rahmen erster zeitbezogener Planungsprozesse zumeist deutlich unterschätzt. So müssen für das Selbststudium im Besonderen gezielt Lernzeiträume geschaffen werden, die nicht nur quantitativ vorhanden, sondern auch qualitativ hochwertig sind. Denn nicht jedes freie Zeitfenster ist für eine konzentrierte und intensive Selbstlernphase geeignet. Entsprechend erfordert das Finden und Nutzen geeigneter Zeitfenster von den Teilnehmenden eine stärkere Strukturierung ihres privaten Alltags. Unabdingbare Gelingensbedingung hierfür ist sodann die Bereitschaft des sozialen Umfeldes, den Lernenden Zeit zum Lernen einzuräumen und dem Selbststudium eine größere Bedeutung zukommen zu lassen.

Vor diesem Hintergrund liegen die Optimierungsansätze der Selbstorganisation zunächst weitestgehend in der Eigenverantwortung der Teilnehmenden. Ferner können aber auch die Arbeitgeber einen Beitrag zur Vereinfachung der Selbstorganisation der Teilnehmenden leisten, indem die vertraglich geregelte und die reale Arbeitszeit weniger stark voneinander abweichen.

4.3 Angebotsorganisation (Hochschulebene)

Auch die Hochschulen als Anbieterinnen der wissenschaftlichen Weiterbildung tragen durch ihre Angebotsorganisation maßgeblich zum Gelingen oder Misslingen der Vereinbarkeit der Lebensbereiche bei.

Vereinbarkeitsfördernde Aspekte

Als vereinbarkeitsfördernd wird zunächst eine frühzeitige und termingenaue Planung der Präsenzzeiten und Prüfungstermine beschrieben, die den Teilnehmenden ein frühes Zeitmanagement und das Treffen von Vereinbarkeitsregelungen mit den verschiedenen Lebensbereichen ermöglichen. Aber auch Hilfestellungen wie z.B. die Verlängerung der Abgabefristen von Hausarbeiten, werden als sehr förderlich empfunden. Um die Weiterbildung mit den anderen Lebensbereichen zu vereinbaren, ist eine zeitlich eng getaktete Planung des Präsenz- und Selbststudiums aus Teilnehmendenperspektive sehr aufwendig. Des

Weiteren trägt eine realistische Angabe der Hochschule zu dem zu erwartenden Zeitaufwand für die Bearbeitung von Studienmaterialien zu einer besseren Vereinbarkeit bei.

Optimierungsbedarfe

Generell werden nur wenige Verbesserungsvorschläge in Bezug auf die zeitliche Vereinbarkeit geäußert. Mehrfach werden jedoch Situationen geschildert, in denen eine bessere Angebotsorganisation durch die Hochschulen zu einer verbesserten Vereinbarkeit hätte beitragen können. So führen z.b. kurzfristige Terminänderungen der Präsenztage schnell zum Misslingen eines von den Teilnehmenden weit im Voraus ausgearbeiteten Zeitplans. Bei Terminumlegungen scheinen eventuelle Vereinbarkeitsproblematiken der Teilnehmenden bei der Umplanung jedoch kaum Berücksichtigung zu finden. Die Hochschulen sollten daher im Rahmen von Optimierungsprozessen einen Weg finden, unumgängliche Terminänderungen bestmöglich mit den Teilnehmenden abzustimmen. Damit ist weniger der komplette Verzicht auf Präsenzphasen und auf die damit verbundene wichtige Interaktion unter den Teilnehmenden angedacht, sondern vielmehr ein Entgegenkommen im Falle von Vereinbarkeitskonflikten. Auch der vollständige Ersatz von Präsenzterminen durch E-Learning-Formate stellt für die Teilnehmenden keine Option dar, da diese Angebote nicht an die bestehende Vereinbarkeitsrealität anknüpfen und der direkte Austausch als wichtiges Erkenntnisinstrument wegfallen würde. Ein weiterer Optimierungsansatz besteht zudem darin, den Teilnehmenden bei der Planung der Weiterbildungsangebote die Möglichkeit zu offerieren, das Studium über die Regelstudienzeit hinaus zu strecken oder es in einzelnen Modulen in individuell passenden Zeiträumen abzuleisten.

5   Fazit

Die vorangegangene Analyse zeigt, dass eine Optimierung der zeitlichen Vereinbarkeit von wissenschaftlicher Weiterbildung mit einer Berufstätigkeit nur durch vielfältige Umgestaltungsprozesse und zeitbezogene Absprachen sowie durch intensive Kooperation und Entgegenkommen auf den drei zentralen Akteursebenen (Unternehmen, Teilnehmende, Hochschulen) herbeigeführt werden kann. Einige Befunde stützen dabei die zu Beginn dargestellten relevanten Forschungsergebnisse. Andere Befunde konkretisieren hingegen die Besonderheiten, die spezifisch im Rahmen der Vereinbarkeitsprozesse wissenschaftlicher Weiterbildung von Bedeutung sind.

So tragen in der wissenschaftlichen Weiterbildung (vgl. Lobe 2015, S. 236) auf der Unternehmensebene offerierte flexible Arbeitszeitmodelle bzw. eine Flexibilisierung vorhandener Strukturen elementar zu einer Verbesserung der zeitlichen Vereinbarkeit bei (s. Kap. 4.1). Das Interviewmaterial verdeutlicht dabei die Vielfältigkeit solcher Modelle und die Notwendigkeit entsprechender Freiräume wie z.B. für Regenerationszeiten. Auch die bereits geforderte Anerkennung der Wegezeiten zur Weiterbildung als Arbeitszeit (vgl. Präßler 2015, S. 178f.) kann auf Basis der Analyse gestützt werden. Dadurch kann die Bereitschaft und Akzeptanz der Teilnehmenden für längere Anfahrten und eher abschreckende Wegezeiten erhöht werden. Bedeutsam ist darüber hinaus die Erkenntnis, dass für die Arbeitgeberseite sowohl der unternehmensspezifische als auch der mitarbeiterbezogene Mehrwert stärker hervorgehoben werden muss, um die Bereitschaft für notwendige unternehmensseitige Optimierungsprozesse und Freistellungsmaßnahmen zu steigern.

Anhand der Resultate auf der Teilnehmendenebene (s. Kap. 4.2) kann die von Schmidt-Lauff (2011, S. 376ff.) und Nahrstedt et al. (1998, S.19) beschriebene qualitative Einschränkung der Lernzeiten, etwa durch Erwerbstätigkeit oder familiäre Verpflichtungen, bestätigt werden. Aus Perspektive der Teilnehmenden der Zeitvereinbarkeitsstudie ist nicht jedes freie Zeitfenster für eine intensive Selbstlernphase geeignet. Zudem wird das Selbststudium aufgrund der fehlenden Legitimation am Arbeitsplatz vorwiegend im privaten Bereich umgesetzt. Dementsprechend müssen bei der Schaffung von Lernzeiten primär private Belange zurückstehen und bevorzugte Lernzeiten (besonders an Vormittagen) können nicht genutzt werden. Die dargelegten Befunde bestätigen und verstärken ferner die wichtige Rolle, die private Unterstützungsmaßnahmen z.B. durch Partnerinnen und Partner, insbesondere bei Personen mit Familienpflichten, für die Vereinbarkeit der wissenschaftlichen Weiterbildung mit dem Beruf einnehmen (vgl. Lobe 2015, S. 241f.). Eine ebenso große Bedeutung für individuelle Zeitmanagementstrategien haben berufsbezogene Absprachen mit den Vorgesetzen und/oder dem Kollegium. Um entsprechende Unterstützungsmaßnahmen zu erhalten, ist es für die Teilnehmenden von Beginn an notwendig, das soziale und berufliche Umfeld durch entsprechende Kommunikationsprozesse aktiv in das Weiterbildungsvorhaben einzubeziehen. Da sowohl Beruf als auch Familie die größten Konkurrenzbereiche zur Weiterbildung darstellen (vgl. Lobe 2015, S. 211f.), kann die wissenschaftliche Weiterbildung nur durch eine Mitwirkung des sozialen Umfeldes beider Bereiche überhaupt gelingen. Die Planung und Umsetzung individueller Zeitmanagementstrategien und die dafür notwendige Selbstdisziplin kann dagegen weder von der Angebotsorganisation noch von Arbeitgeberseite unmittelbar beeinflusst werden.

Für die Ebene der hochschulischen Angebotsorganisation (s. Kap. 4.3) bestätigen die Ergebnisse die dargestellte Präferenz der Teilnehmenden für kompakte Präsenztermine (vgl. Präßler 2015, S. 178f.). Erweitert wird diese Analyse durch die besondere Bedeutung einer frühzeitigen Terminierung der Präsenztermine und der unabdinglichen Forderung der Teilnehmenden nach einer gemeinsamen Terminabstimmung bei der Verlegung von Präsenzzeiten. Zudem ist es aus Sicht der Befragten wünschenswert, die Studienzeit grundsätzlich flexibler gestalten zu können.

Insgesamt ist eine hohe Flexibilität auf allen drei Akteursebenen von großer Bedeutung für die Ermöglichung der Vereinbarkeit von Arbeit, privater Lebenswelt und Weiterbildung. Dementsprechend ist weiterhin angebots- sowie zielgruppenspezifisch zu prüfen, welche Zeitmodelle der wissenschaftlichen Weiterbildung für die unterschiedlichen Berufsgruppen sowie für diverse lebensweltliche und familiäre Formate größtmögliche Erfolge versprechen. Somit könnten zugleich die Attraktivität von wissenschaftlichen Weiterbildungsangeboten gesteigert und deren Inanspruchnahme erhöht werden.

Literatur

Antoni, Conny H./Friedrich, Peter/Haunschild, Axel/Josten, Martina/Meyer, Rita (Hrsg.) (2014): *Work-Learn-Life-Balance in der Wissensarbeit. Herausforderungen, Erfolgsfaktoren und Gestaltungshilfen für die betriebliche Praxis.* Wiesbaden: Springer VS.
Böhm, Sebastian (2015): *Beruf und Privatleben. Ein Vereinbarkeitsproblem? Entstehungsfaktoren von erwerbsarbeitsbedingten Abstimmungsproblemen und Konflikten im Privatleben von Beschäftigen in Deutschland.* Wiesbaden: Springer VS.
Denninger, Anika/Kahl, Ramona/Präßler, Sarah (2017): Individuumsbezogene Zeitbudgetstudie – Konzeptionen zur Erhebung der Zeitverausgabung von Teilnehmenden wissenschaftlicher Weiterbildung. In: Seitter, Wolfgang (Hrsg.): *Zeit in der wissenschaftlichen Weiterbildung.* Wiesbaden: Springer VS, S. 59–93.
Keller, Matthias/Haustein, Thomas (2012): *Vereinbarkeit von Familie und Beruf. Ergebnisse des Mikrozensus 2010.* Hg. v. Statistisches Bundesamt (Wirtschaft und Statistik). Online verfügbar unter: https://www.destatis.de/DE/Publikationen/Wirtschaft Statistik/Bevoelkerung/VereinbarkeitFamilieBeruf_112.pdf?__blob=publication File, zuletzt geprüft am: 07.01.2016.
Klenner, Christina/Brehmer, Wolfram/Plegge, Mareen/Bohulskyy, Yan (2013): *Förderung der Vereinbarkeit von Familie und Beruf in Tarifverträgen und Betriebsvereinbarungen in Deutschland. Eine empirische Analyse.* Düsseldorf (WSI Diskussionspapiere 184). Online verfügbar unter: http://www.boeckler.de/wsi_5351.htm?produkt=HBS-005513&chunk=1&jahr=, zuletzt geprüft am 07.01.2016.
Koschel, Birgitt/Ferber, Andrea (2005): *Beruf & Familie. Verbesserung der Rahmenbedingungen zur Vereinbarkeit von Beruf und Familie – Anwendung des Audits Beruf*

& *Familie. Abschlussbericht*. Hg. v. Institut für Strukturpolitik und Wirtschaftsförderung Halle-Leipzig und IHK Bildungszentrum Halle-Dessau. Online verfügbar unter: http://www.vereinbarkeit-leben-mv.de/fileadmin/media/Texte_Infopool/Abschlussbericht_Pilot_Beruf_und_Familie_02.pdf?PHPSESSID=0174581ca8b8 bd 3303f711a962e2efda, zuletzt geprüft am 07.01.2016.

Lobe, Claudia (2015): *Hochschulweiterbildung als biografische Transition. Teilnehmerperspektiven auf berufsbegleitende Studienangebote.* Wiesbaden: Springer VS (Lernweltforschung, 20).

Mayring, Philipp (2013): Qualitative Inhaltsanalyse. In: Flick, Uwe/ Kardorff, Ernst von/Steinke, Ines (Hrsg.): *Qualitative Forschung. Ein Handbuch.* Orig.-Ausg., 10. Reinbek bei Hamburg: Rowohlt Taschenbuch-Verl. (Rororo, 55628), S. 468–475.

Nahrstedt, Wolfgang/Brinkmann, Dieter/Kadel, Vera/Kuper, Kerstin/Schmidt, Melanie (1998): *Neue Zeitfenster für Weiterbildung. Temporale Muster der Angebotsgestaltung und Zeitpräferenzen der Teilnehmer im Wandel.* Abschlussbericht des Forschungsprojektes: Entwicklung und begleitende Untersuchung von neuen Konzepten der Erwachsenenbildung unter besonderer Berücksichtigung des Aspekts des lebenslangen Lernens und des institutionellen Umgangs mit veränderten temporalen Mustern der Angebotsnutzung; mit Beiträgen der Fachtagung\"Zeit für Weiterbildung\" am 10.9.1998 in der VHS Rheine. (Dokumentation/IFKA, Bd. 20), Bielefeld: IFKA.

Präßler, Sarah (2015): Bedarfsanalyse. Forschungsbericht zu Bedarfen individueller Zielgruppen. In: Seitter, Wolfgang/Schemmann, Michael/Vossebein, Ulrich (Hrsg.): *Zielgruppen in der wissenschaftlichen Weiterbildung. Empirische Studien zu Bedarf, Potential und Akzeptanz.* Wiesbaden: Springer VS, S. 61–187.

Rump, Jutta/Eilers, Silke (2006): *Beschäftigungswirkung der Vereinbarkeit von Beruf und Familie – auch unter Berücksichtigung der demografischen Entwicklung – Abschlussbericht.* Hg. v. Institut für Beschäftigung und Employability, Fachhochschule Ludwigshafen. Online verfügbar unter: http://opus.kobv.de/zlb/volltexte/2007/1588/pdf/BeschAftigungswirkungen.pdf, zuletzt geprüft am 07.01.2016.

Schmidt-Lauff, Sabine (2008): *Zeit für Bildung im Erwachsenenalter. Interdisziplinäre und empirische Zugänge. Internationale Hochschulschriften*, Bd. 509), Münster/ New York/ München/ Berlin: Waxmann.

Schmidt-Lauff, Sabine (2011): Zeitfragen und Temporalität in der Erwachsenenbildung. In: Tippelt, Rudolf (Hrsg.): *Handbuch Erwachsenenbildung/Weiterbildung.* 5. Aufl. Wiesbaden: VS Verlag für Sozialwissenschaften, S. 213–228.

Seitter, Wolfgang/Schemmann, Michael/Vossebein, Ulrich (Hrsg.) (2015): *Zielgruppen in der wissenschaftlichen Weiterbildung. Empirische Studien zu Bedarf, Potential und Akzeptanz.* Wiesbaden: Springer VS.

Weßler-Poßberg, Dagmar (2014): Betriebliche Angebote zur Vereinbarkeit von Familie und Beruf im Spannungsverhältnis von Geschlecht und Qualifikation. Fallstudien zur Umsetzung, Nutzung und Wirkung der Instrumente betrieblicher Familienpolitik. In: *Organisationen der privaten Wirtschaft und des öffentlichen Sektors.* Duisburg: Universitätsbibliothek Duisburg-Essen.

Prüfen als Element und Ausdruck fachspezifischer Lehr-/Lernkulturen in der wissenschaftlichen Weiterbildung

Christina Salland/Marguerite Rumpf[1]

Zusammenfassung

Lehren, Lernen und Prüfen finden nicht im luftleeren Raum statt. Vielmehr muss davon ausgegangen werden, dass der fachkulturelle Bezug des Lehr-/Lern- und Prüfungsgegenstands oder -ziels wesentlichen Einfluss darauf nimmt, wie gelehrt, gelernt und geprüft wird. Mit Blick auf die wissenschaftliche Weiterbildung, die mit ihren Charakteristika wie der Heterogenität und Expertise der Studierenden ebenfalls das Lehr-/Lern- und Prüfungsgeschehen prägt, hat sich das multimethodisch angelegte Forschungsvorhaben „Fachspezifische Lehr/Lernkulturanalyse" das Ziel gesetzt, leitende Gestaltungsmodi in der prüfungsbezogenen Lehre anhand von drei Fachkulturfällen herauszuarbeiten.

Schlagwörter

Prüfung, Fachkultur, Lehr-/Lernkultur, wissenschaftliche Weiterbildung

Inhalt

1   *Christina Salland* | Philipps-Universität Marburg | christina.salland@staff.uni-marburg.de
     Marguerite Rumpf | Technische Hochschule Mittelhessen | marguerite@rumpf-marburg.de

1 Einleitung

Wie wird in einem rechtswissenschaftlichen Studiengang gelehrt, gelernt und geprüft? Diese Frage löst in den meisten Köpfen eine bestimmte Vorstellung aus, die wahrscheinlich anders ausfällt, wenn das bezugnehmende Fach ein erziehungswissenschaftliches ist: „Juristen pauken (…) die seit Jahren unveränderten Skripte, während Pädagogen sich diskutierend im Kreis drehen und nebenbei die Welt verbessern" (Wunderlich 2014, S. 9). Solche fachkulturellen Klischees haben sich über Jahrzehnte verfestigt und prägen die Bilder von akademischen Feldern. Nicht selten steckt in ihnen ein wahrer Kern, der jedoch durch Missverständnisse, fehlenden tieferen Einblick oder imaginierte Ergänzungen nebulös bleibt. Somit seien Klischees über Fachkulturen zugleich „kernprägend und randunscharf" (ebd., S. 12). In den letzten Jahrzehnten entstanden daher diverse wissenschaftliche Abhandlungen und Untersuchungen, die mit einem fachkulturspezifischen Blick verschiedene Aspekte des Studierens und Dozierens an Hochschulen beleuchtet haben (z.b. Engler 1993; Schaeper 1997; Krais 1999; Jetzkowitz et al. 2004; Multrus 2005; Selent und Wiemer 2011). Prüfungen oder das Prüfen und Geprüft werden als Ausdruck einer fachspezifischen Lehr-/Lernkultur fallen dabei jedoch als ein vernachlässigtes Thema ins Auge. Dabei wird über die Prüfungsvorbereitung, -durchführung und –bewertung nicht nur festgelegt, was Studierende wissen oder können müssen, um ein (Teil-)Modul im jeweiligen Fach zu bestehen. An Prüfungen offenbaren sich vielmehr auch Denk-, Wahrnehmungs- und Handlungslogiken, die als richtig und passend gelten. Ähnlich dem Lehren und Lernen sind daher auch Prüfungen Ausdruck und prägende Elemente des fachkulturellen Sozialisationsprozesses (vgl. Arnold/Pätzold 2008, S. 179).

Mit Blick auf die wissenschaftliche Weiterbildung wird jene bisherige empirische Leerstelle noch deutlicher, obwohl dieser Bereich spätestens seit der Novellierung des Hochschulrahmengesetzes von 1998 als Kernaufgabe von Hochschulen bestimmt wurde und mit dem Aufkommen diverser Förderprogramme bis heute an Bedeutung gewinnt. Die Öffnung für sogenannte nicht-traditionelle Studierende, mit der sich Hochschulen zum lebenslaufzentrierten Weiterbildungsanbieter entwickeln können, stellt Klischees wie die oben genannten jedoch noch stärker in Frage, treffen in der wissenschaftlichen Weiterbildung doch ganz heterogene Teilnehmende zusammen, die bereits Berufserfahrungen und in der Regel einen ersten hochschulischen Abschluss vorweisen können. Sie bringen ihre ganz eigenen Vorstellungen und Erwartungen mit und prägen oftmals das Lehr-/Lerngeschehen als Expertinnen und Experten sehr viel stärker als Studierende der grundständigen Lehre.

In dem vorliegenden Artikel wird daher der Versuch unternommen, entlang der Prüfungsdimension sowohl für die wissenschaftliche Weiterbildung charakteristische als auch fachkulturspezifische Aspekte des Lehrens und Lernens herauszuarbeiten. Dafür werden zunächst theoretische Vorüberlegungen zu den Begriffen *Prüfen*, *Fachkultur* sowie *Lehr-/Lernkultur* dargestellt, bevor dieses Dreigespann in empirischer Hinsicht beleuchtet wird. Die dafür zugrunde gelegten Daten setzen sich aus multimethodisch angelegten Erhebungen in drei weiterbildenden Angeboten zusammen, die verschiedenen Fachkulturen und Prüfungsformaten zugeordnet werden können. Dabei stehen sich die wissensorientierte Klausur aus einem betriebswirtschaftlichen berufsbegleitenden Bachelorstudiengang, die fallorientierte Klausur aus einem rechtswissenschaftlichen und die projektorientierte Prüfung aus einem erziehungswissenschaftlichen Weiterbildungsmaster in der Analyse gegenüber.

2 Begriffstheoretische Vorüberlegungen zum Dreigespann „Prüfen – Fachkultur – Lehr-/Lernkultur"

Prüfungen sind ein zentrales Element einer leistungsorientierten Gesellschaft, in der die Kontrolle von angeeignetem Wissen und Können eine hohe Bedeutung erfährt – dies gilt insbesondere für den Bereich der akademischen Aus- und Weiterbildung: Bilden Prüfungen nicht bereits das Eingangstor zum Studium, so strukturieren oder beenden sie dieses spätestens. Prüfungen selektieren, öffnen oder schließen weitere Türen und können damit auch zukunftsprägend sein. Aus studentischer Sicht geht es deshalb oft um „Schein oder Nicht-Sein" (Bargel 2008, S. 75). Für viele Studierende stellen Prüfungen einschneidende Erlebnisse dar, die sich nicht selten stärker im Gedächtnis ablagern als die eigentlichen Lehrveranstaltungen und sogar über das Studium hinaus präsent bleiben (vgl. Keschmann 2001: V). Diese prägende Relevanz resultiert nicht zuletzt aus einem Herrschaftsgefälle, welches zwischen Prüfling und Prüfenden entsteht, da – wie Schütz/Skowronek/Thieme bereits 1969 feststellen – „die Prüfung die Prüfer mit unkontrollierter Macht ausstattet" (ebd., S. 14). Die stets eingeforderte Objektivität könne eben in absolutem Maß nicht eingehalten werden, weshalb seitens der Studierenden auch Angst vor einer gewissen „Prüferwillkür" (Keschmann 2001, S. 2), also vor einer intransparenten Beurteilung, entstehen kann. Dieses Gefühl – so Schütz/Skowronek/Thieme 1969 – verstärke sich durch die für jene Zeit konstatierte Isoliertheit der Prüfungen vom Studium, womit eine fehlende hochschuldidaktische Reflexion und Einbettung des Prüfens angesprochen und eine Kritik an der Input-Orientierung im Lehren bereits früh geübt wurde (vgl. ebd., S. 42). So schlussfolgerten die Autoren auch, dass nur entsprechende hochschulische Reformen und Neuorientierungen diese „Prüfungskalamität" (ebd., S. 43) aufheben könnten. In ähnlicher Weise gestalteten sich dann die Diskussionsansätze der 1970er Jahre, der Entstehungs- und Gründungsphase der Hochschuldidaktik, in denen ein stärker aktives und beteiligungsorientiertes Lehren und Lernen eingefordert wurde. In den späten 1990er Jahren gewannen diese Auffassungen vom Lehren, Lernen und Prüfen noch einmal an Aufschwung. Der im Rahmen des Bologna-Prozesses ausgerufene und eingeforderte „Shift from Teaching to Learning" richtete die Lehr- und Lernstrategien stärker outcome- und kompetenzorientiert aus. Dieser Perspektivenwechsel findet sich begrifflich schließlich im Konzept des „Constructive Alignment" wieder, welches eine kohärent aufeinander abgestimmte Verbindung von Learning Outcomes (Lernergebnissen), Lehr-/Lernszenarien und Prüfungen vorsieht (vgl. Wildt/Wildt 2011, S. 6ff.).

Im Kontext der wissenschaftlichen Weiterbildung wird der eingeforderte Wandel weg von einer „lehrerzentrierten" hin zu einer „lernerzentrierten" (Schäfer 2002, S. 15) Lehr-/Lernkultur sowie damit zusammenhängend von einer „Erzeugungsdidaktik" hin zu einer „Ermöglichungsdidaktik" (ebd., S. 17) noch virulenter. Allein die Zielgruppe wissenschaftlicher Weiterbildungsangebote, namentlich die nicht-traditionellen Studierenden, die in der Regel bereits über einen ersten akademischen Abschluss und Berufserfahrung von mindestens einem Jahr verfügen, fordert einen Perspektivenwechsel im Rollenzuspruch an die Studierenden ein. Diese treten viel stärker als Expertinnen und Experten auf, die den Lehr-/Lern- und damit auch Prüfungsgegenstand mitauswählen und -gestalten. So stellt Cendon als Besonderheit der wissenschaftlichen Weiterbildung das Gemeinschaftsprinzip fest: „Lehrende und Lernende werden als PartnerInnen in gemeinsamen Lehr- und Lernprozessen verstanden. Wissen und Erfahrungen beider fließen in diese Prozesse ein" (Cendon 2006, S. 4). Dieser zunächst Disziplinen übergreifende Perspektivenwechsel kann jedoch nicht unabhängig von seinen je spezifischen *fachkulturellen* Rahmenbedingungen betrachtet werden.

Kultur meint in einer Minimaldefinition „die in einer Gruppe geteilten und als selbstverständlich genommenen Verständnisse von Gebrauch und Bedeutung der Dinge um sie herum" (H. S. Becker 1986, zitiert und übersetzt nach Huber 2011, S. 110). Dieser definitorische Ansatz geht also von verinnerlichten, atheoretischen Strukturen und Verhaltensweisen aus. Dabei ist Kultur nichts Starres, sondern Prozesshaftes und wird sowohl über Tradition als auch alltägliche Umgangsformen in Interaktion und Kommunikation (re-)produziert (vgl. Egger 2012, S. 113). In Zusammenhang mit dem Begriff *Fach*, verstanden als eigenständiges wissenschaftliches Arbeitsgebiet,[2] ergibt sich die Vorstellung, dass die Hochschule neben einer „einzigen universitären Kultur" (Multrus 2005,S. 1), in der gemeinsame Werte und Dispositionen vorherrschen, auch kulturelle Vielfalt bereithält. Wird Fachkultur mit ihrer je eigenen Sprache, ihren eigenen Maßstäben und Deutungsmustern als „Beschreibung und Differenzierung der so variantenreichen Erscheinungen des Hochschulwesens" (Huber 2011, S. 110) begriffen, kann statt von University gar von „Multiversity" (Kerr 1963, S. 10) gesprochen werden. Die „fachlich bedingte Weltwahrnehmung und Weltsicht" (Multrus 2005, S. 3) der in einer Fachkultur agierenden Personen, vor allem der Studierenden und Lehrenden, (re-) produziert sich wiederum insbesondere in der *Lehr-/Lernkultur*. In diesem für den vorliegenden Aufsatz wichtigen dritten begrifflichen Referenzpunkt wird der doppelte Bezug von Lernen zu Kultur deutlich, denn Lernen ist einerseits „selbst Bestandteil und Ausdrucksform kulturellen Handelns, andererseits prägt und konstituiert Lernen eine Subkultur, […] die allen Beteiligten unausgesprochen vertraut ist, die Wiedererkennung und Gestaltung und Situationen als Lernsituationen programmiert und ihnen ein relativ sicheres Sichverhalten in diesen ermöglicht" (Arnold/Pätzold 2008, S. 179). So zeigen sich in der Art der Wissensvermittlung und der präferierten didaktischen Instrumente, im Lehr- und Diskussionsstil, im Beratungsmodus und nicht zuletzt auch in der Art des Prüfens bestimmte Orientierungsmuster, die innerhalb eines Personenkreises als gültig und richtig betrachtet werden (vgl. Huber 2011, S. 121).

Lehren, Lernen und somit auch Prüfen finden also immer in einer spezifischen fachkulturellen Rahmung statt, in der gemeinsame Erfahrungs-, Erwartungs- und Handlungsstrukturen über Kommunikation und Interaktion zwischen Lehrenden und Lernenden „unausgesprochen, beiläufig und unterschwellig" (Egger 2012, S. 118) (re-)produziert werden.

Mit Blick auf diese theoretischen Vorüberlegungen soll im vorliegenden Artikel der Frage nachgegangen werden, welche aus der Fachkultur im Speziellen und aus dem Bildungsformat im Allgemeinen resultierenden Charakteristika sich im Lehr-/Lerngeschehen der wissenschaftlichen Weiterbildung im Prüfungskontext zeigen. Dafür wurden die empirischen Daten eines laufenden Forschungsprojektes, in welchem fachspezifische Lehr-/Lernkulturanalysen in der wissenschaftlichen Weiterbildung durchgeführt werden, hinsichtlich prüfungsrelevanter Dimensionen untersucht. Die Ergebnisse werden im An-

---

2   Die Hochschulrektorenkonferenz (HRK) unterscheidet 2015 neun verschiedene Fächergruppen: Agrar- und Forstwissenschaften, Gesellschafts- und Sozialwissenschaften, Ingenieurwissenschaften, Kunst/ Musik/ Design, Lehramt, Mathematik und Naturwissenschaften, Medizin und Gesundheitswissenschaften, Sprach- und Kulturwissenschaften sowie Wirtschafts- und Rechtswissenschaften (vgl. HRK 2015, S. 12).

schluss an eine kurze Darstellung des Projekthintergrundes sowie der zugrundeliegenden Fälle und des gewählten methodischen Vorgehens dargestellt.

3   Datengrundlage – Projektkontext, Fallauswahl und methodisches Vorgehen

Die zugrunde liegenden Daten stammen aus dem Verbundprojekt „WM³ Weiterbildung Mittelhessen".[3] In diesem Kontext zielt das Arbeitspaket „Fachspezifische Lehr-/Lernkulturanalyse" darauf ab, am Beispiel von drei weiterbildenden Angeboten die leitenden Gestaltungsmodi des Lehrens und Lernens in der
wissenschaftlichen Weiterbildung unter Berücksichtigung des fachkulturellen
Hintergrundes der untersuchten Fälle herauszuarbeiten. Das dafür ausgewählte
Sample setzt sich aus zwei weiterbildenden Masterstudiengängen und einem berufsbegleitenden Bachelorstudiengang der Verbundhochschulen zusammen. Bei
den weiterbildenden Masterstudiengängen handelt es sich zum einen um ein
Angebot aus den Erziehungswissenschaften, das zweite Angebot ist dem
rechtswissenschaftlichen Bereich zuzuordnen. Beide finden überwiegend in Präsenzlehre statt. Bei dem berufsbegleitenden Bachelor handelt es sich um ein
Angebot, welches aus der Betriebswirtschaftslehre stammt und auch Anteile aus
der Mathematik enthält. Dieser Studiengang stellt neben der Präsenzlehre auch
Online-Lehr-/Lernanteile bereit.[4]

Die Angebote stellen mit Blick auf ihren jeweiligen fachkulturellen Hintergrund und der Prüfungsform, auf die die Studierenden in den untersuchten Lehr-
/Lernsettings vorbereitet werden, die ausgewählten Fälle dar.

---

3   Die drei mittelhessischen Hochschulen Justus-Liebig-Universität Gießen, Philipps-Universität
      Marburg und Technische Hochschule Mittelhessen haben sich im Hinblick auf ihre gemeinsa-
      men Entwicklungsplanungen im Bereich der wissenschaftlichen Weiterbildung zum Verbund-
      projekt „WM³ Weiterbildung Mittelhessen" zusammen geschlossen, um mit Hilfe des BMBF-
      Wettbewerbs „Aufstieg durch Bildung: offene Hochschulen" ein an wirtschaftlichen und gesell-
      schaftlichen Interessen optimal ausgerichtetes Weiterbildungsangebot zu schaffen und zu einer
      nachhaltigen Stärkung der wissenschaftlichen Weiterbildung an den Hochschulen beizutragen.
      Dieses Vorhaben wurde in der ersten Förderphase (2011-2015) aus Mitteln des BMBF und aus
      dem ESF der EU mit den Förderkennzeichen: 16OH11008, 16OH11009, 16OH11010 und in
      der zweiten Förderphase (2015-2017) mit den Förderkennzeichen 16OH12008, 16OH12009,
      16OH12010 aus Mitteln des BMBF gefördert. Weitere Projektinformationen sind unter
      www.wmhoch3.de zu finden.
4   Die Online- oder Präsenzausrichtung der Angebote wird im Forschungsvorhaben als Ver-
      gleichsmoment eingeführt. Im vorliegenden Artikel hat dies jedoch zugunsten des Fachkultur-
      vergleichs keine entscheidende Rolle für die Analyse gespielt.

Abbildung 1:   Fallauswahl für die fachspezifische Lehr-/Lernkulturanalyse

Die beobachteten Veranstaltungen im rechtswissenschaftlichen Angebot sind Teil eines Aufbaumoduls, welches mittels einer *Klausur mit Fallorientierung* abgeschlossen wird – ein für die juristische Ausbildung klassisches Prüfungsformat. Dabei soll die Lösung eines Falls den Blick für das Relevante schärfen und die Argumentations- sowie Problemlösungsfähigkeit stärken. Trotz der auch im eigenen Fach immer wieder aufflammenden Kritik an der Omnipräsenz der Fallorientierung bleibt diese eine charakteristische Prüfungsform (vgl. Trute 2015, S. 64).

Im zweiten – erziehungswissenschaftlichen – Fall sind die besuchten Veranstaltungen einem sogenannten Praxismodul zuzuordnen, in welchem die Prüfung darin besteht, ein im späteren Berufskontext geplantes und realisiertes *Projekt* im Rahmen einer öffentlichen Aufführung performativ zu reflektieren. Dieses auch für andere erziehungswissenschaftliche Studiengänge bekannte Format des Projektlernens gesteht den Studierenden ein hohes Maß an Mit- und Selbstbestimmung zu und fördert die Selbstorganisation und -reflexion (vgl. Schüßler 2010, S. 249).

Im dritten, betriebswirtschaftlichen Fall, in dem auch das Fach Mathematik integriert ist, schließen die untersuchten Veranstaltungen im Grundlagenbereich mit einer *Wissensklausur* ab, in der das Gelernte überprüft wird. „Dies ist wohl nicht zuletzt darauf zurückzuführen, dass sich Lernprodukte leichter (über)prüfen lassen als Lernprozesse. Dabei ist erwiesenermassen [sic!] ein gut strukturiertes Grundlagenwissen, sowie das Einüben von Grundfertigkeiten eine entscheidende Voraussetzung für jegliches Lernen und die Lösung von Problemen in der beruflichen Praxis" (Zwyssig 2001, S. 50).[5]

---

5   Anzumerken ist außerdem, dass diese Form der Prüfung gerade zu Beginn eines Studiums angewendet wird. So sind isolierte Wissensabfragen vor Studienabschluss wenig sinnvoll (vgl. Iller/Wick 2009, S. 199). Dies wird auch daran deutlich, dass in anderen Teilen des Studiums Planspiele und Fallstudien ebenfalls zum Lehr- und Lerninhalt gehören. In der Mathematik als „beweisende Disziplin" (Reiss 2002, S. 1) steht das Entdecken, Prüfen und Begründen im Fokus der Klausur. Zu beachten ist dabei, dass es sich im vorliegenden Fall um ein Modul handelt, dass nicht zum Fach Mathematik als solches gehört, sondern dass hier Mathematik mit Blick auf Betriebswirtschaftslehre gelehrt und gelernt wird. Daher ist Mathematik in diesem Kontext eher als Anwendungsdisziplin zu verstehen und dies auch im Sinne von Anwendungsbezug, wie

Um sich dem Erkenntnisinteresse über diese Fälle methodisch anzunähern, wurden in den Präsenzstudiengängen (Rechts- und Erziehungswissenschaften) teilnehmende Beobachtungen durchgeführt. Ihren Ursprung in der ethnologischen Forschung findend, zielen diese darauf ab, das kulturell „Fremde" verstehbar zu machen. Dahinter steht die Annahme, dass soziale Wirklichkeit (und Fachkultur als Teil dieser) nicht gegeben, sondern konstruiert ist, also durch Kommunikation und Interaktion hergestellt wird (vgl. Alke 2014, S. 51). Dabei werden die Handelnden und Sprechenden durch routiniertes, verinnerlichtes und somit implizites Wissen („tacit knowledge") geleitet, welches größtenteils unbewusst ist und somit auch nicht reflexiv-diskursiv aufgezeigt werden kann (vgl. Schulz 2014, S. 226 f.). Teilnehmen und Beobachten durch eine außen stehende Person fokussiert jedoch genau diese unbewussten Strukturen, Routinen und Ansichten, also das „unsichtbar Gewordene des alltäglichen Lebens" (Seitter 2002, S. 37). In den untersuchten Fällen wurden je zwei in Blockform gestaltete Präsenztage beobachtet und anschließend Beobachtungsprotokolle angefertigt, die das Beobachtete durch Strukturierungen und Verdichtungen ordnen und in eine „interpretierbare Form" (Tervooren 2011, S. 304) bringen.[6] Im untersuchten betriebswirtschaftlichen Bachelorstudiengang mit Online-Anteilen wurden Chat-Sprechstunden durchgeführt, die in sogenannten Chat-Protokollen festgehalten wurden. Die Lehrenden boten den Studierenden kurz vor der Klausur die Möglichkeit, per Chat noch ausstehende Fragen zu stellen und diese gemeinsam mit dem/der Dozierenden und/oder untereinander zu diskutieren. Dazu wurden leitfadengestützte Interviews mit zwei Lehrenden aus dem Angebot durchgeführt. Mit dieser Interviewart ist das Ziel der „Erfassung von praxisgesättigtem Expertenwissen" (Meuser/Nagel 2013, S. 457) verbunden, also von Wissen, welches an den institutionell-organisatorischen (und fachkulturellen) Kontext der Interviewten gebunden ist und diesen wiederum im Rahmen der Berufspraxis prägt (vgl. ebd., S. 466). Mit den Interviews konnten die „Beobachtungen" aus den Chat-Protokollen ergänzt werden.

Als Auswertungsmethode wurde in allen Fällen die inhaltlich-strukturierende qualitative Inhaltsanalyse gewählt, die in diesem explorativ, hermeneutisch angelegtem Forschungsvorhaben eine Herausarbeitung der erkenntnisrelevanten Informationen erlaubt. Die Inhaltsanalyse erfolgte kategorienbasiert entlang der Dimensionen Lehr-/Lern-/Prüfungsziel, Lehr-/Lern- und Prüfungs-

---

es in der wissenschaftlichen Weiterbildung üblich ist (vgl. Maaß/Schlöglmann 1999). „Bei dieser Anwendung von Mathematik werden [...] weniger strenge Standards angesetzt als in der Mathematik als eigenständige Wissenschaft" (Rach/Heinze/Ufer 2014, S. 208).

6   Im vorliegenden Artikel nicht mit einbezogen wurde das in diesen Fällen zusätzlich generierte Fotomaterial, welches die beobachteten Studierenden und Lehrverantwortlichen anfertigten. Das Zusammenspiel von schriftlicher und visueller Verdichtung, generiert von Beobachtenden und Beobachteten, erzeugt eine vielperspektivische Datengrundlage.

gegenstand, Prüfungsbedeutung, didaktische Aspekte zur Prüfungsvorbereitung und Rolle des Prüfers/der Prüferin im Lehr-/Lernprozess. Darüber hinaus fokussierte die Analyse auch die Charakteristika der wissenschaftlichen Weiterbildung, nämlich die Heterogenität und Expertise der Studierenden sowie eine angemessene Serviceorientierung.

4 Empirische Erkenntnisse – Die Vielgesichtigkeit des Prüfens in der wissenschaftlichen Weiterbildung

In den Folgend dargestellten Fällen standen die Studierenden kurz vor einer Prüfung, sodass den beobachteten Lehrveranstaltungen und den Chats das Ziel der Prüfungsvorbereitung zugrunde lag. Im Fokus der Erhebung und Analyse stand also nicht die Prüfung selbst, sondern die prüfungsbezogene Lehre. Die Ergebnisdarstellung erfolgt fallspezifisch anhand der beschriebenen Kategorien.

4.1 Die fallorientierte Klausur in der Rechtswissenschaft

Bei dem weiterbildenden Angebot handelt es sich um ein viersemestriges Masterstudium, welches die Teilnehmenden auf eine Tätigkeit im Baurechtsbereich vorbereitet. Zur heterogenen Zielgruppe gehören Juristinnen und Juristen, Architektinnen und Architekten, Bauingenieurinnen und -ingenieure sowie Wirtschaftswissenschaftlerinnen und -wissenschaftler. Durch das wissenschaftliche und gleichzeitig praxisorientierte Weiterbildungsstudium sollen die Studierenden für das angestrebte Berufsfeld bedeutende Fach- und Schlüsselkompetenzen erwerben. Für die Untersuchung wurde eine Blockveranstaltung in einem sogenannten Vertiefungsmodul begleitet, in welchem die bisherigen Kenntnisse miteinander verknüpft und vertieft werden sollen. Die Modulprüfung besteht aus einer schriftlichen Klausur, die in der Bearbeitung mehrerer Fälle besteht.

Die Fallorientierung in der rechtswissenschaftlichen Klausur ist – wie bereits angedeutet – eine dominante Prüfungsform dieser Disziplin, da durch eine solche nicht nur das erlernte paragraphische Wissen zum Einsatz kommt, sondern auch die von einer Juristin/einem Juristen erwarteten Kompetenzen wie die Argumentations- und Problemlösungsfähigkeit entlang praxisnaher Szenarien aufgezeigt werden können. So zeigte sich im konkreten Lehr-/Lerngeschehen kurz vor der Klausur bereits im didaktischen Agieren der Dozierenden eine starke Fallorientierung. Immer wieder findet ein Wechselspiel zwischen der Einführung und Erläuterung neuer Inhalte und einer anschließenden Fallbearbeitung statt, in der das Gelernte mit einer realistisch gestalteten Szene verknüpft wird:

„Sie [Dozierende] kommt zum nächsten Fall (...) zu sprechen: (...) Beim Tennisplatz gab es
zunächst einen kleinen Imbiss, man habe es immer weiter ausgebaut und mittlerweile sei ein
sehr schönes Restaurant entstanden. Vor kurzem sei ein Gast gekommen und habe gefragt:
‚Wer hat euch eine Baugenehmigung gegeben?' Daraufhin kam heraus, dass es keine offizielle
gegeben habe (...). Die Studierenden hören aufmerksam zu. Anhand des Beispiels werden
Fragen an die Teilnehmenden gestellt. Die Referentin erklärt, stellt Rückfragen und es entsteht
ein Lehrgespräch anhand dieses Beispiels" (Beobachtungsprotokoll 1, Z. 187-194).[7]

Dabei stehen jedoch nicht nur die erarbeiteten Fälle in ihren Inhalten, Begrün-
dungen und Schlussfolgerungen im Fokus, auch ihre prüfungsvorbereitende
Funktion wird von den Studierenden immer wieder eruiert. Die formale Parallelität zwischen den aufgezeigten Fällen und ihrer Verwendung in der Klausur
wird daher auch von Dozierendenseite aus versichert:

„Der Referent leitet wieder über zu seinem nächsten inhaltlichen Abschnitt, dem ausgeteilten
Besprechungsfall. (...) So wie dieser Fall aussieht, würde eine Abschlussklausur aussehen:
‚Wir gehen das jetzt miteinander durch'," (Beobachtungsprotokoll 1, Z. 615-619).

Neben dem Bedürfnis der formalen Absicherung fällt auf, dass sich die Studierenden auch eine genaue Vorstellung von den Prüfungsinhalten erarbeiten wollen, was seitens der Dozierenden auch durchaus aufgegriffen wird, indem die in
der Klausur möglicherweise auftretenden Wissensbereiche genau eingegrenzt
werden:

„Dann beendet der Professor den inhaltlichen Teil (...). In Bezug auf die Prüfung sei nur das
wichtig, was auf den ersten 128 Folien stehe (...). Es würde nur das abgefragt werden, was auf
den Folien stehe, nicht mehr und nicht weniger" (Beobachtungsprotokoll 1, Z. 668-672).

Im Zuge dieser inhaltlichen Eingrenzung nimmt der Lehrende auch einen Hinweis auf die Einhaltung der Fairness seinerseits vor. Er versichert, die Studierenden nicht mit unbekannten Inhalten zu überraschen und sich an die Eingren-
zungen zu halten. Auch in Bezug auf die Bearbeitungszeit erfolgt solch ein
Verweis:

„Die Bearbeitungszeit für die Fragen zum heute Behandelten in der gesamten Prüfung betrage
lediglich 13 Minuten. Der Professor bestärkt die Studierenden: ‚Seien Sie sicher, dass ich das
berücksichtige'," (Beobachtungsprotokoll 1, Z. 673-675).

Insgesamt ist in den beobachteten Veranstaltungen eine dominante Orientierung
an den Prüfungsinhalten erkennbar, die jedoch nicht nur als Reaktion auf die

---

7   In den Beobachtungsprotokollen wurden neben der Beschreibung von Interaktionen auch Aus-
     sagen der Beobachteten in wörtlicher Rede schriftlich festgehalten. Diese sind durch einfache
     Anführungszeichen (‚...') gekennzeichnet.

studentischen Bedürfnisse verstanden werden kann, sondern die auch aktiv von den Dozierenden hergestellt wird. So werden prüfungsübergreifende Inhalte auch nur begrenzt bearbeitet, selbst wenn sie das studentische Interesse wecken:

> „Der Dozent fasst zusammen, worauf die Studierenden den Fokus legen sollen und was sie sich hauptsächlich merken sollten. Dem Professor werden wieder unterschiedliche, sehr spezifische Fragen gestellt (...). Dieses bricht der Professor schließlich damit ab, dass er sagt, dass es sich dabei alles um interessante Sachen handle, er es mit den Studierenden hier jedoch nicht auf die Spitze treiben wolle" (Beobachtungsprotokoll 1, Z. 481-485).

Letzten Endes rückt das in der Klausur geprüfte Wissen und Können in den Mittelpunkt des Lehr-/Lerngeschehens und damit das Skript sowie die digitalen Folien als unverzichtbare Bestandteile der Prüfungsvorbereitung, die das Prüfungsrelevante auch noch nach der Veranstaltung festhalten. Das in den Veranstaltungen beobachtete Einsetzen von umfassend gefüllten Vortragsfolien als Lehr-/Lerngrundlage für die Prüfungsvorbereitung ist weiterhin mit einem eher lehrendenzentrierten Unterrichtsstil verknüpft. Die Lehrenden zeigen sich als die sprachdominante Personengruppe in diesem Lehr-/Lernarrangement:

> „Die Referentin setzt wieder zum Lehrgespräch an, indem sie danach fragt, was das Erläuterte nun praktisch bedeutet. Nachdem sich nicht direkt jemand meldet, führt sie es weiter aus. Die Teilnehmenden sind still, keiner redet. Die Blicke sind nach vorne gerichtet, während die Referentin spricht" (Beobachtungsprotokoll 1, Z. 161-164).

Zwar erarbeiten sich die Studierenden auch einige Inhalte und Lösungen in Einzel- oder Gruppenarbeit, jedoch überwiegt der frontale Präsentationsmodus seitens der Dozierenden. Diese didaktische Vorgehensweise erweist sich im Verlauf der beobachteten Veranstaltungen als von beiden Seiten verinnerlichte und erwartete Lehr-/Lernroutine. In diesem Kontext fällt auf, dass ein Dozierender die auf den ersten Blick mit Monotonie assoziierbaren Situationen, in denen die Studierenden auch mal gähnen oder kurz die Augen schließen, mit dem Lehr-/Lern- und Prüfungsgegenstand oder den materiellen Wissensträgern der Disziplin rechtfertigt:

> „Er [Dozierender] kommentiert dies zu Beginn mit ,Ich weiß, es nervt. Man muss das gebetsmühlenartig durchgehen'"(Beobachtungsprotokoll 1, Z. 457-458); „In seinen weiteren Ausführungen sagt er: ,Wer Einschlafprobleme hat, da sind Jura-Bücher top. Ich würde Verwaltungsrecht empfehlen'" (Beobachtungsprotokoll 1, Z. 582-584).

Dazwischen sind aber auch Versuche der stärkeren Einbindung der Studierenden zu beobachten. Dies zeigt sich nicht nur in einer Kleingruppenarbeitsphase, die von der Studiengangkoordinatorin als Highlight der Blockveranstaltung beschrieben wird. Auch in den frontal ausgerichteten Lehr-/Lernsettings werden

die Studierenden mehrmals konkret angesprochen, indem an ihre Erfahrungs-
welt angeknüpft wird:

> „Dabei richtet er [Dozierender] wieder eine Frage an die Studierenden (…):‚Diejenigen unter
> Ihnen, die in der Praxis sind, wie wird (…)?' Ein Studierender antwortet, ein Lehrgespräch
> entsteht, indem der Professor weiter nachhakt: ‚Wie sehen das die anderen?'‚, (Beobachtungs-
> protokoll 1, Z. 317-320).

Ein Charakteristikum der wissenschaftlichen Weiterbildung ist der Expertensta-
tus der Studierenden, die in der Regel bereits einen ersten Hochschulabschluss
erworben haben und über mindestens ein Jahr Berufserfahrung verfügen. Ihre
vielfältigen Erfahrungshintergründe gilt es im Lehr-/Lerngeschehen einzubinden. Dieser Expertise sind sich die Dozierenden durchaus bewusst:

> „Er [Dozierender] erzählt mir, dass er sehr gerne im Weiterbildungsmaster lehrt, da das doch
> noch mal etwas ganz anderes sei. Die Studierenden würden viel mehr Fragen stellen und er
> würde den Praxisbezug dadurch erhalten" (Beobachtungsprotokoll 1, Z. 524-526).

Hier wird deutlich, dass sich Dozierende und Studierende – zumindest ein Stück
weit – auf Augenhöhe begegnen. Dennoch ist der Dozierende am Ende der Prüfende und damit auch Bewertende, was insbesondere für diejenigen Studierenden relevant wird, die keinen juristischen Hintergrund haben. Die Heterogenität
der Studierendengruppe als weiteres Charakteristikum der wissenschaftlichen
Weiterbildung prägt somit ebenfalls die prüfungsvorbereitende Lehre. Da Juristinnen und Juristen als Facherfahrene sowie andere Berufsgruppen als Fachde-
bütierende zusammentreffen, zeigt sich dies als Herausforderung für die Dozierenden, die alle einen ähnlichen berufsbiographischen, nämlich überwiegend
rechtswissenschaftlichen, Hintergrund haben. Die ausbildungs- und berufsbe-
dingten Leistungsunterschiede werden durchaus von den Dozierenden wahrgenommen und an diversen Stellen thematisiert:

> „Die Juristen können jetzt mal weg hören, weil es für uns Grundlagenwissen ist" (Beobach-
> tungsprotokoll 1, Z. 207).

Hier zeigt sich, dass die Prüfung nicht den individuellen Studierenden mit seinem Wissen, seinen Fähigkeiten und Kompetenzen berücksichtigt, sondern für
eine heterogene Gruppe ausgelegt ist. Wissens- und Leistungsunterschiede müssen daher möglichst angeglichen werden, indem etwa eine Teilgruppe spezifisches Wissen nachholen muss. Auch kennzeichnet die Dozierende damit eine
Teilgruppe der Studierenden als ihr zugehörig. Die an mehreren Stellen vorge-
nommene Separierung wird später sogar von den Studierenden selbst wieder
aufgegriffen:

„Als Nichtjurist: Ist das Verwaltungsrecht?" (Beobachtungsprotokoll 1, Z. 437).

Mit dieser Eigenverortung wird verdeutlicht, welchen Tiefgang die Antwort nehmen muss, wie weit der/die Dozierende ausholen muss. Zudem legitimiert der Studierende darüber auch seine Frage, die dem juristischen Grundlagenwissen zugeordnet werden kann. Trotz des Versuchs, im Kontext der prüfungsbezogenen Lehre das Gruppenniveau anzugleichen und damit alle Studierenden in die Lage zu versetzen, die Prüfung zu bestehen, wird die Expertise der fachfremden Studierenden von den Dozierenden auch wertgeschätzt:

> „In seinen [Dozent] weiteren Ausführungen spricht er davon, dass er ‚von meinen Freunden, den Architekten aus dem ersten Durchgang' bestimmte Dinge wisse und gelernt habe" (Beobachtungsprotokoll 1, Z. 560-562).

Nicht zuletzt sind für die Teilnehmenden des rechtswissenschaftlichen Angebots die Einsicht in die bewerteten Prüfungen und der Nachvollzug der vergebenen Note von großer Bedeutung. Da ein Großteil jedoch aufgrund der beruflichen und familiären Verpflichtungen und der räumlichen Entfernung den Weiterbildungsanbieter nicht ohne weiteres aufsuchen kann, übernimmt die Studiengangkoordinatorin mit hohem organisatorischem Aufwand die Funktion eines mobilen Prüfungsbüros – die Klausuren werden zum nächsten Seminarort geliefert. Die Prüfung, die das Lehr-Lerngeschehen in der aktuellen Sitzung deutlich prägt, stellt somit auch den Verbindungspunkt zur nächsten Veranstaltung dar.

4.2 Das Projekt in der Erziehungswissenschaft

Bei dem zweiten Fall handelt es sich um ein viersemestriges Masterstudium, welches die Teilnehmenden auf eine kulturell-pädagogische Tätigkeit hauptsächlich im schulischen Bildungsbereich vorbereitet. Zur Zielgruppe gehören Lehrerinnen und Lehrer, Schulleitungen, Künstlerinnen und Künstler sowie Kulturvermittlerinnen und -vermittler. Diese werden durch das wissenschaftliche und anwendungsbezogene Weiterbildungsstudium dazu qualifiziert, ästhetische Bildungs- und Forschungsprozesse anzuregen, aufzubauen, zu begleiten und nachhaltig zu verankern. Für die Untersuchung wurde eine Blockveranstaltung in einem sogenannten Praxismodul begleitet. Ziel des Moduls ist es, ein eigenes Projekt im schulischen Bereich zu planen, zu realisieren und zu reflektieren. Die Modulprüfung besteht in der Präsentation des Projekts im Rahmen einer Ausstellung.

Über den Inhalt und die Darstellungsmittel der Inszenierung entscheiden die Studierenden selbst, d.h., sie legen fest, was der Prüfer am Ende entlang seiner Prüfungskriterien bewerten wird. Ein wichtiges Kriterium zur Leistungsbewertung scheint die Authentizität, das Echt-Sein, bei der Performance zu sein. Immer wieder lobt der Dozierende die Studierenden bei der Probeaufführung ihrer Projekte, wenn dieses Gefühl beim Zuschauer erreicht wurde:

> „Zum Schluss fragt der Dozierende in die Gruppe: ‚Gibt es von euch noch Anmerkungen?‘ (…) Ein Seminarteilnehmer sagt: ‚Was es stark macht, es kommt so eine Ehrlichkeit rüber‘. Der Dozierende reagiert darauf: ‚Merkt ihr, wie stark das ist, nichts drauf zu setzen?‘ (Beobachtungsprotokoll 2, Z. 78-82); ‚Eine besondere Stärke bei Dir finde ich, dass du so echt verbunden bist mit deinem Projekt‘ (Beobachtungsprotokoll 2, Z.144-145); ‚Was du da machst, spiegelt dich hundertprozentig wider‘ (Beobachtungsprotokoll 2, Z. 235).

So gerät auch der Dozierende in seiner Rolle als Prüfer zunächst in den Hintergrund, da für die Studierenden weniger prüferabhängige Fragen, wie zu den konkreten Prüfungsinhalten oder der Bearbeitungszeit, von Relevanz sind. Vielmehr rücken an die eigene Person gebundene Fragen in den Fokus der Prüfungsvorbereitung, bei denen der Dozierende in seiner lernbegleitenden Rolle auftreten kann:

> „Der nächste Studierende berichtet darüber, dass er (…) bei dem Projekt gemerkt habe, dass er seinen eigenen Weg finden muss: ‚Was ist das Format, das zu mir passt?‘ (Beobachtungsprotokoll 2, Z. 528-530).

Damit verbunden tritt auch immer wieder die Frage der eigenen Wirksamkeit auf, die ihren Bezugspunkt jedoch nicht nur in der Prüfung am Ende der Veranstaltung findet, sondern die vor allem in Bezug zum späteren Arbeitskontext und dem erfolgreichen Agieren darin gesetzt wird:

> „Sie [die Studierende] sagt während ihrer Präsentation: ‚Ich kann loslassen und gleichzeitig kann ich forschen, wie ich [die Zielgruppe] in den Prozess bringen kann‘„ (F2PE); Er [Dozierender] zeigt beide Daumen nach oben: „‚Seid stolz auf euch. Klopft euch auf die Schultern. Wenn ihr mit so einer Power zu den [Zielgruppe] geht‘„ (Beobachtungsprotokoll 2, Z. 299-300).

Das Bestehen der Prüfung spielt an diesen Stellen eher eine untergeordnete Rolle, der Blick wird vielmehr auf das aktuelle Lehr-/Lerngeschehen und seine nachhaltige Wirkung in der Berufspraxis gelenkt. Die Studierenden haben dabei eine entsprechend aktive Rolle, sie werden alle als *„Regisseure" (Beobachtungsprotokoll 2, Z. 85)* bezeichnet, die für ihre Projekte Leitungsfunktion übernehmen und diese nicht nur künstlerisch umsetzen, sondern auch interpretieren, inszenieren und damit Neues, Originäres schaffen. Dementsprechend gestalten die Studierenden nicht nur den zu bewertenden Prüfungsgegenstand mit, sondern auch die darauf vorbereitende Lehre. Sie dürfen und sollen z.b. mitentscheiden, welche Räume für die einzelnen Settings genutzt werden. Ein großer Seminarraum und mehrere kleine Übungsräume schaffen für die Studierenden einen hohen Spielraum bezüglich ihrer Lernbedürfnisse. So werden die Räumlichkeiten mit Blick auf das geplante Lehr-/Lernsetting, wie einer Kleingruppenarbeit, ausgewählt:

> „Die Gruppen gehen mit ihrem jeweiligen Gruppenleiter durchs gesamte Haus und suchen sich in den verschiedenen Stockwerken einen passenden Raum (…). Eine kurze Diskussion um die Ortswahl entspinnt sich [in einer der Gruppen]. Schließlich nehmen sich alle einen Stuhl aus einem Seminarraum und setzen sich im Halbkreis im Flur mit Blick Richtung Frontseite, auf welcher sich zwei Fenster befinden" (Beobachtungsprotokoll 2, Z. 104-115).

Die Studierenden werden außerdem in die Bewertung und Reflexion der Projektinszenierungen ihrer Kommilitonen einbezogen. Diese verläuft innerhalb mehrerer Runden nach einem festen Schema. Die Studierenden führen einzeln vor dem Dozierenden, den Studiengangverantwortlichen und der Studierendengruppe ihr Projekt vor. Währenddessen erhält die/der Vortragende die gesamte Aufmerksamkeit der Anwesenden. Erst danach geben der Dozierende und die Beobachterinnen und Beobachter eine Rückmeldung dazu:

> „Der Trainer reflektiert mit der Präsentierenden die gesamte Szene. Er steigt zur Veranschaulichung auch auf einen Stuhl, wie sie es in der Präsentation gemacht hat und kommentiert dieses performative Element. Eine Person aus der Gruppe beschreibt ihre Emotionen während der einzelnen präsentierten Szenen, der Trainer kommentiert" (Beobachtungsprotokoll 2, Z. 74-77).

Der Dozierende mimt die Teilnehmende also nach, versetzt sich in sie hinein, um eine Rückmeldung geben zu können bzw. der Teilnehmerin die eigene Wirkung bewusst zu machen. Diese Reflexionsschlaufen wiederholen sich in den verschiedenen Lehr-/Lernsituationen, die von einem stündlichen Glockenschlag, der zum Innehalten und sich Sammeln aufruft, unterbrochen wird:

> „Das Glöckchen läutet. (…) Der Trainer wirft ein: ‚Für alle: Ein bisschen freier atmen. Genießt! Genießt! Das hilft. Es ist auch ein Genuss zu so einer Verdichtung zu kommen'‚," (Beobachtungsprotokoll 2, Z. 295-297).

Die Rolle, die dem Dozierenden in diesem Setting zugesprochen wird, unterscheidet sich bereits begrifflich stark von der Rolle des Dozierenden im rechtswissenschaftlichen Fall. Er wird nicht als „Referent" oder „Professor" bezeichnet, es geht auch nicht um das frontale Vortragen und Teilen seines Wissens.

Vielmehr wird der Dozierende im untersuchten erziehungswissenschaftlichen Weiterbildungsangebot als „Trainer" bezeichnet. Er leitet also einen Prozess an, bei dem eine aktive Teilnahme des Gegenübers unabdinglich wird. Dabei können die unterschiedlichen Bildungs-, Berufs- und letztlich Erfahrungshintergründe der Studierenden, wie es für die wissenschaftliche Weiterbildung charakteristisch ist, zum Tragen kommen. So treffen auch hier Studierende aus verschiedenen disziplinären Kontexten aufeinander, sodass Facherfahrene auf Fachneulinge treffen, was durchaus konfliktbehaftet sein kann, wie eine Studierende feststellt:

> „Ich finde, [Berufserfahrene Gruppe] haben es in diesem Studiengang schwerer als [Berufs-neulinge]" (Beobachtungsprotokoll 2, Z. 234).

Das Dozierendenteam blickt jedoch ebenfalls auf heterogene Berufsbiographien zurück und kann so auch die verschiedenen studentischen Bedarfe auffangen. Gleichzeitig wird angeregt, selbst einen Umgang mit dieser Heterogenität zu finden, so lässt ein Studierender den damit verbundenen Konflikt zu einem Teil der Projektinszenierung, also des Prüfungsgegenstands, werden:

> „Der Präsentierende geht in seiner performativen Darstellung darauf ein, dass Pädagogik Disziplin und Kunst Freiheit ist. Er befindet sich in diesem Zwiespalt" (Beobachtungsprotokoll 2, Z. 297-299).

Die sich durch die Interdisziplinarität ergebende Herausforderung wird also künstlerisch umgeleitet, reflektiert und in den Prüfungsgegenstand integriert.

Die Prüfung als Prüfung wird erst zum Ende der Veranstaltung zum Thema gemacht. Die Präsentationen der Studierenden seien zwar, wie der Dozierende feststellt, weit vorangeschritten, jedoch noch nicht vollendet, entsprechen also noch nicht vollends den Kriterien zum erfolgreichen Bestehen. In diesem Kontext werden den Studierenden weitere Übungstage außerhalb der geplanten Präsenzzeit angeboten, in denen sowohl der Dozierende als auch der Studiengangkoordinierende noch mal Raum für Rückmeldung und Reflexion geben.

> „Der Studiengangkoordinator antwortet: „Ich bin beeindruckt. Dass wir noch nicht fertig sind, ist klar (..) deshalb mein Vorschlag, am Freitagabend nochmal so einen Workshop zu machen. Ich glaube, das würde uns gut tun." Es schließt sich eine Diskussion an den Vorschlag an" (Beobachtungsprotokoll 2, Z. 370-375).

Dass eine bestmögliche Vorbereitung der Studierenden auf die Prüfung auch den Studiengangverantwortlichen wichtig ist, wird in der sprachlichen Verwendung des „Wir" und „Uns" deutlich. In diesem Angebot eines zusätzlichen Termins zeigt sich – mit Blick auf möglichst optimale Lehr-/Lern- und Prüfungsbedingungen – eine Serviceorientierung, wie sie zudem von Studierenden der wissenschaftlichen Weiterbildung erwartet wird.

4.3 Die Wissensklausur in der Betriebswirtschaftslehre und Mathematik

In diesem Fall handelt es sich um einen achtsemestrigen berufsbegleitenden Bachelorstudiengang. Zielgruppe sind berufstätige Praktikerinnen und Praktiker, die ihre Qualifikation im Bereich Betriebswirtschaft auf akademischem Niveau verbessern möchten. Im Mittelpunkt des Angebotes stehen, neben der Vermittlung von betriebswirtschaftlichem Fachwissen, das Erlernen wirtschaftswissenschaftlicher Problemlösungen, um betriebliche Abläufe mitzugestalten. Den Abschluss der jeweiligen Module bildet eine Klausur.

Die Klausuren als Prüfungsformat im wirtschaftswissenschaftlichen Bereich und in der Mathematik dienen zur Überprüfung des gelernten Wissens. Sie können daher als Wissensklausuren bezeichnet werden. Dabei wird ein Sachverhalt meist kurz erläutert, bevor es dann in der Aufgabe heißt: „Nennen Sie..." oder „Erläutern Sie..." und Ähnliches. Im vorliegenden wirtschaftswissenschaftlichen Fach geht es dabei, so lässt sich aus dem Modulhandbuch schließen, um Themen wie Beschaffung, Produktionsplanung, Investitionsplanung, Vertrieb/Marketing, externes und internes Rechnungswesen sowie Finanzierung und Finanzplanung. Zusammengefasst sind also das Verständnis für die Grundfunktionen betriebswirtschaftlichen Handelns das Lernziel. Die Dozierende gibt außerdem an, dass es ihr darum gehe, *„dass die (die Studierenden, M.R.) etwas mitnehmen und dass das, was wir erarbeitet haben, dann auch irgendwie sitzt, auch für die weiteren Vorlesungen" (Dozierende/-r 4, Z. 316-317)*.

In der Mathematik gehören Zahlenfolgen und -reihen sowie finanzmathematische Anwendungen (Zinseszins, Barwert, Renten-, Tilgungs- und Abschreibungsrechnung) in Bezug auf ökonomische Funktionen zum Inhalt. Als Lernziele stehen hier mathematische Modellbildung zur Beschreibung, Analyse und Optimierung ökonomischer Sachverhalte im Vordergrund. In beiden Fällen liegt ein Fokus auf den eigenen Aneignungsschritten, die vollzogen werden müssen.

Mit Blick auf eine zeit- und kostengünstige Prüfungsvorbereitung wurden den Studierenden Online-Sprechstunden angeboten. Unterteilt in Gruppen von jeweils acht Personen wurden die Chat-Sprechstunden an zwei beziehungsweise drei Tagen vor der Modulabschlussprüfung durchgeführt. Die Dozierenden standen in einem Umfang von jeweils 1 ½ Stunden den Studierenden für Fragen zur Verfügung. Während des Chats konnten sich die Studierenden untereinander austauschen beziehungsweise es bestand die Möglichkeit, dass die Studierenden die Fragen untereinander beantworteten.

> „[…] [der Termin, der] direkt vor der Klausur war, hat sich auf ganz viele inhaltliche, konkrete Fragen zu bestimmten Themen eigentlich bezogen, wo sich dann andere Teilnehmer auch einklinken konnten und sagen konnten, das habe ich jetzt so und so verstanden, stimmt das. […] Oder meinst Du das so, oder ich habe das anders verstanden und dann von irgendjemand die Gegenfrage kommt. Also das fand ich hilfreich, glaube ich, für alle Beteiligten" (Dozierende/-r 4, Z. 36-38 und Z. 45-46).

Die Studierenden konnten hier, neben den allgemeinen Fragen, auch als Expertinnen und Experten des gelernten Inhalts gegenüber den Dozierenden aber auch gegenüber den Mitstudierenden auftreten. Der Dozierende im Fach Mathematik betont im Interview die gegenseitige Unterstützung in der Präsenzveranstaltung wie folgt:

> „Und auch der Austausch unter den Studenten, die haben sich auch sehr viel untereinander geholfen. Nach dem Motto in der Reihe aufgestanden und einfach nach hinten gegangen und da noch mal erklärt und das und dies und jenes" (Dozierende/-r 1, Z. 411-413).

Damit wird auch für die Dozierenden deutlich, wie der zu lernende Stoff gelernt wurde. Im Chat selbst wird die Heterogenität an sich nicht thematisiert. Allerdings weist der Dozierende im Fach Mathematik gerade im Interview auf die Heterogenität der Gruppe hin, wenn es um unterschiedliche Vorkenntnisse geht. Er legt in dem Interview auch dar, wie auf diese Tatsache reagiert wurde, nämlich, dass sich die Teilnehmenden gegenseitig halfen und unterstützten.

> „Die Gruppe ist natürlich sehr heterogen, das war eine große Herausforderung auch für mich. Denn der eine kommt direkt vom Abitur oder relativ direkt vom Abitur mit vielleicht einem Leistungskurs in [Fach 1], der andere hat vor 15 bis 20 Jahren die Fachhochschulreife erworben, vielleicht mit [Fach 1] vier oder vielleicht sogar noch schlechter, sodass die Spanne doch recht groß ist. Vom Alter, vom Erfahrungsschatz und von dem Vorwissen, was in [Fach 1] einfach mitgebracht wird. Sodass es hier natürlich erstmal sehr herausfordernd war, diese heterogene Gruppe auf einen Nenner zu bringen. Das heißt, für jeden das mitzubringen, was derjenige eben braucht und das war eine der Hauptherausforderungen auch und auch spannend, von vornherein, weil man eben nicht wusste, wer sitzt da vor einem" (Dozierende/-r 1, Z. 316-326).

Im weiteren Verlauf des Interviews legt der Dozierende offen, dass die Heterogenität von den Teilnehmenden positiv wahrgenommen wurde. Auf das unterschiedliche Vorwissen reagiert er mit:

> „Dass die, die etwas weiter weg sind, vielleicht neben jemandem sitzen, der etwas näher die [Fach 1] noch an sich hatte und dass man da irgendwie gute Tandems gebildet hat oder gute

Gruppen gebildet hat, sodass die entsprechend aufgefangen wurden" (Dozierende/-r 1, Z. 356-359).

Zudem legte er verschiedene Niveaustufen in die Klausur hinein.

Eine andere Art von Heterogenität bestand darin, dass einige Teilnehmende den Chat aus zeitlichen Gründen nicht besuchen konnten oder Probleme mit der Internetverbindung hatten. Die Teilnehmenden am Chat reagierten selbst darauf, in dem die Chat-Protokolle in Form eines pdf-Dokuments zusammengefasst wurden, um es denjenigen, die nicht an den Chats teilnehmen konnten, zur Verfügung zu stellen. Dies stellte sich als komfortable Lösung heraus.

Hauptthema der Online-Chatsprechstunden war in beiden beobachteten Fällen die bevorstehende Klausur. Die Sprechstunden wurden online angeboten, um auf die Lernsituation in der Phase der Prüfungsvorbereitung von berufsbegleitenden Studierenden einzugehen beziehungsweise um eben auf die Arbeits- und Lebenswelten weit ab vom Hochschulcampus zu reagieren. Dabei war diese Art der Sprechstunde ein zusätzliches Angebot, um die Prüfung (gut) zu bestehen und damit das Modul abzuschließen. Der Dozierende des Faches mit mathematischen Inhalten drückt dies so aus:

> „Die Angst, die mit dem Fach [Fach 1] einfach aus der Schule schon oft mitgebracht wird. Oder die halt oft auch eben in den Durchfallquoten, die man von hier, links und rechts und überall mal hört, eben herkommen. Mir ist es immer ganz wichtig, diese Angst den Studierenden zu nehmen. Natürlich besteht wie in jedem anderen Modul die Möglichkeit auch durchzufallen, das ist ganz klar" (Dozierende/-r 1, Z. 382-387).

Die Studierenden äußern diese Angst auch im Chat, wenn es heißt: „19:01 [Person 6]: Selten so eine Panik gehabt, wie vor Ihrer Klausur ;)" (Chat 2a). Der Dozierende antwortet daraufhin: „19:03 [Person 10]: Ich bin mir ziemlich sicher, dass die Panik nicht nötig ist" (ebd.). Interessant ist hier, dass bei Person 6 am Ende ein zwinkerndes Emoticon zu sehen ist, was so viel bedeutet wie „nimm es nicht so ernst". Der Dozierende antwortet auf die Aussage aber dennoch ernsthaft, da bei ihm ein Emoticon oder ähnliches fehlt.

Im wirtschaftswissenschaftlichen Fall schreibt eine Person im Chat:

> „20:28 [Person 4]: Naja schriftliche Prüfungen/Klausuren waren leider noch nie so mein Ding... Mündlich lief es immer besser :-) Wird schon klappen am Freitag" (Chat 5c).

Auch hier wurde wieder ein Emoticon eingesetzt, die Dozierende antwortet, ohne weiter auf das Emoticon einzugehen: „*20:28 [Person 1]: ich denke auch!"* *(ebd.)*. Die Studierenden machen durch Nachfragen deutlich, dass sie sich auch der Prüfungsform als Form versichern möchten. Durch die Teilnahme im Chat können sie in ihrem Lernen bestärkt werden. Eine Veränderung der Klausurauf-

gaben wurde nach den Gesprächen in den Chats in beiden Fällen jedoch nicht
vorgenommen. Die erwähnte Bestärkung durch den Dozierenden ist auch grundsätzlich ein
Thema des Dozierenden im mathematischen Fach, da er seine Lehre und das
Lernen als Teamgedanken auffasst.

> „Und ich hatte den Eindruck, dass wir eigentlich ein ganz gutes Team waren. Auch gerade,
> wenn man so Samstage verbracht hat über einen langen Zeitraum, das war natürlich auch wie-
> der für den ein oder anderen anstrengend. Das ist nicht nur für die Studierenden, das war für
> mich genauso" (Dozierende/-r 1, Z. 330-333).

Durch das Online-Sprechstunden-Format konnten die Lehrenden die Lernenden
durch Rückfragen im Lernprozess unterstützen. Die Lehrenden nahmen besonders dann die Rolle des Moderierenden ein, wenn sich die Teilnehmenden untereinander die Fragen beantworteten. Darüber hinaus motivierten die Lehrenden die Teilnehmenden, wenn Prüfungsängste geäußert wurden.

> „Dennoch habe ich eben versucht, eben die Angst zu nehmen auch und transparent eben zu
> sein, zu sagen, das und das sind die Anforderungen, das und das sollte man können [...]"
> (ebd., Z. 387-389).

Neben der inhaltlichen Vorbereitung durch die Online-Sprechstunden wurden
im wirtschaftswissenschaftlichen und mathematischen Bereich auch Skripte zur
Verfügung gestellt, die von Übungsaufgaben flankiert wurden. Außerdem konnten die Studierenden in beiden Fällen die Altklausuren einsehen, bearbeiten und
die jeweiligen Lösungen abrufen. So entwickelten die Studierenden auch ein
Gefühl für die Art der Aufgabenstellung. Im Fall Mathematik wurde außerdem
eine Formelsammlung zur Verfügung gestellt, die auch in der Klausur benutzt
werden durfte. Zusätzlich boten die Dozierenden an, dass die Studierenden sich
bei Fragen auch per Mail an sie wenden könnten. Die Dozierende aus dem wirtschaftswissenschaftlichen Bereich stellt heraus, dass durch den Chat die Fragen
komprimiert sind:

> „Weil man ansonsten ja, das tröpfelt dann rein und man guckt immer schon regelmäßig in die
> Mails und antwortet, aber die Möglichkeit, das zu komprimieren und Fragen nicht vier Mal zu
> beantworten, sondern einmal dort für alle, wo andere dann sagen, ja, die Frage hätte ich auch
> gehabt, dann brauche ich die nicht mehr zu stellen, das fand ich hilfreich" (Dozierende/-r 4, Z.
> 31-35).

Sie unterstreicht, dass „durch die regionale Verteilung in dem weiterbildenden
Studiengang und das seltene Sehen [...] der Mehrwert für die [Studierenden]
bestimmt noch mal größer" (ebd., Z. 328-330.) ist und somit bei der Prüfungsvorbereitung ein sinnvolles Angebot darstellt.

Wissend, dass die Sprechstunde für spätere Forschungszwecke verwendet wird, wurde im Chat auch über die Sinnhaftigkeit des Chats gesprochen. Sowohl die Studierenden als auch die Dozierenden empfanden das Angebot als hilfreich.

> 20:26 [Person 2]: Also ich denke für die Klausurvorbereitung ist das wirklich sehr hilfreich! (Chat 3b.).
>
> 20:58 [Dozierende]: Aber sie haben recht, als Vorbereitung für die Klausur ist das eigentlich eine tolle Idee, weil man viel schneller als per Mail reagieren kann und alle es sehen können, so dass Fragen nicht 3x kommen und andere schauen können, wie die andere argumentieren (ebd.).

Die Dozierende unterstrich im Interview diese Aussage noch einmal, nämlich, dass sie im Chat schneller reagieren könne als per Mail und dass sie nicht mehrmals auf die gleiche Frage antworten müsse. Auch wäre es durch den Chat möglich, die Argumentationsgänge der Studierenden schriftlich nachvollziehen zu können. Als Serviceorientierung wurde hier deutlich, dass die Studierenden eben nicht vor Ort sein müssen, um das Sprechstundenangebot wahrnehmen zu können. Für diesen Service muss allerdings sowohl von Seiten der Hochschule als auch auf Seiten der Teilnehmenden die Infrastruktur passend sein. Hierzu ist anzumerken, dass die Dozierende und die Studierenden sich im Chat über die Darstellung des Chats auf der benutzten Lernplattform äußerten und Verbesserungsvorschläge einbrachten. Dies betont die Dozierende auch noch einmal im Interview, wenn sie berichtet:

> „Wir hatten kurz angedacht, ob es technisch möglich ist, das so in Abschnitten, Farben, Einrücken zu machen" (Dozierende/-r 4, Z. 92-94).

Derartige Verbesserungsvorschläge – mit ihren Vor- und Nachteilen – wurden dann an die Studiengangverantwortlichen übermittelt. Insgesamt zeigen die Ergebnisse, dass sowohl aus Sicht der Teilnehmenden als auch aus Sicht der Dozierenden die Vorteile der Chat-Sprechstunden überwogen.

5   Fazit

Die aufgezeigten Fälle machen deutlich, dass das in ihnen stattfindende Prüfen bzw. prüfungsbezogene Lehren sowohl als Element und Ausdruck fachspezifischer Lehr-/Lernkulturen verstanden werden kann als auch durch das Format der wissenschaftlichen Weiterbildung geprägt wird. Prüfungsformat, Prüfungsgegenstand und das zu prüfende Lernziel, die sich in den untersuchten Fällen als jeweils gängig für das Fach gezeigt haben, legen spezifische didaktische Vorgehensweisen in der Prüfungsvorbereitung sowie in den Rollenzuschreibungen der

Beteiligten nahe. So fordert im rechtswissenschaftlichen Angebot eine fallba-
sierte, wissens- und kompetenzprüfende Klausur, deren Inhalte vom Prüfenden
vorab ausgewählt werden, ein stärker lehrenden- und frontalzentriertes Lehr-
/Lerngeschehen ein, bei dem der Dozierende den ausschlaggebenden Informati-
onsträger und -vermittler darstellt. Die performative Darstellung eines Projekts
im erziehungswissenschaftlichen Fall, über welche die Authentizität und Refle-
xionsfähigkeit geprüft wird, wird von den Studierenden in Inhalt und Modus
selbst gestaltet. Dies legt wiederum eine stärkere Einbindung derselben auch in
der Prüfungsvorbereitung nahe, in welcher dem Dozierenden die Rolle des
Lernbegleiters zukommt. Im wirtschaftswissenschaftlichen Fall mit Online-
Lehr-/Lernanteilen, an dessen Ende eine Klausur zu bestehen ist, die das gelernte Wissen überprüft, kommt dem Dozierenden zwar auch die Rolle des entscheidenden Wissensträgers zu, jedoch treten die Studierenden im Chat stärker
als sich austauschende und gegenseitig versichernde Gemeinschaft auf, die
durch den Dozierenden nicht nur korrigierend oder bestätigend, sondern auch
moderierend begleitet wird. Darüber hinaus prägen auch Merkmale, die für die
wissenschaftliche Weiterbildung charakteristisch sind – wie etwa die Heterogenität und die Expertise der Studierenden oder ihr Anspruch auf eine entsprechende Serviceorientierung – das Prüfen und die Prüfung. Die in der Regel
hochschul-, berufs- und praxiserfahrenen Studierenden der wissenschaftlichen
Weiterbildung sind keine Novizen mehr und nehmen daher auch eine deutlich
aktivere Rolle in den prüfungsvorbereitenden Lehr-/Lernsettings ein. Von der
Anknüpfung an die Berufserfahrungen und das umfangreiche Vorwissen der
Studierenden bis hin zur Einbindung in die Gestaltung des Prüfungsgegenstands
reicht die Bandbreite der Wertschätzung der studentischen Hintergründe. Diese
können sogar innerhalb ein und desselben Angebots fachlich breit aufgestellt
sein, sodass sich zwischen den Studierenden Leistungsunterschiede ergeben, die
die Prüfungsvorbereitung entsprechend prägen. Allein die Entscheidung über
den Prüfungsgegenstand bringt Bevor- und Benachteiligungen mit sich, die
nicht nur Fairness-Diskurse anregen, sondern auch Prüfungsängste auslösen
können. Dies aufzugreifen und durch z.B. besondere Serviceangebote aufzufan-
gen, ist eine anspruchsvolle Aufgabe. Eine adäquate Serviceorientierung, die
sich nicht nur in der Verpflegung oder passenden räumlichen Umgebung, sondern auch in konkreten prüfungsrelevanten Dimensionen ausdrückt, wird jedoch
auch durch den hohen – zum Berufsleben oder Familienpflichten dazu tretenden
– zeitlichen und nicht zuletzt finanziellen Einsatz der Studierenden legitimiert.
Das mobile Prüfungsbüro im rechtswissenschaftlichen Fall, das Angebot weiterer Übungstage im erziehungswissenschaftlichen Fall oder die Einrichtung von
prüfungsvorbereitenden Chaträumen im betriebswirtschaftlich-mathematischen
Fall – all diese zusätzlichen Dienstleistungen zur optimalen Vor- und Nachbe-

reitung von Prüfungen werden nicht nur seitens der Studierenden begrüßt, sondern auch aktiv von den Weiterbildungsanbietern ermöglicht.

Entlang der Prüfungsdimension konnte deutlich gemacht werden, dass die Gestaltung des Lehrens und Lernens in der wissenschaftlichen Weiterbildung nicht nur durch die Besonderheiten dieses Bildungsformats geprägt ist, sondern dass die Fachkultur ebenfalls einen formenden Einfluss nimmt. Was hinsichtlich der Prüfung als zielführende didaktische Herangehensweise bewertet wird, welche Rollenzuschreibungen als passend empfunden und welche Schwerpunktsetzungen in der Serviceorientierung gewählt werden, generiert sich nicht zuletzt auch aus den fachspezifisch erfahrenen und verinnerlichten Normen, Traditionen und Sichtweisen. Raum, Zeit, Didaktik, Interaktion und Kommunikation sind aber auch Aspekte, die – unabhängig vom Prüfen – als Elemente fachspezifischer oder für die wissenschaftliche Weiterbildung charakteristischer Lehr-/Lernkulturen untersucht werden sollten. Dies ist die zentrale Aufgabe des Arbeitspakets „Fachspezifische Lehr-/Lernkulturanalysen" im Verbundprojekt „WM³ Weiterbildung Mittelhessen", die durch das beschriebene multimethodisch angelegte Untersuchungsdesign umgesetzt wird.[8] Durch den Methodenmix von teilnehmender Beobachtung, Fotodokumentation, Chat-Protokollen sowie Expertinnen- und Experteninterviews tritt das – theoretisch und atheoretisch gebundene sowie durch bewusstes und unbewusstes Wissen geleitete – Handeln der Akteure in einer interpretierbaren und damit verstehbaren Form auf, sodass fachkulturelle Klischees hinterfragt und die eingangs skizzierte empirische Leerstelle ein Stück weit gefüllt werden kann.

Literatur

Alke, Matthias (2014): *Verstetigung von Kooperation. Eine Studie zu Weiterbildungsorganisationen in vernetzten Strukturen.* Wiesbaden: Springer VS.

Arnold, Rolf/Pätzold, Henning (2008): *Bausteine zur Erwachsenenbildung.* Baltmannsweiler: Schneider Hohengehren.

Bargel, Susanne (2008): Prüfungen in der Transformation – Kleiner Erfahrungsbericht in wandelndem-gewandeltem Selbst- bzw. Rollenverständnis. In: Dany, Sigrid/Szcyrba, Birgit/Wildt, Johannes (Hrsg.): *Prüfungen auf die Agenda! Hochschuldidaktische Perspektiven auf Reformen im Prüfungswesen.* Bielefeld: Bertelsmann.

Cendon, Eva (2006): Universitäre Weiterbildung im Kontext des Lebenslangen Lernens – Zwischen Diversifizierung und Profilbildung. In: *Zeitschrift für Hochschulentwicklung,* 2 Jg./ Nr. 1. URL: http://www.zfhe.at/index.php/zfhe/article/view/111

---

8 Vgl. dazu den Projektendbericht, der im September auf der Projekthomepage (www.wmhoch3.de) veröffentlicht werden wird.

Egger, Rudolf (2012): *Lebenslanges Lernen in der Universität: Wie funktioniert gute Hoch-schullehre und wie lernen Hochschullehrende ihren Beruf.* Wiesbaden: Springer VS.

Engler, Steffani (1993): *Fachkultur, Geschlecht und soziale Reproduktion: eine Untersu-chung über Studentinnen und Studenten der Erziehungswissenschaft, Rechtswissen-schaft, Elektrotechnik und des Maschinenbaus.* Weinheim: Dt. Studien-Verl.

Huber, Ludwig (2011): Fachkulturen und Hochschuldidaktik. In: Weil, Markus/Schiefner, Mandy/ Eugster, Balthasar/Futter, Kathrin (Hrsg.): *Aktionsfelder der Hochschuldidak-tik. Von der Weiterbildung zum Diskurs.* Münster: Waxmann, S. 109-127.

Iller, Carola/Wick, Alexander (2009): Prüfungen als Evaluation der Kompetenzentwick-lung im Studium. In: *Das Hochschulwesen. Forum für Hochschulforschung, -praxis und -politik.* 57. Jg., H.6, S. 195-201.

Jetzkowitz, Jens; Lüdtke, Hartmut; Schneider, Jörg (2004): *O Tempora, o Mores. Wie Studierende mit der Zeit umgehen.* Springer VS: Wiesbaden

Kerr, Clark (1963): *The Uses of the University.* Cambridge: Harvard Univ. Press.

Keschmann, Florian (2001): *Prüfungen an Universitäten. Rechtscharakter – Rechts-schutz – Verfahren.* Wien: Manz.

Krais, Beate (1999*): Studentische Lebenswelt und Fachkultur. Eine empirische Untersu-chung über Studierende der Fächer Geschichte und Architektur und die vorherr-schenden Vorstellungen über Studium und studentische Lebenszusammenhänge.* Darmstadt: Techn. Univ., Inst. für Soziologie

Maaß, Jürgen/Schlöglmann, Wolfgang (1999): Theorie und Praxis in Kursen zur mathe-matischen Weiterbildung für Erwachsene. In: *Journal für Mathematik-Didaktik* 20, H.4, S. 260-273.

Meuser, Michael/Nagel, Ulrike (2013). Experteninterviews – wissenssoziologische Vo-raussetzungen und methodische Durchführung. In: Friebertshäuser, Barbara/Langer, Antje/Prengel, Annedore (Hrsg.): *Handbuch qualitative Forschungsmethoden in der Erziehungswissenschaft.* Weinheim: Beltz Juventa, S. 457-471.

Müskens, Wolfgang/Lübben, Sonja (2015): Die Erfassung formell und informell erwor-bener Lehrkompetenzen in der wissenschaftlichen Weiterbildung. In: Hartung, Olaf/Rumpf, Marguerite (Hrsg.): *Lehrkompetenzen in der wissenschaftlichen Wei-terbildung. Konzepte, Forschungsansätze und Anwendungen.* Wiesbaden: Springer VS, S. 108-131.

Multrus, Frank (2005): Identifizierung von Fachkulturen über Studierende deutscher Hochschulen. Ergebnisse auf der Basis des Studierendensurveys vom WS 2000/2001. *Hefte zur Bildungs- und Hochschulforschung.* Konstanz: Arbeitsgruppe Hochschulforschung, Univ.

Rach, Stefanie/Heinze, Aiso/Ufer, Stefan (2014): Welche mathematischen Anforderun-gen erwarten Studierende im ersten Semester des Mathematikstudiums? In: *Journal für Mathematik-Didaktik* 35, S. 205-228.

Reiss, Kristina (2002): *Argumentieren, Begründen, Beweisen im Mathematikunterricht.* URL: http://blk.mat.uni-bayreuth.de/material/db/59/beweis.pdf

Schaeper, Hildegard (1997): *Lehrkulturen, Lehrhabitus und die Struktur der Universität. Eine empirische Untersuchung fach-und geschlechtsspezifischer Lehrkulturen.* Weinheim: Dt. Studienverl.

Schäfer, Erich (2002): Aspekte einer Bildungs- und Lernkultur der Hochschule in der Wissensgesellschaft. In: Cordes, Michael/Dikau, Joachim/Schäfer, Erich (Hrsg.):

Hochschule als Raum lebensumspannender Bildung. Auf dem Weg zu einer neuen Lernkultur. Festschrift für Ernst Prokopp. Regensburg: AUE, S. 3-30.

Schulz, Marc (2014): Ethnografische Beobachtung. In: Tillmann, Angela (Hrsg.): *Handbuch Kinder und Medien.* Wiesbaden: Springer VS, S. 225-235.

Schüßler, Ingeborg (2010): Projektlernen. In: Arnold, Rolf/Nolda, Sigrid/Nuissl, Ekkehard (Hrsg.): *Wörterbuch Erwachsenenbildung.* Bad Heilbrunn: Klinkhardt, S. 248-250.

Schütz, Matthias/Skowronek, Helmut/Thieme, Werner (1969*): Prüfungen als hochschuldidaktisches Problem.* Ergebnisse und Materialien eines Expertenseminars in Hamburg-Rissen vom 31.1.-2.2. 1969. Blickpunkt Hochschuldidaktik. Weinheim: Beltz

Seitter, Wolfgang (2002): Erwachsenenpädagogische Ethnographie oder die Annäherung der Erwachsenenbildung an ihre Teilnehmer. In: *Zeitschrift für Pädagogik* 48, H.6, S. 918-937.

Seitter, Wolfgang/Schemmann, Michael/Vossebein, Ulrich (2015) (Hrsg.): *Zielgruppen in der wissenschaftlichen Weiterbildung. Empirische Studien zu Bedarf, Potential und Akzeptanz.* Wiesbaden: Springer VS

Selent, Petra; Wiemer, Matthias (2011): Der Blick aufs eigene Fach. Reflexion der Fachkulturen als Element hochschuldidaktischer Qualifizierung von Tutor/inn/en. In: Jahnke, Isa; Wildt, Johannes (Hrsg.): *Fachbezogene und fachübergreifende Hochschuldidaktik.* Bielefeld: W. Bertelsmann Verl., S. 193-200

Tervooren, Anja (2011): Teilnehmende Beobachtung in medizinischen Vorsorgeuntersuchungen. Frühe Kindheit und generationale Ordnung. In: Oelerich, Gertrud (Hrsg.): *Empirische Forschung und Soziale Arbeit. Ein Studienbuch.* Wiesbaden: Springer VS, S. 301-306.

Trute, Hans-Heinrich (2015): Prüfungen in den Rechtswissenschaften – die Praxis. In: Bork, Reinhard (Hrsg.): *Prüfungsforschung. Schriften zur rechtswissenschaftlichen Didaktik.* Baden-Baden: Nomos, S. 44-70.

Walzik, Sebastian (2012): *Kompetenzorientiert prüfen. Leistungsbewertung an der Hochschule in Theorie und Praxis.* Opladen: Budrich.

Wildt, Johannes/Wildt, Beatrix (2011): Lernprozessorientiertes Prüfen im „Constructive Alignment". Ein Beitrag zur Förderung der Qualität von Hochschulbildung durch eine Weiterentwicklung des Prüfungssystems. In: Berendt, Brigitte (Hrsg.): *Neues Handbuch Hochschullehre: Lehren und Lernen effizient gestalten.* Berlin: DUZ Medienhaus, S. 1-46.

Wolf, Sandra (2011): *Teilnahme an wissenschaftlicher Weiterbildung. Entwicklung eines Erklärungsmodells unter Berücksichtigung des Hochschulimages.* Wiesbaden: Gabler.

Wollersheim, Heinz-Werner/März, Maren/Schmider, Jan (2011): Digitale Prüfungsformate. Zum Wandel von Prüfungskultur und Prüfungspraxis in modularisierten Studiengängen. In: *Zeitschrift für Pädagogik* 57, H.3, S. 363-374.

Wunderlich, Antonia (2014): Lehren und Prüfen im Licht der Fachkulturforschung. In: Berendt, Brigitte et al. (Hrsg.): *Neues Handbuch Hochschullehre: Lehren und Lernen effizient gestalten.* Berlin: DUZ Medienhaus, S. 7-26.

Zwyssig, Markus (2001*): Hochschuldidaktik der Betriebswirtschaftslehre. Fachdidaktische Analyse und Vorschläge zur Neukonzeption der betriebswirtschaftlichen Ausbildung an Universitäten.* Weinheim: Dt. Studien-Verl.

Qualitätssicherung von Studienmaterialien

Heiko Müller/Alexander Sperl unter Mitarbeit von *Steffen Puhl*[1]

Zusammenfassung

Studienmaterialien bilden eine zentrale Grundlage für selbstständiges Lernen. Dies gilt im besonderen Maße für die wissenschaftliche Weiterbildung, da hier die Inhaltsvermittlung häufig asynchron geschieht. Dementsprechend sollten für Materialien in der wissenschaftlichen Weiterbildung Qualitätskriterien angesetzt und überprüft werden. Der Beitrag zeigt auf, wie mit Hilfe eines Qualitätskriterienkatalogs Studienmaterialien bewertet und die Ergebnisse an die Angebotsverantwortlichen zurückgespiegelt werden können.

Schlagwörter

Studienmaterialien, Qualitätssicherung, Bewertungstool

Inhalt

1   *Heiko Müller* | Technische Hochschule Mittelhessen
     Alexander Sperl | Justus-Liebig-Universität Gießen
     Steffen Puhl | Justus-Liebig-Universität Gießen

1   Einleitung

Studienmaterialien stellen im Weiterbildungsbereich ein wichtiges Instrument
für die Inhaltsvermittlung und -erschließung dar. In der Weiterbildung und im
Fernstudium haben z.b. Studienbriefe seit jeher eine große Bedeutung. Sie werden spezifisch für das Studienangebot entwickelt und den Studierenden zur Verfügung gestellt. Auch andere Materialien müssen für die Studienangebote eigens
angefertigt werden.[2]
    Da die Erstellung von Studienmaterialien mit Aufwand verbunden ist, bie-
tet sich eine Reihe von Lösungen an. Autorinnen und Autoren können für ein
Honorar mit der Erstellung beauftragt werden, technisches Equipment erlaubt
die zeit- und ressourcensparende Produktion von digitalen Lernmaterialien oder
sogenannte Open Educational Resources (OER) können in die Lehrszenarien
eingebunden werden. Bei all diesen Wegen ist eine Qualitätssicherung der Materialien unerlässlich. Dies gilt nicht nur für die inhaltliche Seite, die von Fach-
wissenschaftlerinnen und -wissenschaftlern geprüft werden muss, sondern auch
für formale, didaktische und technische Aspekte. Neben grundsätzlichen Quali-
tätsmanagementmechanismen, die an Hochschulen immer mehr Einzug halten,
sind auch die Ansprüche der Zielgruppen von wissenschaftlicher Weiterbildung
an die Qualität von Studienmaterialien ein zentraler Aspekt.
    Ziel dieses Artikels ist es, eine Möglichkeit aufzuzeigen, wie diese Quali-
tätsbewertung gestaltet sein kann. Dazu werden zunächst einige Begriffsdefinitionen vorgenommen. Danach wird skizziert, welche Qualitätskriterien für Studienmaterialien von Bedeutung sind und welche Methode gewählt werden kann,
um diese zu bewerten. Schließlich werden erste Tendenzen aus der Bewertung
dargestellt.

2   Begriffsdefinitionen

Beschäftigt man sich mit dem Themenbereich „Qualitätssicherung von Studienmaterialien", fällt zunächst auf, dass der Qualitätsbegriff sehr umfangreich
und multiperspektivisch definiert ist, während der Untersuchungsgegenstand
„Studienmaterialien" häufig nicht genauer eingegrenzt wird. Der Eindruck

---

2   Aufgrund der grundsätzlich kommerziellen Natur von wissenschaftlichen Weiterbildungsange-
    boten müssen Studienmaterialien unter besonderen Rahmenbedingungen erstellt werden, denn
    der Einsatz von Fremdmaterialien ist nicht mehr durch die Zugänglichmachung für Unterricht
    und Forschung gemäß § 52a des Urheberrechtsgesetzes gedeckt. Diese Möglichkeit gilt grund-
    sätzlich nur für nicht-kommerzielle Angebote. Die Einschätzung der Kommerzialität kann sich
    allerdings von Hochschule zu Hochschule unterscheiden.

überwiegt, dass unter Studienmaterialien alles subsummiert wird, das in irgendeiner Form zum Lernen herangezogen werden kann. Es scheint also notwendig zu sein, kurz zusammenzufassen, welche Begriffe im Rahmen dieses Beitrags benutzt worden sind.

2.1 Der Untersuchungsgegenstand „Studienmaterialien"

Studienmaterialien sind durchaus Gegenstand von Untersuchungen gewesen (vgl. Tulodziecki 1983, Vollmer 1999, Barkowski 1999), denn auf mikrodidaktischer Ebene stellen sie ein zentrales Element dar (vgl. Reich-Claassen/von Hippel 2011, S. 1004). Interessanterweise finden sich aber kaum eindeutige Definitionen des Begriffs, es sei denn im Sinne einer Beschreibung von technischen Spezifikationen im Kontext von E-Learning oder hinsichtlich didaktischer Entwurfsmuster in der Mediendidaktik, bei denen z.B. „Informationsobjekte" in didaktischen Szenarien zum Einsatz kommen (vgl. Baumgartner 2006, S. 240). Dieses mag daran liegen, dass es eher schwierig ist, eine endgültige Liste von Studienmaterialtypen zu erstellen, da nicht genau unterschieden werden kann, was noch zum Definitionsbereich „Studienmaterialien" gehört und was nicht. Häufig werden intuitiv Lehrbücher, Studienbriefe etc. dazugezählt, die in Verlagen und Bildungsinstitutionen entstanden sind und bereits einen Qualitätssicherungsprozess durchlaufen haben. In der Lehre sind darüber hinaus immer wieder neue Formate entstanden, für die eine ähnliche Qualitätssicherung nötig wird.

Auf dem Gebiet „E-Learning" sind einige Versuche unternommen worden, eine Klassifikation vorzunehmen. Daraus entwickelten sich viele unterschiedliche Begriffe, die Elemente oder Objekte zur Inhaltsvermittlung beschreiben sollen. Dazu gehören zum Beispiel Lernmaterialien, Lernmedien, Lernprogramme, Lernobjekte und so weiter. Die Klassifikation wird dabei teilweise stufenweise aufgebaut, sodass manche umfangreicheren Elemente kleinere beinhalten können (vgl. Zhuang 2006, S. 11ff. oder Niegemann et al. 2008, S. 560). Solche Klassifikationen finden sich in ähnlicher Weise auch in Lernplattformen wieder.[3]

Ein Aspekt, der nach Meinung der Autoren in den vielfältigen Definitionen zwar implizit mitschwingt, der aber häufig nicht genau ausgeführt wird, ist der Unterschied zwischen *Lehr*materialien und *Lern*materialien. Diese beiden Materialsorten bilden zusammen die Studienmaterialien, können aber auch durchaus einzeln betrachtet werden.

---

3 In der Lernplattform ILIAS werden zum Beispiel verschiedene Objekte angelegt, die Dateien, Lernmodule, automatisierte Tests, etc. sein können.

Unter Lehrmaterialien können jene Materialien verstanden werden, die von Lehrpersonen erstellt oder ausgewählt und den Lernenden in analoger oder digitaler Form zur Verfügung gestellt werden. Dabei sind Lehrmaterialien aus kleineren Elementen zusammengesetzt, die nach didaktischen und mediendidaktischen Aspekten ausgewählt und zusammengestellt worden sind. Diese kleineren Einheiten können eine Vielzahl von verschiedenen Lernobjekten sein. Dazu gehören u.a. Texte, Grafiken, Animationen, Audiodateien, Lernvideos, Vortragsaufzeichnungen und Tests. Diese werden von Lehrenden zu Lerneinheiten wie Handouts, Studienbriefen, Web Based Trainings (WBTs), Pod- oder Mediacasts und so weiter zusammengestellt.

Bei den Lernmaterialien handelt es sich um jene Artefakte, die von Lernenden für das Lernen genutzt werden, d.h. die sie selbst erstellen oder auswählen. Dieses können sowohl Lernobjekte als auch Lerneinheiten sein. Es können darüber hinaus sowohl die von Lehrenden bereitgestellten als auch völlig selbstständig ausgewählte Materialien sein. Beispiele für Lernmaterialien wären etwa Wikis, E-Portfolios, eigene Linksammlungen usw., aber auch die oben genannten Lehrmaterialien.[4]

Diese Unterscheidung ist im vorliegenden Fall wichtig, da Qualitätskriterien zwar auch für Lernmaterialien aufgestellt werden können und damit äußerst wichtige Anhaltspunkte für Studierende bezüglich ihrer Auswahl von Materialien darstellen. In diesem Kontext stehen jedoch jene Lehrmaterialien im Mittelpunkt, die im Rahmen der Entwicklung von Weiterbildungsangeboten entstanden sind.

Da es zwischen Lehrmaterialien und Lernmaterialien Überschneidungen geben kann, soll im Rahmen dieses Beitrags der Begriff Studienmaterialien benutzt werden. Gleichzeitig sei aber auch darauf hingewiesen, dass das Ziel der Arbeit nicht ist, Qualitätskriterien für von Studierenden erstellte Materialien festzuhalten. Ziel ist es vielmehr, Qualitätskriterien für die von Lehrenden erstellten oder ausgewählten Studienmaterialien aufzustellen, die von Studienangebotsverantwortlichen, Dozierenden und Studierenden als Anhaltspunkte genommen werden können, um die Qualität von Materialien einschätzen zu können. Daher werden im Folgenden Studienmaterialien so verstanden, dass es sich um von Lehrenden erstellte oder ausgewählte Materialien handelt.

---

4   In diesem Zusammenhang sei darauf hingewiesen, dass in der wissenschaftlichen Weiterbildung Lehrmaterialien mit mehr didaktischem Aufwand erstellt und ausgewählt werden müssen als in der grundständigen Lehre, da die Phasen des selbstständigen Lernens häufig länger sind. Zwar gibt es auch asynchrone Kommunikationsmöglichkeiten zwischen Lehrenden und Lernenden, im Sinne einer effizienteren Zeitnutzung für die Lernenden ist es jedoch besser, diese Kommunikation auf ein geringes Maß zu reduzieren.

2.2 Qualitätsdefinitionen

Der Begriff Qualität ist komplex und vielschichtig (vgl. Kamiske 2011) und bis heute nicht einheitlich definiert. Box (1988, S. 23) bezeichnet Qualität als ein diffuses Konzept. Jeder wisse mehr oder weniger, was es bedeute, jedoch sei es wesentlich schwieriger, eine präzise Definition zu etablieren. Im vorliegenden Rahmen wurden die Ansätze des US-amerikanischen Forschers David A. Garvin (1984) und die DIN-Norm als Basis für einen Qualitätsbegriff genommen. Diese sollen im Folgenden kurz beschrieben werden.

2.2.1   Fünf Qualitätsdefinitionen nach Garvin

Ein häufig zitierter Klassifizierungsansatz stammt von Garvin aus dem Jahr 1984. Dieser setzte sich mit den verschiedenen Dimensionen auseinander und entwickelte seinerseits einen Ansatz, nach dem Qualität in fünf Definitionen kategorisiert werden kann.

- The Transcendent Approach (Transzendenter Ansatz)
  Qualität wird als innewohnende Exzellenz ähnlich des Schönheitsbegriffs von Platon verstanden. Sie ist (nur) erlebbar, nicht messbar.
- The Product-based Approach (Produktbezogener Ansatz)
  Qualität ist messbar und durch die Quantität und Summe der Eigenschaften eines Produkts definiert. (Je mehr Pixel und Farben ein digitales Bild darstellt, desto höher ist seine Qualität.)
- The User-based Approach (Anwenderbezogener Ansatz)
  Qualität ist subjektiv und ergibt sich aus der Summe der Bedürfnisse und Wünsche der Anwender. Produkte, die diese bestmöglich erfüllen, werden als qualitativ hochwertig wahrgenommen.
- The Manufacturing-based Approach (Produktionsbezogener Ansatz)
  Qualität ist eine deterministische Größe. Ein qualitativer Idealzustand wird als Summe von Spezifikationen definiert. Die Einhaltung dieser Anforderungen führt automatisch zu einer hohen Qualität.
- The Value-based Approach (Wertbezogener Ansatz)
  Qualität ist das bestmögliche Verhältnis zwischen Kosten/Preis und Ertrag/Leistung. Qualität wird als die Erfüllung einer Leistungsanforderung zu einem akzeptablen Preis definiert.

2.2.2   Qualitätsstandards

Der Duden definiert „Qualitätsstandard" als „im allgemeinen Qualitäts- und Leistungsniveau erreichte Höhe" (vgl. Duden 2015). Der Begriff der Höhe ist hierbei als Schlüsselwort anzusehen. Sie stellt eine individuell und kontextsensitiv festzulegende Schwelle dar, die angibt, ab welchem Grad eine Anforderungsstufe als erfüllt anzusehen ist. Demnach beschreibt nicht der Begriff der Qualität selbst die Güte eines Produkts oder einer Leistung, sondern die als Standard definierte Schwelle, ab der man einen Qualitätsanspruch als erfüllt ansieht.

Die Definition der Schwelle bzw. Höhe wird bezogen auf einen (häufig virtuellen) Ideal- bzw. Maximalzustand und obliegt in der Regel Expertinnen und Experten im fachlichen Arbeitsfeld.

2.2.3 Normen

Wirft man einen Blick in einige Qualitätsnormen des Deutschen Instituts für Normung e.V. (DIN) bzw. des Europäischen Komitees für Normung (CEN), findet man folgende Ausführungen:

Die erste Version der DIN EN ISO 8402 „Qualitätsmanagement-Begriffe" beschrieb 1995 in Abschnitt 2.1 Qualität als die Gesamtheit von Merkmalen einer Einheit bezüglich ihrer Eignung, festgelegte und vorausgesetzte Erfordernisse zu erfüllen. Diese Norm wurde durch die bereits 1987 eingeführte EN ISO 9000 Reihe „Qualitätsmanagementsysteme" abgelöst. Sie beschreibt gemäß Abschnitt 3.1.1 der Revision von 2005 Qualität als den Grad, in dem ein Satz inhärenter Merkmale Anforderungen erfüllt. Weiter wird angemerkt, dass das Attribut „inhärent" – im Gegensatz zu „zugeordnet" – „einer Einheit innewohnend", insbesondere als ständiges Merkmal anzusehen ist.

Zusammengefasst definieren die gängigen Normen zum Thema Qualität und Qualitätsmanagementsysteme den Begriff als die Summe stabiler und immanenter Attribute, die dazu dienen, die an die Sache gestellten Anforderungen als erfüllt zu betrachten.

2.2.4 Qualitätsverständnis im Rahmen des Forschungsprojekts

Innerhalb des Verbundprojekts „WM³ Weiterbildung Mittelhessen"[5] werden im Forschungsprojekt „Validierung und Systematisierung von Studienmaterialien"

---

5 Die drei mittelhessischen Hochschulen Justus-Liebig-Universität Gießen, Philipps-Universität Marburg und Technische Hochschule Mittelhessen haben sich im Hinblick auf ihre gemeinsamen Entwicklungsplanungen im Bereich der wissenschaftlichen Weiterbildung zum Verbundprojekt „WM³ Weiterbildung Mittelhessen" zusammen geschlossen, um mit Hilfe des BMBF-Wettbewerbs „Aufstieg durch Bildung: offene Hochschulen" ein an wirtschaftlichen und gesellschaftlichen Interessen optimal ausgerichtetes Weiterbildungsangebot zu schaffen und zu einer nachhaltigen Stärkung der wissenschaftlichen Weiterbildung an den Hochschulen beizutragen. Dieses Vorhaben wurde in der ersten Förderphase (2011-2015) aus Mitteln des BMBF und aus dem ESF der EU mit den Förderkennzeichen: 16OH11008, 16OH11009, 16OH11010 und in der zweiten Förderphase (2015-2017) mit den Förderkennzeichen 16OH12008, 16OH12009,

Qualitätsstandards für die Erstellung bzw. Bewertung von Studienmaterialien entwickelt. Um in diesem Kontext eine einfache Operationalisierung bzw. Instrumentalisierung der entwickelten Qualitätsstandards zu gewährleisten, erfolgt die Entwicklung der ebenfalls zu erarbeitenden Prüfkriterien nach objektiven, bewertbaren Gesichtspunkten.

Aus diesem Grund orientiert sich diese Arbeit an einer Synthese aus der Qualitätsdefinition der DIN EN ISO 9000:2005 sowie aus drei Teilaspekten des produkt-, anwender- und produktionsbezogenen Ansatzes von Garvin. Im Rahmen des produktbezogenen Ansatzes wird Qualität als Summe messbarer Eigenschaften zur Erfüllung von Anforderungen angesehen. Daher kann eine Bewertung von Kriterien in einem mehr oder weniger objektiven Blickwinkel vorgenommen werden. Des Weiteren werden bei der Definition der Prüfkriterien auch anwenderbezogene Aspekte berücksichtigt. Subjektive Aspekte können nicht ganz ausgeschlossen werden, allerdings können aus didaktischer Sicht Kriterien formuliert werden, die die Bedarfe von Lernenden in den Fokus nehmen. Ferner werden über ein sogenanntes Manual Ausprägungen und Beispiele für jedes Kriterium beschrieben, an dem sich Bewertende während des Bewertungsprozesses orientieren können.

3   Begründung der Untersuchung von Studienmaterialien

Die Qualitätsbewertung von Studienmaterialien wird seit vielen Jahren in der Bildungsforschung diskutiert. Vor allem im Rahmen der Beurteilung digitaler Materialien für die Lehre gibt es seit dem wahrnehmbaren Einzug von Lernsoftware in die schulische und hochschulische Bildung in den 1980er Jahren Bestrebungen, geeignete Prüflisten und Kriterienkataloge zu entwickeln. Mit Hilfe dieser Prüflisten soll es ermöglicht werden, Bewertungen vergleichbar, schnell und kostengünstig durchzuführen (vgl. Benkert 2001, S. 1, Baumgartner 1997, S. 242).

Dorothea Thomé veröffentlichte 1989 eine „Große Prüfliste für Lernsoftware". Sie besteht aus einer Kombination didaktischer, pädagogischer, lerntheoretischer und mediendidaktischer Kriterien und einer dazugehörenden Bewertungsmechanik für die Qualitätsbeurteilung von Lernsystemen (vgl. Thomé 1989, S. 133ff.), die sie als Synopse aus 23 untersuchten Katalogen erarbeitet hat. Benkert entwickelte 2001 basierend auf der Arbeit von Thomé seine „Erweiterte Prüfliste für Lernsysteme" als Kriterienkatalog zur (vergleichenden)

16OH12010 aus Mitteln des BMBF gefördert. Weitere Projektinformationen sind unter www.wmhoch3.de zu finden.

Beurteilung multimedialer Lernsysteme und überführte dabei die Anforderungen in die damalige technische Gegenwart.

Für den Einsatz von Kriterienkatalogen wird als Argument meist die Möglichkeit zur schnellen und vergleichenden Evaluation angeführt (vgl. Benkert 2001, S. 1). Die Vorgehensweise sei objektiv und methodisch sauber (vgl. Baumgartner 1997, S. 242). Kritikerinnen und Kritiker attestieren Kriterienkatalogen häufig Oberflächlichkeit sowie Unvollständigkeit und bemängeln fehlende oder strittige Bewertungs- und Gewichtungsverfahren (vgl. Baumgartner 1997, S. 242).

Ferner wird die fehlende Betrachtung des Kontextes kritisiert, d.h. die konkrete Lehr-/Lernsituation, in der die Lehrmaterialien zum Einsatz kommen. So attestiert Kerres (2012), dass die Qualität eines mediengestützten Lehrangebots kaum an den äußeren Merkmalen des Mediums festgemacht werden kann. Vielmehr sei es die Situation, die den Wert des Mediums bestimme und es sei zu bedenken, dass ein Medium in zwei Fällen nachweislich unterschiedlich gut funktionieren könne (vgl. S.139f.). Baumgartner (1997) schreibt zudem, dass durch die isolierte Betrachtung multimedialer Lernsoftware die didaktisch sinnvolle Einbindung in ein Curriculum und die ganzheitliche Gestaltung der Lernsituation vernachlässigt wird. Beide beziehen ihre Aussagen zwar grundsätzlich auf mediengestützte Lehrmaterialien, allerdings erscheint hier aufgrund des Abstraktionsgrades die Ausweitung der Gültigkeit der Aussagen auf Studienmaterialien im Allgemeinen als legitim.

Kerres führt weiter aus, dass ein scheinbar schlechtes Lernprogramm in manchen Lernkontexten wesentlich zum Lernerfolg beitragen und in anderen Kontexten ein scheinbar gutes Medium versagen kann (vgl. S. 139). Dem soll nicht widersprochen werden, jedoch sollte dieser Aspekt hinsichtlich seiner Kausalität differenzierter dargestellt werden. Im beschriebenen Fall, dass ein vermeintlich schlechtes Lernprogramm dennoch zu einem positiven Lernergebnis führen kann, sind im übergeordneten Lehr-Lern-Szenario kompensierende Mechanismen zu verorten. Das Lehrmaterial selbst bliebe weiterhin schlecht und in diesem Fall konnte ein Gesamterfolg *trotz* des Einsatzes zum Teil minderwertiger Materialien erreicht werden. Ebenso kann ein mit objektiven Kriterien als gut bewertetes Studienmaterial durch eine ungeeignete Integration oder sogar ein grundlegend mangelhaftes, rahmendes didaktisches Konzept unter Umständen nicht zu einem positiven Ergebnis führen. In diesem Fall konnte kein Gesamterfolg erzielt werden, *obwohl* zum Teil qualitativ hochwertige Materialien verwendet wurden.

Wer die Qualität von Bildungsprozessen beurteilen möchte, muss zweifelsfrei eine Bewertung aller Facetten eines Lehr-/Lernszenarios vornehmen. Ohne den Anspruch erheben zu wollen, Studienmaterialien ein vom Kontext losgelöstes Qualitätssiegel verleihen zu können, sollte dennoch darauf hingewiesen werden, die Kausalität zwischen guten und schlechten Lehrmaterialien und ihrer Förderlichkeit bzw. Abträglichkeit für Lernprozesse differenzierter zu betrachten. Gute Lehrmaterialien sind kein Garant, aber eine bessere Basis für ein gutes Lernsetting als schlechte Lehrmaterialien.

Auf der Basis geeigneter Kriterienkataloge lassen sich Erkenntnisse gewinnen, die eine Aussage darüber zulassen, ob Lehrmaterialien grundsätzliche objektive Qualitätsanforderungen erfüllen. Aus einer Nichterfüllung wiederum kann mit hoher Wahrscheinlichkeit eine hemmende oder abträgliche Wirkung auf Lernprozesse angenommen werden, die die Güte übergeordneter Lehr-Lern-Szenarien vermindert und instrumentell auf der Ebene der Didaktik mit Mehraufwand kompensiert werden muss. Eine positive Attestierung der Erfüllung geeigneter objektiver Qualitätskriterien ist folglich mindestens als Lackmustest für die Eignung von Studienmaterialien als granularer Baustein im Rahmen didaktischer Gesamtkonzepte anzusehen. Dies gilt vor allem in konstruktivistischen Szenarien, bei denen Studierende ihre Lernmaterialien selbst aussuchen sollen, da sie hier erst lernen müssen, qualitativ hochwertige Materialien identifizieren zu können. Der Kontext, in denen die Materialien zum Einsatz kommen, kann nicht außen vorgelassen werden. Diesen zu beurteilen, muss allerdings Aufgabe von fachlich und inhaltlich geschulten Expertinnen und Experten sein.

Darüber hinaus müssen Lehrmaterialien im Weiterbildungsbereich ohne weitere Hilfe von außen funktionieren. Immer häufiger werden Weiterbildungsszenarien so gestaltet, dass ein hoher Anteil an Selbstlernphasen – seien sie nun digital oder analog – eine Selbstverständlichkeit ist. Daher werden häufig mit der Selbstlernphase genaue Arbeitsanweisungen und Hinweise auf die Lernergebnisse verknüpft. Besser ist es allerdings, wenn die Materialien selbst diese Elemente beinhalten. Dadurch wird das selbstorganisierte Lernen in großem Maße unterstützt.

Ein weiterer Grund für die Qualitätssicherung bei Studienmaterialien ist, dass sich die wissenschaftliche Weiterbildung auch in einer Konkurrenzsituation mit kommerziellen Anbietern befindet. Als Teil der Angebote stehen daher auch Studienmaterialien unter besonders kritischer Betrachtung durch die Zielgruppen. Personen, die bereits Erfahrungen mit kommerziellen Anbietern gemacht haben, werden bestimmte Erwartungen an die Qualität von Studienmaterialien haben. Gleiches gilt auch für das gesamte Lehr-Lern-Setting eines Studienangebots mit seinen vielfältigen Facetten.

4   Qualitätskriterienkatalog

4.1   Struktur des Katalogs

Die Entscheidung für die Entwicklung eines eigenen Qualitätskriterienkatalogs für Studienmaterialien ergab sich aus der Analyse und dem Vergleich bereits vorhandener Kataloge. Neben der bereits in Abschnitt 3 genannten „Erweiterte[n] Prüfliste für Lernsysteme" von Benkert sei dabei besonders auf den Artikel von Brandenburg (2005) verwiesen. Dort werden allerdings Studienangebote im Bereich der beruflichen Weiterbildung fokussiert und weniger Studienmaterialien im Speziellen. Ähnliches gilt für eine Checkliste des Netzwerks für berufliche Fortbildung des Landes Baden-Württemberg (2011). Auch für den Schulbereich existieren Qualitätskriterienkataloge; beispielhaft sei hier auf den Beitrag von Kristöfl, Sandtner und Jandl (2006) hingewiesen. Eine ausführliche Zusammenstellung mit Artikeln zur Bewertung von Lernmaterialien findet sich bei Müller, Oeste und Söllner (2015, S. 28ff.). Ihre Arbeit beschränkt sich aber auf die Entwicklung von Qualitätskriterien für Lernvideos. Im Rahmen dieses Forschungsprojekts sollte dagegen eine Reihe unterschiedlicher Materialtypen bewertet werden; daher griffen diese Kataloge an verschiedenen Stellen zu kurz. An anderen Stellen waren sie dagegen zu ausführlich und damit für die Ziele dieses Forschungsprojekts nicht geeignet.

Die Ziele, die mit einer Bewertung von Studienmaterialien innerhalb des Projekts und seiner Angebote erfüllt werden sollten, lassen sich wie folgt zusammenfassen:

- Transparenz bei der Qualitätssicherung auf dem Gebiet der Studienmaterialien
- Berücksichtigung von unterschiedlichen Materialtypen
- Anwendbarkeit auf analoge und digitale Materialien
- Vergleichbarkeit von Bewertungen
- Erleichterung und Vereinheitlichung der Bewertung durch interne und externe Expertinnen und Experten
- vereinheitlichtes Feedback über die Optimierungsbedarfe für die Autorinnen und Autoren sowie die Studienangebotsverantwortlichen
- Einbindung und Stärkung von Barrierefreiheit als Qualitätsfaktor

Hinzu kommt eine Unterscheidung in die fachlich-inhaltliche und die formaldidaktische Bewertung von Studienmaterialien. In der Regel existiert eine fachlich-inhaltliche Qualitätssicherung bei Studienmaterialien bereits, sei es indirekt oder direkt. Eine indirekte Qualitätssicherung liegt dabei vor, wenn die Expertise der beauftragten Autorin oder des Autors bereits bei der Auftragsvergabe als gegeben angenommen wird.[6]

Die einzelnen Qualitätskriterien wurden in so bezeichnete *Kriteriencluster* und des Weiteren der besseren Übersicht halber in *Subcluster* eingeteilt. Dabei wurde die Einteilung wie folgt in fünf Cluster und die jeweiligen Subcluster vorgenommen:

- Formale Qualität
  - Strukturierung
  - Stil, Orthografie, Grammatik, gendergerechte Sprache
  - Quellen, Literatur
  - Version, Revision
- (Medien-)Didaktische Qualität
  - Lernergebnisse
  - Methodik der Inhaltsvermittlung
  - Lerndauer
  - Lernerfolgskontrolle
- Qualität der Gestaltung
  - Corporate Design, Wiedererkennung, Einheitlichkeit
  - Typografie
  - Layout
  - Farben
  - Medienqualität
  - Emotionale Aspekte
- Barrierefreiheit
  - Alternative Bereitstellung
  - Erschließung und Wahrnehmung
  - Funktionalität und Bedienung
  - Fehlertoleranz und Kompatibilität
  - Epilepsie
- Technikbezogene Qualität
  - Standards
  - Zugänglichkeit

---

6   Eine direkte Sicherung wäre zum Beispiel ein Review-Verfahren, bei dem weitere Expertinnen und Experten ein Studienmaterial bewerten. Die dabei etablierten Verfahren sollten im Rahmen des Forschungsprojekts nicht noch einmal bearbeitet werden. Vielmehr geht es darum, eine formal-didaktische Bewertung vorzuschlagen, die auch innerhalb des Arbeitspakets vorgenommen werden kann. Auch wenn für die Veröffentlichung der Qualitätskriterien (vgl. Müller/Sperl 2016) ein inhaltlicher Teil mit aufgenommen wurde, soll im vorliegenden Beitrag nur der formal-didaktische Teil genauer betrachtet werden.

- Gebrauchstauglichkeit
- Strukturelle Integrität

Die in den einzelnen Subclustern enthaltenen Kriterien wurden als Aussagen formuliert, sodass über eine Likert-Skala von 1 bis 5 eine Bewertung vorgenommen werden kann. Die Kriterien wurden so ausgesucht, dass sie eine relativ objektive Aussage über einen Qualitätsaspekt zulassen, ohne dass subjektive Präferenzen eine Rolle spielen. Gleichzeitig wurde berücksichtigt, dass Kriterien in manchen Fällen als weniger relevant gewichtet werden können oder grundsätzlich nicht bewertbar sind. Diese Elemente wurden in einen Bewertungsbogen überführt, der die Bewertung unterstützen soll. Abbildung 1 zeigt den Aufbau anhand von zwei Kriterien aus dem Bewertungsbogen exemplarisch.

1. Formale Qualität									
Kriterium	**Bewertung**					**Gewichtung**			
	1 nicht erfüllt	2 kaum erfüllt	3 teils erfüllt	4 gut erfüllt	5 voll erfüllt	geringe Relevanz	normale Relevanz	hohe Relevanz	Nicht bewertbar
1.1 Strukturierung									
1.1.1 Die Strukturierung des Studienmaterials ist gut erkennbar.	❏	❏	❏	❏	❏	❏	❏	❏	❏
1.1.2 Die Strukturierung des Studienmaterials wird angemessen abgebildet	❏	❏	❏	❏	❏	❏	❏	❏	❏

Abbildung 1: Ausschnitt aus dem Bewertungsbogen für formal-didaktische Qualität

Die Bewertungsskala ist so ausgelegt, dass der Wert 1 die niedrigste Wertung darstellt und 5 die höchste. Die Zahlen sind zusätzlich mit folgenden Äquivalenten verdeutlicht: 1 = nicht erfüllt, 2 = kaum erfüllt, 3 = teils erfüllt, 4 = gut erfüllt und 5 = voll erfüllt. Wie bereits erwähnt, kann es vorkommen, dass der oder die Bewertende ein Kriterium als wichtiger oder weniger wichtig einschätzt. So könnte man beispielweise argumentieren, dass die korrekte Formulierung von Texten in Bezug auf Orthografie und Grammatik immer eine hohe Relevanz hat. Im Bogen würde dann „hohe Relevanz" ausgewählt werden.

Zusätzlich ist es möglich, dass Kriterien z. B. bei bestimmten Materialtypen nicht zum Tragen kommen und daher nicht bewertbar sind. Das Kriterium „Die Navigation durch das Studienmaterial ist durchgängig fehlerfrei" ist nur bei interaktiven Materialien bewertbar, aber nicht immer bei Studienbriefen. In diesem Fall kann im Bewertungsbogen „nicht bewertbar" angekreuzt werden.

Der grundsätzliche Unterschied zwischen Relevanz und Bewertbarkeit ist im Flowchart in der Abbildung 2 verdeutlicht worden.

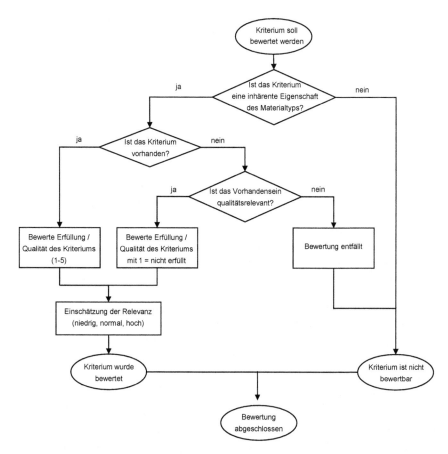

Abbildung 2: Flowchart zur Unterscheidung von Relevanz und Bewertbarkeit

Da eine rein numerische Bewertung als Feedback für die Autorinnen und Autoren nicht immer besonders aussagekräftig ist, gibt es die Möglichkeit, Kommentare in einer Tabelle festzuhalten. Diese ist den Bewertungslisten für die einzelnen Cluster nachgestellt. Bewertende sind angehalten, die jeweilige Kriteriennummer mit aufzulisten, um die Zuordnung zu erleichtern.

Da die Bewertungskriterien unter Umständen nicht immer vollumfänglich selbsterklärend sind, schließt sich an jeden Bogen das Manual an, in dem die einzelnen Kriterien genauer erklärt, teils mit Beispielen verdeutlicht und ver-

wandten Fragen erweitert werden. Die Nummern der Einzelkriterien aus dem
Bogen und dem Manual korrespondieren miteinander.[7]

4.2 Das Onlinetool

Zur Hebung des Mehrwerts der Forschungsarbeit wurde über zusätzliche Bereit-
stellungskanäle sowie Formen zur Nutzbarmachung des Qualitätskriterienkatalogs für die interessierte Fachöffentlichkeit und die Lehrenden innerhalb und
außerhalb des Projektverbundes nachgedacht und die Entwicklung eines brow-
serbasierten Onlinetools mit zusätzlichen Auswertungsfunktionen beschlossen.
Dadurch wird nicht nur die Bewertung von Studienmaterialien selbst verein-
facht, sondern auch die Möglichkeit einer schnellen und unkomplizierten Auswertung geboten. Dies gilt sowohl im Hinblick auf einzelne Materialien und das
damit verbundene Feedback an Autorinnen und Autoren als auch für die globale
Auswertung im Rahmen der Forschungsarbeit, die Tendenzen bei den Optimie-
rungsbedarfen bei den Studienmaterialien im Allgemeinen herausarbeiten soll.
Die Auswertung der Daten, die beim Einsatz der Papierversion des Qualitätskri-
terienkatalogs durch den Bewertenden selbst und manuell erfolgen muss, ist im
Onlinetool durch eine softwarebasierte Bewertungsmechanik realisiert. Das
Tool reagiert automatisch auf Eingaben des Bewertenden und berechnet in
Echtzeit die Auswirkungen auf das Ergebnis des gesamten Kriterienclusters.
Zudem visualisiert das Tool die Ergebnisse in Form von Netzdiagrammen und
ermittelt mathematisch ein gewichtetes arithmetisches Mittel pro Cluster. Diese
Mittelwerte werden herangezogen, um eine (in ihrer Komplexität reduzierte) In-
dikatoranzeige mit Daten zu versorgen, die es ermöglicht, Optimierungsnot-
wendigkeiten schnell sichtbar zu machen.
    Zusätzlich zu den im Onlinetool integrierten Auswertungs- und Feedback-
mechanismen gibt es eine sogenannte Reportfunktion (s. Abbildung 3). Mit Hilfe
dieser Funktion wird eine Zusammenfassung der Bewertung aller Einzelkriterien
der fünf Qualitätscluster erzeugt. Im Report werden die Bewertungsergebnisse
der Einzelkriterien abgebildet und die clusterbasierten Auswertungsergebnisse
visuell dargestellt. Der Report kann in Form eines PDF-Dokuments zur persönlichen Datensicherung gespeichert werden oder auch als Internetlink mit einer
eindeutigen Kennung weitergegeben werden.

---

7   Die vollständige Liste aller Kriterien findet sich in der separaten Veröffentlichung „Systemati-
     sierung und Validierung von Studienmaterialien – Qualitätskriterienkatalog" (Müller/Sperl
     2016).

2.4 Lernkontrolle

2.4.1 Die Lernkontrolle ist an den vermittelten Inhalt gut angepasst.

Bewertung: 5 von 5 ●●●●●   Relevanz: normal

Kommentar:
Das WBT enthält umfangreiche Möglichkeiten zur (Selbst)Lernkontrolle (Arbeitsblatt, Übungen,
"Tutor"-Funktion, etc.). Das ist sehr gut umgesetzt.

2.4.2 Die Lernkontrolle setzt prüfungsdidaktische Möglichkeiten angemessen ein.

Bewertung: 5 von 5 ●●●●●   Relevanz: normal

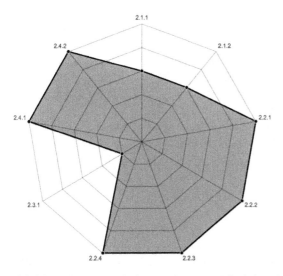

Abbildung 3:   Ausschnitt aus der Reportfunktion des Onlinetools

5 Bewertung von Studienmaterialien aus der wissenschaftlichen Weiterbildung – erste Auswertungsergebnisse

Im Rahmen des Forschungsprojektes wurden 41 Studienmaterialien mit Hilfe des Onlinetools bewertet. Darunter befanden sich vier Vortragsaufzeichnungen, fünf Lernvideos, acht Skripte, siebzehn Studienbriefe und sieben Web Based Trainings (WBTs). Seitens der Studienangebote wurden sowohl analoge als auch digitale Studienmaterialien zur Bewertung bereitgestellt.

Zunächst wurde die Bewertung durch Einzelpersonen vorgenommen. Im zweiten Schritt wurden die Bewertungen dann verglichen, um Abweichungen bei der Bewertung einzelner Kriterien zu ergründen und gegebenenfalls zu ändern. Außerdem wurde dabei gleichzeitig überprüft, ob die Trennschärfe aller Kriterien gegeben ist. Nach der Anpassung des Kriterienkatalogs und des Online-Tools konnten die Ergebnisse mit Hilfe verschiedener Skripte ausgegeben werden. Dabei wurden zum Beispiel die Durchschnittswerte der Cluster aggregiert und nach verschiedenen Kategorien geordnet.

Die ermittelten Durchschnittswerte der Cluster lassen sich in Tabelle 1 ablesen.

Kriteriencluster	Mittlere Bewertung (Skala: 1-5)
Technische Qualität[8]	4,30
Qualität der Gestaltung	4,29
Formale Qualität	4,05
Mediendidaktische Qualität	3,76
Barrierefreiheit	2,85

Tabelle 1:   Durchschnittswerte der Cluster in absteigender Reihenfolge

Die Cluster „Mediendidaktische Qualität" und „Barrierefreiheit" sind demnach die Bereiche mit der geringsten mittleren Bewertung. Daher sollen diese in einer ersten Darstellung der Auswertungsergebnisse genauer betrachtet werden.

5.1 Mediendidaktische Qualität

5.1.1 Im Kontext der Gesamtqualität

Bei der Analyse der visualisierten Daten zur Bewertung der mediendidaktischen Qualität ließen sich einige Besonderheiten identifizieren. Betrachtet man zunächst die Durchschnittswerte der Einzelkriterien des Clusters der mediendidaktischen Qualität, so lässt sich lediglich feststellen, dass im Vergleich zu den anderen Clustern die mittlere Qualitätsbewertung mit 3,76 von insgesamt 5 Punkten nur auf dem vierten von fünf Rängen verortet ist.

Legt man die Äquivalente der eingesetzten Likert-Skala zugrunde und vernachlässigt zunächst die Streuung der Einzelbewertungen innerhalb des Clusters, so bedeutet dies, dass die Bewertung der Einzelkriterien im Mittel zwischen „3 = teils erfüllt" und „4 = gut erfüllt" zu verorten ist.

---

8   Der Bereich „Technische Qualität" wird zusätzlich zur Bewertung auch noch mit Gebrauchstauglichkeitstests von exemplarisch ausgewählten Materialien evaluiert, deren Ergebnisse dann mit in den endgültigen Bericht einfließen werden.

5.1.2   Im Kontext unterschiedlicher Studienmaterialien

Wie bereits beschrieben, fällt bei der Betrachtung der Datenvisualisierungen der Bewertungsergebnisse auf, dass die mediendidaktische Qualität gegenüber der formalen, gestalterischen und technischen Qualität ein tendenziell niedrigeres Durchschnittsergebnis aufweist.

Um die Ursachen näher zu beleuchten, wurde zunächst eine detailliertere Auswertung hinsichtlich der Differenzierung nach Studienmaterialtypen vorgenommen. Wie in Tabelle 1 zu erkennen ist, ergab sich bei der Betrachtung der Clusterdurchschnittswerte ein Ergebnis von 3,76 von 5 für die Bewertung der mediendidaktischen Qualität. Differenziert man nun nach den fünf untersuchten Typen, so ergibt sich folgende Darstellung.

Materialtyp	Durchschnittswerte	Abweichungen vom Gesamtdurchschnitt
Studienbrief	3,65	-0,11
Skript	3,25	-0,51
Lernvideo	4,49	+0,72
WBT	4,49	+0,73
Vortragsaufzeichnung	3,76	-0,01

Tabelle 2:   Clusterdurchschnittswerte aller Einzelkriterien und Abweichungen vom Gesamtdurchschnitt

Innerhalb der differenzierten Betrachtung lässt sich eine Zweiteilung identifizieren. Während die untersuchten Lernvideos (+0,72) und Web Based Trainings (+0,73) in der mediendidaktischen Bewertung deutlich überdurchschnittlich abschneiden, bleiben die Bewertungen der Studienbriefe (-0,11) und Skripte (-0,51) erkennbar hinter den Durchschnittswerten zurück. Die Vortragsaufzeichnungen weisen mit -0,01 lediglich eine geringe Abweichung im Bereich der zweiten Nachkommastelle auf und liegen im Durchschnitt.

Daraus könnte die These formuliert werden: Speziell für die Angebote erstellte Materialien werden eher nach (medien-)didaktischen Richtlinien gestaltet als „zweitverwertete" Materialien.

Studienmaterialien wie Skripte und Studienbriefe haben auf den ersten Blick zunächst ihre Medienform gemeinsam. Bei beiden handelt es sich um textbasierte Materialtypen, die in der Regel mit visuellem Datenmaterial angereichert werden. Häufig stellen wissenschaftliche Publikationen (Fachartikel, Lehrbücher, Forschungsberichte, Dissertationen, etc.) die inhaltliche Basis für die Erstellung dieser Studienmaterialien dar. Inhaltlich stehen Publikation und Studienmaterial also auf der gleichen Basis. Der Einsatzkontext und auch die

Zielgruppe sind jedoch unterschiedlich. Die Befunde dienen als Anlass zur Formulierung der These, dass der Einsatz der gleichen Medienform eine relativ einfache und pragmatische Zweitverwertung bei der Erstellung der Studienmaterialien zulässt und dadurch die didaktische Aufbereitung übergangen wird.

Auch bei den Vortragsaufzeichnungen handelt es sich um zweitverwertetes Material. Der originäre Inhalt der zugrunde liegenden Vorlesung und dessen Vermittlung richten sich an ein Plenum, das in einem klassischen Vortragsszenario am Studienort anwesend ist. Die Lehre ist auf die anwesende Zielgruppe und nicht auf den räumlich und zeitlich abwesenden Studierenden abgestimmt. Die didaktischen Bedürfnisunterschiede wurden in den exemplarisch untersuchten Beispielen nicht explizit berücksichtigt.

Betrachtet man dagegen die Bewertung der beiden Studienmaterialtypen Lernvideo und WBT, dann lässt sich neben dem Ergebnisunterschied vor allem die unterschiedliche Medienform feststellen. Als digital ist zwar auch die Vortragsaufzeichnung einzuordnen, sie weist jedoch ebenso wie die untersuchten Studienbriefe und Skripte einen wichtigen Unterschied auf: Bei der Erstellung von Lernvideos und WBTs musste das inhaltliche Ausgangsmaterial aufbereitet und in eine neue Medienform überführt werden. Eine aufwandsminimierte Zweitverwertung war und ist in diesem Fall nicht möglich.

Bei der Überführung des fachlichen Ausgangsmaterials (wissenschaftliche Publikation, Fachkonzept, etc.) in die Medienform des Studienmaterials (Video, Onlineinhalte) ist also eine formale Transformation prozessimmanent. Hierzu werden in der Regel zusätzlich Hilfsmittel wie Drehbücher, Storyboards, etc. eingesetzt, um didaktische Konzepte und Methoden sowie technische Anweisungen für die Umsetzung zu definieren. Interpretiert man die Bewertungsergebnisse diesbezüglich, dann scheinen die Autorinnen und Autoren der untersuchten Materialien, die sich für diese Materialformen entschieden haben, die Notwendigkeit der didaktischen Aufbereitung im Erstellungsprozess berücksichtigt zu haben.

5.1.3   Differenzierte Betrachtung der Einzelkriterien

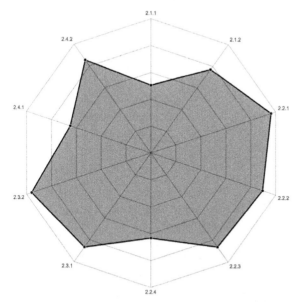

2.1.1   Die Lernergebnisse für das Studienmaterial sind gut definiert.
2.1.2   Die Lernergebnisse werden in didaktisch korrekter Weise formuliert.
2.2.1   Der Materialtyp ist für die Vermittlung des Inhalts gut geeignet.
2.2.2   Die im Material gewählten didaktischen Methoden sind für die Vermittlung des Inhalts geeignet.
2.2.3   Die Art der Inhaltsvermittlung motiviert, sich mit dem Inhalt zu beschäftigen.
2.2.4   Die Hilfsmittel zur zielgerichteten Erschließung des Inhalts sind gut umgesetzt.
2.3.1   Die geschätzte Dauer zur Bearbeitung des Studienmaterials ist angegeben.
2.3.2   Die Dauer zur Bearbeitung des Studienmaterials ist für den Materialtyp angemessen.
2.4.1   Die Lernkontrolle ist an den vermittelten Inhalt gut angepasst.
2.4.2   Die Lernkontrolle setzt prüfungsdidaktische Möglichkeiten angemessen ein.

Abbildung 4:   Netzdiagramm der Durchschnittswerte der Bewertungen der Einzelkriterien des Clusters „(Medien-)didaktische Qualität"

In der Abbildung 4 werden unten die Einzelkriterien des Clusters „(Medien-)didaktische Qualität" aufgelistet. Die Abbildung stellt in Form eines Netzdiagramms die Durchschnittswerte der Einzelkriterien aller bewerteten Studienmaterialien dar. Greift man nun die in Tabelle 2 identifizierte Zweiteilung auf und differenziert diese Darstellung in Form eines Netzdiagramms, so ergibt sich folgende interessante Gegenüberstellung in der nachfolgenden Abbildung.

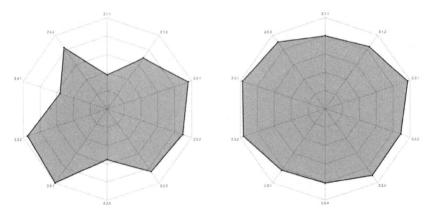

Abbildung 5: (Medien-)didaktische Qualität (links Web Based Training und Lernvideo, rechts Skript, Studienbrief und Vortragsaufzeichnung) Netzdiagrammdarstellung

In der Abbildung 5 sind deutliche Unterschiede der durchschnittlichen Bewertung einiger Einzelkriterien zu erkennen. Diese Unterschiede werden noch deutlicher, wenn man die Werte in Säulendiagramme überführt, wie dies in Abbildung 6 geschehen ist.

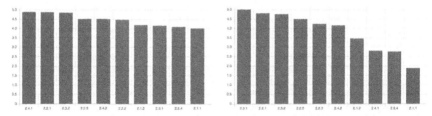

Abbildung 6: Mediendidaktische Qualität (links Web Based Training und Lernvideo, rechts Skript, Studienbrief und Vortragsaufzeichnung) Säulendiagrammdarstellung absteigend sortiert

Besonders auffällig ist die Bewertung von drei Einzelkriterien, die im Durchschnitt unterhalb der Drei-Punkte-Grenze liegen. Dies entspricht auf der verwendeten Likert-Skala einem Bewertungsergebnis von weniger als „teils erreicht". Diese drei Kriterien sind „Die Lernergebnisse für das Studienmaterial sind gut definiert" mit 2,45 Punkten, „Die Hilfsmittel zur zielgerichteten Erschließung des Inhalts sind gut umgesetzt" mit 2,76 Punkten und „Die Lernkontrolle ist an den vermittelten Inhalt gut angepasst" mit 2,79 Punkten.

Die identifizierten Mängel lassen sich also vor allem in die Bereiche der Bereitstellung von didaktischen Unterstützungsmechanismen für Studierende hinsichtlich der Erfassung intendierter Lernergebnisse/Lernziele, der Möglichkeiten zur Überprüfung des Gelernten sowie der Erschließung der Inhalte verorten. Besonders problematisch ist, dass diese Aspekte drei zentrale Phasen bzw. Zeitpunkte im Lernprozess der Studierenden berühren, die selbstständig Studienmaterialien bearbeiten sollen. Zu Beginn des Lernprozesses sollten die Lernenden korrekt über die intendierten Lernergebnisse oder Lernziele informiert werden. Während des Lernprozesses ist es wichtig, die Lernenden durch immanente Hilfsmittel zu unterstützen. Und schließlich befähigt eine gut angepasste Lernkontrolle die Lernenden, am Ende des Lernprozesses zu überprüfen, ob sie die Inhalte des Materials verinnerlicht haben.

Bei genauerer Betrachtung der betreffenden Studienmaterialien fällt auf, dass vor allem die Lernergebnisse häufig nicht formuliert und Möglichkeiten zur Selbstlernkontrolle oft nicht zur Verfügung gestellt werden. Im Fall der Lernergebnisse führt dieses zu einer schlechten Bewertung, da diese bei Selbstlernmaterialien auf jeden Fall enthalten sein sollten (vgl. Kerres 2012, S. 293f.). Das Fehlen von definierten Lernergebnissen im Material wurde also von den Bewertenden als Qualitätsmangel gewertet. Das Folgekriterium „2.1.2 Die Lernergebnisse werden in didaktisch korrekter Weise formuliert" ist dann allerdings nicht bewertbar. Anders verhält es sich mit den Anteilen zur Selbstkontrolle. Das Fehlen eines solchen Elements wurde nicht als Qualitätsmangel gewertet, daher fehlt das Kriterium – ebenso wie das Folgekriterium – in der Auswertung bei den Studienmaterialien, die keine Selbstlernkontrolle beinhalten (vgl. Abbildung 2).

Wenn jedoch beide Elemente in dem Studienmaterial enthalten sind, werden auch die jeweiligen Folgekriterien meist gut bewertet. Bei den Lernergebnissen wird also auch auf die didaktisch korrekte Formulierung geachtet und bei den Selbstlernkontrollen eine gewisse Bandbreite an prüfungsdidaktischen Möglichkeiten angeboten. Das Kriterium 2.1.2 wurde dann im Durchschnitt mit 3,44 Punkten bewertet, das Kriterium 2.4.2 sogar mit 4,14 Punkten (siehe Abbildung 5 und Abbildung 6). Es kann darüber spekuliert werden, ob bei den Autorinnen und Autoren dieser Materialien ein Bewusstsein für diese didaktischen Aspekte bestand. Dies müsste mit einer zusätzlichen Befragung erhoben werden.

5.2   Barrierefreiheit[9]

Die Bewertungen der Einzelkriterien zur Barrierefreiheit erfolgten mehrstufig und mit Hilfe unterschiedlicher Hilfsmittel und Unterstützungsangebote.

Wie in Tabelle 1 zu erkennen ist, ist der Bereich „Barrierefreiheit" mit nur 2,85 von 5 Punkten das Kriteriencluster mit der deutlich niedrigsten Durchschnittsbewertung. Dies entspricht einer Einordnung auf der korrespondierenden Likert-Skala von „kaum erfüllt" bis „teils erfüllt". Es erreicht als einziges Cluster damit nicht die 3-Punkte-Grenze. Das ist allein insofern problematisch, als dass das Hessische Hochschulgesetz als eine Aufgabe für alle Hochschulen definiert, dass sie die Barrierefreiheit für alle Angebote sicherstellen (§ 3 (4) HHG).

5.2.1   Im Kontext unterschiedlicher Studienmaterialtypen

Betrachtet man die Differenzierung nach Materialtypen, wie in Tabelle 3 dargestellt, dann heben sich lediglich Skripte und Studienbriefe erkennbar von den anderen Materialtypen ab. Studienbriefe schneiden mit 3,42 etwas besser ab, Skripte verbleiben jedoch knapp unterhalb der 3-Punkte-Bewertung und erreichen somit im Durchschnitt die „teils erfüllt"-Marke nicht.

Materialtyp	Formale Qualität	(Medien)di- daktische Qualität	Qualität der Gestal- tung	Barrierefreiheit	Technische Qualität
Studienbrief	4,37	3,65	4,47	3,42	4,29
Skript	4,09	3,25	4,11	2,96	4,15
Lernvideo	3,85	4,49	4,68	2,32	4,58
WBT	4,17	4,49	4,83	1,94	4,60
Vortragsaufzeichnung	2,51	3,76	2,73	1,92	4,00

Tabelle 3:   Übersicht der Durchschnittsbewertungen pro Kriteriencluster aufgeschlüsselt nach Materialtypen

Grund für das etwas bessere Abschneiden sind insbesondere die im Projekt entstandenen Studienbriefe, die allerdings nur eine Teilmenge bilden. Auch bei diesen war zunächst das Thema Barrierefreiheit nicht besonders gut umgesetzt. Der Projektträger hatte in der ersten Förderphase von allen Veröffentlichungen, die mit Projektmitteln entstanden sind, die Barrierearmut eingefordert. Daher wurden die im Projekt entstandenen Studienbriefe mit Projektmitteln zentral

---

9   Der Themenbereich „Barrierefreiheit" wurde in enger Zusammenarbeit mit dem Koordinator Barrierefreie Studieninformationssysteme der Justus-Liebig-Universität Gießen, Dr. Steffen Puhl, behandelt. Mit seiner Unterstützung wurden exemplarisch repräsentative Studienmaterialien untersucht.

noch einmal nachbearbeitet. Diese Nachbearbeitung gestaltete sich je nach Länge der Dokumente als recht einfach, da das Einhalten einer Reihe von Regeln genügt, um die Barrierearmut zu gewährleisten. Daher entstand hier bei der Bewertung eine Abweichung nach oben.

5.2.2   Differenzierte Betrachtung der Einzelkriterien

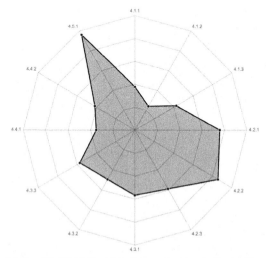

4.1.1   Für Nicht-Text-Inhalte werden durchgängig Alternativen in Textform bereitgestellt.
4.1.2   Für zeitgesteuerte Medien werden durchgängig Alternativen bereitgestellt.
4.1.3   Die Inhalte sind so gestaltet, dass sie ohne Informations- oder Strukturverlust in unterschiedlicher Weise präsentiert werden kön-nen.
4.2.1   Die Wahrnehmung des Inhalts und die Unterscheidung zwi-schen Vorder- und Hintergrund werden den Nutzenden erleichtert.
4.2.2   Den Nutzenden wird durchgängig ausreichend Zeit gegeben, um Inhalte zu lesen und zu verwenden.
4.2.3   Die Texte sind durchgängig verständlich gestaltet.
4.3.1   Die gesamte Funktionalität ist gut über die Tastatur erreich-bar.
4.3.2   Den Nutzenden werden umfangreiche Orientierungs- und Navigationshilfen sowie Hilfen zum Auffinden von Inhalten zur Verfügung gestellt.
4.3.3   Aufbau und Benutzung des Materials lassen sich gut vorher-sehen.
4.4.1   Zur Fehlervermeidung und -korrektur unterstützende Funkti-onen für die Eingabe werden umfangreich bereitgestellt.
4.4.2   Die Kompatibilität mit Benutzeragenten einschließlich as-sistiver Technologien ist gut sichergestellt.
4.5.1   Die Inhalte sind durchgängig so gestaltet, dass das Risiko epi-leptischer Anfälle ausgeschlossen wird

Abbildung 7:   Netzdiagramm der Durchschnittswerte der Bewertungen der Einzelkriterien des Clusters Barrierefreiheit

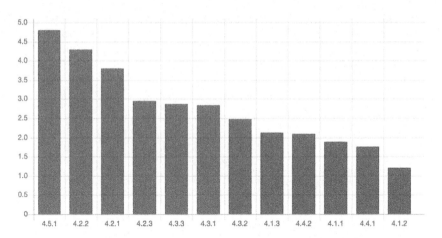

Abbildung 8:   Säulendiagramm der Durchschnittswerte der Bewertungen der
                  Einzelkriterien des Clusters Barrierefreiheit (absteigend sortiert)

Betrachtet man die Durchschnittsbewertungen der Einzelkriterien, wie in Abbildung 7 und Abbildung 8 dargestellt, lassen sich einige Befunde feststellen. Lediglich drei von zwölf Kriterien liegen über der 3-Punkte-Grenze, die einer Bewertung von „teils erfüllt" entspricht. Die drei Kriterien, die diese Marke
überschreiten, weisen zudem darauf hin, dass diese Bewertung durch material-
inhärente Charakteristika zustande gekommen ist und eine explizite Aufbereitung nach Maßgaben der Barrierefreiheit nicht ausschlussfrei belegt werden
kann.

Nr.	Kriterium	Bewertung	Beurteilung
4.2.1	Die Wahrnehmung des Inhalts und die Unterscheidung zwischen Vorder- und Hintergrund werden den Nutzenden erleichtert.	3,78	Die Unterscheidung zwischen Vorder- und Hintergrund ist bei den meisten schriftlichen Materialien grundsätzlich gegeben, solange keine beeinträchtigenden strukturellen oder gestalterischen Entscheidungen durch die Verfassenden getroffen wurde.
4.2.2	Den Nutzenden wird durchgängig ausreichend Zeit gegeben, um Inhalte zu lesen und zu verwenden.	4,31	Die Inhalte von Materialien in Schriftform sind nicht zeitbasiert und ermöglichen den Lernenden grundsätzlich eine Bearbeitung nach individuellem Zeitbedarf. Alle untersuchten zeitbasierten Medien (Videos) enthalten Kontrollelemente zu individuellen zeitlichen Steuerung. Manchmal sind diese Kontrollelemente jedoch nur eingeschränkt durch blinde Menschen erreichbar.

| 4.5.1 | Die Inhalte sind durchgängig so gestaltet, dass das Risiko epileptischer Anfälle ausgeschlossen wird. | 5,00 | Fälle längeren Flackerns in bestimmten Frequenzen, die bei Menschen mit Epilepsie einen Anfall auslösen können, konnten in den untersuchten Materialien nicht festgestellt werden. Hierdurch ergibt sich durchschnittlich eine volle Bewertungspunktzahl. |

Tabelle 4:   Bewertungskriterien der Barrierefreiheit mit durchschnittlich mehr als 3 von 5 Punkten

Um die Einzelkriterien mit den niedrigsten Durchschnittswerten zu identifizieren, betrachtet man die Säulendarstellung in aufsteigender Reihenfolge, beginnend auf der rechten Seite des Diagramms. Auf die fünf Einzelkriterien, die im Durchschnitt am schlechtesten bewertet wurden, soll im Folgenden detailliert eingegangen werden.

Nr.	Kriterium	Bewertung	Beurteilung
4.1.2	Für zeitgesteuerte Medien werden durchgängig Alternativen bereitgestellt.	1,0	*Problemfeld: Alternative Bereitstellung* Insgesamt wurden neun Studienmaterialien aus drei unterschiedlichen Fachkulturen mit zeitgesteuerten Inhalten untersucht. In keinem Fall konnten Alternativen für Seh- oder Hörbehinderte identifiziert werden.
4.4.1	Zur Fehlervermeidung und -korrektur unterstützende Funktionen für die Eingabe werden umfangreich bereitgestellt.	1,57	*Problemfeld: Fehlertoleranz und Kompatibilität* Dieses Kriterium ist nur bei Studienmaterialien möglich, die auf Webtechnologien basieren und über Eingabefunktionen verfügen. Bewertet wurden daher nur die sieben WBTs. In 34 von 41 Fällen wurde das Kriterium als nicht bewertbar gekennzeichnet. Es konnten zwar keine Laufzeitfehler herbeigeführt werden, allerdings sind die Funktionen wie Formularvalidierungen (z.B. bei numerischen Eingaben in Aufgaben) nicht oder nur unzureichend umgesetzt.
4.1.1	Für Nicht-Text-Inhalte werden durchgängig Alternativen in Textform bereitgestellt.	1,88	*Problemfeld: Alternative Bereitstellung* Auch alternative Beschreibungen für Grafiken, Abbildungen und Tabellen konnten in den Studienmaterialien nur vereinzelt identifiziert werden und waren selbst dann meist rudimentär und nicht ausreichend deskriptiv. Vor allem bei der Nutzung des PDF-Formats wird von dieser Funktion sehr selten Gebrauch gemacht.

4.4.2	Die Kompatibilität mit Benutzeragenten einschließlich assistiver Technologien ist gut sichergestellt.	2,05	*Problemfeld: Fehlertoleranz und Kompatibilität* Zur Sicherstellung der Kompatibilität ist Konformität zu strukturellen Standards eine wichtige Voraussetzung. Auch hier konnte überwiegend keine vorsätzliche Einhaltung dieser Standards identifiziert werden. Materialien, die als ausreichend interpretierbar eingestuft werden konnten, waren meist *trotz* Nichteinhaltung und nicht *aufgrund* expliziter Einhaltung struktureller Vorgaben durch assistive Systeme lesbar.
4.1.3	Die Inhalte sind so gestaltet, dass sie ohne Informations- oder Strukturverlust in unterschiedlicher Weise präsentiert werden können.	2,05	*Problemfeld: Fehlertoleranz und Kompatibilität* Sowohl bei der Entwicklung digitaler, webbasierter Materialien als auch bei textbasierten Dokumenten wurden überwiegend keine gängigen Strukturanforderungen (Überschriften, Texthierarchien, Absatzformate, etc.) eingesetzt.

Tabelle 5:   Bewertungskriterien der Barrierefreiheit mit der durchschnittlich schlechtesten Bewertung

5.2.3   Bilanz zur Barrierefreiheit

Im gesamten Sample (41 Studienmaterialien bestehend aus 5 Materialtypen aus 6 Fachkulturen) konnte Barrierearmut nur bei denjenigen Materialien festgestellt werden, die nachträglich bearbeitet wurden. Skripte und Studienbriefe, die nicht mit Projektmitteln entstanden sind, weisen im Durchschnitt trotzdem bessere Ergebnisse als Lernvideos, Web Based Trainings und Vorlesungsaufzeichnungen auf, verbleiben aber dennoch in einem Bewertungsbereich, der viel Handlungsbedarf offenbart.

Die Begründung für die Abweichung der Durchschnittswerte von Skripten und Studienbriefen nach oben ist primär im Format zu sehen. Barrierefreiheit bedeutet bei Textdokumenten im Wesentlichen die Aufbereitung für die Erschließung durch Menschen mit Sehbehinderungen. Selten ist der Fall, dass bei der Erstellung von Textdokumenten kritisch viele, Barriere erzeugende Arbeitsschritte vorgenommen werden, die die Erschließung durch blinde Menschen vollständig unterbinden. Häufig ist eine teilweise Erschließung durch assistive Systeme wie Screenreader möglich, obwohl die Materialien nicht entsprechend aufbereitet wurden. Dies ist jedoch nicht als positive Eigenschaft der betreffenden Materialien hervorzuheben, sondern nicht selten dem Zufall geschuldet. In allen untersuchten Fällen gehen Informationen und strukturelle Intentionen der Autorin bzw. des Autors für die Studierenden mehr oder weniger umfangreich verloren. Anstelle einer vermeidbaren Nachbearbeitung von Dokumenten sollte bei den Autorinnen und Autoren ein Bewusstsein für die einfachen Regeln geschaffen werden, mit deren Hilfe sich barrierearme Dokumente erstellen lassen. Die Bewertung der Barrierefreiheit offenbart den größten Handlungsbedarf aller fünf untersuchten Kriteriencluster.

6   Fazit

Studienmaterialien bilden eine wichtige Basis für ein erfolgreiches Studienangebot, sei es im grundständigen Bereich oder in der wissenschaftlichen Weiterbildung. Auch wenn einzelne Materialien aus didaktischer Sicht nicht kontextunabhängig betrachtet werden sollten, können doch Qualitätskriterien aufgestellt werden, nach denen eine Bewertung vorgenommen werden kann. Qualitativ hochwertige Materialien bilden nach Meinung der Autoren eine bessere Basis für Lernprozesse, unabhängig von den Szenarien, in denen sie eingesetzt werden.

Auf Grundlage eines Qualitätskriterienkatalogs wurde eine Bewertung von 41 Materialien aus Angeboten der wissenschaftlichen Weiterbildung vorgenommen. Dabei wurde eine Fokussierung auf formale und (medien-)didaktische Aspekte gewählt. Im Katalog wurden die Kriterien in Cluster und Subcluster eingeordnet und die Bewertung der einzelnen Kriterien auf einer Likert-Skala möglich gemacht. Zur Vereinfachung des Prozesses der Bewertung und der Auswertung der Bewertungsergebnisse wurde ein Onlinetool entwickelt, das unter einer Creative-Commons-Lizenz bereitgestellt werden soll.

Aus der Bewertung der Studienmaterialien ließ sich zunächst zweierlei folgern:

- Die beiden Studienmaterialtypen Web Based Training und Lernvideo schnitten in der Bewertung der mediendidaktischen Kriterien besser ab als Studienbriefe, Skripte und Vortragsaufzeichnungen. Daraus wurde die These formuliert, dass bei den Materialtypen, die spezifisch für Selbstlernszenarien produziert werden, mediendidaktische Aspekte besser berücksichtigt werden als bei „wiederverwerteten" Materialien, die keine Aufbereitung erfahren haben.

- Das Themengebiet „Barrierefreiheit" wurde größtenteils vernachlässigt, mit dem Ergebnis, dass Inhalte oft gar nicht erreichbar waren. Hier besteht ein enormer Optimierungsbedarf, der allerdings in der Umsetzung häufig nicht besonders schwierig ist. Das Befolgen von einfachen Regeln resultiert meist in deutlich verbesserten Ergebnissen.

Weitere Vermutungen, die noch durch eine detaillierte Analyse der Bewertungsergebnisse verifiziert werden müssen, können bereits formuliert werden. So scheinen sich Skripte am wenigsten für Selbstlernszenarien zu eignen, da hier die Aufbereitung für solche Szenarien am geringsten ist. Des Weiteren müssen auf längere Sicht auch bei Studienmaterialien aktuelle Entwicklungen im IT-Bereich berücksichtigt werden, die auf den ersten Blick keine Relevanz zu haben scheinen. Beispielsweise ist der Einsatz von Adobe-Flash-Elementen in einem WBT noch vor einigen Jahren ein innovativer Vorteil gewesen. Durch die stetig abnehmende Unterstützung der Flashtechnologie in Browsern, u.a. aufgrund von Sicherheitsmängeln und Performanzproblemen, muss heute jedoch eine Abwertung beim Kriterium „5.2.2 Das Studienmaterial wird in einem gängigen Format zur Verfügung gestellt" vorgenommen werden. Im schlimmsten Fall können aufgrund der Wahl dieses Formats die vermittelten Inhalte nicht von Lernenden erreicht werden.

In den meisten Fällen lässt sich sagen, dass eine Qualitätsverbesserung mit relativ geringem Aufwand realisierbar ist. Die Beachtung grundlegender Regeln[10] für didaktische und barrierearmutsrelevante Aspekte beim Erstellen von Studienmaterialien verbessert die Bewertung bereits erheblich.

Literatur

Barkowski, Hans (1999): Forschungsthema Lehr- und Lernmaterialien. In: Bausch, Karl-Richard (Hrsg.): *Die Erforschung von Lehr- und Lernmaterialien im Kontext des Lehrens und Lernens fremder Sprachen*. Arbeitspapiere der 19. Frühjahrskonferenz zur Erforschung des Fremdsprachenunterrichts. Tübingen: Günther Narr Verlag, S. 9-16.

Baumgartner, Peter (1997): Didaktische Anforderungen an (multimediale) Lernsoftware. In: Issing, Ludwig J./Klimsa, Paul (Hrsg.): *Information und Lernen mit Multimedia*. 2. überarb. Auflage. Weinheim: Psychologie-Verlags-Union, S. 241-252.

Baumgartner, Peter (2006): E-Learning Szenarien. Vorarbeiten zu einer didaktischen Taxonomie. In: Seiler-Schiedt, Eva (Hrsg.): *E-Learning – alltagstaugliche Innovation?* Münster, New York, München, Berlin: Waxmann Verlag, S. 238-247.

Benkert, Stephan (2001): *Erweiterte Prüfliste für Lernsysteme (EFPL)*. http://www.bildungsserver.de/db/mlesen.html?Id=15829.

---

10 Es existiert bereits eine Reihe von Websites, die sich mit diesen Regeln beschäftigen. Zum Erstellen von barrierearmen PDF-Dokumenten sei beispielhaft auf http://www.uni-giessen.de/fbz/svc/hrz/org/mitarb/abt/3/im/projekt/PDF/dokumente-erstellen verwiesen. Tipps zum Erstellen von didaktisch qualitativen Studienmaterialien finden sich z.B. unter https://www.e-teaching.org/didaktik

Box, J.M.F. (1983): Product Quality Assessment by Consumers. The Role of Product Information. In: *Industrial Management & Data Systems*, S. 25-31. http://dx.doi. org/10.1108/eb057308.

Brandenburg, Petra (2005): *Qualitätskriterien für die Begutachtung und Zulassung von Lehrgängen nach dem Fernunterrichtsschutzgesetz.* Hrsg. Bundesinstitut für Berufsbildung, H. 2 urn:nbn:de:0035-bwp-05242-8.

DIN EN ISO 8402:1995-08 (1995): *Qualitätsmanagement – Begriffe.* Brüssel: Europäisches Komitee für Normung.

DIN EN ISO 9000:2005 (2005): *Qualitätsmanagementsysteme – Grundlagen und Begriffe.* Brüssel: Europäisches Komitee für Normung,.

Garvin, David A. (1984): What Does „Product Quality" Really Mean? In: Sloan *Management Review*, S. 25-45.

Kamiske, Gerd F./Brauer, Jörg-Peter (2011): *Qualitätsmanagement von A-Z – Wichtige Begriffe des Qualitätsmanagements und ihre Bedeutung.* 7. akt. und erw. Auflage. München: Carl Hanser Verlag.

Kerres, Michael (2012): *Mediendidaktik – Konzeption und Entwicklung mediengestützter Lernangebote.* München: Oldenbourg.

Kristöfl, Robert/Sandtner, Heimo/Jandl, Maria (2008): *Qualitätskriterien für E-Learning. Ein Leitfaden für Lehrer/innen, Lehrende und Content-Ersteller/innen.* Wien: Bundesministerium für Bildung, Wissenschaft und Kultur.

Müller, Frederike/Oeste, Sarah/Söllner, Matthias (2015): Entwicklung eines Bewertungsinstruments zur Qualität von Lernmaterial am Beispiel Erklärvideo. In: *Working Paper Series*, http://pubs.wi-kassel.de/wp-content/uploads/2015/04/1504 10_Working-Paper-Series_Mueller_Oeste_Soellner.pdf, zuletzt geprüft am 18.10.2016.

Müller, Heiko/Sperl, Alexander (2016): *Systematisierung und Validierung von Studienmaterialien – Qualitätskriterienkatalog.* http://www.wmhoch3.de/images/ dokumente/AP5_Qualitaetskriterienkatalog_ Version_1_0.pdf, zuletzt geprüft am 18.10.2016.

Netzwerk für berufliche Fortbildung (2011) (Hrsg.): *Qualitätskriterien und Checkliste.* https://www.fortbildung-bw.de/wordpress/wp-content/uploads/NF_qualit%C3%A 4tskriterien_DIN_A5_4c_ab2011.pdf, zuletzt geprüft am 10.11.2016.

Niegemann, Helmut M. et al. (2008): *Kompendium multimediales Lernen.* Berlin; Heidelberg: Springer.

„Qualitätsstandard." kein Datum. Hrsg. Bibliographisches Institut GmbH – Dudenverlag. 24. Juli 2015. http://www.duden.de/rechtschreibung/Standard_Norm_Richtmasz_Guete, zuletzt geprüft am 24.7.2015.

Reich-Claassen, Jutta/von Hippel, Aiga: Angebotsplanung und -gestaltung. In: Tippelt, Rudolf/von Hippel, Aiga (Hrsg.): *Handbuch Erwachsenenbildung/Weiterbildung.* 5. Auflage. Wiesbaden: VS Verlag für Sozialwissenschaften, S. 1003-1015.

Thomé, Dorothea (1989): *Kriterien zur Bewertung von Lernsoftware.* Heidelberg: Dr. Alfred Hüthig Verlag.

Tulodziecki, Gerhard (1983): Theoriegeleitete Entwicklung und Evaluation von Lehrmaterialien als eine Aufgabe der Unterrichtswissenschaft. In: *Unterrichtswissenschaft*, S. 27-45.

Vollmer, Gerhard (1999): Ist jedes Lehrmaterial auch Lernmaterial? Perspektiven für den bilingualen Unterricht. In: Bausch, Karl-Richard (Hrsg.): *Die Erforschung von Lehr- und Lernmaterialien im Kontext des Lehren und Lernens fremder Sprachen.* Arbeitspapiere der 19. Frühjahrskonferenz zur Erforschung des Fremdsprachenunterrichts. Tübingen: G. Narr Verlag, S. 240-249.

Zhuang, Weilun (2006): *Annotationen zur Verbesserung der Wiederverwendbarkeit von Lehrmaterialien.* Technische Universität München. http://media-tum.ub.tum.de/?id=601797, zuletzt geprüft am 10.8. 2015.

E-Prüfungen für die wissenschaftliche Weiterbildung. Vorteile, Herausforderungen und Erfahrungen

Heiko Müller/Alexander Sperl[1]

Zusammenfassung

Elektronisch unterstützte Prüfungen bieten für die wissenschaftliche Weiterbildung viele Poten-tiale, die noch nicht umfassend genutzt werden. Nach einer Auflistung von E-Prüfungsformate, die für die wissenschaftliche Weiterbildung gewinnbringend sein können, werden in diesem Beitrag Erwartungen zusammengefasst, die in der Literatur der letzten Jahre bezüglich E-Prüfungen formuliert worden sind. Diese werden dann mit Ergebnissen verglichen, die in Interviews mit Modul- und Studienangebotsverantwortlichen sowie Studierenden aus grundständigem Studium und der wissenschaftlichen Weiterbildung herausgearbeitet wurden.

Schlagwörter

E-Assessment, E-Prüfungen, Digitalisierung

Inhalt

---

1   *Heiko Müller* | Technische Hochschule Mittelhessen
    Alexander Sperl | Justus-Liebig-Universität Gießen

Assessment, rather than teaching, has a major influence on students' learning. It directs attention to what is important. It acts as an incentive for study. And it has a powerful effect on what students do and how they do it. Assessment also communicates to them what they can and cannot succeed in doing.

David Boud & Nancy Falchikov: Rethinking Assessment in Higher Education, S. 3

1   Einleitung

E-Prüfungen haben seit einigen Jahren aus zwei verschiedenen Richtungen Einzug in die Hochschulen gehalten. Auf der einen Seiten haben kapazitive Engpässe durch die Umstellung der Studiengänge im Rahmen des Bologna-Prozesses und der damit einhergehenden Steigerung der notwendigen benoteten Leistungen die Lehrenden dazu gezwungen, alternative Prüfungsformen zu finden, bei denen automatische Auswertungen zumindest teilweise den Aufwand verringern. Auf der anderen Seite haben mediendidaktische Expertinnen und Experten durch Entwicklung oder Adaption neuer Werkzeuge und einer Reihe von Studien Potentiale identifiziert, um innovative Prüfungsformate mit Hilfe von elektronischer Unterstützung sinnvoll und gewinnbringend gestalten zu können.

In der wissenschaftlichen Weiterbildung (wWB) sind E-Prüfungen in mehrfacher Hinsicht ein wichtiges Element. Die Situation der kapazitiven Engpässe verschärft sich, da die Weiterbildungsszenarien an Hochschulen häufig asynchron ablaufen und einen Mehraufwand für Lehrende zusätzlich zu ihrem grundständigen Lehrdeputat bedeuten. Dabei haben einige Aspekte von E-Prüfungen das Potential, diese Rahmenbedingungen positiv zu beeinflussen. So ist eines von vielen Versprechen hinter E-Prüfungen, dass der Korrekturaufwand bei automatisch auswertbaren Aufgaben wegfällt. Neben solchen eher logistischen Vorteilen werden aber immer auch didaktische genannt, die vor allem bei asynchronen und räumlich versetzten Szenarien zum Tragen kommen. So können Lernende ihre erworbenen Kenntnisse während der Arbeit an einer Lerneinheit direkt überprüfen oder ihren Lernprozess reflektieren. Dies kann dazu beitragen, die Selbststeuerung der Lernenden zu erhöhen.

Innerhalb des Verbundprojekts „WM³ Weiterbildung Mittelhessen"[2] war bei der Entwicklung der Studienangebote festzustellen, dass E-Prüfungen nur in

---

2   Die drei mittelhessischen Hochschulen Justus-Liebig-Universität Gießen, Philipps-Universität Marburg und Technische Hochschule Mittelhessen haben sich im Hinblick auf ihre gemeinsamen Entwicklungsplanungen im Bereich der wissenschaftlichen Weiterbildung zum Verbundprojekt „WM³ Weiterbildung Mittelhessen" zusammen geschlossen, um mit Hilfe des BMBF-Wettbewerbs „Aufstieg durch Bildung: offene Hochschulen" ein an wirtschaftlichen und gesellschaftlichen Interessen optimal ausgerichtetes Weiterbildungsangebot zu schaffen und zu einer nachhaltigen Stärkung der wissenschaftlichen Weiterbildung an den Hochschulen beizutragen.

wenigen Angeboten eine Rolle spielten. Daher ist es interessant zu untersuchen, ob sich die Erwartungen und Erfahrungen, die in der Sekundärliteratur größtenteils für den grundständigen Bereich festgehalten wurden, auch in der wissenschaftlichen Weiterbildung bestätigen lassen. So können diese Ergebnisse dazu genutzt werden, den Angeboten, in denen E-Prüfungen noch nicht eingesetzt werden, Handlungsempfehlungen vorzuschlagen. Zu diesem Zweck wurden strukturierte Interviews mit Studienangebots- und Modulverantwortlichen aus der wissenschaftlichen Weiterbildung und mit Studierenden sowohl aus dem grundständigen Bereich als auch aus der wissenschaftlichen Weiterbildung geführt.

In diesem Artikel soll zunächst der Begriff E-Prüfungen umrissen werden, bevor die Potentiale von E-Prüfungen für die Hochschullehre laut Forschungsstand zusammengefasst werden. Danach soll anhand einiger ausgewählter Beispiele darstellt werden, wie innerhalb des Forschungsprojekts durch Interviews untersucht wurde, welche Potentiale E-Prüfungen im konkreten Einsatz haben und ob die Erwartungen aus der Sekundärliteratur durch Studierende und Angebots- und Modulverantwortliche bestätigt werden können.

2   Begriffsdefinitionen

Der Begriff E-Prüfungen bzw. elektronische Prüfungsformen (oder auch E-Assessment) beschreibt kein einzelnes Verfahren zur Durchführung von Leistungsbeurteilungen. Er ist vielmehr als Sammelbegriff zu verstehen, der die Summe aller elektronisch gestützten Methoden und Instrumente umfasst, die zur Ermittlung des Leistungstands der Lernenden dienen können. Dabei können auf verschiedene Arten Klassifizierungen angewendet werden. Die häufigste Art von Klassifizierung teilt E-Prüfungen gemäß der zeitlichen Anwendung in diagnostische, formative und summative Formen ein (vgl. Ruedel 2010, S. 14; Handke/Schäfer 2012, S. 149). Im Folgenden sollen zunächst diese drei Formen genauer beleuchtet werden, um dann tabellarisch eine didaktische und technische Einordnung vornehmen zu können.

Dieses Vorhaben wurde in der ersten Förderphase (2011-2015) aus Mitteln des BMBF und aus dem ESF der EU mit den Förderkennzeichen: 16OH11008, 16OH11009, 16OH11010 und in der zweiten Förderphase (2015-2017) mit den Förderkennzeichen 16OH12008, 16OH12009, 16OH12010 aus Mitteln des BMBF gefördert. Weitere Projektinformationen sind unter www.wmhoch3.de zu finden.

2.1 Diagnostische Formen

Diagnostische E-Prüfungs-Formen werden in der Regel zeitlich *vor* einer Inhaltsvermittlung oder -erschließung genutzt, um Wissens- oder Kompetenzstände bei Lernenden zu ermitteln (vgl. Ruedel 2010, S. 14). Traditionell werden Eingangsklausuren oder Einstufungstests zu den diagnostischen Prüfungsformen gezählt. Diagnostik kann aber auch als Vorbereitung für einzelne Präsenzsitzungen genutzt werden.

Diese Formen können bei einem sinnvollen Einsatz sowohl für Lehrende als auch für Lernende gewinnbringend sein. Lehrende können mit Hilfe dieser Prüfungen besser einschätzen, welche Inhalte bei den Lernenden bereits bekannt sind. Dementsprechend können Veranstaltungen justiert werden, um besser auf die Kenntnisstände der Lernenden einzugehen. Auf der anderen Seite können Lernende diagnostische E-Prüfungs-Formen als Selbsttest nutzen, um ihre Lernprozesse dementsprechend zu planen.

Diagnostische Formen können häufig so umgesetzt werden, dass eine automatisierte Auswertung der Eingaben möglich ist.

2.2 Formative Formen

Formative Formen von E-Prüfungen haben in der Regel zum Ziel, die Fortschritte von Lernenden *während* eines Lernprozesses zu ermitteln. Daher werden sie im Laufe einer Veranstaltung oder eines Moduls in regelmäßigen oder auch unregelmäßigen Abständen eingesetzt. Aus didaktischer Sicht werden formative E-Prüfungen z.B. als Lernlenkung eingesetzt (vgl. Ruedel 2010, S. 14), zur Reflexion des Lernprozesses durch die Lernenden oder um die Motivation von Lernenden bei der Beschäftigung mit Inhalten über einen größeren Zeitraum aufrecht zu erhalten. Aus logistischer Sicht entzerren formative Formen den Arbeitsaufwand für Lernende und Lehrende. Statt am Ende oder nach einer Veranstaltung mit Klausuren oder Hausarbeiten und dem entsprechend hohen Arbeitsaufwand beschäftigt zu sein, können mehrere zeitlich verteilte Assessments während der Veranstaltung erstellt und bewertet werden.

Je nach Aufgabentypen können auch bei formativen Prüfungen automatisierte Auswertungen vorgenommen werden. In der Praxis sind die Aufgabenformen hier allerdings vielseitiger als bei diagnostischen Prüfungen und bedürfen oft eines individuellen Feedbacks durch die Lehrperson. Vor allem bei Aufgaben, die eine Reflexion durch die Lernenden zum Ziel haben, machen Automatismen wenig Sinn.

2.3 Summative Formen

Summative Prüfungsformen dienen der Lernzielüberprüfung. Dabei wird getestet, ob die Lernenden *am Ende* einer Veranstaltung, eines Moduls und vor allem auch eines gesamten Studiums die vorher festgelegten Lernziele erreicht haben, indem sie ihr Wissen und ihre Kompetenzen in einer Prüfung darlegen. Diese traditionell häufigsten Formen werden gemeinhin im eigentlichen Sinn als Prüfung wahrgenommen und üblicherweise mit Klausuren, Abschlussarbeiten oder mündlichen Prüfungen realisiert.

Häufig führen summative Prüfungsformen zu dem Phänomen, dass Lernende sich nur punktuell darauf vorbereiten und die Beschäftigung mit einem Themengebiet nicht über längere Zeit stattfindet. Dennoch können summative Prüfungen nicht immer durch andere Prüfungsformen ersetzt werden und spielen weiterhin eine wichtige Rolle im Hochschulbereich.

2.4 Arten von E-Prüfungen

Für die Durchführung der Interviews wurden die vielzähligen Varianten von E-Prüfungen auf die sieben am häufigsten eingesetzten reduziert. Mit dieser Liste sollte in den Interviews bei Unkenntnis auf Vor- und Nachteile der verschiedenen Arten eingegangen werden. In der folgenden Tabelle sind diese Arten aufgeführt und den einzelnen zuvor genannten Kategorien zugeordnet.

Art	Einordnung	Didaktische Aspekte	Automatisie-rung
Einstufungstest	diagnostisch	• Selektion • Eingruppierung in Leistungsniveaus • spätere inhaltliche Differenzierung • Unterstützung der Selbsteinschätzung von Lernenden	hoch
Self-Assessment	diagnostisch formativ (summativ)	• Unterstützung der Selbsteinschätzung von Lernenden • direktes Feedback zum Wissensstand • Vorbereitung für summative Prüfungen • Verzahnung von Online- und Präsenzphasen (vgl. Handke 2013, S. 16f)	hoch
E-Arbeitsblätter	formativ	• extrinsische Motivation für Lernende über einen Zeitraum verteilt • Verteilung des Workloads (für Leh-	niedrig – hoch (abhängig von Aufgabenstel-

		rende und Lernende) • hohe Variabilität in der Aufgaben- stellung	lung)
„E-Werke"	formativ summativ	• hohe Variabilität in der Aufgaben- stellung • abwechslungsreiche Beschäftigung mit Themenbereichen • Erwerb von Metakompetenzen	niedrig
E-Portfolios	formativ	• Begleitung einer Entwicklung oder eines (Lern-)Prozesses bei den Lernenden • Verteilung des Workloads (für Leh- rende und Lernende) • hohe Variabilität in der Aufgaben- stellung • abwechslungsreiche Beschäftigung mit unterschiedlichen Themenbe- reichen • Erwerb von Metakompetenzen	niedrig
Scanner- Klausuren	summativ	• Auswertungsobjektivität • hohe Objektivität, Reliabilität und Validität	hoch
E-Klausuren	summativ	• Auswertungsobjektivität • hohe Objektivität, Reliabilität und Validität	hoch

Tabelle 1:   Art von E-Prüfungen

Die Spalte „Didaktische Aspekte" listet bereits einige Potentiale, die für den Einsatz von E-Prüfungen an Hochschulen sprechen. Diese sollen im Folgenden genauer mit Hilfe der entsprechenden Stellen aus der Literatur beleuchtet werden.

3   Potentiale von E-Prüfungen für die Hochschullehre

Als Grundlage für die qualitativen Interviews mit Studiengangverantwortlichen und Studierenden wurden in der Sekundärliteratur bereits erwähnte Vor- und Nachteile von elektronisch unterstützten Prüfungen zusammengetragen. Ziel der Interviews war die Untersuchung der Erfahrungen oder Erwartungen der beiden genannten Gruppen und Erkenntnisse zu der Frage, ob diese mit den genannten Punkten übereinstimmen. Diese Analyse bildete also auch die Grundlage für die Interviewleitfäden.

3.1 Administrative und logistische Aspekte

Ein häufig genannter Aspekt von elektronisch unterstützten Prüfungen ist die Verringerung des administrativen Aufwands. Vor allem im Zuge der Umstellung der Studienangebote auf das BA-/MA-System und der damit einhergehende Erhöhung der Anzahl an geforderten Prüfungsleistungen werden in der Literatur E-Prüfungen als häufige Lösungsmöglichkeit erwähnt. Erwartet wird diese Erleichterung besonders bei der (teilweise) automatisierten Auswertung von Prüfungsobjekten, insbesondere bei E-Klausuren, also notenrelevanten summativen Prüfungen. So schreibt z.B. Ruedel:

> „Zusammenfassend kann gesagt werden, dass das heutige Prüfungswesen auf eine lange Tradition zurückblicken kann, jedoch wegen der im Laufe der Zeit stark angestiegenen Anzahl von Prüfungen und Prüflingen den heutigen Anforderungen nicht mehr gerecht wird. Deshalb wird E-Assessment als Möglichkeit angesehen, diesen Prüfungsalltag besser und effizienter zu gestalten" (Ruedel 2010, S. 13).

In der Tat attestieren auch Handke und Schäfer, dass es solche Effizienzsteigerungen aus ihrer Erfahrung heraus geben kann:

> „Wenn der Computer eingesetzt wird, können Lehrende und Verwaltung bei gleicher Personalausstattung Assessment-Verfahren mit einer größeren Zahl von Kandidaten durchführen. Außerdem können diese Verfahren zügiger abgewickelt werden, weil der Computer Routinearbeiten viel schneller erledigt als der Mensch. Zum Beispiel werden elektronische Klausuren im Moment der Abgabe automatisch korrigiert und bewertet; Leistungsnachweise und Statistiken stehen auf Knopfdruck zur Verfügung. Durch die automatische elektronische Speicherung von Assessment-Daten anstelle der Ablage von Papierunterlagen reduziert sich der Aufwand für die Archivierung. Das nachträgliche Auffinden von Assessment-Daten wird durch leistungsfähige Suchfunktionen erleichtert. Durch redundante Datenspeicherung und regelmäßige Datensicherung erhöht sich die Datensicherheit (Handke/Schäfer 2012, S. 159),

Diese Vorteile entstehen also vor allem in den Abläufen der Prüfungsdurchführung. Ob die dabei festgestellte „gleiche Personalausstattung" ein Lösungsvorschlag für Personalmangel oder eine Einladung für Personaleinsparung ist, sei dahingestellt. Allerdings wurden bestimmte Gefahren schon von Mayrberger und Merkt prognostiziert. Sie befürchteten zum Beispiel, dass die Chancen zur Erneuerung der Prüfungslandschaft verschleiert werden durch die Einsparungspotentiale, die E-Prüfungen scheinbar versprechen.

> „Unter dem Druck des Bologna-Prozesses besteht zunehmend die Gefahr, dass Prüfungen von den Lehr- und Lernprozessen abgekoppelt und primär unter administrativen und rechtlichen Gesichtspunkten betrachtet werden. Schriftliche Prüfungsformen, z.B. standardisierte (Multiple-Choice-) Fragen, werden zunehmend als Lösung für die entstehenden Notsituationen diskutiert und entwickelt. Im Rahmen dieses Spannungsfeldes ist es wesentlich, Qualitätsmerkmale aufzugreifen, die die Hochschuldidaktik zur Gestaltung von Prüfungsprozessen im Rahmen

von Studienreformprozessen formuliert hat, und ihre Funktion als Beitrag zum Lernprozess für die neue Situation des eAssessment im Kontext der BA-/MA-Studienreformen herauszuarbeiten und gegen die administrativ-strategischen Anforderungen abzuwägen (Mayrberger/Merkt, S. 145).

Demgegenüber warnt Wannemacher, dass sich der Aufwand bei E-Prüfungen nicht unbedingt reduziert:

> „Einem langfristig reduzierten personellen und zeitlichen Aufwand steht ein nicht zu unterschätzender logistischer, nicht selten auch finanzieller Aufwand für die Durchführung größerer Prüfungen gegenüber" (Wannemacher 2008, S. 168).

Bei dem Themenkomplex „Logistische Erleichterungen" lassen sich also folgende Erwartungen identifizieren:

▪ Reduzierung des Zeitaufwandes für Korrekturen
▪ Erleichterungen von administrativen Abläufen
▪ Datensicherheit
▪ Überlagerung von didaktischen Aspekten durch administrative
▪ erhöhter logistischer Aufwand

3.2 Vorteile durch Differenzierung beim Einsatz diagnostischer E-Prüfungen

Grundsätzlich werden diagnostische Prüfungen am Beginn eines Lehr-Lern-Prozesses, einer Veranstaltung oder eines Moduls – in einigen Fällen auch eines Studienangebots – durchgeführt. Die Ziele von diagnostischen Prüfungen beschreiben Ehlers et al. wie folgt:

> „Durch das Durchführen von initialen, also dem Lehr-Lernprozess vorangestellten Prüfungen wird beabsichtigt, ausgewogene Lerngruppen zu formen oder die Lehr-Lernprozesse an die Kenntnisse und Fähigkeiten der Lernenden anzupassen" (Ehlers et al. 2013, S. 4).

Bei diagnostischen Prüfungen werden in der Regel keine Noten vergeben, dennoch können sie von entscheidender Bedeutung sein. Wenn „die Zulassung zu einem Kurs oder die Eingruppierung in eine Kompetenzstufe" (Handke/Schäfer 2012, S. 150) von einer solchen Prüfung abhängt, kann das den Verlauf eines Studiums beeinflussen.

Die Vorteile von diagnostischen Prüfungen können sowohl für Lernende als auch für Lehrende identifiziert werden. So werden diagnostische Prüfungen bei Handke und Schäfer als Entscheidungshilfe für Studierende beschrieben, die einen Studiengang oder eine Veranstaltung wählen möchten (vgl. Handke/Schäfer 2012, S. 150). Michel et al. erwähnen als Beispiel in diesem Zusammenhang einen „Kompetenztest in bestimmten Fächern [...] als Entscheidungshilfe, ob die Teilnahme an einem Studienvorbereitungskurs oder einem semesterbegleitenden Tutorium notwendig ist" (Michel et al. 2015, S. 14). Für Lehrende sind diagnostische Prüfungen von Vorteil, weil sie ihnen die Möglichkeit bieten, „die Inhalte der Lehrveranstaltung entsprechend dem vorhandenen Vorwissen der Teilnehmer anzupassen und/oder im Vergleich mit einer summativen Abschlussprüfung die Lernerfolge zu ermitteln" (Michel et al. 2015, S. 14). Handke und Schäfer schreiben dazu analog:

„Lehrenden geben die Resultate Hinweise unter anderem darauf,

- mit welchen Inhalten sie beginnen müssen;
- welche Themen schwerpunktmäßig zu behandeln sind;
- auf welche Themen verzichtet werden kann;
- welcher Schwierigkeitsgrad (anfangs) zu wählen ist;
- wo sich Gelegenheiten für eine inhaltliche Vertiefung ergeben könnten"
(Handke/Schäfer 2012, S. 150).

Wichtig dabei ist die Tatsache, dass diese diagnostischen Prüfungen auch kontinuierlich während einer Veranstaltung eingesetzt werden können. Sie bilden dann jeweils den Beginn einer Beschäftigung mit einem einzelnen Thema. In dieser Form können sie dann auch formativ genannt werden (vgl. Michel et al. 2015, S. 14).

Die bislang genannten Erwartungen in Bezug auf diagnostische Prüfungen gelten unabhängig von der Umsetzung. Ob sich durch elektronisch unterstützte diagnostische Prüfungen andere Möglichkeiten ergeben, die über die logistischen Erleichterungen hinausgehen, wurde in der Sekundärliteratur nicht direkt angesprochen. Sicherlich können Entscheidungshilfen für Studienangebote oder Veranstaltungen auch didaktisch interpretiert werden. Allerdings werden nach Kenntnis der Autoren keine innovativen Prüfungsformen angesprochen, die sich nur mit elektronischer Unterstützung umsetzen ließen. Es wäre interessant, aus den Interviews herauszuarbeiten, ob dieses in der Praxis bereits geschieht.

Die Erwartungen bei diagnostischen Prüfungen können also im Allgemeinen – unabhängig von ihrer Umsetzung – folgendermaßen zusammengefasst werden:

- Einsatz von diagnostischen Prüfungen zur Erhebung von Vorwissen und Kompetenzen
- Einschätzungswerkzeug für Lernende
- Steuerungswerkzeug für Lehrende

3.3 Förderung von Selbstreflektion durch formative E-Prüfungen

Bei der Beschäftigung mit formativen E-Prüfungen kommen vor allem zwei Formen immer wieder zur Sprache: Blogs (also Weblogs oder digitale Lerntagebücher) und E-Portfolios. Aber auch die diagnostischen Prüfungsformate können, wie bereits in 3.2 angesprochen, formativ genutzt werden. Häufig wird dabei in der Sekundärliteratur die kontinuierliche Motivation von Lernenden zur Beschäftigung mit Inhalten über einen längeren Zeitraum hinweg als ein Vorteil von formativen Prüfungen genannt. So schreiben Häferle und Maier-Häferle zum Lerntagebuch:

> „Das Verfassen von Lerntagebüchern ist eine Methode aus der Aktionsforschung, die die Handelnden dazu anhalten soll, die eigene Praxis zu erkunden, zu überprüfen und möglicherweise zu verändern. Lerntagebücher werden im Verlauf von Lehrveranstaltungen eingesetzt, um die persönliche Auseinandersetzung der Studierenden mit Lehrinhalten und Lehrzielen zu dokumentieren und zu reflektieren. Wie empirische Untersuchungen gezeigt haben, fördert das Lerntagebuch im Gegensatz zum traditionellen „Prüfungslernen" das langfristige Behalten von Inhalten, also das eher bedeutsame und anwendungsorientierte Lernen" (Häferle/Maier-Häferle 2008, S. 273).

Die gleichen Reflexions- und Anwendungsleistungen können auch für die Portfolioarbeit festgestellt werden. So schreiben van Treeck et al.:

> „Ein Portfolio dient als Leistungsschau des persönlichen Lernens. Es stellt eine Sammlung der besten Arbeiten dar und soll gleichzeitig zur Einschätzung beziehungsweise Bewertung von Kompetenzen und deren Weiterentwicklung dienen" (van Treeck/Himpsl-Gutermann/Robes 2013, S. 2).

Hornung-Prähauser et al. ergänzen dazu:

> „Auf didaktischer Ebene werden zunächst all die charakteristischen Merkmale der papierbasierten Portfolio-Arbeit als Vorteile genannt: Selbstorganisation, Selbstbestimmung und Selbststeuerung und Reflexion des Lernens, die Subjektorientierung, die Kompetenz- und Handlungsorientierung statt Wissensorientierung sowie die Prozess- statt Produktorientierung werden als wünschenswerte Folgen beschrieben. Ganz pragmatisch wird beim ePortfolio auf das vereinfachte Handlung und Erleichterungen bei der Dokumentation und der Speicherung von Artefakten hingewiesen. Aus didaktischer Perspektive werden auch der soziale Austausch und die Bildung von Lern- und Wissensgemeinschaften positiv hervorgehoben" (Hornung-Prähauser/Schaffert/Hilzensauer/Wieden-Bischof 2007, S. 129).

Es liegt also eindeutig auf der Hand, dass diese beiden Formen der formativen E-Prüfungen die größten didaktischen Potentiale bieten, ohne dabei die „harte Währung" der Überprüfungsmöglichkeit außer Acht zu lassen. Sie vermeiden die punktuelle Beschäftigung mit Stoffen vor summativen Prüfungen, manchmal auch als „Binge Learning"[3] bezeichnet, und setzen dem eine kontinuierliche Auseinandersetzung mit Inhalten entgegen. Aber auch hier scheint die Umsetzung in digitaler Form nicht unbedingt einen Unterschied zu machen. Eine Ausnahme erwähnen jedoch van Treeck et al.:

> „Durch verschiedene multimediale Ausdrucksformen, insbesondere Audio und Video, sowie die Vernetzungsmöglichkeiten über das Internet erweitert sich in der digitalen Form das Konzept der traditionellen Portfoliomappe in mehreren Dimensionen" (van Treeck/Himpsl-Gutermann/Robes 2013, S. 2).

Der Sinn der Arbeit an Blogs und E-Portfolios ist darüber hinaus auch in der Einübung bestimmter Metakompetenzen zu sehen. Lernende, die sich kontinuierlich mit ihrem Lernprozess beschäftigen, können besser einschätzen, wo Defizite bestehen und welche Kompetenzen sie bereits erlangt haben. Des Weiteren sind auch die technischen Kompetenzen nicht zu unterschätzen, die bei der Erstellung verschiedener Artefakte für ein Portfolio eingeübt werden. Diese gehen fast immer über eine reine Bedienkompetenz hinaus und können in beruflichen Zusammenhängen als sehr positiv wahrgenommen werden.

Formative Prüfungsformate können aber auch den summativen Formaten sehr ähnlich sein. Der Einsatz kleinerer Selbsttests zwischen einzelnen Phasen, sei es online oder in Präsenz, kann Lernende auf die summativen Prüfungen vorbereiten. Durch direktes Feedback bei automatisch ausgewerteten Frageformen können Lernende ebenfalls Rückmeldung zu ihrem Lernstand bekommen. Mayrberger und Merkt schreiben dazu:

> „Für die Studierenden ergibt sich aus Online-Prüfungen ebenfalls ein Mehrwert, wenn zum Beispiel um Zuge einer (semesterbegleitenden) Vorbereitung auf die auf die computergestützte Abschlussprüfung den Studierenden digitale Übungsaufgaben angeboten werden. Werden diese Online-Tests oder digitalen Übungsklausuren dann (teil-)automatisch und zeitnah korrigiert, erhalten die Studierenden umgehend ein Feedback auf ihre Leistung. So wird Ihnen eine stetige Selbstkontrolle des persönlichen Wissensstands ermöglicht" (Mayrberger/Merkt 2008, S. 148).

Aber auch rein technische Gründe können für den Einsatz von formativen kleineren Prüfungen angebracht werden. Sie minimieren die Probleme, die Lernende bei der Bedienung der Prüfungssoftware in der summativen Prüfung haben könnten. Dazu schreibt Wannemacher:

---

3   Der Begriff beinhaltet das englische Wort „binge" für Gelage und wird analog zu „binge drinking" = Besäufnis gebildet. Hier bezeichnet er das Verhalten des intensiven und meist wenig nachhaltigen Lernens kurz vor einem bestimmten Zeitpunkt, also z.B. für eine Klausur oder eine mündliche Prüfung.

„Als sinnvoll und notwendig haben sich Trainingsphasen erwiesen, die den eigentlichen Prüfungen vorgeschaltet sind und der Einübung in den Online-Prüfungsablauf am Rechner mit
Probemodulen bzw. Probeklausuren dienen. Solche vorbereitenden Angebote beugen dem Effekt vor, dass sich individuell stark abweichende Computerkenntnisse negativ auf den Prü-
fungsablauf und die Prüfungsergebnisse auswirken können" (Wannemacher 2006, S. 168f.).

Daraus ergeben sich folgende Erwartungen, die in den Interviews verifiziert
werden sollen:

- Förderung der Reflexion von Lernprozessen durch die Lernenden
- Förderung der Motivation, sich kontinuierlich mit Inhalten zu beschäftigen
- Verteilung der Workloads von Lernenden und Lehrenden über einen länge-
  ren Zeitraum
- Integration von verschiedenen Medientypen und höhere Variabilität der
  Aufgaben
- Zuwachs an Metakompetenzen
- Vorbereitung auf summative Prüfungen

3.4 Objektivität, Reliabilität und Validität (vor allem) bei summativen E-Prüfungen

Prüfungen sollten in allen Bereichen Aussagen darüber treffen, welche Lernenden tatsächlich die Kompetenzen und das Wissen erlangt haben, die sie dazu be-
rechtigen, eine Veranstaltung, ein Modul oder ein Studienangebot erfolgreich
abzuschließen. Dazu müssen die Prüfungen gewisse Qualitätskriterien aufweisen, die Lienert und Raatz wie folgt formulieren:

„Ein guter Test soll als *Hauptgütekriterien* folgende drei Forderungen erfüllen:

- er soll objektiv,
- er soll reliabel,
- er soll valide sein.

Daran schließen sich vier *Nebengütekriterien* als bedingte Forderungen:

- er soll normiert,
- er soll vergleichbar,
- er soll ökonomisch,
- er soll nützlich sein" (Lienert/Raatz 1998, S. 7).

Ähnliche Qualitätskriterien finden sich auch bei Amelang und Schmidt-Atzert
(2006, S. 138ff.) und bei Moosbrugger und Kelava (2012, S. 8ff.). Tinnefeld de-

finiert in seinem Buch zur Prüfungsdidaktik dabei die drei Hauptkriterien noch einmal genauer:

> *„Objektiv* sind Prüfungen – wie zuvor beschrieben – dann, wenn sie Neutralität und Unvoreinge-nommenheit gewährleisten. *Reliabel* ist eine Prüfung dann, wenn sich das ermittelte Ergebnis unter der Bedingung der gleichen Variablen in identischer Weise wiederholen lässt. Der Begriff Reliabilität bezieht sich somit auf die Zuverlässigkeit einer Prüfung [...]. *Valide* ist eine Prüfung dann, wenn sie genau das misst, was sie zu messen vorgibt, wenn also Aufgabenstellung und Lernziele zueinander in einem Verhältnis der Folgerichtigkeit stehen"* (Tinnefeld 2013, S. 90).

Zu den von Tinnefeld genannten Kriterien kann festgestellt werden, dass sie durch E-Prüfungen idealerweise im hohen Maße unterstützt werden. Allerdings müssen dazu einige Bedingungen erfüllt sein. Damit die Kriterien zutreffen können, müssen mehr als nur ein Prüfer oder eine Prüferin die Prüfungen erstellt haben. Das gilt auch für analoge Prüfungen. Der Vorteil bei elektronisch unterstützten Prüfungen ist jedoch, dass die Prüfungssysteme bestimmte Werkzeuge mitbringen, mit denen die genannten Kriterien optimal unterstützt werden können. Diese müssen allerdings auch genutzt werden. Tabelle 2 listet die Kriterien auf und ordnet ihnen die jeweiligen Unterstützungsszenarien durch Prüfungssysteme sowie Voraussetzungen zu, die für einen korrekten Einsatz gegeben sein müssen.

Kriterium	Unterstützung durch Prüfungssysteme	Voraussetzung
Objektivität	Durch vorher festgelegte Bewertungsschemata und eine automatische Auswertung ergibt sich eine Objektivität in der Durchführung der Prüfung.	Ob die Prüfung inhaltlich objektiv ist, kann nur durch mehrere Expertinnen und Experten festgestellt werden, die die Prüfungsaufgaben vorher evaluieren. Die Durchführung ist auch nur dann objektiv, wenn die Prüflinge vorher die Möglichkeit hatten, das Prüfsystem genau kennenzulernen.
Reliabilität	Wenn die Aufgabentypen und die Aufgabenpools im Prüfungssystem nicht geändert werden, können E-Prüfungen unter den gleichen Bedingungen wiederholt werden.	Neben der Tatsache, dass Aufgabentypen und Aufgabenpools nicht geändert werden dürfen, sollte auch die technische Infrastruktur entsprechend ausfallsicher sein.
Validität	keine	*(Die Validität einer Prüfung ergibt sich vor allem aus inhaltlichen Zusammenhängen und ist vom Prüfungssystem unabhängig.)*
Normierung	Durch die festgelegten Angaben, wie die Auswertung vorgenommen werden muss, ist eine Normierung, also	Die festgelegte Auswertung muss sinnvoll und für alle Prüfungsdurchläufe gleich sein. Eine nach-

	die Kriterien zur Vergleichbarkeit eines Einzelergebnisses, gegeben.	trägliche Änderung sollte nicht vorgenommen werden.
Vergleichbarkeit	Die Vergleichbarkeit ist gegeben, wenn sichergestellt wird, dass jeder Prüfling die gleiche Anzahl an Fragen mit vergleichbaren Schwierigkeitsgraden bekommen hat. Prüfungssysteme können dies durch die Punktevergabe (schwierigere Aufgaben bekommen mehr Punkte), durch die Erstellung mehrerer Fragenpools geordnet nach Schwierigkeitsgraden und durch Taxonomien innerhalb von Fragenpools unterstützen.	Die Aufgaben müssen entsprechend ihrer Schwierigkeiten eingeteilt werden.
Ökonomie	Prüfungssysteme haben das Potential, die Prüfungserstellung, -durchführung und -auswertung zeitlich und damit auch finanziell zu reduzieren, die Prüfung insgesamt also ökonomischer zu machen.	Die Aufgabenpools sollten möglichst oft verwendet werden, da ihre Konstruktion häufig sehr viel Zeit in Anspruch nimmt, die Auswertung aber bei einem hohen Grad an Automatisierung sehr schnell geschehen kann.
Nützlichkeit	keine	*(Die Nützlichkeit einer Prüfung ergibt sich ausschließlich aus inhaltlichen oder organisatorischen Aspekten.)*

Tabelle 2:   Kriterien für qualitativ hochwertige Prüfungen und ihre Umsetzung in Prüfungssystemen

Die Erwartungen in diesem Bereich lassen sich also wie folgt formulieren:

- Die Lehrenden haben sich mit der Objektivität, Reliabilität und Validität (vor allem) der summativen E-Prüfungsformate auseinandergesetzt.
- Die Lehrenden nutzen die von den Prüfungssystemen angebotenen Funktionen zur Unterstützung dieser Qualitätskriterien.

3.5 E-Prüfungen als Qualitäts- oder Wertigkeitsindikator

Qualität kann noch auf anderen Ebenen als ein Aspekt gewertet werden. So weisen Martin und Benning darauf hin, dass E-Prüfungen generell in Bildungskonzepten als Qualitäts- oder Wertigkeitsindikator wahrgenommen werden kann.

> „Bei einem bedarfsgerechten Einsatzplan erlaubt die Vielfalt der Assessmentmöglichkeiten eine Integration von Assessment- und Zertifizierungstools in ein Blended-Learning-Konzept, das den Wert des Bildungskonzepts in jeder Phase erheblich steigert" (Martin/Benning 2004, S. 151).

Und auch auf der didaktischen Ebene sehen Mayrberger und Merkt die Möglichkeit einer Qualitätsverbesserung. Sie plädieren dafür, diese nicht nur bei der Administration und Organisation von Prüfungen zu sehen:

> „Ein Wandel bedeutet somit, sich sowohl auf die administrativen und organisatorischen Veränderungen, die der aktuellen Studienreform immanent sind, als auch auf die Veränderungen des institutionalisierten Verständnisses von Lehren und Lernen einzulassen und somit den Studienreformprozess als umfassende Chance zur Qualitätsverbesserung von Studienorganisation und von Lehre zu begreifen" (Mayrberger/Merkt 2008, S. 147).

Schließlich spielt der Begriff Qualität auch noch eine Rolle bei den Prüfungen selbst. Durch die Möglichkeit, Prüfungsaufgaben durch statistische Auswertungen qualitativ zu verbessern, lassen sich auch didaktische Verbesserungen erwarten.

> „Darüber hinaus wird eine bessere Vergleichbarkeit der Prüfungsergebnisse dadurch erreicht, dass Defizite der Prüfungskonzeption durch eine statistische Auswertung der Prüfungsergebnisse besser identifiziert werden können. Die Überarbeitung und didaktische Optimierung von Prüfungsaufgaben werden erleichtert" (Wannemacher 2006, S. 169).

Insgesamt können E-Prüfungen also auch als Qualitäts- oder Wertigkeitsindikator interpretiert werden. In diesem Bereich lassen sich folgende Erwartungen zusammenfassen:

- Die Integration von E-Prüfungen wird per se als Qualitätsaspekt eines Studienangebots wahrgenommen.
- Die Möglichkeit zur Qualitätsverbesserung von Prüfungen im Allgemeinen wird von den Lehrenden wahrgenommen.
- Die Möglichkeit zur Qualitätsverbesserung der Prüfungsaufgaben wird von den Lehrenden wahrgenommen.

3.6 Notwendigkeiten beim Einsatz von E-Prüfungen

Neben den bisher genannten Erwartungen zu verschiedenen Aspekten von elektronisch unterstützten Prüfungen lässt sich auch eine ganze Reihe von Notwendigkeiten aus der Literatur sammeln, die bei E-Prüfungen unbedingt beachtet werden sollten. Generell gehören dazu die bereits für die summativen Prüfungen formulierten Konzepte der Objektivität, der Reliabilität und der Validität, die so auch für andere Prüfungsformate gelten.

Die Auswahl der Methode und des Werkzeugs, mit denen eine Prüfung durchgeführt werden soll, muss sich an den Lernergebnissen orientieren. Wichtig ist das Primat der Didaktik vor der Technik. Bei einer Prüfung sollten vorher

festgelegt werden, welches Wissen und welche Kompetenzen erhoben werden
sollen, bevor das Werkzeug ausgewählt wird. So formulieren Meyer et al.:

> „Die Wahl des richtigen Werkzeugs ist ein wichtiger Faktor für den Einsatz computerunter-
> stützter Lernzielüberprüfung. Viele Learning-Management Systeme bieten solche Tools als
> Teil ihrer Implementation an. Allerdings ist nicht immer sichergestellt, dass diese Werkzeuge
> auch wirklich den Anforderungen gerecht werden können, die im individuellen Fall gestellt
> werden" (Mayer et al. 2009, S. 117).

Schließlich müssen auch rechtliche Aspekte beachtet werden. Neben der generellen Frage, ob elektronisch unterstützte Prüfungen durch die Prüfungsordnungen abgedeckt und damit rechtlich zulässig sind, muss auch sichergestellt werden, dass der Prüfungsprozess nicht durch die Eigenschaften von elektronisch
unterstützten Prüfungen beeinflusst werden kann. Wannemacher fasst die verschiedenen Herausforderungen von E-Prüfungen in vier zentralen Aspekten zusammen:

- „Prüfungsorganisation: Planung von simultanen und zeitversetzten Prüfungen, Raumplanung im Hinblick auf Rechnerpools und Anzahl verfügbarer
  Rechnerarbeitsplätze, Schulung von Personal, Einrichtung von Testcentern
  etc.,
- Prüfungskonzeption und -methodik: Prüfungserstellung und -ablauf (Erstellung von Aufgabenpools, Berücksichtigung verfügbarer Aufgabenformate,
  ähnlichem Schwierigkeitsgrad etc.), computergestützte Prüfungsvorbereitung (Konzeption und Durchführung von Übungsklausuren und -tests etc.),
- Prüfungstechnik und -systeme: Sicherung eines störungsfreien und betrugs-
  sicheren technischen Prüfungsablaufs, Berücksichtigung der Fehlertoleranz bei automatischer Lösungsauswertung etc.,
- prüfungsrechtlich Anforderungen: Gewährleistung von Reliabilität und Validität der Online-Prüfung, Sicherstellung einer mehrjährigen Überprüfbar-
  keit der Ergebnisse, curriculare Absicherung" (Wannemacher 2006, S.
  163f.).

Die Notwendigkeiten, die beim Einsatz von E-Prüfungen bedacht werden müssen, lassen sich wie folgt zusammenfassen:

- Auswahl der Methode/des Werkzeugs entsprechend der vorher festgelegten
  Lernergebnisse
- Beachtung der verschiedenen Herausforderungen bei den verschiedenen
  Phasen des Prüfungsprozesses

4 E-Prüfungen als Potential für die Optimierung von wissenschaftlichen Weiterbildungsangeboten

Die aus der Sekundärliteratur zusammengefassten Aspekte von E-Prüfungen spiegeln die Erfahrungen einzelner Akteurinnen und Akteure wider oder beleuchten allgemein formulierte Notwendigkeiten, die sich aus dem Einsatz von E-Prüfungen ergeben. Nach Kenntnis der Autoren dieses Artikels gibt es bislang kaum umfassende quantitative oder qualitative Studien zum Einsatz von E-Prüfungen im deutschsprachigen Gebiet.[4] Zusätzlich dazu liegt der Schwerpunkt fast ausschließlich auf der grundständigen Lehre. Daher war es das Ziel des Forschungsprojekts, für den Bereich der wissenschaftlichen Weiterbildung anhand von qualitativen Interviews mit verschiedenen Interessensgruppen vor allem vier Fragen zu beantworten:

- Welche grundsätzlichen Einstellungen weisen Angebots- und Modulverantwortliche und Studierende in Bezug auf E-Prüfungen auf?
- Lassen sich die Erwartungen und Notwendigkeiten durch Verantwortliche und Studierende sowohl für die grundständige Lehre als auch die wissenschaftliche Weiterbildung bestätigen?
- Gibt es grundsätzliche Unterschiede zwischen der grundständigen Lehre und der wissenschaftlichen Weiterbildung, was den Einsatz von E-Prüfungen anbelangt?
- Welche Potentiale, die für die grundständige Lehre in der Sekundärliteratur angenommen werden, lassen sich auch auf die wissenschaftliche Weiterbildung übertragen?

4.1 Auswahl des Samples

Zum Zweck der Vergleichbarkeit wurde bei der Auswahl des Samples für die Interviews darauf geachtet, dass sowohl die grundständige Lehre als auch die wissenschaftliche Weiterbildung abgedeckt wurden. Bei der Gruppe der Studiengangverantwortlichen war dieses leicht zu realisieren, da die meisten Verantwortlichen für die Angebote der wissenschaftlichen Weiterbildung auch in der grundständigen Lehre tätig sind und daher den direkten Vergleich ziehen können.

---

4 Die unter 2.4 aufgelisteten Arten von E-Prüfungen werden häufig in ihren Einsatzszenarien und dann zusammen mit Evaluationsergebnissen kurz beschrieben. Die Ausnahmen beschäftigen sich meist mit speziellen Aspekten, so z.B. Klaus Himpsl-Gutermann mit seiner umfassenden Studie zu E-Portfolios in der universitären Weiterbildung, die 2012 im Verlag Werner Hülsbusch erschienen ist.

Bei der Gruppe der Studierenden erfolgte eine Einteilung in mehrere Gruppen.
Zum einen sollten die konkreten Erfahrungen von Studierenden der grundständi-
gen Studiengänge erhoben werden. Diese sollten dann mit den Erfahrungen von
Studierenden der wissenschaftlichen Weiterbildung verglichen werden. Da die
Angebote der wissenschaftlichen Weiterbildung allerdings häufig ohne elektro-
nisch unterstützte Prüfungen durchgeführt werden, war es auch von Interesse, die
Studierenden ohne Erfahrungen in diesem Bereich zu ihren Einschätzungen und
Erwartungen zu befragen. Tabelle 3 listet die verschiedenen Interviewgruppen mit
den jeweiligen Merkmalen und den vorab formulierten Erkenntnisinteressen.

Interviewgruppe	Merkmale	Erkenntnisinteressen
Studiengangkoordination	• Verantwortung für Angebot der wWB • Beteiligung an der grundständigen Lehre • Erfahrungen im Bereich der elektronisch unterstützten Prüfungen	• Grundlegendes definitorisches Verständnis in Erfahrung bringen • Grundhaltung gegenüber elektronisch unterstützter Prüfverfahren sichtbar machen • Akzeptanzkriterien elektronisch unterstützter Prüfverfahren in Erfahrung bringen • Gegenüberstellung positiver und negativer Erfahrungen • Mögliche Barrieren (organisational, infrastrukturell, etc.) identifizieren • Vergleich mit Erwartungen aus der Sekundärliteratur
Grundständig Studierende/-r	• grundständiges Studium • Erfahrungen im Bereich der elektronisch unterstützten Prüfungen	• Grundhaltung gegenüber elektronisch unterstützter Prüfverfahren sichtbar machen
Weiterbildungsstudierende/-r ohne Erfahrungen	• wissenschaftliche Weiterbildung • Erwartungen im Bereich der elektronisch unterstützten Prüfungen	• Akzeptanzkriterien elektronisch unterstützter Prüfverfahren bei den Studierenden in Erfahrung bringen
Weiterbildungsstudierende/-r mit Erfahrung	• wissenschaftliche Weiterbildung • Erfahrungen im Bereich der elektronisch unterstützten Prüfungen	• Gegenüberstellung positiver und negativer Erfahrungen • Einschätzungen hinsichtlich des Praxisbezugs sichtbar machen • Vergleich mit Erwartungen aus der Sekundärliteratur

Tabelle 3:   Interviewgruppen mit Merkmalen und Erkenntnisinteressen

Außerdem sollte bei der Sampleauswahl ein weiterer Aspekt berücksichtigt werden: die Frage danach, ob die Fachkultur eine Rolle beim Einsatz von elektronisch unterstützten Prüfungen spielt. Daher wurde versucht, die Interviewpersonen über die Fachkulturcluster Erziehungswissenschaften, Ingenieurswissenschaften, Medizin, Rechtswissenschaften, Sozialwissenschaften und Wirtschaftswissenschaften zu verteilen.

4.2 Entwicklung der Interviewleitfäden

Die Leitfäden für die Interviews wurden einzeln für jede Interviewgruppe entwickelt. Die Leitfäden wurden dabei in thematische Blöcke aufgeteilt.

Bei den Studienangebotsverantwortlichen wurden zunächst die konkrete Rolle und der Verantwortungsbereich erfragt. Danach sollten die Interviewpersonen ihr definitorisches Verständnis von elektronisch unterstützten Prüfungen darlegen. Im dritten Block wurden sie dann zu ihrer Motivation befragt, E-Prüfungen in ihren Veranstaltungen einzusetzen. Danach folgten einige Fragen zu den Rahmenbedingungen, unter denen die Prüfungen stattfanden. Schließlich sollten die Interviewpersonen ihre Erfahrungen mit verschiedenen Formaten elektronisch unterstützter Prüfungen beschreiben.

Für die Interviews mit den Studierendengruppen wurden drei unterschiedliche Leitfäden ausgearbeitet, die die verschiedenen Voraussetzungen berücksichtigen. Dennoch war die Grundstruktur der Leitfäden sehr ähnlich. Zunächst wurden alle drei Gruppen nach ihrem Studiengang und ihrem Studiensemester sowie ihrem Verständnis von elektronisch unterstützten Prüfungen befragt. Danach wurden von den beiden entsprechenden Interviewgruppen die Erfahrungen im Bereich E-Prüfungen erfragt. Dieser Teil entfiel naturgemäß bei der dritten Gruppe. Stattdessen wurde die Gruppe im Teil „Einschätzungen" auch zu ihrer grundlegenden Einstellung bezüglich E-Prüfungen befragt. Im Folgenden sollen erste Tendenzen aus der Auswertung genauer beschrieben werden.

5   E-Prüfungen aus Sicht der Studierenden und der Angebots- und Modulverantwortlichen

Für eine erste Auswertung der Interviews wurden folgende Fragen ausgewählt: Welche grundsätzlichen Einstellungen haben Studierende und Angebots- und Modulverantwortliche, wenn sie bereits E-Prüfungen einsetzt haben? Gibt es Aspekte aus der Sekundärliteratur, die von dem Personenkreis der Verantwortlichen besonders häufig genannt werden?

5.1 Grundsätzliche Einstellungen von Studierenden sowie Angebots- und Modulverantwortlichen gegenüber E-Prüfungen

In den Interviews wurden alle Studierendengruppen die Frage gestellt, was sie persönlich unter „elektronisch unterstützten Prüfungsformaten" verstehen. Aus den Aussagen konnte eine deutliche Tendenz identifiziert werden, die – entgegen des weiter gefassten Definitionsrahmens des Arbeitspakets – ein deutlich weniger differenziertes Verständnis elektronisch unterstützter Prüfungsformate aufzeigt. Ferner ist festzustellen, dass keine nennenswerten Verständnisunterschiede innerhalb der unterschiedlichen Studierendengruppen identifizierbar sind. Als „elektronisch unterstützte Prüfungsformate" werden meist klassische E-Klausuren verstanden, die nicht selten mit dem Begriff der „E-Prüfung" synonym verwendet werden. Folgende Auszüge aus den Interviews verdeutlichen diese Aussage.

> „Also ich stelle mir da eigentlich eine Klausur vor, wie man sie auch in Papierform kennt, nur dass die Auswertung eben elektronisch erfolgt." (Weiterbildungsstudierende/-r ohne Erfahrungen 3)
> „Meistens irgendwie eine Klausur, die in irgendwelchen PC-Räumen geschrieben wird." (Grundständig Studierende/-r 3)
> „Das ist eine Prüfung, bei der die Leistungsabfrage elektronisch stattfindet – also über einen Multiple-Choice-Test oder sonst irgendwie." (Grundständig Studierende/-r 2)
> „Elektronisch unterstützende Prüfungen sind für mich Prüfungen, die man am Computer schreibt." (Weiterbildungsstudierende/-r mit Erfahrung 4)

Dabei findet sich diese Gleichsetzung des weiter gefassten Begriffs „E-Prüfungen" mit der konkreten Umsetzung „E-Klausur" bei allen Gruppen. Offensichtlich besteht hier also noch Aufklärungsbedarf, was andere Formen der E-Prüfungen anbelangt.

Allerdings ist die Akzeptanz bei Studierenden größer als die Ängste, die sie vor E-Prüfungen haben. Aus den Interviews geht hervor, dass sowohl bei Studierenden mit Erfahrungen im Bereich elektronisch gestützter Prüfungsformate als auch bei Studierenden ohne Erfahrungen eine grundsätzlich positive Grundhaltung zu identifizieren ist. Beide Studierendengruppen verfügen sehr häufig über ein realistisches Einschätzungsvermögen zu den in der Literatur identifizierbaren Vor- und auch Nachteilen dieser Prüfungsformate. Werden andere Prüfungsformate als die bislang bekannten angesprochen, ist auch hier Offenheit gegenüber diesen Formaten vorhanden.

Bei den Studierenden *ohne* Erfahrung im Bereich elektronisch unterstützter Prüfungsformate lässt sich grundsätzlich sowohl eine positive Grundhaltung als auch häufig eine explizite geäußerte Bereitschaft erkennen, an elektronisch unterstützten Prüfungen teilzunehmen.

„Keine Berührungsängste"
„Ich denke, es ist anders. So, wie man es wahrscheinlich bisher halt nicht kennt, aber ich wäre jetzt nicht abgeneigt, das mal auszuprobieren. Oder generell, wenn das eingeführt werden würde, – ich wäre jetzt nicht, dass ich sagen würde:" Nein, habe ich gar keine Lust darauf, oder muss nicht sein, oder wird schwieriger, oder einfacher." Man hat ja auch auf der Arbeit jeden Tag mit PCs zu tun. Also ich glaube nicht, dass da irgendwelche Schwierigkeiten, so von der Technik her, auftreten würden. Von daher sehe ich da eigentlich keine Probleme." (Weiterbildungsstudierende/-r ohne Erfahrungen 2)

„Anschaulichere Gestaltung und kreativere Methoden"
„Ich finde das nicht verkehrt, also ich hätte da, glaube ich, kein Problem mit gehabt in meiner Studienzeit. Ich kann mir auch vorstellen, dass da vielleicht viele Sachen anschaulicher gestaltet werden können am Computer und dass da einfach, ja, vielleicht kreativere Methoden zum Einsatz kommen können als jetzt bei herkömmlichen Klausuren." (Weiterbildungsstudierende/-r ohne Erfahrungen 3)

„E-Portfolio als Bereicherung"
„Ich könnte mir das schon vorstellen. In manchen Modulen hatten wir wirklich so, dass wir vorher schon verschiedene Sachen erarbeiten mussten, und auch abgeben mussten, und das alles insgesamt zu einer Note gezählt hat. Das lief halt meistens über Präsentationen, dass man mehrere Präsentationen hatte. Aber ich könnte mir vorstellen, dass es mit Ausarbeitungen ähnlich laufen könnte, dass man verschiedene Sachen ausarbeitet, und die dann alle gesammelt werden und das Gesamtpaket dann bewertet wird. Also das könnte ich mir schon vorstellen." (Weiterbildungsstudierende/-r ohne Erfahrungen 2)

Auch die Gruppe der Studierenden *mit* Erfahrungen beschreibt rückblickend ein insgesamt positives Gesamtbild. Vor allem mit der unmittelbaren Verfügbarkeit der Prüfungsergebnisse wurde ein Attribut von Studierenden als positives Merkmal wiederholt hervorgehoben.

„Direkte Rückmeldung"
„Und deswegen wollte ich das auch unterstützen, weil ich das wirklich sehr angenehm finde, auch dass man direkt die Ergebnisse hat und dass man sich so gut darauf vorbereiten kann. Und also das finde ich wirklich / das habe ich sehr positiv empfunden." (Grundständig Studierende/-r 1)
„Und das empfinde ich als wirklich sehr angenehm, vor allen Dingen weil jetzt / ich habe jetzt zum Beispiel auch wieder eine Prüfung geschrieben und ich war mir so unsicher und ich muss jetzt einfach drei oder vier Wochen warten. Und das ist schon / das belastet einen auch irgendwie schon. Und von daher, ich finde das, wirklich gut, dass man praktisch direkt das Ergebnis kriegt, auch wenn man / also, wir haben es jetzt so gehabt, dass wir die Fragen gehabt haben, und dann konnten wir schon abgeben, und wir mussten dann trotzdem aber diese eineinhalb Stunden dann praktisch waren." (ebd.)

Für die befragten Studierenden bestätigten sich also einige Aspekte, die so aus der Sekundärliteratur zu erwarten waren.

Die befragten Modulverantwortlichen verfügen alle über mehr oder weniger umfangreiche Kenntnisse und Erfahrungen im Bereich elektronisch unterstützter Prüfungsformate. Die grundsätzliche Akzeptanz dieser Prüfungsformen war daher im Vorfeld der Erhebung als hoch einzuschätzen, da die Bewegründe zum Einsatz dieser Prüfungsformate (vergleichbar mit dem Einsatz von E-Learning in der Lehre) sehr häufig intrinsischer Natur sind. Diese Annahme korrespondiert mit den bisherigen Interviewauswertungen. Aus den ersten Analyseergebnissen geht hervor, dass bei den Modulverantwortlichen ein breites Verständnis elektronisch unterstützter Prüfungsformate zu erkennen ist. So wurden E-Klausuren, Self-Assessment Tests (als Online Prüfungen), E-Portfolios, Scanner-Klausuren, Simulationen und kollaboratives Schreiben mit Hilfe digitaler Instrumente als mögliche Prüfungsformen genannt. Folgendes Zitat verdeutlicht, wie allgemein das Verständnis des Begriffs E-Prüfungen bei den Verantwortlichen war:

„Es ist für mich ein Prüfungsformat, wo sowohl die Aufgabenstellung, die Durchführung der Prüfung, als auch die Aufgabenauswertung maschinell erfolgen, und dadurch natürlich auch als Konsequenz die gesamte Datenhaltung elektronisch erfolgt." (Studiengangkoordination 4)

In der Praxis setzen die Befragten allerdings im Wesentlichen zwei Formen elektronisch unterstützter Prüfungsformate ein. Es handelt es sich hierbei um (klassische) E-Klausuren und Self-Assessment Tests, die in der Regel als Onlinetests im Rahmen einer Learning Management Plattform zur Verfügung gestellt werden und sowohl diagnostisch, formativ als auch summativ zum Einsatz kommen.

„E-Klausuren"
„Elektronisch unterstützte Prüfungsformen sind für mich einmal ganz klassisch die E-Klausur, das heißt also die elektronische Klausur vorrangig mit Multiple Choice oder Format oder Antwort-Wahl-verfahren." (Studiengangkoordination 3)
„Da ist es tatsächlich so, dass die Fragen in dieses [Lernplattform 2] eingegeben werden. Und die sitzen dann in einem PC-Saal vor den Rechnern der Universität an einem bestimmten Termin, füllen die online aus." (Studiengangkoordination 5)
„Und die wird seit drei Jahren elektronisch geprüft. Also da steht am Ende eine Klausur mit durchschnittlich 150 Teilnehmern." (ebd.)

„Self-Assessment-Test (in Form von Online-Tests)"
„Oder so kleine Selbsttests zur Vorbereitung der E-Klausur." (ebd.)
„Das war mir klarer bei die Onlinetest, die ich in den Übungen den Studierenden anbiete." (Studiengangkoordination 1)
„Bei meiner Veranstaltung zu Grundlagen der Informatik, wo ich diese Onlinetests und das Forum zum Diskutieren der Übungsaufgaben mache, da habe ich a, die elektronischen Fragen schon mit ankreuzen und zuordnen." (ebd.)

Generell lässt sich also sagen, dass sowohl Studierende aus allen befragten Gruppen als auch Angebots- und Modulverantwortliche positiv gegenüber E-Prüfungen eingestellt sind. Bei den Studierenden ist dieses sogar unabhängig davon, ob sie bereits Erfahrungen gemacht haben oder nicht. Bekannt sind vor allem summative Prüfungsformen wie E-Klausuren oder Scanner-Klausuren. Häufig wurden die Begriffe E-Klausur und E-Prüfung vor allem bei Studierenden auch synonym genutzt. Das liegt vielleicht daran, dass Dozierende vor allem solche Prüfungsformen einsetzen und Studierende daher nichts Anderes kennengelernt haben.

5.2 Erwartungen und Notwendigkeiten werden von den Angebots- und Modulverantwortlichen häufig bestätigt

Die Erwartungen und Notwendigkeiten, die sich aus der Analyse der Sekundärliteratur zusammenfassen ließen, finden sich auch in den Aussagen wieder, die die Angebots- und Modulverantwortlichen während der Interviews getroffen haben. Dabei wurden logistische und administrative Aspekte jedoch weitaus häufiger genannt als didaktische.

Die Erleichterung bei der Organisation von administrativen Abläufen stand an erster Stelle. Gerade bei der Konzeption und Durchführung von beispielsweise E-Klausuren wurde dieses häufig erwähnt.

„Über die Verteilung, also Klausur A, Klausur B und so weiter, brauchte man sich ebenfalls keine Gedanken machen, weil der Zufallsgenerator, der da eingebaut ist, dann die Fragen zufällig [...] weitergegeben hat. Das heißt, von daher war ein Abschreiben dann auch nicht möglich. Also ich finde es ein sehr wichtiges und sehr interessantes Tool." (Studiengangkoordination 2)
„Ja, also ein ganz wichtiger Punkt [...] ist einfach dann auch die Möglichkeit sich ein Fragenpool zu erarbeiten. Das heißt, wir legen die Klausuren ab. Wir haben die Möglichkeit, aus dem Pool dann modulbezogen beim nächsten Mal wieder Fragen rauszuziehen [...]." (ebd.)

Ebenso wurde die Zeitersparnis hervorgehoben, die sich vor allem bei der Korrektur von Prüfungsprodukten bemerkbar macht und sich vor allem bei großen Fallzahlen einstellt.

„Also ich fand es schön, dass [...] man es komplett elektronisch abbilden konnte. Also ich [...] konnte die Fragen auf elektronischem Wege stellen, die Beantwortung der Fragen, der Upload der dazugehörigen Datei konnte komplett elektronisch erfolgen, das Tauschen der bearbeiteten Aufgaben konnte man elektronisch machen, die Bewertung und die Rückmeldung auch. Und wenn ich dann noch hätte eine Bewertung schreiben wollen, hätte ich das auch machen können. Also das fand ich einfach sehr angenehm." (Studiengangkoordination 3)
„Also so, man hat eine klare Anfangszeit, eine klare Schlusszeit. Man kann das gut beaufsichtigen. Es ist gut lesbar, man muss nicht über Schriftzeichenfehler, sonst was diskutieren. Es lässt sich gut dokumentieren, was rausgekommen ist. Also das hat sich sehr bewährt." (Studiengangkoordination 5)
„Was angenehmer war, war gut ein paar der Aufgaben schon vorbewertet zu haben, nur noch eine Kontrolle ausüben zu müssen. Und bei den anderen, bei den Freitextaufgaben, die Auf-

gaben alle nebeneinander sehen zu können. Wenn ich das auf dem Papier mache bin ich nur noch am Blättern." (Studiengangkoordination 1)

„Also […] bei uns kann man sagen, es sind im Prinzip so an die 800-900 Fälle über das ganze Jahr verteilt, die E-Klausuren machen. Die formativen Tests sind natürlich ein Vielfaches davon, das sind über 10000, und die Zeitersparnis, die dadurch zustande kommt, die ist natürlich unglaublich, also das ist wirklich gigantisch, was wir als Lehrende dadurch einsparen." (Studiengangkoordination 4)

Darüber hinaus sind aber auch einige Aussagen gemacht worden, die sich auf die Qualitätsverbesserung beziehen. Die teilweise Umstellung auf E-Prüfungen wurde dazu genutzt, sich über Prüfungen und Prüfungsaufgaben Gedanken zu machen und diese kritisch zu reflektieren.

„Also über die Scanner-Klausuren haben wir uns jetzt gerade in einer größeren Runde da tiefschürfende Gedanken gemacht. Was sind die Vorteile, die Nachteile und sollten wir das weiterführen oder nicht." (Studiengangkoordination 1)

„Mein Freitext ist einfach nur die Reproduktion der Papierversion im Netz, im elektronischen Verfahren. Es gibt aber noch viele, viele spannende andere Sachen. Also ich denke da zum Beispiel an so Zuordnungsaufgaben mit „Drag and Drop". Das kommt unseren Studierenden schon sehr entgegen, wenn sie so grafische Symbole hin und her schieben dürfen. Und eine Zuordnung ist nichts Anderes wie eine Mehrfachauswahlaufgabe." (ebd.)

„Also man kann das aber spannender machen. Und man kann auch bei dieser Auswahl […] natürlich auch überflüssige Dinge angeben, so dass wirklich nachgedacht werden muss. […] Und auf die Fragestellung kann man noch eine Verbesserung erhalten. Nämlich man kann eine Ordnung erstellen lassen. Da muss jemand wirklich schon im Kopf haben, was ist jetzt größer, kleiner, wichtiger, unwichtiger." (ebd.)

Vor allem – aber nicht nur – für medizinische Fächer spielt eine variable Gestaltung von Prüfungsaufgaben mit den Vorteilen multimedialer Elemente eine große Rolle.

„Wir haben ja mit den E-Klausuren die Möglichkeit ein sehr breites Spektrum an Fragentypen hier einzubinden. Also einmal die klassische Form der Multiple Choice oder Single Choice Antworten dann hier wieder zu geben, aber was für unser klinisches Fach natürlich eine ganz interessante Note ist, ist das Thema klinische Bilder oder Röntgenbilder und die zu analysieren und da hat man natürlich dann auf dem Bild eine wesentlich bessere Qualität als das in Papierform der Fall sein kann." (Studiengangkoordination 2)

„Man kann mit Video arbeiten, man kann mit Audio arbeiten, was man ja wie so klassisch auf dem Papier nicht tun kann. Und wenn man so ein bisschen in Richtung Portfolioprüfung mithilfe von E-Portfolios denkt, ist es da auch schön, dass man nicht nur Papier als das Medium hat und Schrift und das gedruckte Bild, sondern, dass man da auch noch wieder mit mehr Medien arbeiten kann und die Gestaltung des Online Mediums selbst auch nochmal thematisieren und auch bewerten kann, wenn man das möchte und wenn das halt zu den Lernzielen gehört. Also es ist, ja, es ist einfach abwechslungsreich. Es gibt einem mehr Möglichkeiten, denke ich." (Studiengangkoordination 3)

„Wir haben immer versucht irgendeinen Mehrwert hinzubekommen. Und das sind bei uns natürlich Prüfungen, die eine Sound-Unterstützung haben, denn das ist ein klassischer Mehrwert für die Geisteswissenschaften. Und man hört etwas, man muss es beurteilen und irgendetwas dazu machen – möglicherweise auch nur eine Multiple-Choice-Frage dazu beantworten. Also

Sound-Unterstützung war eine Rolle, dann grafische Unterstützung: Wir haben in der Linguistik Kartenmaterial zu beurteilen, wir haben Diagramme zu beurteilen. Das sind wichtige Formate, die wir da eingesetzt haben." (Studiengangkoordination 4)
„Und gerade in diesem Bereich Ophthalmologie, Audiologie kann man sehr schön mit Bildern arbeiten und auch mit Farbe arbeiten und mit interaktiven Grafiken arbeiten, was man jetzt so in Papierform nicht könnte." (Studiengangkoordination 5)

Anhand dieser ausgewählten Beispiele kann verdeutlicht werden, dass die in der Literatur formulierten Erwartungen tatsächlich durch Dozierende bestätigt werden, die sowohl im grundständigen Bereich als auch in der wissenschaftlichen Weiterbildung Erfahrungen mit E-Prüfungen gemacht haben.

6 Fazit

Die Sekundärliteratur zu elektronisch unterstützten Prüfungen listet eine Reihe von Aspekten auf, die von den Angebots- und Modulverantwortlichen ebenfalls angesprochen wurden. Im Rahmen einer ersten Auswertung der Interviews konnten dabei vor allem zwei zentrale Aspekte herausgearbeitet werden.

Bei den befragten Personen aus den verschiedenen Interviewgruppen von Verantwortlichen und Studierenden mit und ohne Erfahrung konnte durchweg eine positive Einstellung festgestellt werden. Keine dieser Personen lehnt E-Prüfungen grundsätzlich ab. Bei den Personen mit Erfahrungen im Bereich E-Prüfungen überwiegt die Nennung von positiven Aspekten.

Darüber hinaus konnten auch die Erwartungen, die in der Sekundärliteratur genannt werden, in den Interviews mit den Angebots- und Modulverantwortlichen bestätigt werden. Exemplarisch wurden dabei die Felder der administrativen Erleichterung, der Zeitersparnis und der Qualitätsverbesserung von Prüfungen und Prüfungsfragen beleuchtet. Sowohl für den grundständigen Bereich als auch der wissenschaftlichen Weiterbildung können diese Aussagen gemacht werden, da die Interviewpersonen aus beiden Bereichen stammten.

Das erhobene Material soll noch genauer nach weiteren Aspekten durchgearbeitet werden, die die Erwartungen aus der Sekundärliteratur verifizieren oder falsifizieren. Dies wird vor allem noch für die Studierendeninterviews geschehen und in einer weiteren Publikation veröffentlicht.

Literatur

Amelang, Manfred/Schmidt-Atzert, Lothar (2006). *Psychologische Diagnostik und Intervention*. Berlin, Heidelberg: Springer.

Boud, David/Falchikov, Nancy (2007): Introduction: assessment for the longer term. In: Boud, David/Falchikow, Nancy (Hrsg.): *Rethinking Assessment in Higher Education: Learning fpr the Longer Term*. New York: Routledge, S.. 3-13.

Ehlers, Jan P./Guetl, Christian/Höntzsch, Susan/Usener, Claus A./Gruttmann, Susanne (2013): Prüfen mit Computer und Internet – Didaktik, Methodik und Organisation von E-Assessment. In: *Ebener, Martin/Schön, Sandra (Hrsg.): L3T-Lehrbuch für Lernen und Lehren mit Technologien. Online verfügbar unter: http://www.pedocs. de/volltexte/2013/8348/pdf/L3T_2013_Ehlers_et_al_Pruefen_mit_Computer.pdf* (letzter Zugriff am: 23.08.2016)

Häferle, Hartmut/Maier-Häferle, Kornelia (2008): *101 e-Le@rning Seminarmethoden – Methoden und Strategien für die Online- und Blended-Learning-Seminarpraxis*. 3. Überarbeitete Aufl. Bonn: managerSeminare Verlag.

Handke, Jürgen (2013): Beyond a Simple ICM. In: Handke, Jürgen/Kiesler, Natalie/Wiemeyer, Leonie (Hrsg.): *The Inverted Classroom Model – The 2nd German ICM-Conference – Proceedings*. München: Oldenbourg, 2013. 15-21.

Handke, Jürgen/Schäfer, Anna Maria (2012): *E-Learning, E-Teaching und E-Assessment in der Hochschullehre: eine Anleitung*. München: Oldenbourg.

Hornung-Prähauser, Veronika/Schaffert, Sandra/Hilzensauer, Wolf/Wieden-Bischof, Diana (2007):. ePortfolio-Einführung an Hochschulen – Erwartungen und Einsatzmöglichkeiten im Laufe einer akademischen Bildungsbiografie. In: Merkt, Marianne/Mayrberger, Kerstin/Schulmeister, Rolf/Sommer, Angela/Berk, Ivon van den (Hrsg.): *Studieren neu erfinden – Hochschule neu denken*. Münster u.a.: Waxmann, S. 126-135.

Kerres, Michael (2012): *Mediendidaktik – Konzeption und Entwicklung mediengestützter Lernangebote*. München: Oldenbourg.

Lienert, Gustav/Raatz, Ulrich (1998): *Testaufbau und Testanalyse*. Weinheim: Psychologie Verlags Union.

Martin, Sue/Benning, Susanne (2004): Zertifizierung und Assessment im Rahmen eines Blended-Learning-Konzeptes. In: Tergan, Sigmar-Olaf/Schenkel, Peter (Hrsg.): *Was macht E-Learning erfolgreich? – Grundlagen und Instrumente der Qualitätsbeurteilung*. Berlin, Heidelberg: Springer, S. 151-156.

Mayer, Horst Otto/Hertnagel, Johannes/Weber, Heidi (2009): *Lernzielüberprüfung im eLearning*. München: Oldenbourg.

Mayrberger, Kerstin/Merkt, Marianne (2008): eAssessment und Lernkulturen – ein Spagat zwischen Studienreformprozessen und Didaktik? In: Dany, Sigrid/Szczyrba, Birgit/Wildt, Johannes (Hrsg.): *Prüfungen auf die Agenda – Hochschuldidaktische Perspektiven auf Reformen im Prüfungswesen*. Bielefeld: W. Bertelsmann Verlag.

Mey, Günter/Mruck, Katja (2007): Qualitative Interviews. In: Naderer, Gabriele/Balzer, Eva (Hrsg.): *Qualitative Marktforschung in Theorie und Praxis. Grundlagen, Methoden und Anwendungen*. Wiesbaden: Gabler, S. 249-278.

Michel, Lutz P. (2015): *Digitales Prüfen und Bewerten im Hochschulbereich*. Im Auftrag der Themengruppe „Innovationen in Lern- und Prüfungsszenarien" koordiniert vom CHE im Hochschulforum Digitalisierung. Online verfügbar unter: https://www.che. de/downloads/HFD_Studie_DigitalesPruefen.pdf (letzter Zugriff: 23.08.2017).

Moosbrugger, Helfried/Kelava, Augustin (2012): Qualitätsanforderungen an einen psychologischen Test (Testgütekriterien). In: Dies. (Hrsg.): *Testtheorie und*

Fragebogenkonstruktion. 2. akt. und überarb. Aufl. Berlin, Heidelberg: Springer, S. 7-26.

Ruedel, Cornelia (2010): Was ist E-Assessment? In: Ruedel, Cornelia/Mandel, Schewa (Hrsg.): *E-Assessment. Einsatzszenarien und Erfahrungen an Hochschulen.* Münster: Waxmann, S. 11-22.

Tinnefeld, Thomas (2003): *Dimensionen der Prüfungsdidaktik – Analysen und Reflexionen zur Leistungsbewertung in den modernen Fremdsprachen.* Saarbrücken: HTW.

Treeck, Timo von/Himpsl-Gutermann, Klaus/Robes, Jochen (2013): Offene und partizipative Lernkonzepte – E-Portfolios, MOOCs und Flipped Classroom. In: Ebner, Martin/Schön, Sandra (Hrsg.): *L3T – Lehrbuch für Lernen und Lehren mit Technologien.* Online verfügbar unter: http://l3t.eu/homepage/das-buch/ebook-2013/kapitel/o/id/149/name/%20offene-und-partizipative-lernkonzepte (letzter Zugriff: 23.08.2017).

Wannemacher, Klaus (2006): Computerbasierte Prüfungen – Zwischen Self-Assessment und Abschlussklausuren. In: Seiler, Eva/Kälin, Siglinde/Segnstag, Christian (Hrsg.): *E-Learning – alltagstaugliche Innovation?* Münster u.a.: Waxmann, S. 163-172.

Studiengangevaluation als Element der Qualitätssicherung in der wissenschaftlichen Weiterbildung. Konzept und Ergebnisse

Christina Salland[1]

Zusammenfassung

Eine kontinuierliche Qualitätssicherung ist im Bereich der wissenschaftlichen Weiterbildung entscheidend, wenn sich die Hochschule als lebenslaufzentrierter Weiterbildungsanbieter erfolgreich etablieren will. Mit Blick auf die Zielgruppe der nicht-traditionellen Studierenden und der damit einhergehenden Verschiebung der Angebots- zur Nachfrageorientierung nimmt die Qualität großen Einfluss auf die Entscheidung für oder gegen eine durchaus kostspielige und zeitintensive Teilnahme. Der Beitrag thematisiert die Studiengangevaluation als wichtiges Element der Qualitätssicherung und liefert einen Einblick in die wissensgenerierenden, bewertungs-/entscheidungsintendierten und verbesserungsorientierten Erkenntnisse dieses Qualitätssicherungsinstruments.

Schlagwörter

Qualitätssicherung, Evaluation, wissenschaftliche Weiterbildung

Inhalt

---

1   *Christina Salland* | Philipps-Universität Marburg | christina.salland@staff.uni-marburg.de

1 Einleitung

„Wir bleiben nicht gut, wenn wir nicht immer besser zu werden trachten" (Keller 1996, S. 68), so ein Zitat des Dichters Gottfried Keller, welches den Auftakt für die vorliegende Auseinandersetzung mit Studiengangevaluationen als Qualitätssicherungsmaßnahme in der wissenschaftlichen Weiterbildung gibt. Qualität zu schaffen und zu sichern sowie Optimierungspotenziale zu erkennen und zu bearbeiten, gedacht als zirkulärer Prozess, ist in vielen Sektoren eine für die Akteure notwendig anzunehmende Herausforderung zur Erreichung oder Erhaltung ihrer Marktfähigkeit. Aber nicht nur für Landwirtschafts- und Industriegewerbe oder zahlreiche Dienstleistungsunternehmen und -einrichtungen, auch für Hochschulen ist die Qualitätssicherung eine wichtige Zielsetzung. Und dies nicht nur aufgrund der Verantwortung gegenüber der Gesellschaft, die Qualität einer akademischen Ausbildung zu gewährleisten, auch die durch Rankings, Mittelkürzungen und steigende Drittmittelbedarfe entstehende Wettbewerbssituation in der Hochschullandschaft platziert das Thema öffentlichkeitswirksam. Die Einführung und fortdauernde Weiterentwicklung von entsprechenden Qualitätssicherungsverfahren ist in vielen Hochschulen die Folge. Ebenso bedeutsam oder vielleicht gar bedeutsamer zeigt sich die Qualitätssicherung im Bereich der wissenschaftlichen Weiterbildung. Hier wird nicht selten mit Blick auf die Zielgruppe der nicht-traditionellen Studierenden der Kundenbegriff verwendet, da dieser – über die Bildungs-Assoziationen hinaus – auch die gedankliche Verknüpfung zu den Schlagworten Vollkostenfinanzierung, Verschiebung von der Angebots- zur Nachfrageorientierung und dem Mitdenken von indirekten Nutznießern der Weiterbildung (Arbeitgeber, Kooperationspartner, etc.) zulässt (vgl. Knoll 1999, S. 174). Die Qualität entscheidet hier in besonderem Maße über die (kostspielige und mit Blick auf die in der Regel berufstätige Zielgruppe zeitintensive) Teilnahme an einer Weiterbildung. Will sich die Hochschule als lebenslaufzentrierter Weiterbildungsanbieter erfolgreich etablieren, so muss die kontinuierliche Qualitätssicherung auch in der wissenschaftlichen Weiterbildung konsequent angewendet werden. Dabei ist sowohl in der grundständigen Lehre wie auch in der wissenschaftlichen Weiterbildung die Evaluation von einzelnen Lehrveranstaltungen bis hin von ganzen Studiengängen *ein* favorisiertes Instrument zur Bewertung des Bildungsangebots. Eine solche kann wissensgenerierend, bewertungs-/entscheidungsintendiert und/oder verbesserungsorientiert angelegt sein (vgl. Gutknecht-Gmeiner 2009, S. 4). In Bezug auf die wissenschaftliche Weiterbildung kann sie also Wissen über die Gruppe der nicht-traditionellen Studierenden (Bildungshintergründe, Motivation, etc.) erzeugen, deren Einschätzung zur Qualität der Weiterbildung einholen sowie mögliche Optimierungspotenziale derselben offenlegen und damit Anlass für inhaltliche oder organisationale Veränderungen geben. Dies sind wichtige Erkenntnisse und Handlungsgrundlagen für die (Weiter-)Entwicklung eines Bildungsformats, das sich an vielen Hochschulen noch im Aufbau befindet, wenngleich es mit der Novellierung des Hochschulrahmengesetzes seit 1998 gesetzlich zur hochschulischen Kernaufgabe bestimmt wurde.

Der vorliegende Artikel soll exemplarisch Einblick in diese drei Aspekte von Studiengangevaluationen in der wissenschaftlichen Weiterbildung geben. Dafür werden ausgewählte Evaluationsergebnisse von vier weiterbildenden Angeboten vorgestellt, die im Rahmen Verbundprojektes „WM³ Weiterbildung Mittelhessen"[2] entwickelt wurden. Die Darstellung der Evaluationsergebnisse wird durch einen theoretischen Blick auf Evaluation als Element der Qualitätssicherung in der wissenschaftlichen Weiterbildung sowie einer überblickshaften Vorstellung des zugrunde liegenden Evaluationskonzepts eingeleitet, welches explizit die spezifischen Merkmale der Zielgruppe berücksichtigt. Die Evaluationsergebnisse werden am Ende mit Blick auf die beschriebenen Evaluationsfunktionen zusammengefasst.

2 Evaluation als Element der Qualitätssicherung in der wissenschaftlichen Weiterbildung

Im Zuge des in den letzten Jahren eingeleiteten und aktuell durch verschiedene bildungspolitische Förderprogramme – wie den vom Bundesministerium für Bildung und Forschung (BMBF) ausgerufenen Wettbewerb „Aufstieg durch Bildung: offene Hochschulen"[3] – verstärkten Auf- und Ausbaus der wissenschaftlichen Weiterbildung, gewinnt auch die Frage der Qualitätssicherung in

---

2 Die drei mittelhessischen Hochschulen Justus-Liebig-Universität Gießen, Philipps-Universität Marburg und Technische Hochschule Mittelhessen haben sich im Hinblick auf ihre gemeinsamen Entwicklungsplanungen im Bereich der wissenschaftlichen Weiterbildung zum Verbundprojekt „WM³ Weiterbildung Mittelhessen" zusammen geschlossen, um mit Hilfe des BMBF-Wettbewerbs „Aufstieg durch Bildung: offene Hochschulen" ein an wirtschaftlichen und gesellschaftlichen Interessen optimal ausgerichtetes Weiterbildungsangebot zu schaffen und zu einer nachhaltigen Stärkung der wissenschaftlichen Weiterbildung an den Hochschulen beizutragen. Dieses Vorhaben wurde in der ersten Förderphase (2011-2015) aus Mitteln des BMBF und aus dem ESF der EU mit den Förderkennzeichen: 16OH11008, 16OH11009, 16OH11010 und in der zweiten Förderphase (2015-2017) mit den Förderkennzeichen 16OH12008, 16OH12009, 16OH12010 aus Mitteln des BMBF gefördert. Weitere Projektinformationen sind unter www.wmhoch3.de zu finden.
3 Mit dem Wettbewerb fördert das BMBF von 2011 bis 2020 bundesweit Projekte von Hochschulen und Hochschulverbünden, die Konzepte für berufsbegleitendes Studieren und lebenslanges, wissenschaftliches Lernen besonders für Berufstätige, Personen mit Familienpflichten und Berufsrückkehrer/-innen entwickeln und beforschen. Mehr Informationen finden Sie unter: http://www.wettbewerb-offene-hochschulen-bmbf.de/

beitrag der Studierenden an der Lern- und damit auch Ergebnisqualität von entscheidender Bedeutung. Studierende werden zu „Kunden mit Pflichten" (Knoll 1999, S. 176), denen gegenüber die Hochschule in der Pflicht steht, ein Angebot zu bieten, welches eine „organisationsseitig unterstützte Wahrnehmung von Chancen und Gelegenheiten" (Hanft 2004, S. 218) optimal ermöglicht. In der wissenschaftlichen Weiterbildung wird dies nicht nur im eigentlichen Lehr-/Lerngeschehen, sondern auch über eine verstärkte Serviceorientierung gewährleistet. Ansprechende Räumlichkeiten, die leibliche Verpflegung sowie ein zuverlässiger, stets ansprechbarer Kontakt sollen ideale Ermöglichungsstrukturen für die Weiterbildung schaffen.

Dies erfordert eine passgenaue Entwicklung entsprechender Weiterbildungsangebote, die die Expertisen und Erfahrungen der Weiterbildungsstudierenden inhaltlich und didaktisch einfangen und die zeitlichen Ressourcen derselben berücksichtigen (vgl. Erichsen 2004, S. 23). Angesichts der hohen (zum Familien- und Berufsleben dazu tretenden) zeitlichen und finanziellen Belastung muss für die Studierenden der Mehrwert der Weiterbildung klar sichtbar werden. In diesem Kontext stellen Hanft/Zilling (2011, S. 127) fest: „Je offener Hochschulen sich gegenüber neuen Zielgruppen und Angebotsstrukturen zeigen, desto stärker stellt sich die Frage der Qualität." Für den Bereich der wissenschaftlichen Weiterbildung erfährt die Qualitätssicherung also einen noch gewichtigeren Zuspruch, da durch diese nicht nur die Anerkennung und Legitimation des vielerorts noch in der Aufbauphase befindlichen Sektors nach innen und außen hergestellt bzw. gestärkt werden kann – eine transparente Qualitätskontrolle verschafft auch Positionierungsvorteile auf einem umkämpften Markt (vgl. Faulstich et al. 2007, S. 114).

Dabei kann die Qualitätssicherung über verschiedene externe sowie interne Verfahren erfolgen. Eines der wichtigsten externen Qualitätssicherungsinstrumente stellt die (Re-) Akkreditierung durch vom Akkreditierungsrat begutachtete Agenturen dar. Dieser kommt deshalb so viel Relevanz zu, da sie „der begründete, widerrufbare und auf nachvollziehbaren Kriterien aufbauende Vertrauensvorschuss (Kredit) (ist, CS), den die Gesellschaft bzw. der Staat den Institutionen gibt" (Daxner 1999, S. 47). Die Beteiligung an anderen externen Qualitätssicherungssystemen, wie es im quartären Sektor gängig ist, ist in der Hochschullandschaft jedoch eher marginal. Vielmehr werden hochschuleigene Qualitätsmanagementkonzepte und Instrumentarien entwickelt, mit deren Hilfe eine umfassende Analyse des Ist-Zustands ermöglicht wird und Optimierungspotenziale herausgearbeitet werden können (vgl. Faulstich et al. 2007, S. 114). In diesem Kontext rückt die Evaluation ganzer Studiengänge, Module oder einzelner Lehrveranstaltungen in den Fokus. Evaluation meint die „systematische Untersuchung des Nutzens oder Wertes eines Gegenstandes. Solche Evaluationsgegenstände können z.B. Programme, Projekte, Produkte, Maßnahmen, Leistungen, Organisationen, Politik, Technologien oder Forschung sein. Die erzielten Ergebnisse, Schlussfolgerungen oder Empfehlungen müssen nachvollziehbar auf empirisch gewonnenen qualitativen und/oder quantitativen Daten beruhen" (Deutsche Gesellschaft für Evaluation 2008, S. 15). Dabei können Evaluationen, wie bereits in der Einleitung hervorgehoben, bewertungs-/entscheidungsintendiert, verbesserungsorientiert oder wissensgenerierend ausgerichtet sein (vgl. Gutknecht-Gmeiner 2009, S. 4), wobei diese Zielsetzungen nicht immer trennscharf zu unterscheiden sind und oftmals zusammengedacht werden (sollten). Es scheint lohnenswert, erstens das Bild einer noch neuen Zielgruppe zu schärfen, indem Wissen über z.b. Bildungshintergründe, -motivationen und Lernvoraussetzungen generiert wird, zweitens die noch verbesserungswürdigen Aspekte in Lehre und Organisation herauszufiltern und damit drittens Anlässe für Veränderungsmaßnahmen zu schaffen, da sich die wissenschaftliche Weiterbildung im ständigen Optimierungsprozess befindet. In diesem Kontext kann Evaluation die Aktivierung eines umfassenden Reflexionsprozesses einleiten (vgl. Bischoff/Mörth/Pellert 2015, S. 98).

Im Hochschulbereich kommen im Kontext von Evaluationsmaßnahmen vor allem schriftliche Teilnehmendenbefragungen als häufigste Maßnahme zur Qualitätssicherung zum Tragen – dabei steht die Teilnehmendenzufriedenheit im Fokus (vgl. ebd., S. 7). Dies zeigt sich auch für den Bereich der wissenschaftlichen Weiterbildung, wie Faulstich et al. (2007) im Rahmen ihrer Deutschlandstudie[4] feststellen. Laut Studienergebnissen setzen 71% der befragten Hochschulen bei mindestens drei Viertel ihrer wissenschaftlichen Weiterbildungsangebote eine systematische Fragebogenerhebung ein, die die Zufriedenheit der Teilnehmenden einfängt (vgl. Faulstich et al. 2007, S. 115). Dies ist insofern nachvollziehbar, als dass, wie Zech (2004) hervorhebt, über die Qualität des Lernens schließlich der Lernende bestimmt, dessen Meinung „das Letztkriterium zur Beurteilung der Qualität von Weiterbildungsorganisationen" bildet (Zech 2004, S. 218).

So wie die Angebote der wissenschaftlichen Weiterbildung die Zielgruppe der nicht-traditionellen Studierenden in Inhalt, Didaktik und Organisation berücksichtigen müssen, so muss nicht zuletzt auch die Evaluation derselben von dieser zielgruppenspezifischen Passgenauigkeit zeugen, wenn sie die relevanten Informationen und Bewertungen (mit Blick auf die Einleitung möglicher Optimierungsmaßnahmen) zu Tage fördern will. So zeigen die im Bereich der grundständigen Lehre eingesetzten Evaluationsbögen, die in der Regel die eher berufsunerfahrenen Vollzeitstudierenden berücksichtigen, nur bedingt Passung zu den Besonderheiten wissenschaftlicher Weiterbildung und ihrer Zielgruppe. Dies führte im benannten Verbundprojekt „WM³ Weiterbildung Mittelhessen" zu der Notwendigkeit, für die weiterbildenden Angebote ein passgenaues Evaluationskonzept zu erstellen. Dieses wird im folgenden Kapitel kurz vorgestellt, bevor die Ergebnisse der Studiengangevaluation präsentiert und schließlich mit Blick auf ihre wissensgenerierende, bewertungsintendierte und verbesserungsorientierte Funktion zusammengeführt werden.

---

4 Diese wurde im Rahmen der vom BMBF geförderten internationalen Vergleichsstudie zu Rahmenbedingungen und Institutionalisierung wissenschaftlicher Weiterbildung an sechs OECD-Ländern durchgeführt. In die Deutschlandstudie flossen Daten von 7000 Weiterbildungsangeboten an 333 Hochschulen ein (vgl. Faulstich/Graeßner/Schäfer 2007, S. 10).

3 Studiengangevaluation als Teil des hochschulübergreifenden Evaluationskonzepts im Projekt „WM³ Weiterbildung Mittelhessen"

Im Rahmen des durch den bundesweiten Wettbewerb „Aufstieg durch Bildung: offene Hochschulen" geförderten Verbundprojektes „WM³ Weiterbildung Mittelhessen" haben die Philipps-Universität Marburg, die Justus-Liebig Universität-Gießen und die Technische Hochschule Mittelhessen insgesamt 24 weiterbildende Angebote in Form von Masterstudiengängen und Zertifikatskursen aus den Bereichen Sprachwissenschaften, Wirtschafts- und Rechtswissenschaften, Soziologie, Erziehungswissenschaften sowie Medizin- und Ingenieurswissenschaften entwickelt.[5] Um die gestarteten Angebote angemessen evaluieren zu können, wurde in der ersten Förderphase ein hochschulübergreifendes Evaluationskonzept entwickelt, welches aus drei Hauptelementen besteht: Die Studiengangevaluation und die Lehrveranstaltungsevaluationen sind in jedem Angebot verpflichtend durchzuführende Elemente, die durch auf freiwilliger Basis stattfindende kommunikativ angelegte Konferenzen ergänzt werden können, an der in verschiedener Besetzung die an der Weiterbildung beteiligten Personen und Personengruppen teilnehmen.

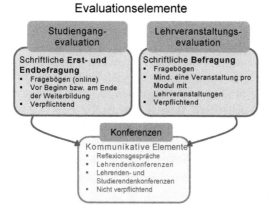

Abbildung 1:   Evaluationskonzept im Projekt „WM³ Weiterbildung Mittelhessen"

Insbesondere die Studiengangevaluation, deren Ergebnisse im nachfolgenden Kapitel vorgestellt werden, sowie die Lehrveranstaltungsevaluationen enthalten Itembatterien, die nicht mehr in Anlehnung an die grundständig Studierenden,

---

5   Mehr Informationen zum Projekt finden Sie unter http://www.wmhoch3.de

sondern mit Blick auf die Zielgruppe der Weiterbildungsstudierenden mit den beschriebenen Charakteristika entwickelt wurden.

Die *Studiengangevaluation* umfasst dabei eine Erst- und Endbefragung, durch welche u.a. ein Abgleich von Erwartungen und Bewertungen erfolgen kann. Neben der Erfassung der soziodemographischen Daten werden in der *Erstbefragung zur Studieneingangsphase* auch Fragen zum Wissens-, Erfahrungs- und Kompetenzstand der Teilnehmenden gestellt, die die Spezifika von Weiterbildungsstudierenden beachten. Informationen zur beruflichen Situation, zum Umfang einschlägiger Berufserfahrung oder zur beruflichen und hochschulischen Qualifikation sollen u.a. Einblick in die Lernvoraussetzungen der Teilnehmenden geben. Daran schließen weitere Fragen zur Angebotsauswahl, zur Teilnahmemotivation sowie zu den Erwartungen an die Weiterbildung an.

Die *Endbefragung zum Zeitpunkt des Studienabschlusses* sieht eine abschließende Bewertung des Angebots vor, indem u.a. die Transparenz des Verfahrens zur Anrechnung und Anerkennung (außer)hochschulisch erworbener Kompetenzen bewertet wird. Dies stellt mit Blick auf Zielgruppen, die nicht oder nicht nur über die regulären Zugangsvoraussetzungen verfügen, einen wichtigen Baustein bei der Öffnung von Hochschulen dar. Auch die Angebotsbetreuung durch die Studiengangkoordination – ein in der wissenschaftlichen Weiterbildung mit Blick auf die Serviceorientierung wichtiger direkter, verlässlicher Kontakt für die Studierenden – ist in der Evaluation zu bewerten. Ebenso bewerten die Teilnehmenden den Workload und die Zeitvereinbarkeit von Weiterbildung, Beruf und Familie sowie die Theorie-Praxis-Verzahnung in der Lehre mit Blick auf den Einbezug der Expertise und Erfahrung der Teilnehmenden.

So geben die Studiengangbefragungen die Möglichkeit, Wissen über die Teilnehmenden zu generieren, Bewertungen zu Inhalten, Aufbau und Organisation der Weiterbildung zu erhalten und daran anknüpfend Optimierungspotenziale offen zu legen.

Beide Befragungen werden mit Hilfe von standardisierten Online-Fragebögen über die Evaluations- und Umfragesoftware EvaSys durchgeführt. Zu der verpflichtenden Studiengangevaluation und den Lehrveranstaltungsevaluationen werden weitere kommunikativ angelegte Konferenzen zwischen den verschiedenen an der Weiterbildung beteiligten Gruppen empfohlen, in der die Ergebnisse der schriftlichen Evaluationen einfließen und die Grundlage zur Reflexion der Erfolge und Optimierungspotenziale bilden können (s. hierzu auch Kap. 5).[6]

Die ersten im Rahmen von WM³ entwickelten Angebote starteten im Sommersemester 2014. Bis zum Wintersemester 2016/17 gingen insgesamt 9

---

6   Eine ausführliche Darstellung des Evaluationskonzepts sowie die zugrunde liegenden Fragebögen können online eingesehen werden: http://www.wmhoch3.de/images/dokumente/Evaluationskonzept.pdf

weiterbildende Angebote mit 390 Studierenden an den Start. Im vorliegenden Artikel werden die Ergebnisse aus den Studiengangevaluationen von vier Angeboten vorgestellt, die zwei verschiedenen Fachdisziplinen (Erziehungswissenschaften und Sprachwissenschaften) zugeordnet werden können. In beiden Fächergruppen finden sich je ein Masterstudiengang und ein Zertifikatskurs wieder, sodass beide Angebotsformate vertreten sind.

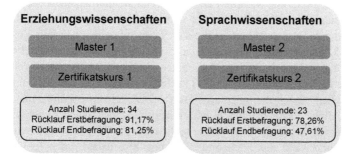

Abbildung 2:   Fallauswahl und Rücklaufquoten

Die ausgewählten Angebote starteten im Sommersemester 2014 oder im Wintersemester 2014/15. In den Zertifikatskursen schlossen die ersten Teilnehmenden im Sommersemester 2015, in den Masterstudiengängen im Sommersemester 2016 ab. Insgesamt starteten 57 Teilnehmende im untersuchten Zeitraum der Angebote, von denen 85% an der Erstbefragung teilnahmen. Zum Zeitpunkt der Endbefragungen haben 53 Studierende aus diesen Angeboten abgeschlossen, 64% nahmen an der Endbefragung teil. Der Rücklauf der gesamten Studiengangevaluationen liegt also bei 75%. Im Folgenden werden ausgewählte Ergebnisse der Befragungen in einer Zusammenschau dargestellt.[7]

4   Ergebnisse der Studiengangbefragungen

4.1 Bildungshintergründe und Zugang zur Weiterbildung

Über die Erstbefragung werden zunächst die soziodemographischen Daten sowie die Bildungs- und Berufshintergründe der Weiterbildungsstudierenden er-

---

7   Im September 2015 wurden erstmalig die Erstbefragungen aus 5 weiterbildenden Angeboten ausgewertet. Der Bericht findet sich unter: http://www.wmhoch3.de/images/dokumente1/WM3-Evaluationsbericht.pdf

fasst, da diese u.a. einen guten Einblick in die Lernvoraussetzungen liefern. So kann festgehalten werden, dass mit 84%[8] die Mehrheit der Teilnehmenden aus den evaluierten Angeboten weiblich ist. Dies trifft mit kleinen Abweichungen auch auf beide Fächergruppen und beide Angebotsformen zu. In den erziehungswissenschaftlichen Angeboten haben 88% die deutsche Staatsangehörigkeit, in den sprachwissenschaftlichen Angeboten haben 43% eine andere Staatsangehörigkeit. Die Mehrheit der Studierenden, nämlich 40%, ist zwischen 41 und 50 Jahre alt und 61% befinden sich beruflich in einem Angestelltenverhältnis. Entsprechend verfügen die meisten Teilnehmenden, nämlich 43%, über mehr als 15 Jahre Berufserfahrung. Hier lässt sich jedoch auch feststellen, dass in den sprachwissenschaftlichen Angeboten prozentual mehr Studierende mit unter 6 Jahren Berufserfahrung (32%) zu finden sind als in den erziehungswissenschaftlichen Angeboten (7,5%). Fast zwei Drittel der Studierenden (61%) haben das Abitur als höchsten Schulabschluss angegeben. Nach Angebotsformat aufgeschlüsselt, haben in den Masterstudiengängen 77% der Teilnehmenden das Abitur und 15% das Fachabitur gemacht, 8% haben einen Realschulabschluss erworben. Einen solchen oder einen Hauptschulabschluss haben 22% der Zertifikatsstudierenden als höchsten Schulabschluss angegeben. Hier haben 43,5% das Abitur gemacht. Im Vergleich zu der Zahl der Studienanfängerinnen und -anfänger ohne Abitur in der grundständigen Lehre (im Jahr 2010 betrug der Anteil 2,1%[9]) lässt sich in den evaluierten Weiterbildungsangeboten also ein hoher Anteil dieser Studierendengruppe feststellen.

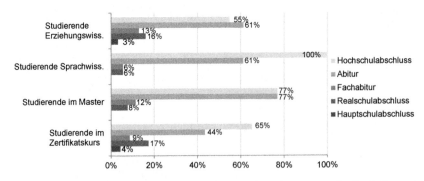

Abbildung 3:   Bildungsabschlüsse nach Angebotsformat und disziplinärem Hintergrund

---

8   Hier und im Folgenden werden die relativen Häufigkeiten bezogen auf die gültigen Werte der jeweiligen Variable genannt.
9   Diese Angabe beruht auf den Ergebnissen der Studie „Studieren ohne Abitur: Monitoring der Entwicklungen in Bund, Ländern und Hochschulen" des Centrum für Hochschulentwicklung (vgl. Nickel/Duong 2012, S. 29)

Fast zwei Drittel der Studierenden haben eine abgeschlossene Berufsausbildung, dabei können 75% der Zertifikatsstudierenden und 52% der Masterstudierenden einen solchen Abschluss vorweisen. Nach Disziplinen aufgeschlüsselt haben 82,5% in den erziehungswissenschaftlichen und 45% in den sprachwissenschaftlichen Angeboten eine abgeschlossene Berufsausbildung. Es zeigt sich, dass die Berufsausbildung nicht in allen Fällen geradlinig zum gewählten Weiterbildungsangebot verläuft. So sind auch Grafik-Designer/-innen, Industriekauffrauen/-männer oder Arzthelfer/-innen unter den Weiterbildungsstudierenden, die – zumindest über die Berufsausbildung hinaus – noch keine Erfahrung mit dem disziplinären Hintergrund der Weiterbildung gesammelt haben. Dies betrifft etwa 32% der Studierenden. Alle Studierenden aus den sprachwissenschaftlichen Angeboten haben einen Hochschulabschluss, im erziehungswissenschaftlichen Masterstudiengang trifft dies auf 71% und im erziehungswissenschaftlichen Zertifikatskurs auf 20% der Studierenden zu. Auch unter den Hochschulabsolvent/-innen haben mehr als zwei Drittel ein dem Weiterbildungsangebot fachnahes Studium absolviert, während 20% eine andere Richtung im grundständigen Studium eingeschlagen hatten, so z.B. Geographie oder Rechtswissenschaften.[10]

Die Ergebnisse spiegeln die theoretischen Annahmen über die Zielgruppe sehr gut wider. Es handelt sich hinsichtlich der schulischen, beruflichen und hochschulischen Erfahrungen und Abschlüsse um eine sehr heterogene Zielgruppe. Soll ihr Zugang zur wissenschaftlichen Weiterbildung gelingen und will sich die Hochschule als „offener", lebenslaufzentrierter Weiterbildungsanbieter etablieren, so muss „die Anrechnung solcher [(außer-)hochschulischer, CS] Leistungen rechtssicher, transparent und in einem vertretbaren zeitlichen Rahmen erfolgen" (Wetzel/Dobmann 2014, S. 28). In der Endbefragung beurteilen die Studierenden daher auch zunächst das Verfahren zur Anrechnung und Anerkennung außerhochschulisch erworbener Kompetenzen. Auf einer fünfstufigen Itembatterie sollten die Studierenden angeben, ob sie mit dem Verfahren zufrieden sind (1=trifft voll zu bis 5=trifft nicht zu).[11] Der Gesamt-Mittelwert liegt hier bei 1,58. Für 52% der Studierenden traf die Aussage, mit diesem Aspekt zufrieden zu sein, voll zu. Für weitere 39% traf die Aussage eher und für 9% teilweise zu. Die höchste Zufriedenheit zeigt sich in den sprachwissenschaftlichen Angeboten (80% stimmten mit „trifft voll zu"), hier verfügen jedoch auch alle Teilnehmenden über einen Hochschulabschluss. In den erziehungswissenschaftlichen Angeboten, in denen 45% keinen Hochschulabschluss haben, liegt

---

10 Die Ergebnisse spiegeln auch die in vielen Fällen nicht geradlinig verlaufenen Bildungsbiographien (z.B. aufgrund des zweiten Bildungswegs) wider, sodass Teilnehmende teilweise auf mehrere Schulabschlüsse und eine abgeschlossene Berufsausbildung zurückblicken können.
11 Diese Itembatterie findet, wenn nicht anders gekennzeichnet, auch im Folgenden Verwendung.

die volle Zufriedenheit bei 33%. Zwar kann es als positiver Befund gelesen werden, dass insgesamt keine negative Zuordnung erfolgte, dennoch kann – gerade bei Angeboten, in denen das Abitur oder der Hochschulabschluss keine Zugangsvoraussetzung ist – auch ein Optimierungsbedarf abgelesen werden. Trotz des steigenden Bedeutungszuwachses sehen auch Hanak/Sturm (2015) im Bereich der wissenschaftlichen Weiterbildung noch Handlungsbedarf bezüglich der Anrechnung und Anerkennung (außer)hochschulisch erworbener Kompetenzen (vgl. ebd., S. 14). Im WM³-Projekt widmet sich deshalb ein eigenes Arbeitspaket der Frage, inwiefern die Beratungsstrukturen in diesem Bereich für Weiterbildungsinteressierte und Teilnehmende verbessert werden können, was gleichzeitig die Transparenz und Sensibilität für diesen wichtigen Baustein beim Zugang zur wissenschaftlichen Weiterbildung steigern soll.[12]

4.2 Workload und Zeitvereinbarkeit

Die Weiterbildungsstudierenden sind überwiegend zeitlich stark eingebunden durch berufliche und/oder familiäre Verpflichtungen. In der Erstbefragung werden deshalb auch ihre Erwartungen zum Workload des Studiums oder Zertifikatskurses erfragt. Die Vorstellungen davon sind entweder noch nicht vorhanden (knapp 23%) – bzw. der Workload kann noch nicht abgeschätzt werden – oder sie bewegen sich in einer Spannweite von 2 bis 30 Stunden wöchentlich. Die meisten Schätzungen liegen zwischen 6-10 Wochenstunden (27%) und 11-15 Wochenstunden (21%). Dabei verweisen die Studierenden vereinzelt aber auch darauf, dass die Weiterbildung neben einem Job mit „vollem Arbeitspensum" (Studierende/-r 24) stattfindet. Die auch als Spezifika von Weiterbildungsstudierenden erfassten Merkmale wie Berufstätigkeit oder Familienpflichten bestimmen also wesentlich die zeitlichen Ressourcen für das Weiterbildungsvorhaben. So wird nicht nur der zu erwartende, sondern auch der leistbare Workload betrachtet.

In der Endbefragung sollten die Studierenden wiederum angeben, wie viele Wochenstunden sie für ihre Weiterbildung tatsächlich aufgebracht haben. Auch hier bewegen sich die Angaben in einer großen Spannweite von 1 bis 25 Stunden pro Woche. Jeweils 28% gaben an, bis zu 5 Stunden in der Woche oder 6-10 Stunden in der Woche für die Weiterbildung investiert zu haben. 17% verausgabten 11-15 Wochenstunden und 11% waren wöchentlich 16-20 Stunden mit der Weiterbildung beschäftigt. Ein/-e Studierende/-r gab keine Stundenzahl an, sondern schrieb, dass sie/er „zu viele" (Studierende/-r 54) Stunden habe auf-

---

12   Vgl. hierzu auch den Beitrag von Sturm und Bopf in diesem Band.

bringen müssen. 81% der Studierenden empfanden jedoch die Höhe der investierten Zeit als angemessen. Nach Fächergruppen differenziert, trifft dies auf 73% der Studierenden aus den erziehungswissenschaftlichen und auf 90% der Studierenden aus den sprachwissenschaftlichen Angeboten zu. Insgesamt 13% empfanden die investierte Zeit als zu hoch und 5% fanden, sie haben zu wenig Zeit für die Weiterbildung investiert. Der Frage, ob das Studium/ der Zertifikatskurs in zeitlicher Hinsicht gut mit den beruflichen Tätigkeiten vereinbart werden konnte, stimmten alle Studierende aus den sprachwissenschaftlichen Angeboten zu, während 34% der Studierenden aus den erziehungswissenschaftlichen Angeboten dem nicht zustimmen konnten. Dies begründeten die Teilnehmenden damit, dass das zeitliche Passungsverhältnis von Arbeits- und Weiterbildungszeit nicht oder nur mit Entstehen eines hohen Stresslevels erreicht werden konnte. In einigen Fällen war der Stellenanteil der beruflichen Tätigkeit nicht mit einer Weiterbildung kompatibel und nicht alle Teilnehmenden konnten ihren Stellenumfang reduzieren. So entstand phasenweise eine hohe „Doppelbelastung" (Studierende/-r 63), wenn sowohl Beruf als auch Weiterbildung ohne Abstriche absolviert werden sollten. Teilweise begründeten die Studierenden dies auch damit, dass die einzelnen Elemente (Klausur, Projekt, Präsenzzeit) der Weiterbildung zu dicht aneinander geplant waren oder mit wichtigen Terminen im Beruf kollidierten. Der Frage, ob die Weiterbildung weiterhin mit der Familie vereinbar gewesen sei, konnten 87% der Studierenden zustimmen. In beiden Fächergruppen konnten das einzelne Studierende nicht. Einige verwiesen darauf, dass ein großer Teil der Frei- oder Urlaubszeit für die Weiterbildung oder die berufliche Tätigkeit investiert wurde, um beides miteinander vereinbaren zu können. Auch wenn die freie Zeit für die Familie reserviert war, blieb die Doppelbelastung als Thema präsent: „Schwierig war, dass permanent die Arbeiten im Kopf waren – „ich muss noch", „eigentlich habe ich keine Zeit...", „ich sollte aber eigentlich...",, (Studierende/-r 77). Auch entstanden Schwierigkeiten bei der Kinderbetreuung, die nicht immer in dem Maß in Anspruch genommen werden konnte, wie benötigt (Studierende/-r 82). Mit Blick auf das Angebotsformat ließen sich keine nennenswerten Unterschiede in den Beurteilungen zur Zeitvereinbarkeit feststellen.

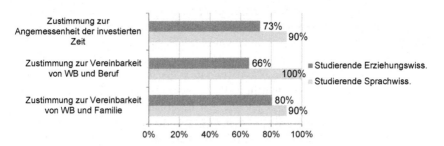

Abbildung 4:   Zustimmung zur Angemessenheit der investierten Zeit und zur Zeitvereinbarkeit

4.3   Erwartungen an die Weiterbildung und ihre Bewertung

In der Erstbefragung werden die Teilnehmenden auch nach ihren Gründen für die Wahl des Weiterbildungsangebots gefragt (Mehrfachnennung möglich). Dabei zeigt sich, dass 93 % der Befragten mit der Weiterbildung in erster Linie eine persönliche Weiterentwicklung und Entfaltung anstreben, auch mit Blick auf die Disziplinen oder Angebotsformen zeigen sich hier kaum Unterschiede. Bei 76 % der Studierenden führte das Interesse an der Thematik zur Wahl des Angebots. Die intrinsische Motivation spielt bei der Entscheidung für eine wissenschaftliche Weiterbildung also eine große Rolle. Insgesamt 31 % der Studierenden wollen einen akademischen Abschluss erwerben, dabei ist dies für 54 % der Masterstudierenden und für 9 % der Zertifikatsstudierenden entscheidend gewesen. 28 % verfolgen mit der Weiterbildung eine berufliche Neuorientierung und 21 % folgten einer Empfehlung des Arbeitgebers mit Blick auf Aufstiegsmöglichkeiten.

Neben der Erfassung der Gründe für die Wahl des Weiterbildungsangebots wurden über eine offene Frage auch die konkreten Erwartungen an die Weiterbildung erfasst. Diese lassen sich nach Erwartungen an die eigene Person und Erwartungen an das Angebot selbst differenzieren.

Abbildung 5:   An die Weiterbildung geknüpfte Erwartungen

Die Erwartungen an die eigene Weiterentwicklung dominieren sehr deutlich (72 Codings) gegenüber den Erwartungen an die Weiterbildung und ihren Anbieter bzw. Gestalter (26 Codings). Die Eigenerwartungen umfassen die berufliche Qualifikation (50 Codings), den Ausbau des eigenen Netzwerks (15 Codings) und die persönliche Weiterentwicklung (7 Codings). Die Fremderwartungen beziehen sich auf ein ausgewogenes Theorie-Praxis-Verhältnis in den Inhalten (8 Codings), auf deren Vermittlung im Sinne einer befähigenden Lehre (15 Codings) und der Berücksichtigung der Zeitressourcen der Studierenden (3 Codings).

Eigenerwartungen

Die Befragten erwarten durch die Weiterbildungsmaßnahme vor allem eine Entwicklung in ihrer beruflichen Qualifikation. Diese umfasst ein Auffrischen des Grundwissens, eine Vertiefung vorhandener Kenntnisse und Fertigkeiten sowie letztlich eine Spezialisierung im entsprechenden Feld. Darüber hinaus erwarten die Teilnehmenden vor allem, Neues zu erfahren: Sie wollen „neue Einblicke" (Studierende/-r 25) erhalten, „neue Ideen" (Studierende/-r 41) entwickeln, „neue Impulse" (Studierende/-r 27) setzen und „neue Möglichkeiten" (Studierende/-r 8) schaffen. Teilweise betreten die Studierenden sogar „Neuland" (Studierende/-r 15), da noch keine Vorerfahrungen zu dem Themengebiet gemacht wurden. So kann man von einer gewissen *Neu*gier auf das Unbekannte sprechen, welches das eigene berufliche Profil schärfen und/oder neu ausrichten soll. Durch diese Profilierung soll sowohl eine Etablierung und Stärkung der bereits bestehenden beruflichen Situation erreicht als auch die Chancen auf einen erfolgreichen Berufs- oder Stellenwechsel erhöht werden: „Außerdem glaube ich, dass diese Fortbildung für meine berufliche Zukunft entscheidend sein wird" (Studierende/-r 44). Insbesondere in den erziehungswissenschaftlichen Angeboten gaben einige der Befragten auch an, dass mit der Höherqualifizierung nicht nur die eigene berufliche Situation verbessert werden soll, sondern dass auch bestimmte Strukturen und Prozesse, Ansichten und Vorstellungen im gewählten Berufsfeld stärker beeinflusst werden sollen. So möchte man einen konkreten „Beitrag" (Studierende/-r 33) für die Zielgruppe und die Kolleg/-innen des Feldes leisten und das Erlernte an der richtigen Stelle „einbringen" (Studierende/-r 5). Auch die Verbesserung der Arbeitsstrukturen wird als ein Ziel benannt, das mit der Aufnahme des weiterbildenden Angebots einhergeht (vgl. Studierende/-r 2). Die Einflussnahme hierfür wird mit dem Erwerb einer Zusatzqualifikation höher eingeschätzt, sodass auch der Erwerb eines (weiteren) akademischen Abschlusses oder sogar die Vorbereitung auf eine Promotion (Studierende/-r 1) mit den Angaben zu den Erwartungen einhergehen. Die An-

erkennung des Abschlusses, der am Ende der Weiterbildung steht, ist deshalb
von hoher Bedeutung für die Teilnehmenden (vgl. Studierende/-r 22). Hier wird
deutlich, dass die Erwartungen die Entwicklung und Erweiterung bestimmten
Wissens sowie spezifischer Kompetenzen und Fähigkeiten betreffen, wodurch
sich weitere Erwartungen wie ein beruflicher Aufstieg anschließen.

   Um zu erfassen, ob sich diese Erwartungen erfüllt haben, werden die Teilnehmenden in der Endbefragung u.a. gebeten, anzugeben, welche Kompeten-
zen/Fähigkeiten sich ihrer Meinung nach aufgrund des Weiterbildungsangebots
verbessert haben (Mehrfachnennung möglich). Dabei erhielt die Fähigkeit, eigene Wissenslücken zu erkennen und zu schließen, mit 75% die größte Zustimmung. Dicht dahinter fand die Fähigkeit, wissenschaftliche Methoden in der
Berufspraxis einzusetzen, Zustimmung von 69% der Studierenden. Auch
stimmten 64% zu, dass sich durch die Weiterbildung die Fähigkeit verbessert
habe, neue Ideen und Lösungen zu entwickeln. 53% der Studierenden gaben an,
dass sich die Fähigkeit, interdisziplinär zu denken, verbessert habe. Hier fällt
auf, dass dies auf 62% der Erziehungswissenschaftler/-innen und auf 30% der
Sprachwissenschaftler/-innen zutrifft. Auch bei der Fähigkeit, mit anderen pro-
duktiv zusammenzuarbeiten, zeigt sich ein Unterschied, wenn man die Gruppen
nach Disziplinen aufteilt: 42% der Erziehungswissenschaftler/-innen und 10%
der Sprachwissenschaftler/-innen stimmten hier zu. Hier muss jedoch berücksichtigt werden, dass es sich bei dem sprachwissenschaftlichen Masterstudiengang um ein rein online-basiertes Angebot handelt.

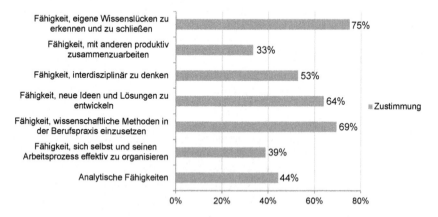

Abbildung 6:   Kompetenzen und Fähigkeiten, die sich nach Meinung der
            Studierenden durch die Weiterbildung verbessert haben

Die Erwartungen bezüglich der beruflichen Entwicklung stehen in einem engen Zusammenhang mit der Erwartung, in einen Austausch mit der Fachcommunity zu treten und so das eigene Netzwerk auszubauen. So wird es von den Befragten als wichtig eingeschätzt, auch Kontakte „außerhalb des relativ geschlossenen Systems" (Studierende/-r 50) der derzeitigen beruflichen Organisation oder Einrichtung herzustellen. Das Studium oder der Zertifikatskurs bietet den Studierenden ein hohes „Vernetzungspotenzial" (Studierende/-r 51) sowohl mit der Studierendengruppe, die unterschiedliche Kenntnisse und Erfahrungen mitbringt, als auch mit den Lehrenden. Auch die bei vielen weiterbildenden Angeboten durch Kooperationen angebundenen Vereine, Stiftungen und (Non)Profit-Organisationen werden als wichtige potenzielle Austauschpartner/-innen erkannt (vgl. Studierende/-r 53). Über die berufliche Qualifikation und Vernetzung hinaus, erwarten die Befragten der erziehungswissenschaftlichen Angebote auch eine persönliche Weiterentwicklung. Durch das Kennenlernen von neuen Themen, Fragestellungen und Arbeitsweisen sollen auch in anderen Lebensbereichen die „eigenen Sichtweisen überprüft und ausgebaut" werden (Studierende/-r 61), ein Wissenstransfer soll nicht nur im beruflichen Feld stattfinden, die Entwicklung soll auch auf einer emotionalen Ebene befriedigen: „Das machen, was mich wirklich bewegt" (Studierende/-r 61).

Fremderwartungen

Die Erwartungen an die eigene Entwicklung stehen in einem engen Zusammenhang mit den Erwartungen, die die Befragten an die Inhalte, die Didaktik und die Organisation der Weiterbildung stellen. Bei den Inhalten der einzelnen Veranstaltungen und ganzer Module ist es den Studierenden besonders wichtig, dass ein ausgewogenes Theorie-Praxis-Verhältnis zum Tragen kommt. So betonen die Studierenden zum einen ihre Vorerfahrungen, Kompetenzen und Fertigkeiten aus der Berufspraxis und anderen Fortbildungen: „Ich (…) bilde mich permanent aufgrund gegebener Notwendigkeiten und im Rahmen des „lebenslangen Lernens" weiter" (Studierende/-r 39). Zum anderen wird der Bedarf nach dem „wissenschaftlichen Hintergrund" (Studierende/-r 5) oder der „wissenschaftlichen Unterfütterung" (Studierende/-r 7) formuliert. Es wird erwartet, dies über eine akademische Weiterbildung eher zu erhalten als über einen anderen Weiterbildungsanbieter, man verspricht sich ein „höheres wissenschaftliches Niveau als an den Veranstaltungen der VHS" (Studierende/-r 43).

In der Endbefragung sollen die Teilnehmenden daher auch das Theorie-Praxis-Verhältnis ihres Weiterbildungsangebots bewerten. Für 86 % der Studierenden traf es *voll* oder *eher* zu, dass die vermittelten Inhalte/Kompetenzen einen dem Thema angemessenen Praxisbezug aufwiesen. Lediglich für 3 % der

Studierenden traf dies nicht zu. Nach Angebotsformat differenziert zeigt sich, dass dies für 63% der Masterstudierenden und für 41% der Zertifikatsstudierenden zutrifft. Dass die Lehrenden die Verwendbarkeit und den Nutzen des Behandelten verdeutlichen, trifft für 77% aller Studierenden *voll* oder *eher* zu. Auch hier zeigen sich Unterschiede in den Angebotsformaten. 50% der Masterstudierenden und 35% der Zertifikatsstudierenden stimmten hier mit *trifft voll zu* ab. Die positivste Bewertung erhält die Aussage, dass das Vermittelte überwiegend dem aktuellen Forschungsstand entsprach. Für 91% der Studierenden traf dies *voll* oder *eher* zu. 71% der Masterstudierenden und 57% der Zertifikatsstudierenden empfanden dies als *voll* zutreffend.

Abbildung 7:   Bewertung des Theorie-Praxis-Verhältnisses in den Weiterbildungsangeboten

Über alle drei Indikatoren hinweg ist eine mehrheitlich positive Zustimmung zu erkennen, für durchschnittlich 85% stimmten die Aussagen *voll* oder *eher* zu. Dabei ist die Zustimmung in den Masterstudiengängen höher als in den Zertifikatskursen.

Bezüglich der Vermittlung der Inhalte erwarten die Studierenden ein gut ausgebildetes, professionelles Lehrpersonal, welches mit „fundiertem Wissen" (Studierende/-r 24 und 28), Kompetenz und Erfahrungen eine hohe Qualität in der Lehre gewährleistet. Die Methoden zur Vermittlung der Inhalte sollten sowohl eine „objektive Auseinandersetzung mit dem Thema" (Studierende/-r 31) ermöglichen als auch abwechslungsreich und inspirierend (Studierende/-r 10) sein. Dazu gehört insbesondere die Gestaltung und Auswahl der Studienmaterialien, die die Studierenden dazu befähigen sollten, die Inhalte auch selbstständig erarbeiten zu können (vgl. Studierende/-r 24). Wichtig dafür ist auch die Bereitstellung weiterführender Literatur, auf die die Teilnehmenden orts- und zeitungebunden zurückgreifen können (vgl. Studierende/-r 42). In einigen Fällen spielt das didaktische Herangehen auch insofern eine besondere Rolle, da mit der

Weiterbildung auch die Aufnahme einer eigenen Lehrtätigkeit angestrebt wird. In diesem Zusammenhang erwarten die Teilnehmenden einen Einblick in neue Unterrichts- und Lehrmethoden, die sie selbst auch zur Anwendung bringen können (vgl. Studierende/-r 25). Bezüglich des konkreten Verhältnisses zu den Lehrenden wird auch eine „kooperative Zusammenarbeit" (Studierende/-r 28) gewünscht, was dafür spricht, dass sich die nicht-traditionellen Studierenden ihres Status als bereits praxiserfahrene und teils akademisch ausgebildete Expert/ -innen in ihrem fachlichen Gebiet bewusst sind und dies auch betonen: „Ich möchte mich weiterbilden in einem Bereich, in dem ich bereits fundierte Praxiserfahrungen habe" (Studierende/-r 5). Diese Spezifika sollten demnach nicht nur in den Inhalten, sondern auch in der didaktischen Aufarbeitung und der konkreten Vermittlung Berücksichtigung finden.

Die an einzelne Lehrende gebundene Bewertung der inhaltlichen und didaktischen Gestaltung der Lehrveranstaltungen sowie die Kompetenz und das Engagement der Verantwortlichen werden über die Lehrveranstaltungsevaluationen als weiteres Qualitätssicherungsinstrument erfasst, während die Endbefragung auf einer abstrakteren Ebene Bewertungen und Ausführungen zu den Inhalten und der Organisation der Weiterbildung sowie ihrem Nutzen erfasst.[13] So sollen die Teilnehmenden unter anderem bewerten, ob der inhaltliche Zusammenhang zwischen den einzelnen Veranstaltungen sichtbar wurde, ob die Lehrenden untereinander Bezüge hergestellt haben und ob die vermittelten Inhalte interessant und gut verständlich waren. Dabei zeigt sich, dass die Studierenden insbesondere mit den beiden zuletzt genannten Aspekten zufrieden waren. Für 89 % der Studierenden traf es *voll* oder *eher* zu, dass das Vermittelte gut verständlich war und für 91 % war dies auch in diesen beiden Abstufungen sehr interessant. Die Bewertungen zum Zusammenhang und den Bezügen zwischen den Kursinhalten variieren in ihren Mittelwerten zwischen 1,8 und 2,09.

---

13 Die Durchführung und die Auswertung der Lehrveranstaltungsevaluationen werden von den jeweils zuständigen Studiengangkoordinationen organisiert, die die Ergebnisse direkt den betroffenen Lehrenden zugänglich machen.

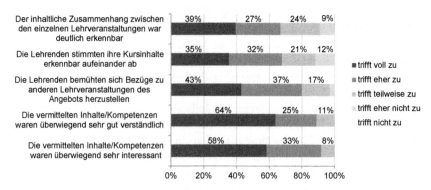

Abbildung 8:   Bewertung der inhaltlichen Konsistenz der Weiterbildungsangebote

Bei der Entwicklung, Organisation und Durchführung der Weiterbildung im Ganzen bis hin zu einzelnen Lehrveranstaltungen sind jedoch nicht nur akademische Leitungen und Hochschullehrende beteiligt, auch die Studiengang- bzw. Zertifikatskoordinierenden wirken an diesen Prozessen mit und stehen in einem besonderen Verhältnis zu den Studierenden. Sie sind wichtige Ansprechpartner/-innen bei Fragen und Problemen und nehmen eine Schnittstellenposition zwischen Studierenden, Lehrenden und der Verwaltung ein (vgl. Bardachzi 2010, S. 202). Daher bezieht sich ein Frageblock in der Endbefragung auch auf die Betreuung durch die Studiengangkoordination. Bei der Frage, wie oft die Leistungen der Studiengangkoordinationen in Anspruch genommen wurden, zeigt sich, dass die Bedarfe der Studierenden diesbezüglich sehr unterschiedlich waren, was mit Blick auf ihre Heterogenität nicht verwundert. 39% der Studierenden nahmen 1-3 Mal die Leistungen in Anspruch, 33% suchten den/die Studiengangkoordinierende 4-7 und 12% 8-11 Mal auf. 15% nahmen die Leistungen noch öfter in Anspruch. Dabei spielt die Erreichbarkeit der zuständigen Personen eine wichtige Rolle, sodass die Studierenden auch diese in der Endbefragung bewerten sollen. Der Aussage, dass der/die Koordinierende sehr gut erreichbar war, stimmten 71% der Studierenden zu. Weitere 20% stimmten dem eher zu. 9% konnten der Aussage nur teilweise oder nicht zustimmen. Die Kompetenz der Koordinierenden wurde von allen Studierenden in verschiedenen Abstufungen positiv bewertet. Für 86% der Studierenden trifft es *voll* zu, dass der/die Koordinierende sehr kompetent ist. Dies trifft für weitere 14% *eher* oder *teilweise* zu. Entsprechend empfanden 94% der Studierenden die Unterstützungsleistungen *voll* oder *eher* zutreffend als hilfreich.

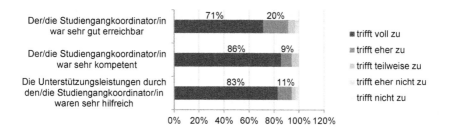

Abbildung 9: Betreuung durch den/die Studiengang- bzw. Zertifikatskoordinierende/n

Nicht zuletzt äußerten die Befragten auch ihre Erwartungen an den Studienverlauf, insbesondere an den Umgang mit den vorhandenen, meist knappen, zeitlichen Ressourcen. Mehrere Studierende betonen, dass die Weiterbildung neben der eigentlichen beruflichen Tätigkeit ausgeübt wird und mit den Arbeitszeiten vereinbar sein muss. Andererseits wird auch „Zeit und Raum (...)" für eine Neuorientierung" (Studierende/-r 21) gefordert, um den eigenen Vertiefungs- und Spezialisierungsinteressen nachgehen zu können. Auch müsse eine „flexible zeitliche Gestaltung" (Studierende/-r 26) zur Bearbeitung der Themen und Abgabe von Prüfungsleistungen möglich sein, um der Berufstätigkeit entsprechend nachgehen zu können. Diesen auf den ersten Blick gegensätzlich erscheinenden Erwartungen muss mit einem entsprechend aufeinander abgestimmten Wechsel von Präsenzstudium und Selbstlernphasen sowie einer ständigen Reflexion und Berücksichtigung der Bedürfnisse der Teilnehmenden begegnet werden. Die Ausführungen zum Workload und zur Zeitvereinbarkeit weiter oben zeigen bereits die Bewertungen der Studierenden diesbezüglich auf. Aber nicht nur die Berücksichtigung der zeitlichen Ressourcen, auch weitere Aspekte der Organisation bzw. der Schaffung von geeigneten Rahmenbedingungen beeinflussen den Studienerfolg oder zumindest die Bewertung des Studienangebots. Daher bewerten die Studierenden in der Endbefragung auch hier die entscheidenden Aspekte wie die Angemessenheit der Teilnehmerzahl, der räumlichen Gegebenheiten oder der zur Verfügung gestellten (technischen) Hilfsmittel. Alle Studierenden empfanden es als *voll* zutreffend, dass die Teilnehmerzahl, die in den Kursen zwischen 7 und 22 lag, angemessen war. So kann davon ausgegangen werden, dass die Gruppengröße groß genug war, um einen Austausch initiieren, als auch klein genug, um die Bedürfnisse der einzelnen Studierenden abdecken zu können. Auch bei der Angemessenheit der räumlichen Gegebenheiten (Raumgröße, Raumklima, Ausstattung, etc.) gab es in verschiedenen Abstufungen nur positive Zustimmungen, 63 % der Studierenden stimmten gar *voll* zu.

Ebenso waren die benötigten (technischen) Hilfsmittel nach Zustimmungsbild der Studierenden ausreichend vorhanden, 91% stimmten dem *voll* oder *eher* zu.

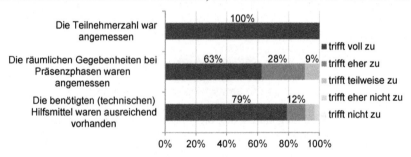

Abbildung 10: Bewertung der Organisation/Rahmenbedingungen

Die Endbefragung schließt mit einer Gesamtbewertung des Weiterbildungsangebots sowie einer offenen Rückmeldungsmöglichkeit zur Erwartungserfüllung sowie weiterer Kritik und Verbesserungsmöglichkeiten ab. Zunächst konnten die Studierenden dem Angebot eine an das Schulsystem angelehnte Note zwischen 1 und 6 geben. Der Mittelwert liegt bei 1,81, die Note 1 vergaben 36% der Studierenden, die Note 2 wurde von 50% vergeben. 11% wählten die Note 3 und die Note 4 vergaben 3%. Nach Disziplinen aufgeschlüsselt, fällt auf, dass der Mittelwert bei den Sprachwissenschaftler/-innen bei 1,5 (hier vergaben 50% die Note 1, die andere Hälfte die Note 2), bei den Erziehungswissenschaftler/-innen bei 1,92 liegt.

Die Erwartungen, die zu Beginn der Weiterbildung gestellt wurden, wurden nach eigenen Angaben bei allen Studierenden aus den sprachwissenschaftlichen Angeboten und bei 81% der Studierenden aus den erziehungswissenschaftlichen Angeboten erfüllt. Bei den offenen Rückmeldungen wird deutlich, dass die Kritik in inhaltlicher Hinsicht zum einen die bereits weiter oben angedeutete Abgestimmtheit der Module oder einzelner Lehrveranstaltungen betrifft. Daran könne noch „gearbeitet" werden (Studierende/-r 70), explizit die Reihenfolge sollte überdacht werden, damit Inhalte nicht verloren gehen oder mehrfach bearbeitet werden (vgl. Studierende/-r 78). Auch der stärkere Einbezug von digitalen Medien oder des Blended Learning wird angeregt (vgl. Studierende/-r 80). Hinsichtlich der Organisation/der Rahmenbedingungen gab ein/-e Studierende/-r an, dass die aufzubringende Zeit sehr viel höher ausfiel als zu Beginn der Weiterbildung gedacht, dies löste einen „kurzen Schock-Moment" aus (Studierende/-r 78). In einem Fall wird der zeitaufwendige Prozess der Prüfungsanmeldung kritisiert (Studierende/-r 66), in einem anderen Fall wird angemerkt, dass das „Zeugnis hätte schneller bei mir ankommen können" (Studierende/-r 67).

Zeit und Zeitvereinbarkeit zeigen sich also auch an der Stelle als wichtige Elemente bei der Bewertung einer Weiterbildung. Diejenigen, die ihre Erwartungen erfüllt sahen, konnten dies ebenfalls weiter ausführen. Dies wurde insbesondere mit Bezug auf die berufliche Qualifikation vorgenommen, die Studierenden konnten eine „Professionalisierung meiner Kompetenzen" (Studierende/-r 59) erkennen, Wissenslücken konnten gefüllt (vgl. Studierende/-r 72) und neue Erfahrungen gemacht werden (vgl. Studierende/-r 73). Auch mit Blick auf die Generierung von Aufstiegschancen konnten die Erwartungen erfüllt werden: „Meine komplette zukünftige Berufsperspektive hat sich stark erweitert. Einkommens- und Entfaltungsmöglichkeiten wurden potenziert" (Studierende/-r 50). Ebenso wird die Möglichkeit der Profilierung im eigenen Berufsfeld thematisiert: „Es war möglich, sein eigenes Entwicklungsfeld zu finden und auszubauen" (Studierende/-r 50). Für einige Studierende stellt die Weiterbildung aber auch einen beruflichen Neuanfang dar: „Der Weiterbildungsmaster hat mich in einer beruflichen Neuorientierung bestärkt und unterstützt" (Studierende/-r 57). Das „reichhaltige Angebot" trug dazu bei, den „Horizont zu erweitern" (Studierende/-r 69) und sich „fundiertes Wissen" (Studierende/-r 65) anzueignen. Die eigene Kompetenzwahrnehmung habe sich verändert: „Ich konnte tiefer in die Thematik einsteigen und besonders die Lücken, die der Bachelor noch gelassen hatte, füllen. Jetzt fühle ich mich kompetent" (Studierende/-r 67). Auch zum Theorie-Praxis-Verhältnis gibt es positive Rückmeldungen. So sei das Gelernte gut in der Praxis anwendbar, man empfand es „positiv, die praktische Arbeit aus einer gewissen Distanz heraus theoretisch zu reflektieren" (Studierende/-r 76). Die Erwartungen konnten außerdem hinsichtlich der Vernetzung mit den anderen Teilnehmenden erfüllt werden, man habe „den kollegialen Austausch (...) als überaus bereichernd empfunden" (Studierende/-r 76) und auch die durch die Gruppenheterogenität entstehende Interdisziplinarität wird positiv herausgestrichen (vgl. Studierende/-r 55), der „Blick über den Tellerrand" (Studierende/-r 60) konnte dadurch gelingen. Mit Blick auf die Organisation und Rahmenbedingungen werden die „angenehme Lernatmosphäre" (Studierende/-r 81) sowie die Zeitvereinbarkeit mit dem Beruf herausgehoben: „War ergänzend zur beruflichen Tätigkeit gut zu organisieren und die einzige Möglichkeit zu studieren, ohne Arbeitszeit zu reduzieren" (Studierende/-r 64).

5 Zusammenfassung

Die Studiengangevaluationen tragen einen wesentlichen Teil zur Qualitätssicherung bei, indem die Erst- und Endbefragungen sowohl wissensgenerierend (Einblick u.a. in die Lernvoraussetzungen der Teilnehmenden), bewertungsintendiert

(Einblick in die Teilnehmendenzufriedenheit) als auch optimierungsorientiert (Einblick in Defizite) angelegt sind.

So wird mit Blick auf die vor allem durch die Erstbefragung erzeugten wissensgenerierenden Ergebnisse deutlich, dass es sich wie angenommen um eine stark heterogene Studierendengruppe mit unterschiedlichen Expertisen handelt, die durch verschiedene Berufs-, Schul- und Hochschulerfahrungen aufgebaut wurden. Beispielsweise haben 61% der Teilnehmenden das Abitur als höchsten Schulabschluss angegeben, aber auch Studierende mit Haupt- oder Realschulabschluss sind im Vergleich zu grundständigen Studierendengruppen relativ oft vertreten. Zwar haben auch 64% einen Hochschulabschluss erworben, jedoch steht dieser nicht unbedingt in einem fachlichen Zusammenhang mit der Weiterbildung. Den unterschiedlichen Zugangsvoraussetzungen wird daher u.a. mit den Angebotsformaten (so ist in den niedrigschwelligeren Zertifikatskursen der Anteil von Studierenden mit Haupt- oder Realschulabschluss mit 21% recht hoch) als auch mit der Anrechnung und Anerkennung (außer-)hochschulisch erworbener Kompetenzen begegnet. Trotz dieser Heterogenität formulieren die Studierenden relativ ähnliche Erwartungen an sich selbst und an die Weiterbildung. So streben die meisten Studierenden eine berufliche (Höher-)Qualifikation durch die Weiterbildung an, die auch einen Stellenwechsel oder eine Arbeitsplatzsicherung bedeuten soll. Daneben erwarten die Studierenden auch, sich untereinander, mit den Lehrenden und mit den kooperierenden Unternehmen, Stiftungen oder Vereinen zu vernetzen. Von den Weiterbildungsanbietern erwarten die Studierenden eine Lehre, die ihre Expertise berücksichtigend ein ausgewogenes Theorie-Praxis-Verhältnis schafft und die knappen zeitlichen Ressourcen einkalkuliert.

- □ Geschlecht: 84% der Teilnehmenden sind weiblich
- □ Staatsangehörigkeit: 88% haben die deutsche Staatsangehörigkeit
- □ Alter: 40% sind zwischen 41 und 50 Jahre alt
- □ Berufliche Situation: 61% sind in einem Angestelltenverhältnis
- □ Berufserfahrung: 43% haben mehr als 15 Jahre Berufserfahrung
- □ Bildungsabschlüsse: 61% haben das Abitur; 64% haben eine abgeschlossene Berufsausbildung
- □ Eigenerwartungen: Berufliche Qualifikation, Networking, Persönliche Weiterentwicklung
- □ Fremderwartungen: Theorie-Praxis-Verhältnis, Befähigende Lehre, Berücksichtigung zeitl. Ressourcen

Abbildung 11: Wissensgenerierende Informationen

Insbesondere die Endbefragung bringt darüber hinaus wichtige bewertungsintendierte und optimierungsorientierte Informationen ans Licht. So wird deutlich, dass zwar insgesamt 91% der Studierenden *voll* oder *eher* zufrieden sind mit dem Verfahren der Anrechnung und Anerkennung außerhochschulisch erworbener Kompetenzen. In den erziehungswissenschaftlichen Angeboten jedoch, in denen 45% der Studierenden keinen Hochschulabschluss haben, liegt die volle Zufriedenheit bei 33%. In diesen Angeboten spielt das Anrechnungs- und Anerkennungsverfahren eine große Rolle beim Zugang zur wissenschaftlichen Weiterbildung und genau hier kann noch ein Optimierungsbedarf abgelesen werden.[14]

Auch bringen die Studierenden aufgrund ihrer Heterogenität unterschiedliche Lernvoraussetzungen mit, wodurch ganz unterschiedliche Zeitinvestitionen für die Weiterbildung entstehen. Dennoch empfanden 81 % der Studierenden die aufgebrachte Zeit als für sich angemessen und 83% stimmten der Aussage zu, dass die Weiterbildung in zeitlicher Hinsicht gut mit der beruflichen Tätigkeit vereinbart werden konnte. Dennoch wurden die Herausforderungen dieser „Doppelbelastung", wie ein/e Teilnehmende/-r es beschrieb, in den offenen Rückmeldungsmöglichkeiten öfter benannt. So sollten die Weiterbildungsangebote im Ganzen sowie die einzelnen Lehrveranstaltungen immer wieder auf mögliche Optimierungspotenziale hinsichtlich der Zeitvereinbarkeit geprüft werden, z.b. durch einen passgenau abgestimmten Wechsel von Online- und Präsenzlehre oder der Erhöhung des E-Learning-Anteils, wenn dies die Inhalte oder Lernziele zulassen.

Wie beschrieben, betreffen die Erwartungen, die die Studierenden mit Blick auf die Weiterbildung formulieren, insbesondere die persönliche Weiterentwicklung. Neben der fachlich-beruflichen Qualifizierung gerät dabei auch die Entwicklung von Kompetenzen in den Blick, die die Studierenden u.a. zum lebenslangen Lernen befähigen. Vor allem die Fähigkeit, eigene Wissenslücken zu erkennen und zu schließen, zählen 75% der Studierenden zu den durch die Weiterbildung verbesserten Fähigkeiten. Aber auch die Fähigkeit, neue Ideen und Lösungen zu entwickeln, betrachten 64% als gesteigert an. Damit diese Kompetenzaneignung und -entwicklung gelingen kann, bedarf es jedoch auch eines an die Expertise der Teilnehmenden angepassten Lehr-/Lernarrangements, welches u.a. ein ausgewogenes Theorie-Praxis-Verhältnis schafft. 86% der Teilnehmenden bewerten dieses als *voll* oder *eher* gelungen und auch die Inhalte werden von den Studierenden in diesen beiden positiven Abstufungen als sehr interessant bewertet. Sie werden also an ihrem Erfahrungs- und Kenntnisstand abgeholt als auch mit neuen Aspekten konfrontiert. Der Zusammenhang zwischen den einzelnen Lehrveranstaltungen, der eine sinnvolle und aufeinander aufbauende Verknüpfung zwischen den Inhalten herstellt, kann hingegen noch als optimierungsbedürftig erkannt werden. So trifft es für 12% der Studierenden eher nicht zu, dass die Inhalte von den Lehrenden aufeinander abgestimmt werden. Dies kann möglicherweise damit zusammenhängen, dass die Lehrenden in der wissenschaftlichen Weiterbildung häufig weniger als Kollegium auftreten (wie es in der grundständigen Lehre üblicher ist, in der man sich als Lehrkörper eines gemeinsamen Fachbereichs begegnet). Die oft externen Lehrenden werden aufgrund ihrer Expertise für die enger zugeschnittenen Themen der wissen-

---

14 Vgl. dazu auch die Ausführungen von Sturm in diesem Band.

schaftlichen Weiterbildung herangezogen und gehen der Lehre in der Regel als Nebenbeschäftigung nach (vgl. Fischer 2014, S. 16). Eine sogenannte Lehrendenkonferenz, wie sie im Evaluationskonzept vorgesehen ist, kann an dieser Stelle hilfreich sein (dazu mehr im Anschluss).

Aber nicht nur den Lehrenden kommt in der wissenschaftlichen Weiterbildung eine bedeutsame Rolle zu, auch die Studiengangkoordinierenden tragen wesentlich dazu bei, dass die Studierenden ein/-e vertrauensvolle/-n und verlässliche/-n Ansprechpartner/-in haben, die/der die Rahmenbedingungen des Angebots bedürfnisgerecht mitgestaltet und bei Bedarf Optimierungen anstößt. Dass sich in der Bewertung der Erreichbarkeit und Kompetenz der Studiengangkoordinierenden sowie des Mehrwerts durch deren Angebote mit die höchsten Zufriedenheitswerte (Mittelwertsdurchschnitt: 1,28 auf einer fünfstufigen Itembatterie) zeigen, legt nahe, dass die Aufgaben an der Stelle sehr gut bewältigt werden. Dies zeigen auch die Bewertungen der Indikatoren zur Organisation und den Rahmenbedingungen der Weiterbildung, deren Mittelwertsdurchschnitt bei 1,2 liegt. Vor allem bei der Größe der Teilnehmerzahl (7-22) wählten sämtliche Teilnehmenden hinsichtlich ihrer Angemessenheit den höchsten Zufriedenheitswert. So gaben schließlich 86 % der Studierenden an, dass ihre zu Beginn gestellten Erwartungen auch erfüllt wurden.

- ☐ Anrechnung und Anerkennung außerhochschulisch erworbener Kompetenzen:
  - ☐ 91% sind mit dem Verfahren voll oder eher zufrieden
  - ▣ In den erziehungswissenschaftlichen Angeboten, in denen 45% keinen Hochschulabschluss haben, liegt die volle Zufriedenheit bei 33%
- ☐ Workload:
  - ☐ 81% empfanden ihren Workload (bis zu 25 Stunden/Woche) als angemessen
  - ▣ Erwartungs- und Realitätsabgleich löst „kurzen Schock-Moment" aus
- ☐ Zeitvereinbarkeit:
  - ☐ 83% konnten die Weiterbildung gut mit dem Beruf verbinden und 85% auch mit der Familie
  - ▣ Herausforderung: Austarieren der Dreifachbelastung
- ☐ Kompetenzentwicklung:
  - ▣ 75% der Studierenden konnten nach eigener Angabe durch die wissenschaftliche Weiterbildung die Fähigkeit verbessern, eigene Wissenslücken zu erkennen und zu schließen
- ☐ Theorie-Praxis-Verhältnis:
  - ☐ Für 86% der Studierenden traf es voll oder eher zu, dass die vermittelten Inhalte/Kompetenzen einen dem Thema angemessenen Praxisbezug aufwiesen
- ☐ Lehrveranstaltungsübergreifender Blick auf die Inhalte:
  - ☐ 58% der Studierenden empfanden die Inhalte als überwiegend sehr interessant
  - ▣ 12% der Studierenden konnten nicht zustimmen, dass die Kursinhalte aufeinander abgestimmt waren
- ☐ Organisation:
  - ☐ 83% bewerten die Unterstützungsleistungen der Studiengangkoordination als sehr hilfreich

Abbildung 12: Bewertungsintendierte und optimierungsorientierte Informationen

Die Ergebnisse der Studiengangevaluation zeigen Verbesserungsbedarfe auf, die reflektiert werden müssen und denen im besten Fall mit möglichen Optimierungsmaßnahmen begegnet werden sollte. Das Evaluationskonzept der Verbundhochschulen empfiehlt daher weitere kommunikativ gestaltete Elemente der Qualitätssicherung, in der die Ergebnisse in die direkten Beteiligungsgruppen der jeweiligen Angebote zurückgespielt werden (siehe Abb. 1): In verschiedenen Konstellationen treffen Studierende, Studiengangkoordination, akademische Leitung und Lehrende aufeinander, um die Ergebnisse sowie weitere Anliegen aufzuarbeiten und mögliche Lösungsansätze entwickeln zu können. So bietet die *Lehrendenkonferenz* zwischen Lehrenden, Studiengangkoordination und akademischer Leitung u.a. die Möglichkeit, die Abgestimmtheit der Module und einzelner Veranstaltungen zu reflektieren und ggf. zu optimieren. Auch die *Reflexionsgespräche* zwischen Studierenden, Studiengangkoordination und akademischer Leitung sowie die *Studierenden- und Lehrendenkonferenz*, der alle Beteiligungsgruppen beiwohnen, geben Raum für Kritik, Aufarbeitung und Optimierung. In diese kommunikativen Elemente der Studiengangevaluation können dann auch die Ergebnisse der *Lehrveranstaltungsevaluationen* einfließen, die wiederum verpflichtendes Element des Evaluationskonzepts sind und bei mindestens einer Veranstaltung pro Modul mit Lehrveranstaltungen durchgeführt werden. In Form von Online-Fragebögen bewerten die Teilnehmenden die inhaltliche und didaktische Gestaltung, den Praxisbezug, die Kompetenz und das Engagement der Lehrenden sowie die Zusammenarbeit in der Gruppe.

Ohne tiefere Auseinandersetzung an dieser Stelle soll noch angemerkt werden, dass nicht zuletzt auch das Evaluationskonzept selbst und die einzelnen Elemente darin kontinuierlich unter qualitätssichernden Aspekten betrachtet werden müssen. So sollte z.B. mit Blick auf die einzelnen Fragebögen u.a. die Passgenauigkeit der Indikatoren, der Frageformen oder der Itembatterien nicht nur bei der Entwicklung der Erhebungsinstrumente kontrolliert werden. Spätestens mit der Auswertung erster Erhebungen sollte die Frage angeschlossen werden, ob die Gütekriterien Objektivität, Reliabilität und Validität eingehalten werden. Nur so kann sichergestellt werden, dass die relevanten Informationen zu der Zielgruppe, deren Bewertung des weiterbildenden Angebots sowie die diesbezüglich bestehenden Optimierungsbedarfe erkannt werden. So gilt nicht nur für den Evaluationsgegenstand, sondern auch für das Evaluationsinstrument selbst das Optimierungsparadigma, welches – um mit Gottfried Keller zu schließen – lauten könnte: „Der Staatsmann wie der Bauer muß jeden Morgen die Erfahrungen von gestern sammeln, das Verbrauchte umwenden und erneuern" (Keller 1996, S. 68).

Literatur

Bardachzi, Claudia (2010): *Zwischen Hochschule und Weiterbildungsmarkt: Programmgestaltung berufsbegleitender Studiengänge*. Münster: Waxmann.

Bischoff, Franziska/Mörth, Anita/Pellert, Ada (2015): Evaluation als Grundlage für strategische Entwicklung. In: Mörth, Anita/Pellert, Ada (Hrsg.): *Handreichung Qualitätsmanagement in der wissenschaftlichen Weiterbildung. Qualitätsmanagementsysteme, Kompetenzorientierung und Evaluation*. BMBF, S. 98-100.

Daxner, Michael (1999): Evaluation, Indikatoren und Akkreditierung. Auf dem Weg in die Rechtfertigungsgesellschaft. In: Hochschulrektorenkonferenz (Hrsg.): *„Viel Lärm um nichts?" Evaluation von Studium und Lehre und ihre Folgen*. Bonn: Hochschulrektorenkonferenz, S. 41-50.

Deutsche Gesellschaft für Evaluation (2008): *Standards für Evaluation*. URL: http://www.degeval.de/fileadmin/user_upload/Sonstiges/STANDARDS_2008-12.pdf [Zugriffsdatum: 05.01.2017].

Erichsen, Hans-Uwe (2004): Weiterbildung – Evaluation – Akkreditierung. Herausforderungen von Wissenschaft und Gesellschaft. In: Fröhlich, Werner/Jütte, Wolfgang (Hrsg.): *Qualitätsentwicklung in der postgradualen Weiterbildung. Internationale Entwicklungen und Perspektiven*. Münster u.a.: Waxmann, S. 21-28.

Faulstich, Peter/Graeßner, Gernot/Bade-Becker, Ursula/Gorys, Bianca (2007): Länderstudie Deutschland. In: Hanft, Anke/Knust, Michaela (Hrsg.): *Weiterbildung und lebenslanges Lernen an Hochschulen. Eine internationale Vergleichsstudie zu Strukturen, Organisation und Angebotsformen*. Münster: Waxmann, S. 87-164.

Fischer, Andreas (2014): Lehrende in der Hochschulweiterbildung und ihr didaktischer Unterstützungsbedarf. In: *Hochschule und Weiterbildung*, Heft 2, S. 13-18.

Fröhlich, Werner/Jütte, Wolfgang (2004): Qualitätsentwicklung in der wissenschaftlichen Weiterbildung. In: Dies. (Hrsg.): *Qualitätsentwicklung in der postgradualen Weiterbildung. Internationale Entwicklungen und Perspektiven*. Münster u.a.: Waxmann, S. 9-20.

Gutknecht-Gmeiner, Maria (2009): Evaluation (in) der Erwachsenenbildung. Eine kritische Würdigung der aktuelle Praxis und Analyse möglicher Handlungsfelder. In: *Magazin Erwachsenenbildung.at*, 7/8. URL: http://www.pedocs.de/volltexte/2013/7669/pdf/Erwachsenenbildung_7_8_2009_GutknechtGmeiner_Evaluation_ Erwachsenenbildung.pdf [Zugriffsdatum: 11.01.2017]

Hanak, Helmar/Sturm, Nico (2015): *Außerhochschulisch erworbene Kompetenzen anrechnen. Praxisanalyse und Implementierungsempfehlungen*. Wiesbaden: Springer VS.

Hanft, Anke (2004): Workshop I: Strukturen und Qualitätsentwicklung. In: Zemene, Susanne (Hrsg.): *Evaluation – Ein Bestandteil des Qualitätsmanagements an Hochschulen*. Bonn: Hochschulrektorenkonferenz, S. 213-218.

Hanft, Anke/Zilling, Michaela (2011): Qualitätssicherung und -management im Lifelong Learning an Hochschulen. In: Tomaschek, Nino/Gornik, Elke (Hrsg.): *The Lifelong Learning University*. Münster u.a.: Waxmann, S. 127-140.

Keller, Gottfried (1996): *Sämtliche Werke: in sieben Bänden*. 7. Aufsätze, Dramen, Tagebücher. Herausgegeben von Dominik Müller und Thomas Böning. Frankfurt am Main: Dt. Klassiker-Verlag.

Knoll, Jörg (1999): Qualitätsmanagement im Überschneidungsbereich von Universität und Erwachsenenbildung. In: Küchler, Felicitas von/Meisel, Klaus (Hrsg.): *Qualitätssicherung in der Weiterbildung. Auf dem Weg zu Qualitätsmaßstäben.* Frankfurt a. M.: DIE, S. 169-182.

Nickel, Sigrun/Duong, Sindy (2012): *Studieren ohne Abitur: Monitoring der Entwicklungen in Bund, Ländern und Hochschulen.* Arbeitspapier Nr. 157. URL: http://www.che.de/downloads/CHE_AP157_Studieren_ohne_Abitur_2012.pdf [Datum des letzten Zugriffs: 30.05.2017]

Seitter, Wolfgang/Schemann, Michael/Vossebein, Ulrich (2015*): Zielgruppen in der wissenschaftlichen Weiterbildung. Empirische Studien zu Bedarf, Potential und Akzeptanz.* Wiesbaden: Springer VS.

Wetzel, Kathrin/Dobmann, Bernd (2014): Mehrwert durch Qualität in der wissenschaftlichen Weiterbildung. In: *Hochschule und Weiterbildung,* H. 1, S. 26-31.

Wildt, Johannes/Wildt, Beatrix (2011): Lernprozessorientiertes Prüfen im „Constructive Alignment". Ein Beitrag zur Förderung der Qualität von Hochschulbildung durch eine Weiterentwicklung des Prüfungssystems. In: Berendt, Brigitte (Hrsg): *Neues Handbuch Hochschullehre: Lehren und Lernen effizient gestalten.* Berlin: DUZ Medienhaus, S. 1-46.

Wilkesmann, Uwe (2007): *Die Organisation der Weiterbildung.* Discussion papers des Zentrums für Weiterbildung. Online: http://www.zhb.tu-dortmund.de/zhb/Wil/Medienpool/Downloads/DP_2007_1Organisation_weiterbildung.PDF [Zugriffsdatum: 08.10.2016]

Wolter, Andrä/Banscherus, Ulf/Kamm, Caroline (2016): *Zielgruppen lebenslangen Lernens an Hochschulen. Ergebnisse der wissenschaftlichen Begleitung des Bund-Länder-Wettbewerbs Aufstieg durch Bildung: offene Hochschulen. Band 1.* Münster: Waxmann.

Zech, Rainer (2004): Über die Qualität des Lernens entscheidet der Lernende! Zur lernorientierten Qualitätsentwicklung in der Weiterbildung. In: Fröhlich, Werner/Jütte, Wolfgang (Hrsg.): *Qualitätsentwicklung in der postgradualen Weiterbildung. Internationale Entwicklungen und Perspektiven.* Münster u.a.: Waxmann, S. 207-224.

Personal

Studiengangkoordinationen in dezentral organisierten Weiterbildungsprogrammen. Eine zentrale Schnittstelle mit vielfältigem Aufgabenspektrum

Laura Gronert/Heike Rundnagel[1]

Zusammenfassung

Studiengangkoordinationen in der wissenschaftlichen Weiterbildung nehmen in der Umsetzung von Weiterbildungsprogrammen an Hochschulen eine zentrale Rolle ein. Diese sind insbesondere in dezentral organisierten Weiterbildungsmastern und Zertifikatsprogrammen vor verschiedene Anforderungen durch unterschiedliche Anspruchsgruppen gestellt. Im Artikel werden die vielfältigen Aufgabenfelder sowie ihre besondere Rolle an der Hochschule in einer sytematischen und explorativen Annäherung ausgeführt.

Schlagwörter

Wissenschaftliche Weiterbildung, Studiengangkoordination, Personal, Hochschulen, Organisation

Inhalt

---

1   *Laura Gronert* | Justus-Liebig-Universität Gießen | laura.gronert@erziehung.uni-giessen.de
    Heike Rundnagel | Philipps-Universität Marburg | heike.rundnagel@staff.uni-marburg.de

1   Einleitung

Personal, das in der Studiengangkoordination tätig ist, nimmt in der Implementierung und Durchführung von Programmen der wissenschaftlichen Weiterbildung an Hochschulen eine sehr zentrale Rolle ein. Die Aufgabenfelder und die Ausgestaltung ihrer Tätigkeit sind dabei eng verknüpft mit der Organisationsform der wissenschaftlichen Weiterbildung an der jeweiligen Hochschule. Die Deutsche Gesellschaft für Weiterbildung und Fernstudium (DGWF) führt in ihrer Empfehlung zur Organisation der wissenschaftlichen Weiterbildung an Hochschulen aus, dass die Organisationsform „[...] prinzipiell abhängig von den inner- und außerhochschulischen Rahmenbedingungen, vom Aufgabenspektrum sowie den zugeordneten Funktionen [ist]" (DGWF 2015, S. 3). In der wissenschaftlichen Weiterbildung lässt sich daher eine Vielzahl von unterschiedlichen Organisationsformen aufzeigen. Wilkesmann führt – Hanft und Knust (2007a) folgend – aus, dass Weiterbildung sich „organisatorisch auf den Ebenen außerhalb und innerhalb der Grenzen der Organisation Universität sowie zentral versus dezentral aufspannen [lässt]" (Wilkesmann 2010, S. 32). Faulstich et al. stellen heraus, dass 63,96% der Weiterbildungsbereiche rechtliche Teileinrichtungen der Hochschule (innerhalb der Hochschule) sind und der Rest anders organisiert wird. Deutlich wird auch, dass nur nahezu jedes fünfte Angebot von Fakultäten und Fachbereichen (dezentral) getragen wird (vgl. Faulstich et al. 2007, S. 110).

Studiengangkoordinationen[2] in dezentral organisierten Weiterbildungsprogrammen – wie sie im Verbundprojekt „WM³ Weiterbildung Mittelhessen"[3] konzipiert und etabliert wurden – stehen im Fokus dieses Artikels. Die große Mehrheit der in diesem Kontext entstandenen und bestehenden Weiterbildungsangebote, sowohl Weiterbildungszertifikate als auch -master, haben die Struktur einer professoralen, akademischen Leitung und einer operativ arbeitenden Stu-

---

2   Unter Studiengangkoordinationen werden hier ebenfalls die Koordinationen von Zertifikatskursen gefasst.

3   Die drei mittelhessischen Hochschulen Justus-Liebig-Universität Gießen, Philipps-Universität Marburg und Technische Hochschule Mittelhessen haben sich im Hinblick auf ihre gemeinsamen Entwicklungsplanungen im Bereich der wissenschaftlichen Weiterbildung zum Verbundprojekt „WM³ Weiterbildung Mittelhessen" zusammen geschlossen, um mit Hilfe des BMBF-Wettbewerbs „Aufstieg durch Bildung: offene Hochschulen" ein an wirtschaftlichen und gesellschaftlichen Interessen optimal ausgerichtetes Weiterbildungsangebot zu schaffen und zu einer nachhaltigen Stärkung der wissenschaftlichen Weiterbildung an den Hochschulen beizutragen. Dieses Vorhaben wurde in der ersten Förderphase (2011-2015) aus Mitteln des BMBF und aus dem ESF der EU mit den Förderkennzeichen: 16OH11008, 16OH11009, 16OH11010 und in der zweiten Förderphase (2015-2017) mit den Förderkennzeichen 16OH12008, 16OH12009, 16OH12010 aus Mitteln des BMBF gefördert. Weitere Projektinformationen sind unter www.wmhoch3.de zu finden.

diengangkoordination. Letztere nimmt eine zentrale Funktion mit einem sehr vielfältigen Aufgabenspektrum ein. Trotz dieser besonderen Rolle bzw. zentralen Funktion gibt es bisher keine systematische wissenschaftliche Auseinandersetzung mit dieser Thematik und insbesondere nicht mit der Personengruppe der Studiengangkoordinationen oder auch Studiengangmanagerinnen und -manager.[4]

In einer ersten Annäherung ließe sich die These formulieren, dass die Form der organisatorischen Eingebundenheit der wissenschaftlichen Weiterbildung an der jeweiligen Hochschule einen Einfluss auf die Spannbreite der Arbeitsfelder von Studiengangkoordinationen hat und sich eben dieses Wechselspiel zwischen zentralen und dezentralen Organisationseinheiten in der besonderen Schnittstellenfunktion manifestiert. Der Frage, inwiefern sich die dezentrale Organisation von Weiterbildungsangeboten an Hochschulen auf die Tätigkeiten und Rolle der Studiengangkoordination auswirken, wird im Folgenden anhand der Betrachtung der im Verbundprojekt etablierten Funktionsstellen nachgegangen.

Dieser Artikel gliedert sich daher in einen systematischen Aufriss, der insbesondere die organisationalen Bedingungen und die daraus resultierende Ausgestaltung der Studiengangkoordinationen in dezentral organisierten Weiterbildungsprogrammen fokussiert. Daran anschließend werden die Aufgabenfelder und Besonderheiten in der Tätigkeit der Studiengangkoordinationen anhand von Ergebnissen einer explorativ durchgeführten Studie ausgeführt und notwendige Kompetenzen abgeleitet. Abschließend wird in einem Fazit die dargestellte Fragestellung diskutiert.

2 Studiengangkoordinationen – eine systematische Annäherung

Die Organisation von wissenschaftlicher Weiterbildung zeichnet sich sowohl international als auch national durch eine hohe Diversität von unterschiedlichen Modellen der Umsetzung aus. Selbst an ein und derselben Hochschule können verschiedene Organisationsformen zum Tragen kommen (Hanft/Knust 2007b, S. II). Diese Vielfalt lässt sich auch in der Betrachtung des Personals und deren Aufgaben in der wissenschaftlichen Weiterbildung beobachten. Bereits die Bezeichnungen der Stelle, die vornehmlich für die Koordination und Organisation der Weiterbildung(-sangebote) zuständig ist, variieren stark. Dies hängt davon

---

4   Bei einer Freitext- und Schlagwort-Recherche in FIS-Bildung, Gesis Sowiport und der Deutschen Nationalbibliothek zu „wissenschaftlicher Weiterbildung" werden im Durchschnitt etwa 1.500 Ergebnisse angezeigt. Spezifiziert man diese Suche auf „wissenschaftliche Weiterbildung Personal", werden im Durchschnitt lediglich 12 Treffer angezeigt (FIS-Bildung 9, GESIS 25, DNB 4). Der Fokus dieser Veröffentlichungen liegt dabei meist auf dem (Hochschul-)Personal als Teilnehmende von (wissenschaftlicher) Weiterbildung oder Lehrenden in der wissenschaftlichen Weiterbildung.

ab, wie die wissenschaftliche Weiterbildung an der jeweiligen Hochschule organisiert ist. Aber auch bei gleicher Organisationsform finden sich unterschiedliche Bezeichnungen[5]:

- Studiengangsmanagement (HS Albstadt-Sigmaringen, Universität Kassel, Carl-von-Ossietzky Universität Oldenburg)
- Studiengangskoordination (HS Albstadt-Sigmaringen, Universität Ulm, Hochschule Eberswalde, Hochschule Harz, HAW Hamburg)
- Studiengangkoordination (Philipps-Universität Marburg, Justus-Liebig-Universität Gießen, Technische Hochschule Mittelhessen)
- Koordination (Carl-von-Ossietzky Universität Oldenburg, FernUniversität Hagen)
- Programmmanagerin, Programmmanager (Ruhr-Universität Bochum)
- Studiengangsleitung (FernUniversität Hagen)
- Fachliche Koordination; Kursorganisation und Teilnehmerbetreuung (Hochschule Harz)

Aus dieser Auflistung lässt sich ableiten, dass auch die organisationale Anbindung bzw. Zuordnung von Weiterbildungsprogrammen von Hochschule zu Hochschule differiert. Daher wird nun im Folgenden die organisationale Anbindung von wissenschaftlicher Weiterbildung an Hochschulen sowie Spannungsfelder, die aus den Spezifika dieser resultieren, eingehender beleuchtet.

2.1 Organisationale Anbindung

Die organisationale Anbindung bzw. Ausgestaltung der wissenschaftlichen Weiterbildung an Hochschulen hängt sehr stark von den dort vorherrschenden Rahmenbedingungen ab. Folgende Organisationsformen lassen sich basierend auf der DGWF-Empfehlung sowie den Ausführungen von Hanft und Knust (2007a) und Wilkesmann (2010) unterscheiden:

---

5 Diese Bezeichnungen resultieren aus einer Recherche auf den Homepages der Projekte im Wettbewerb „Aufstieg durch Bildung: Offene Hochschulen". Falls keine Angaben auf den Internetseiten gemacht wurden, werden die Hochschulen nicht aufgeführt.

Außerhalb der Hochschule	Innerhalb der Hochschule		
	Zentral		Dezentral
Ausgründungen, gGmbH, An-Institute, Außeninstitute, Weiterbildungsaka-demie, Verein, GmbH, Stiftung, etc.	Fachstelle, Referat, Stabstelle (primär administrativ)	Zentrum, Kompetenzzentrum, Weiterbildungs-zentrum, Professional School (intermediär)	Wissenschaftliches Zentrum, wissenschaftliche Einrichtung, Institut, Forschungsstelle (primär wissenschaft-lich ausgerichtet)

Abbildung 1: Strukturelle Verortung wissenschaftlicher Weiterbildung (eigene Darstellung nach DGWF 2015, Wilkesmann 2010, Hanft/Knust 2007a)

Hier wird deutlich, dass diese Formen sowohl außerhalb als auch innerhalb der Hochschule verortet sind. Die Organisationsformen, die sich innerhalb der Hochschule befinden, sind zwischen den Referenzpunkten zentraler und dezent-raler Organisation angeordnet. Im Folgenden soll der Fokus auf die Organisati-on der wissenschaftlichen Weiterbildung im Spannungsfeld zentral versus de-zentral gelegt werden, welches sich auch auf die Aufgabenverteilung in der Hochschule auswirkt:

„Eine zentrale Organisation bündelt die Tätigkeiten, die im Rahmen des Angebots von wWB entstehen, in einer übergreifenden Organisationseinheit, wohingegen die wWB bei einer ver-stärkt dezentralen Organisation an verschiedenen Stellen in der Hochschule (z.B. den Fakultä-ten, Transferstellen, Einrichtungen für Weiterbildung etc.) angesiedelt ist" (Hanft/Knust 2007b, S. 34).

In beiden Formen ist in unterschiedlicher Ausprägung Personal mit der Koordi-nation und Durchführung von Weiterbildungsprogrammen an den Hochschulen betraut. Die unterschiedliche Aufgabenverteilung in der Hochschule hat einen direkten Einfluss auf die Ausgestaltung der Aufgaben, die das an der Hochschu-le für die wissenschaftliche Weiterbildung zuständige Personal ausführt.

2.2 Zentrale vs. dezentrale Organisation der wissenschaftlichen Weiterbildung

Vorab lässt sich feststellen, dass unabhängig von der Organisation der Weiter-bildungsprogramme das Personal in der wissenschaftlichen Weiterbildung an Hochschulen eine Bandbreite von Aufgaben abdeckt. Die DGWF führt hierzu mit Fokus auf eine zentralisierte Organisationsform aus:

„Das Leistungsspektrum einer ausgebauten Einrichtung für Weiterbildung umfasst dann bei der Entwicklung, Planung, Beratung und Auswertung von Angeboten wissenschaftlicher Weiterbildung folgende Aufgaben: Bedarfsanalysen, Programmplanung, didaktische Beratung, Methodenberatung, Medienbereitstellung, Qualitätssicherung, Dozent/innen-Vermittlung, Kursentwicklung, Kontaktherstellung, Lernberatung, Personalberatung, Finanzierungsberatung, Forschungsrecherchen" (DGWF 2015, S. 9-10).

Hier zeichnet sich bereits der Umfang der Aufgaben, die in der Implementierung und Umsetzung der wissenschaftlichen Weiterbildung einer Hochschule übernommen werden, deutlich ab. Die DGWF konstatiert ebenfalls, dass bestimmte Aufgaben, wie die Finanzadministration oder andere Verwaltungstätigkeiten, durchaus zentralisiert bearbeitet werden können. Für eine derartige Zentralisierung gibt es gute Gründe, beispielsweise eine bessere zentrale Steuerung, eine professionellere Bearbeitung bestimmter Aufgaben und auch ein einheitlicheres Auftreten nach außen (vgl. DGWF 2015, S. 248, vgl. auch Faulstich/Oswald 2011, S. 375-376).

Zentral organisierte wissenschaftliche Weiterbildung wird meist in intermediären Weiterbildungszentren umgesetzt, die – ähnlich wie weitere Einrichtungen der Hochschule – zwischen der Verwaltung und den Fachbereichen angegliedert sind. Otto und Wolter beschreiben ein hier exemplarisch ausgewähltes Weiterbildungszentrum[6] als „ein Hybridmodell, welches [...] Komponenten der Wissenschaftlichkeit mit einer stärkeren Managementorientierung kombiniert und dabei aber relativ autonom handelt, von Fakultäten und Universitätsleitung zwar „zur Kenntnis genommen", aber „in die Organisations- und Entscheidungsstrukturen der Hochschule" nicht nachhaltig eingebunden ist" (Otto/Wolter 2013, S. 21). Hier zeigt sich bereits eine übergeordnete Funktion, die als Service- bzw. Dienstleistungsstelle für die Weiterbildungsprogramme fungiert. Deutlich wird diese auch anhand des Organigramms der Einrichtung: Die Mitarbeitenden sind unterschiedlichen Geschäftsbereichen – der Fokus dieser Darstellung liegt auf dem Bereich „berufsbegleitende Studiengänge" – zugeordnet. In diesem Bereich gibt es zum einen Mitarbeitende für das Studiengangmanagement der einzelnen Programme (in einem Fall sogar für zwei Programme) und zum anderen Mitarbeitende, die Aufgabenbereiche, wie Verwaltung und Finanzen oder Prüfungsangelegenheiten, verantworten.[7] Hieran wird das arbeitsteilige und zentral für alle berufsbegleitenden Studiengänge ausgerichtete Vorgehen dieser Einrichtung besonders deutlich, da die Mitarbeitenden direkt am Zentrum angesiedelt sind und nicht in den Fakultäten. Lediglich die fachwissen-

---

6   Bei der hier betrachteten Organisationsform handelt es sich um das intermediäre Weiterbildungszentrum C3L der Carl-von-Ossietzky-Universität Oldenburg.

7   https://www.uni-oldenburg.de/c3l/ueber-uns/mitarbeiterinnen-mitarbeiter/

schaftliche Verantwortung für die Studiengänge liegt bei den Fakultäten, da diese den akademischen Abschluss vergeben.

Eine solche Aufgabenteilung ist in Anbetracht der Aufgabenfülle grundsätzlich sinnvoll, dennoch führt eine stark ausdifferenzierte funktionale Gliederung dazu, dass die Studierenden auf unterschiedliche Ansprechpersonen stoßen, die im schlimmsten Fall aufgrund mangelnder Abstimmung nur selten alle relevanten Informationen zur Verfügung stellen können (vgl. Hanft 2014, S. 115). Hier bietet sich ein stärker „kundenorientiertes" Modell eines one-stop-office an, in dem alle studierendenbezogenen Aufgaben zusammen bearbeitet werden:

> „Von der ersten Kontaktaufnahme Studieninteressierter bis hin zur Überreichung ihrer Abschlussurkunden erfolgt die Betreuung durch eine verantwortliche Person, wobei diese mit verschiedenen Bereichen der Hochschule (z.B. Immatrikulationsämtern, Prüfungsämtern) zusammenarbeitet" (ebd., S. 117).

Mit einer solchen „divisionalen Gliederung" lässt sich eine möglichst effiziente Beratung ermöglichen (ebd.). Studiengangkoordinationen in dezentral organisierten Weiterbildungsprogrammen stellen genau ein solches one-stop-office dar und haben somit den Vorteil, dass sie dezentral in den Fachbereichen angesiedelt sind, aber als einzige Ansprechperson (neben der akademischen Leitung) eine kundenorientierte, effiziente Beratung realisieren können. Diese Feststellung lässt sich auch auf weitere Aufgabenfelder der wissenschaftlichen Weiterbildung, beispielsweise im Lehrendensupport, Kooperationsmanagement oder auch Qualitätsmanagement, übertragen. Da jedoch auch alle anderen bereits genannten Aufgaben von diesen Studiengangkoordinationen in Absprache mit der akademischen Leitung übernommen werden, resultiert hieraus ein sehr umfangreiches Aufgabenspektrum sowie ein erhöhter Professionalisierungsbedarf in unterschiedlichen Bereichen und eine erhöhte Notwendigkeit an Kommunikations- und Aushandlungsprozessen mit unterschiedlichen Akteuren.

2.3 Studiengangkoordinationen in dezentral organisierten Weiterbildungsprogrammen

Der dargestellten zentralisierten Organisationsform gegenüber steht die dezentrale Organisation der Weiterbildungsprogramme als Teil einer Fakultät bzw. eines Fachbereichs. In dieser Organisationsform werden die Weiterbildungsprogramme in den Fakultäten bzw. Fachbereichen oder sogar Arbeitsbereichen entwickelt und organisiert. Die Durchführung der Weiterbildungsprogramme obliegt zum überwiegenden Teil der akademischen Leitung und der Studiengangkoordination.

Eine wichtige Rolle für ein dezentral organisiertes Weiterbildungsprogramm spielt die Studiengangkoordination bzw. Studiengangleitung.[8] Pellert führt aus, dass an diese besondere Anforderungen gestellt werden, wie „entsprechende Berufsfeldkenntnisse" und eine „einschlägige hochschulische Ausbildung". Sie beschreibt die Tätigkeit dieser Funktionsstelle als eine „Hybridaktivität zwischen Management und inhaltlicher Entwicklung", der eine hohe Kommunikationsleistung abverlangt wird. Unterstützung in der inhaltlich-konzeptionellen Arbeit erfährt die Studiengangleitung von der wissenschaftlichen Gesamtleitung, die von einer Professur übernommen wird und „vor allem in der Konzeption, Entwicklung und qualitätsentwickelnden Begleitung des Studiengangs eine wesentliche Rolle inne[hat]" (Pellert 2013, S. 31).

Auch in den Weiterbildungsprogrammen, die im Fokus der hier dargestellten Erhebung stehen, wurde eine solche Aufgabenverteilung angelegt. So wurden beispielsweise im Konzept „Eckpunkte für die Entwicklung von berufsbegleitenden, weiterbildenden Masterstudiengängen im Rahmen von WM³ an der Philipps-Universität Marburg" bereits unter dem Punkt „Verantwortlichkeiten" Fragen nach der Übernahme der akademischen Gesamtleitung des Studiengangs sowie der organisatorischen Durchführung durch eine Studiengangkoordination hinterlegt (Seitter/Zink 2013, S. 2).

Pellert beschreibt die Stelle der Studiengangleitung als voraussetzungsreich, diese „verlangt vielfältige Kompetenzen", wie Projektmanagement, Bereitschaft zur Beschäftigung mit Vertriebsformen und Marktforschung, Freude an der Auseinandersetzung mit der Praxis sowie ein Forschungswissen, um „forschungsorientierte Zugänge mit dem aktuellen Lehrgeschehen zu verknüpfen". Darüber hinaus bedarf sie eines speziellen Wissens über Weiterbildungsdidaktik, des Lektorierens von Studienmaterialien und Wissen im Bereich des onlinebasierten Lernens. Sie hebt hervor, dass „die Studiengangleitung das ‚kommunikative Herz' des Studiengangs ist" und „die Verknüpfung der wissenschaftlich-inhaltlichen Fachkenntnisse mit sozial-kommunikativen Fertigkeiten große Bedeutung [hat]" (Pellert 2013, S. 31).

Die Besonderheit in dem Konzept der dezentralen Organisation der Weiterbildungsprogramme – verantwortet durch eine akademische Gesamtleitung und einer Studiengangleitung/Studiengangkoordination – ist, dass das gesamte Aufgabenspektrum im Gegensatz zu zentral organisierten Formen von der Stu-

---

8   Die Bezeichnungen des Personals, das die Funktion der Studiengangkoordination übernimmt, sind – wie bereits dargestellt – sehr vielfältig, daher bestehen auch hier verschiedene Bezeichnungen nebeneinander.

diengangkoordination mit Unterstützung durch die akademische Gesamtleitung und teilweise (studentischen) Hilfskräften übernommen wird.

Studiengangkoordinationen, die in dezentral organisierten Weiterbildungsangeboten agieren, sind daher wesentlich weniger an zentrale Strukturen der Hochschulen, wie die Hochschulverwaltung o.ä., angegliedert. Hieraus entstehen Spannungsfelder, die es auszubalancieren gilt. Diese gelten zu großen Teilen auch für Weiterbildungszentren, da diese zwar zentral organisiert, aber ähnlich wie Fachbereiche oder weitere zentrale Einrichtungen (Hochschulrechenzentrum, Universitätsbibliothek, Sprachenzentrum, etc.) nur indirekt mit der Hochschulverwaltung verknüpft sind.

Mit Blick auf die Art bzw. Form der Organisation wissenschaftlicher Weiterbildung wird deutlich, dass es hier zum einen einer stärkeren Kommunikation bzw. Notwendigkeit von Absprachen in den eigenen dezentral organisierten Fachbereichen und anderen zentral organisierten Einheiten bedarf (DGWF 2015, S. 5). Zum anderen wird aber auch eine höhere Transparenz und Zusammenarbeit mit der zentralen Verwaltung notwendig, da diese in vielen Bereichen (Finanzverwaltung, Öffentlichkeitsarbeit, Rechtsfragen, zentrale Studierendenberatung, u.a.) als Ansprechpartner für die Studiengangkoordinationen fungiert.

Im Sinne einer verstärkten Serviceorientierung steht die Studiengangkoordination im dezentralen Weiterbildungsangebot zum einen vor der Herausforderung, mit allen an der Hochschule relevanten Akteuren in Kommunikation zu stehen und zum anderen den Erwartungen und Bedürfnissen der Teilnehmenden an den Weiterbildungsangeboten gerecht zu werden sowie einen reibungslosen Ablauf zu gewährleisten. Dieses Spannungsfeld zwischen hochschulinternen (zentrale Verwaltung, Fachbereich, Universitätsbibliothek, Hochschulrechenzentrum) und hochschulexternen Anspruchsgruppen (Kooperationspartner, Weiterbildungsinteressierte) sowie den Teilnehmenden gilt es auszubalancieren.

3 Studiengangkoordinationen – eine explorative Annäherung

Im Folgenden soll ausgeführt werden, wie sich das Tätigkeitsfeld einer dezentral organisierten Studiengangkoordination darstellt, inwiefern sie eine Schnittstellenfunktion innehat und welche geforderten Kompetenzen damit einhergehen. In diesem Kapitel stehen die Ergebnisse im Fokus, die in einem Teilprojekt des Projekts „WM³ Weiterbildung Mittelhessen" gewonnen wurden, das sich mit dem Aufgabenfeld und den Professionalisierungsbedarfen von Studiengangkoordinationen auseinandersetzt.

Im Mittelpunkt der zugrunde liegenden explorativen Studie steht die Arbeit der Studiengangkoordination, die dezentral an den Fachbereichen angesiedelt

ist. Jedes Weiterbildungsangebot hat darüber hinaus eine akademische Gesamtleitung, die von einer Professorin oder einem Professor besetzt wird. Welche
Aufgabenfelder aus dieser Organisationsform von Studiengangkoordinationen
in der wissenschaftlichen Weiterbildung resultieren, soll im folgenden Kapitel
weiter ausgeführt werden.

3.1 Methodisches Vorgehen

Den Befragungen vorangestellt war eine Sekundäranalyse zu den Aufgabenfeldern der Studiengangkoordination. Hier wurde sowohl die entsprechende Literatur gesichtet als auch Homepages und Stellenausschreibungen hinsichtlich der
Benennung dieser Funktionsstelle untersucht. Die im Rahmen dieser Analyse
gewonnenen Erkenntnisse bildeten die Grundlage für die Entwicklung der per-
sonengruppenspezifischen Interviewleitfäden.

Um einen möglichst umfassenden Einblick in die Erwartungen und Anforderungen, die von verschiedenen Personengruppen an die Studiengangkoordination gestellt werden, gewinnen zu können, wurde ein mehrperspektivischer Ansatz gewählt, so dass neben Studiengangkoordinierenden auch Personen auf
Hochschulleitungs-, akademischer Gesamtleitungs- und Teilnehmenden-Ebene
befragt wurden. Aus den Erwartungen und Anforderungen von Hochschulleitung, akademischer Gesamtleitung und den Teilnehmenden der Angebote ergibt
sich ein Spannungsfeld für die Studiengangkoordination.

	Befragte Personengruppe	Anzahl der Interviews
Mehrperspektivischer Ansatz	Hochschulleitung	2
	Akademische Gesamtleitung	5
	Studiengangkoordination	8
	Weiterbildungsteilnehmende (Gruppendiskussion)	3

Abbildung 2:   Sample (eigene Darstellung)

Mit den Vertreterinnen und Vertretern der Hochschulleitung, den akademischen
Gesamtleitungen und den Studiengangkoordinationen wurden Einzelinterviews
geführt, während mit den jeweiligen Teilnehmendengruppen der Weiterbildungsprogramme Gruppendiskussionen durchgeführt wurden.

Ausgewertet wurde das erhobene Material inhaltsanalytisch (inhaltlich-
strukturierend) mit Hilfe eines computergestützten Programmes. Hierfür wurde

zunächst deduktiv ein Kategoriensystem gebildet, das im anschließenden Analyseprozess anhand des Datenmaterials induktiv erweitert wurde. Ein besonderer Fokus in der Auswertung lag auf den Aufgabenfeldern und Professionalisierungsbedarfen (deduktive Kategorien) der Studiengangkoordinationen, aber im Laufe der Auswertung wurde sehr schnell die Schnittstellenfunktion (induktive Kategorie) dieser als zentrales Element deutlich.

3.2 Aufgabenfelder

Studiengangkoordinationen, die in dezentral organisierten Weiterbildungsprogrammen tätig sind, übernehmen eine Vielzahl an unterschiedlichen Aufgaben. Diese lassen sich systematisiert anhand des untersuchten Materials in folgende Felder unterteilen[9]:

Abbildung 3:   Aufgabenfelder der Studiengangkoordination (eigene Darstellung)

3.2.1   Operative Abwicklung

Die Studiengangkoordinationen sind im Zusammenhang der operativen Abwicklung des Angebotes für die Veranstaltungsplanung verantwortlich, planen und terminieren in diesem Zusammenhang die einzelnen Lehrveranstaltungen bzw. das Veranstaltungsprogramm, buchen Räume und treffen terminliche Absprachen mit Dozierenden, immer unter Berücksichtigung der besonderen Bedürfnisse von Weiterbildungsteilnehmenden, die zumeist beruflich oder familiär eingebunden sind. Die Räume, in denen die Lehrveranstaltungen stattfinden, müssen vorbereitet und mit der notwendigen Technik ausgestattet werden und darüber hinaus müssen Materialien, die die Dozierenden verwenden möchten,

---

9   Diese Unterteilung erfolgt aus rein analytischen Gründen, da manche Aufgaben sich nicht immer trennscharf zu einer Kategorie zuordnen lassen.

ausgedruckt und in den Räumlichkeiten bereitgestellt werden. Es besteht oft auch die Möglichkeit für die Teilnehmenden, im Vorfeld eine Liste zu erhalten, in der beispielsweise Unterkünfte vermerkt sind, die von der Studiengangkoordination empfohlen werden bzw. in denen Kontingente für die Teilnehmenden geblockt werden.

Häufig übernehmen Studiengangkoordinationen aber während der Präsenzphase auch zusätzliche Aufgaben bezüglich des Caterings, um die Versorgung der Teilnehmenden auch abseits des Mittagessens, das häufig durch Cateringagenturen zur Verfügung gestellt wird, sicherzustellen. Im Unterschied zu grundständigen Angeboten ist die Versorgung der Teilnehmenden in den Gebühren enthalten, die diese für die Teilnahme entrichten müssen. Daraus entsteht die Notwendigkeit, die Verpflegung zu organisieren, was in den Aufgabenbereich der Studiengangkoordination fällt.

> „Aber ja oder mit der Verpflegung, [...] dass die da halt irgendwie dann auch Kaffee haben, dass sie sich halt nicht drumherum noch um irgendwelche Sachen groß kümmern müssen, sondern dass die halt dann wirklich hinkommen und studieren können" (Studiengangkoordination 1).

Den Studierenden soll ein Umfeld geschaffen werden, das es ihnen ermöglicht, sich vollständig auf die Inhalte des Angebotes konzentrieren zu können.

3.2.2   Finanzadministration

Die Finanzadministration des Angebotes ist ein zentrales Aufgabenfeld der Studiengangkoordination. In den Arbeitsbereich der Finanzabwicklung fallen unter anderem die Erstellung von Verträgen mit Dozierenden und Kooperationspartnern, das Begleichen von Rechnungen sowie die Anschaffung von Materialien, die für die Durchführung des Angebotes notwendig sind. Da das Angebot in die Hochschulstrukturen eingebunden ist, ist ihm eine Kostenstelle zugeordnet, die durch die Studiengangkoordination verwaltet werden muss. Aufgrund der Erhebung von kostendeckenden Entgelten ist es notwendig, diese hochschulintern zu verwalten. In diesem Zusammenhang müssen die Geldeingänge u.a. der Teilnehmenden überprüft und überwacht werden.

In einem weiteren Schritt müssen die eingenommenen Gelder an die verschiedenen Stellen innerhalb der Universität weiterverteilt werden, um die im Rahmen des Angebotes entstehenden Kosten zu decken.

> „Und so im Alltäglichen ist es dann die Überweisung. Einmal zu Semesterbeginn, Überweisung der Semesterbeiträge und Studiengebühren und Überweisung, wenn eine Präsenzphase war; Überweisung der einzelnen Dozenten, dass die ihre Honorare bekommen" (Studiengangkoordination 6).

Die erhobenen Entgelte werden darüber hinaus dafür verwendet, die Dozierenden, die im Rahmen des Angebotes Lehraufgaben übernehmen, oder auch das Catering zu bezahlen. Hier ist die Studiengangkoordination dafür zuständig, dass entsprechende Verträge ausgearbeitet werden und die Rechnungen im Anschluss an die erbrachte Leistung in Absprache mit der Wirtschaftsverwaltung beglichen werden.

3.2.3   Marketing

Da die Angebote der wissenschaftlichen Weiterbildung kostendeckend finanziert werden müssen, muss eine vorher festgelegte Mindestteilnehmendenzahl erreicht werden, damit die Angebote durchgeführt werden können. Aus diesem Grund müssen verschiedene Maßnahmen ergriffen werden, um das Angebot zu bewerben. Die Studiengangkoordination übernimmt in diesem Zusammenhang Aufgaben wie die Erstellung von Informationsmaterial, die Betreuung der Angebotshomepage sowie von Social Media-Plattformen, präsentiert das Angebot auf Fachtagungen und Messen und verfasst Pressemitteilungen, um die Öffentlichkeit auf das Format hinzuweisen:

> „[…] und dann geht es darum, den Flyer zu gestalten und eine Pressemitteilung zu schreiben und die geht dann an die Presseabteilung. Zum Beispiel und dann überlegen wir noch drumherum, gibt es einen neuen Artikel, den [wir] irgendwo veröffentlichen und platzieren" (Studiengangkoordination 1).

Die Veröffentlichung von Artikeln in Fachzeitschriften hat ebenfalls das Ziel, in den entsprechenden Feldern auf das Angebot aufmerksam zu machen und das Interesse der jeweiligen Zielgruppen zu wecken.

Die Studiengangkoordination ist demnach ebenfalls mit der Aufgabe betraut, verschiedene Kanäle, mit denen die Zielgruppe des Angebotes erreicht werden kann, zu identifizieren, zu nutzen und zu pflegen.

3.2.4   Qualitätsmanagement

In Bezug auf die Qualität des Lehrangebotes existieren aufgrund der Kostenverpflichtung hohe Erwartungen. Daher muss regelmäßig überprüft werden, ob die Teilnehmenden mit den Inhalten und den angebotenen Serviceleistungen zufrieden sind und ob eventuell Optimierungsbedarfe identifiziert werden können.

> „So und jetzt im Fall von Weiterbildung kommt eben dazu, dass das Klientel mit höheren Ansprüchen letztlich an die Sache herangeht, weil die zahlen für diese Leistungen und können sich eher als die anderen als Kunden irgendwie sehen und auch denken, dass der Kunde König ist" (Hochschulleitung 1).

Da die Programme von Hochschulen angeboten werden, müssen sie aber nicht
nur den Ansprüchen der Teilnehmenden gerecht werden, sondern darüber hinaus auch den Qualitätsstandards entsprechen, die die Hochschulen für ihre Angebote festgelegt haben. Die Koordinierenden übernehmen in diesem Zusammenhang einen Teil der Maßnahmen zur Sicherung der Qualität der Angebote.
Um die Zufriedenheit der Teilnehmenden regelmäßig zu erheben, findet ein
Evaluationskonzept Anwendung. Für die Durchführung der Befragungen, die
sowohl auf Ebene der Lehrveranstaltung als auch zu Beginn und am Ende des
Angebotes stattfinden, ist die Studiengangkoordination zuständig.

Qualitätssicherung findet aber auch zusätzlich auf dem informellen Weg
statt, da die Studiengangkoordination häufig im engen Austausch mit den Teilnehmenden steht und so auch direktes Feedback erhalten kann:

> „[...] und die auf der anderen Seite, aber auch eine direkte Rückmeldung geben. Also wir wis-
> sen ganz genau oder relativ schnell ganz genau, was wir anders machen müssen. Und was ge-
> rade nicht gut läuft" (Studiengangkoordination 1).

Durch den Kontakt zu der akademischen Gesamtleitung und den Lehrenden des
Angebotes kann die Rückmeldung der Studierenden weitergegeben werden. So
können bei Bedarf Änderungen direkt vorgenommen werden. Die Qualität der
Studiengänge wird auch durch die Durchführung von (Re-)Akkreditierungsver-
fahren sichergestellt, die ebenfalls zu einem großen Teil von der Studiengangkoordination vorbereitet und betreut werden.

3.2.5   Studierendensupport

Aufgrund der Serviceorientierung in der wissenschaftlichen Weiterbildung werden sowohl von Interessierten als auch von Teilnehmenden bestimmte Anforderungen hinsichtlich der Beratung gestellt. Da die Studiengangkoordination in
der wissenschaftlichen Weiterbildung für ein konkretes Angebot zuständig ist,
ist sie zumeist die erste Ansprechperson für diese Anspruchsgruppen. Das bedeutet, dass sie Weiterbildungsinteressierte bei ersten Fragen über das Angebot
informiert und berät oder auch Teilnehmende bei Fragen oder Problemen unterstützt. Hier wird viel Wert darauf gelegt, dass Rückmeldungen zeitnah stattfinden:

> „[...] aber ich meine, es ist so, dass die Leute berufstätig sind, das heißt sie schreiben manch-
> mal sehr spät ihre E-Mails und dann finde ich es schon nett, wenn sie auch ganz schnell eine
> Antwort bekommen" (Studiengangkoordination 5).

Deutlich wird hier, dass die Lebenssituation von den Teilnehmenden großen
Einfluss auf die Arbeit der Studiengangkoordination hat. Da diese Zielgruppe

zumeist berufliche oder familiäre Verpflichtungen hat, muss die Studiengang-koordination auch zu Zeiten auf Anfragen reagieren, die für das Hochschulwesen nicht üblich sind. Sie ist zwar in das System der Universität integriert, muss aber hinsichtlich ihrer Dienstleistungen mit Angeboten auf dem Markt konkurrieren, die mit ständiger Erreichbarkeit werben. Für die Teilnehmenden ist es darüber hinaus wichtig, eine konkrete Ansprechperson, die auch als solche benannt ist, zur Verfügung zu haben, falls Fragen oder Probleme auftreten:

> „Aber auch während der Durchführung des Angebots, ist sie die erste Ansprechperson, wenn die Teilnehmenden auf Hürden, seien sie organisatorischer oder inhaltlicher Art, stoßen. Die Studiengangkoordinationen sind demnach da, um eine Hilfestellung zu bieten bei der Organi-sation des Studienganges, damit es glatt verläuft, und auch diese Transparenz aufkommen zu lassen für die Studierenden, wie man dieses Studium idealerweise studiert und auch bei Schwierigkeiten versucht, Lösungen herbeizuführen" (Hochschulleitung 2).

Auffällig ist, dass an die Studiengangkoordination nicht nur Ansprüche bezüg-lich zeitnaher und serviceorientierter Beratung gestellt werden, sondern darüber hinaus eine große Bandbreite an Beratungsanlässen bedient werden muss. So in-formieren Studiengangkoordinationen sowohl im Vorfeld als auch während der Durchführung über Inhalte des Weiterbildungsangebotes und müssen daher auch fachliches Wissen aufweisen. Dieses spielt insbesondere dann eine Rolle, wenn sie ebenfalls als Dozierende in die Lehre eingebunden sind. Falls Fragen allerdings inhaltlich zu tief greifen, besteht die Möglichkeit, auf die akademi-sche Gesamtleitung zu verweisen, die über die entsprechende fachliche Exper-tise verfügt. Auch zur Organisation des Programmes muss die Studiengangko-ordination auskunftsfähig sein. So werden beispielsweise Informationen über die Durchführung der Präsenzphasen verlangt. Außerdem kommen Anfragen zur Lösung individueller Herausforderungen auf die Studiengangkoordination zu. So kommt es zum Beispiel vor, dass Teilnehmende aufgrund der beruflichen Einbindung nicht die Fristen zur Abgabe von Leistungsnachweisen einhalten oder auch zu Präsenzterminen nicht erscheinen können. Hier ist es notwendig, gemeinsam mit der akademischen Gesamtleitung und eventuell den jeweiligen Dozierenden Lösungen auszuhandeln, mit denen alle Beteiligten zufrieden sind und die den festgelegten Qualitätsstandards der Hochschulen entsprechen.

3.2.6   Prüfungsadministration

Da in den Formaten der wissenschaftlichen Weiterbildung Zertifikate und Mas-terabschlüsse vergeben werden, müssen die Teilnehmenden verschiedene Prü-fungsleistungen absolvieren. In diesem Zusammenhang sind die Studiengang-koordinationen mit der Zuarbeit für das Prüfungsamt und der Terminierung von Prüfungen betraut. Sie müssen über Kenntnisse über das Prüfungswesen innerhalb des Angebotes verfügen und die erforderlichen Informationen über die Prüfungsmodalitäten den Teilnehmenden gebündelt zur Verfügung stellen. Darüber hinaus muss festgelegt werden, wann Prüfungen stattfinden und ihre Durchführung muss sichergestellt werden. Hierzu ist es notwendig, dass Absprachen mit den Lehrenden getroffen werden, die die Prüfungsleistungen abnehmen. Die in den Prüfungen erworbenen Noten müssen anschließend verwaltet werden, sodass zum Abschluss ein Zeugnis ausgestellt werden kann:

> „[...] was man aus dem Prüfungsamt kennt, halt diese ganzen Prüfungsverwaltung, auch Zeugnisse ausstellen und ausdrucken und aushändigen [...]" (Studiengangkoordination 1).

3.2.7   Dozierendenmanagement

Gemeinsam mit der akademischen Leitung wählt die Studiengangkoordination Dozierende aus, die im Anschluss von ihr kontaktiert werden, um die Modalitäten zur Durchführung der Veranstaltung abzustimmen.

Hier ist der Einbezug von praxisnahen Dozierenden und Themen ein Charakteristikum von Angeboten in der wissenschaftlichen Weiterbildung. Diese Besonderheit resultiert aus der Eigenschaft der Zielgruppe, bereits berufliches Vorwissen vorzuweisen. Es wird viel Wert darauf gelegt, dieses Vorwissen in das Programm zu integrieren und stetig einen Praxisbezug herzustellen, um sicherstellen zu können, dass das neu erworbene Wissen auch im beruflichen Kontext der Teilnehmenden Verwendung finden kann.

Um eine umfassende Betreuung gewährleisten zu können, werden in manchen Angeboten häufig Routinen und Instrumente zur Umsetzung und Optimierung der Angebote entwickelt. Als besonders relevant haben sich regelmäßige Treffen der Lehrenden erwiesen:

> „Ja also wir hatten am Anfang mal eine Lehrenden-Konferenz, wo alle da waren, aber das ist unglaublich schwierig. Das war am Anfang wichtig, um einmal die Module aufeinander abzustimmen und jetzt mache ich das eher modulbezogen. Und deswegen gehe ich dann auch zweimal im Jahr in die [Außerhochschulische Einrichtung Non-Profit 11] und dann kommen alle Lehrenden von dieser Praxiswoche zusammen [...]. Also ich treffe mich dann eher mit drei oder vier Lehrenden in einem Modul und nicht mit allen Lehrenden auf einmal" (Studiengangkoordination 4).

Aber auch über diese festgelegten Treffen hinaus nutzen die Dozierenden die Möglichkeit, sich bei Fragen zu Themen von Modulen oder auch zur Durchführung von Präsenzveranstaltungen an die Studiengangkoordination zu wenden. Beratung im Vorfeld der Präsenzphase(n) gehört ebenso zu den Aufgaben der Studiengangkoordination wie auch die Betreuung währenddessen. So werden beispielsweise Dokumente auf den Lernplattformen hochgeladen oder auch Skripte als Tischvorlagen für die Studierenden ausgedruckt. Das Ergebnis der oben erwähnten Lehrevaluation wird im Anschluss an die Veranstaltung von der Studiengangkoordination an die entsprechenden Dozierenden weitergeleitet.

3.2.8   Kooperationsmanagement

Ein sehr zentraler Bereich im Aufgabenfeld der Studiengangkoordination ist die Zusammenarbeit mit internen und externen Kooperationspartnern.

Innerhalb des Angebotes arbeiten sie eng mit den akademischen Gesamtleitungen zusammen, die das Angebot zumeist entwickelt haben und auch für die Umsetzung verantwortlich sind. Die Abstimmung zwischen diesen beiden Stellen ist zentral, um ein Angebot durchführen zu können, das den Anforderungen und Bedürfnissen der Teilnehmenden gerecht wird:

> „Ja, also wir laufen uns ja hier im Ablauf dann über den Weg, und wenn es brennt, dann lasse ich da alles liegen und stehen. […] Und von daher geht da auch viel nach Bedarf, das heißt, in den Wochen, wo wir dann die Module haben, da treffen wir uns drei, vier, fünf Mal, ja. Oder wenn es da um die Vorbereitungen geht" (Akademische Gesamtleitung 4).

Auch wenn die Studiengangkoordination und die akademische Gesamtleitung eng zusammenarbeiten, sind sie innerhalb der Angebotsrealisierung zumeist für unterschiedliche Belange zuständig. Die Aufgabenteilung unterscheidet sich von Angebot zu Angebot, allerdings ist generell festzustellen, dass die Studiengangkoordination hauptsächlich operative Aufgaben übernimmt, während die akademische Gesamtleitung für die strategische Ausrichtung des Angebotes verantwortlich zeichnet.

Externe Kooperationspartner können durch finanzielle Unterstützung oder die Entsendung von Teilnehmenden zur nachhaltigen Etablierung des Angebotes auf dem Weiterbildungsmarkt beitragen. Auch die inhaltliche Expertise, die Kooperationspartner einbringen, ist von großer Bedeutung für Angebote in der wissenschaftlichen Weiterbildung:

> „Es braucht einen Feldkontakt. Also wenn ich wissenschaftlich weiterbilden will, bin ich wirklich in der betrieblichen, beruflichen, allgemeinen Weiterbildung und nicht mehr in der Grundausbildung einer Hochschullehre. Es kommen nicht Leute per se in die wissenschaftliche Weiterbildung, weil sie sich grundständig irgendwo ausbilden lassen wollen, sondern es braucht einen starken Feldkontakt und ich glaube der geht besonders gut über Kooperationen" (Studiengangkoordination 4).

In der Zusammenarbeit mit externen Kooperationspartnern ist es wichtig, dass Informationen ausgetauscht werden, um Transparenz zu schaffen. Auf diese Weise wird sichergestellt, dass Erwartungen kommuniziert werden und die Kooperation erfolgreich verläuft. Hier ist die Studiengangkoordination in der Verantwortung, Kontakt zu entsprechenden Partnerinnen und Partnern aufzubauen, um ein funktionierendes Kooperationsnetzwerk etablieren zu können, von dem beide Seiten profitieren können. Der Austausch mit den zuständigen Personen ist eine wichtige Aufgabe der Studiengangkoordination:

> „Und dann habe ich, wie gesagt, diesen Regionalkoordinator des [Behörde] in [Stadt 3] am Telefon gehabt und dann per E-Mail darüber gesprochen oder geschrieben, wie er uns bekannt machen kann und er hat sozusagen in seinem Netzwerk in [Region A] die ganzen verschiedenen Träger, die die [...] anbieten auch nochmal über das Angebot informiert. Das war ein ganz wichtiger Knoten, der irgendwie viele Dinge erreicht" (Studiengangkoordination 2).

Neben der Kooperation mit externen Partnerinnen und Partnern arbeitet die Studiengangkoordination intensiv mit verschiedenen Stellen innerhalb der Hochschule zusammen. Mit welchen Anspruchsgruppen sie in diesem Zusammenhang auf unterschiedlichen Ebenen interagiert, wird im folgenden Kapitel näher dargestellt.

3.3 Studiengangkoordination als Schnittstelle

Die Studiengangkoordination interagiert demnach im Rahmen des oben ausgeführten Kooperationsmanagements mit Anspruchsgruppen und versteht sich auch selbst als eine solche Schnittstelle von den Akteuren, die in unterschiedlichen Formen an der Durchführung des Angebotes beteiligt sind:

> „Also ich würde sagen, ich sitze wie so eine Spinne mitten im Netz und muss immer nach allen Seiten mit allen in Kommunikation sein" (Studiengangkoordination 4).

Kennzeichnend für die Arbeit der Studiengangkoordination in der wissenschaftlichen Weiterbildung ist ihre Funktion als zentrale Schnittstelle in einem Geflecht von unterschiedlichen, an dem Weiterbildungsangebot beteiligten Akteuren. Mit diesen Akteuren, die sich auf verschiedenen Ebenen befinden, muss die Studiengangkoordination zusammenarbeiten, um die oben ausgeführten administrativen, organisatorischen und inhaltlichen Aufgaben erfüllen zu können.

Da das Aufgabenfeld der Studiengangkoordination stark ausdifferenziert ist und sich über verschiedene Inhalte erstreckt, ist eine Zusammenarbeit mit verschiedenen Funktionsstellen innerhalb und außerhalb der Universität unabdingbar. Auf der Ebene des Angebotes arbeitet die Studiengangkoordination sowohl mit der akademischen Gesamtleitung des Angebotes als auch den Teilnehmenden zusammen.

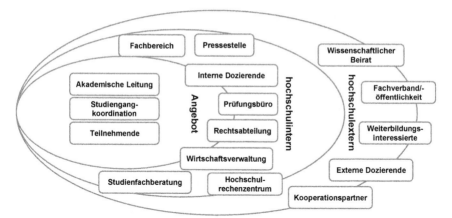

Abbildung 4:   Übersicht über die mit der Studiengangkoordination zusammen-
arbeitenden Funktionsstellen (eigene Darstellung)

Auf der Ebene innerhalb der Hochschule braucht es diverse Partner für eine gelingende Gestaltung der Weiterbildungsprogramme und entsprechender Serviceorientierung. Die Öffnungszeiten der meisten universitären Einrichtungen
sind nicht auf die Zielgruppe der berufsbegleitend Studierenden ausgelegt, wo-
raus die Notwendigkeit entsteht, dass die Studiengangkoordination individuelle
Lösungen erarbeitet, damit auch diese Studierenden Angebote wie beispielsweise eine Bibliotheksführung wahrnehmen und auch außerhalb der Öffnungszeiten
des Studierendensekretariats ihre Studentenausweise abholen können. Hier ist
die Studiengangkoordination auf die enge Zusammenarbeit mit anderen Ser-
vicestellen angewiesen, da diese sich bereiterklären müssen, Dienstleistungen
außerhalb der Öffnungszeiten anzubieten oder an die Studiengangkoordination
abzugeben. Servicestrukturen spielen in den Angeboten der wissenschaftlichen
Weiterbildung eine zentrale Rolle, da man sich durch die Bereitstellung von
verschiedenen Dienstleistungen auf dem Weiterbildungsmarkt positionieren und
von anderen Einrichtungen abgrenzen kann.

   Wie in Zusammenhang mit den Aufgabenfeldern bereits ausgeführt, übernehmen Studiengangkoordinationen Tätigkeiten in Bezug auf Qualitätssicherung
und sind hier unter anderem für die Durchführung der Lehrevaluation zuständig.
Dieses kann nur erfolgreich geschehen, wenn sie mit der universitätsinternen
Stelle zusammenarbeiten, die für Studierendenbefragungen zuständig ist und aus
diesem Grund auch die Mittel zur Verfügung hat, Befragungen auszuwerten und
Ergebnisse systematisiert aufzuführen. Die Ergebnisse werden anschließend an
die Studiengangkoordination rückgespiegelt, die dann die Aufgabe hat, den ent-

sprechenden Lehrenden sowie die akademische Gesamtleitung von den Ergebnissen in Kenntnis zu setzen.

Auch in Bezug auf die Öffentlichkeitsarbeit ist die Studiengangkoordination auf die Zusammenarbeit mit weiteren Funktionsstellen angewiesen. Flyer werden beispielsweise mit Hilfe von Mitarbeitenden aus dem Hochschulrechenzentrum erstellt, während die Presseabteilung in Abstimmung mit der Studiengangkoordination Pressemitteilungen verfasst und veröffentlicht.

Da das Feld der wissenschaftlichen Weiterbildung innerhalb der Universitäten bisher nur in Ansätzen etabliert wurde, existieren in vielen Bereichen noch keine Strukturen, auf die die Studiengangkoordination zurückgreifen könnte. Daher ist es notwendig, dass Prozesse neu entwickelt werden und häufig auch Aufgaben von der Studiengangkoordination übernommen werden, die im grundständigen Bereich von Funktionseinheiten erledigt werden:

> „[...] Auch in der Wirtschaftsverwaltung sind viele Dinge einfach auch nicht bekannt gewesen. Die jetzt neu einfach durchlaufen wurden und/ ja, auch die Abrechnung zum Beispiel" (Studiengangkoordination 2).

Die Studiengangkoordination ist auf die Funktionsstellen der Universität angewiesen, um Serviceleistungen für die Teilnehmenden bereitstellen zu können. Damit diese Zusammenarbeit effektiv gestaltet werden kann, sind Aushandlungsprozesse auf verschiedenen Ebenen notwendig.

Aber auch auf hochschulexterner Ebene stehen Studiengangkoordinationen mit einer Vielzahl von Anspruchsgruppen in Kontakt. Auf dieser Ebene sind zunächst die Weiterbildungsinteressierten anzusiedeln, die mit den oben ausgeführten Fragen und Ansprüchen auf die Studiengangkoordination zukommen. Zudem ist es möglich, dass ein Angebot in Kooperation mit einer externen Einrichtung durchgeführt wird, was stetige Absprachen in allen Phasen des Kooperationsprozesses zwischen den beiden Parteien notwendig macht. Kooperationen können verschiedene Formen aufweisen, was einen unterschiedlich intensiven Austausch zur Folge hat. So ist es möglich, dass der Kooperationspartner Unterstützung bei der inhaltlichen Entwicklung des Angebotes bietet, Kontakte in das entsprechende Feld ermöglicht, um Teilnehmende zu gewinnen, oder aber auch einen finanziellen Beitrag zur Durchführung des Angebotes leistet. Die mit der Kooperationsform zusammenhängenden Absprachen finden zumeist auf Ebene der Studiengangkoordination statt:

> „Ja, also wir haben die [Außerhochschulische Einrichtung Non-Profit 11] als Hauptkooperationspartner, die auch sehr stark in der Finanzierung involviert sind. Das heißt ich spreche regelmäßig mit dem Direktor der [Außerhochschulische Einrichtung Non-Profit 11], weil es da halt um Finanzen und die grundsätzliche Regelung geht [...]" (Studiengangkoordination 4).

Aufgrund der Bedeutung des Praxisbezugs in Angeboten der wissenschaftlichen Weiterbildung arbeiten viele Studiengangkoordinationen eng mit den entsprechenden Berufsverbänden zusammen. Auch verschiedene Gremien mit Mitgliedern aus der Praxis können für ein Programm hilfreich sein und Input hinsichtlich aktuell relevanter Themen in einer Branche oder auch der Organisation eines Angebotes liefern. Hier stellt die Studiengangkoordination die Schnittstelle dar, um einen Transfer aus dem Gremium in das Angebot und vice versa sicherzustellen.

Auf hochschulexterner Ebene spielen darüber hinaus die Dozierenden eine Rolle, die nicht an der Hochschule angestellt sind. Auch hier müssen mit der Studiengangkoordination Absprachen getroffen werden, um gewährleisten zu können, dass die Lehrveranstaltungen inhaltlich in das Programm passen und auch die Form auf die Ansprüche von Weiterbildungsteilnehmenden ausgerichtet ist.

3.4 Kompetenzen

Aus dem oben beschriebenen vielfältigen Arbeitsfeld resultieren diverse Kompetenzen, die eine Studiengangkoordination besitzen sollte, um den Erwartungen und Anforderungen der verschiedenen Anspruchsgruppen gerecht zu werden.

Um unter anderem den reibungslosen Ablauf einer Präsenzphase und auch die Vorbereitung gewährleisten zu können, ist es notwendig, dass die Studiengangkoordination einen hohen Grad an *Organisationsfähigkeit* vorweisen kann und insbesondere in der Lage ist, selbstständig zu arbeiten.

Da die Studiengangkoordination ebenfalls mit der Verwaltung der Kostenstelle betraut ist, muss sie darüber hinaus über ein *kaufmännisches Grundverständnis* verfügen. Sie sollte daher Abrechnungen und Kalkulationen für die Durchführung des Angebotes erstellen können.

Die Studiengangkoordination ist ebenfalls dafür verantwortlich, verschiedene Vertriebskanäle zu identifizieren und sie für die Bekanntmachung des Angebotes zu nutzen. Dazu muss sie auch *Kenntnisse und Fähigkeiten im Bereich des Marketings* besitzen.

Die Interviews haben gezeigt, dass die Wichtigkeit der *Kommunikationsfähigkeit* sehr hoch angesiedelt wird. Dieses resultiert u.a. daraus, dass die Studiengangkoordination als zentrale Schnittstelle in viele verschiedene Prozesse sowohl hochschulintern als auch -extern eingebunden ist. Zudem hat sie für die Teilnehmenden eine wichtige Beratungs- und Betreuungsfunktion inne.

Die Studiengangkoordination muss – will sie kommunikationsfähig sein – über entsprechendes Wissen verfügen, das für die Beantwortung von Anfragen notwendig ist. Sie sollte demnach *fachlich angebunden* sein und auch die Struktur des Angebotes darstellen können, sofern Fragen zu Inhalten und zur Durchführung des Angebotes aufkommen. Sind fachwissenschaftliche Fragen nicht durch die Studiengangkoordination zu beantworten, kann sie einen Kontakt zur akademischen Gesamtleitung oder – falls es sich um eine lehrveranstaltungsbezogene Frage handelt – zu den zuständigen Lehrenden herstellen. Hier werden dann *Koordinationsfähigkeiten* benötigt.

Da die wissenschaftliche Weiterbildung an der Hochschule ein neues Feld ist, müssen Ansprechpersonen identifiziert und mit diesen Kommunikationsstrukturen erarbeitet und langfristig etabliert werden. Dieser Prozess ist langwierig und fordert von der zuständigen Studiengangkoordination *Feingefühl*, um in der Organisation alle entsprechenden Funktionsstellen in angemessener Weise einzubeziehen. Um effektiv ein Netzwerk um das Weiterbildungsangebot zu errichten, muss ein grundlegendes *Verständnis des Hochschulwesens* und der darin ablaufenden Prozesse und Strukturen vorhanden sein.

Die Studiengangkoordination arbeitet darüber hinaus in vielen Fällen mit externen Partnern zusammen. Auch hier ist es für eine produktive Zusammenarbeit auf Augenhöhe zentral, dass zuständige Stellen in der Einrichtung in den Prozess mit einbezogen werden. Die Forschungsergebnisse in diesem Zusammenhang haben deutlich gezeigt, dass es (insbesondere bei außerhochschulischen Kooperationspartnern) eine Herausforderung ist, ein gelingendes Kooperationsmanagement zu etablieren.

Hieraus ergibt sich eine zentrale Herausforderung für die Studiengangkoordination, da sie sich im Rahmen der Kooperationen im Spannungsfeld zwischen unterschiedlichen Anspruchsgruppen befindet. Es ist durchaus möglich, dass außerhochschulische Einrichtungen bislang keine Erfahrungen in der Zusammenarbeit mit Hochschulen sammeln konnten und aus diesem Grund die Strukturen und Verfahrensabläufe als fremd empfinden, was einer produktiven Zusammenarbeit im Wege stehen könnte. An dieser Stelle ist es notwendig, dass die Studiengangkoordination eine *Brückenfunktion* übernimmt und zwischen der Hochschule und dem Kooperationspartner vermittelt.

4   Fazit und Ausblick

Zusammenfassend wird deutlich, dass insbesondere die organisationale Einbindung der wissenschaftlichen Weiterbildung in die Hochschule eine Auswirkung auf die Ausgestaltung der Aufgabenfelder und die Rolle der Studiengangkoordinationen hat. Diese sind auf der einen Seite mit einer Fülle und Vielfalt an Aufgaben betraut und auf der anderen Seite gleichzeitig eine zentrale Schnittstelle für alle an der Hochschule mit wissenschaftlicher Weiterbildung assoziierten Personen. Bei einer dezentralen Organisationsform bedeutet dies, dass alle Aufgaben, die im Rahmen eines Weiterbildungsangebots entstehen, von einer Person mit Unterstützung von weiteren im Weiterbildungsangebot tätigen Personen, wie die akademische Gesamtleitung oder auch (studentische) Hilfskräfte, durchgeführt werden.

Die Schnittstellenfunktion der Studiengangkoordination wird durch ihre dezentrale organisationale Anbindung an den Fachbereich nochmals verstärkt. In ihrer dezentralen Anbindung besteht zum einen die Notwendigkeit, mit verschiedenen Funktionseinheiten – wie den Fachbereichen selbst, den Verwaltungs- und Funktionseinheiten der Hochschule, aber auch externen Partnern – zusammenzuarbeiten, um die reibungslose Durchführung des Programmes sicherstellen zu können. Zum anderen ist es notwendig, sich mit anderen Studiengangkoordinationen der eigenen Hochschule zu vernetzen, um beispielsweise ähnliche Herausforderungen zu teilen oder auch Lösungen für bestehende Herausforderungen weiterzugeben. Diese Treffen dienen dem kollegialen Austausch aber auch der organisationalen Weiterentwicklung der wissenschaftlichen Weiterbildung an den Hochschulen selbst, da hier Routinen und ein Wissensmanagement etabliert werden, welche zu stetigen Strukturen der Hochschule in diesem Bereich beitragen.

Für Hochschulen hat die dezentrale Anbindung von Studiengangkoordinationen insbesondere den Vorteil, dass sie die direkte Nähe zur programmspezifischen Wissenschaft, Forschung und Wissenschaftskultur sowie zur Lehre, zu Lehrenden und der didaktischen Kultur und zu den entsprechenden Zielgruppen hat. Außerdem hat die Studiengangkoordination selbst an den Fakultäten bzw. Fachbereichen kurze administrative und organisatorische Wege, ein höheres Engagement und „Ownership" der Programmverantwortlichen, aber auch flexiblere Lösungen (vgl. DGWF 2015, S. 248). Darüber hinaus bietet eine dezentral angegliederte Studiengangkoordination eine direktere und persönlichere Betreuung der Studierenden im Sinne eines one-stop-office. Die Studierenden haben eine einzige Ansprechperson vom ersten Kontakt bis zur Zeugnisvergabe.

Nachteile einer solchen dezentralen Organisation sind jedoch die möglicherweise geringere Professionalität in manchen Tätigkeitsbereichen, eine fehlende strategische Gesamtausrichtung und -steuerung sowie ein fehlender einheitlicher Auftritt der wissenschaftlichen Weiterbildung an der Hochschule und somit eine geringere Sichtbarkeit dieser nach außen. Die untersuchten Hochschulen des WM^3-Verbundprojekts haben versucht, vielen dieser Nachteile in der Implementierungsphase der Weiterbildungsprogramme entgegenzuwirken, bei-

spielsweise durch eine gemeinsame Projekthomepage oder durch Vernetzungstreffen zwischen den Studiengangkoordinationen. Für die bestehenden (und
möglicherweise auch zukünftigen) Weiterbildungsprogramme der Hochschule
ist es sicher hoch relevant, diese Strukturen auch nach Projektende weiterzufüh-
ren und die im Projekt gemachten Erfahrungen und das vorhandene Wissen zu
verstetigen.

Diese Besonderheit von Studiengangkoordinationen in dezentral organisierten Weiterbildungsprogrammen hat auch eine Auswirkung auf den Bedarf an
Professionalisierung, da Studiengangkoordinierende viele verschiedene Tätigkeiten übernehmen und daher auch Kompetenzen wie Koordinations- und
Kommunikationsfähigkeit, kaufmännisches Grundverständnis oder auch Marke-
tingkenntnisse in unterschiedlichen Bereichen benötigen. In diesem Zusammenhang ist es notwendig, zum einen Aufgabenfelder der Studiengangkoordination
und auch Spezifika dieser Tätigkeit differenziert abzubilden, um einen Abglei-
chungs- und Reflexionsprozess auf der Ebene des Personals der wissenschaftlichen Weiterbildung zu ermöglichen, und zum anderen die spezifischen Professionalisierungsbedarfe und -bedürfnisse in den eruierten Bereichen zu erfassen,
um passgenaue Angebote in Inhalt und Form für diese Personengruppe entwickeln zu können.

Abschließend lässt sich festhalten, dass das Wissen über Personal in der
wissenschaftlichen Weiterbildung bisher noch sehr rudimentär ist. Hier lässt
sich nur mutmaßen, welche Tätigkeitsprofile und Rollen Personen in anderen
Organisationsformen der wissenschaftlichen Weiterbildung haben bzw. wahrnehmen. Mit Blick auf diese Thematik besteht insofern ein hoher Bedarf an weiteren wissenschaftlichen Studien, insbesondere dann, wenn die Professionalisierung und Verstetigung der wissenschaftlichen Weiterbildung an Hochschulen
im Fokus steht. Je mehr Wissen über die organisationale Anbindung der wissenschaftlichen Weiterbildung an die jeweilige Hochschule sowie über die Aufgabenfelder und Rollen der in der Weiterbildung Tätigen vorliegt, umso höher
sind die Chancen einer nachhaltigen Implementierung und Optimierung.

Literatur

Bardachzi, Claudia (2010): *Zwischen Hochschule und Weiterbildungsmarkt. Programm-
gestaltung berufsbegleitender Studiengänge*. Münster: Waxmann (Internationale
Hochschulschriften, 537).
DGWF-Empfehlung (2015): *Organisation der wissenschaftlichen Weiterbildung an
Hochschulen*. Oestrich-Winkel.
Faulstich, Peter/Graeßner, Gernot/Bade-Becker, Ursula/Gorys, Bianca (2007): Länder-
studie Deutschland. In: Hanft, Anke/Knust, Michaela (Hrsg.): *Weiterbildung und*

lebenslanges Lernen an Hochschulen. Eine internationale Vergleichsstudie zu Strukturen, Organisation und Angebotsformen. Münster: Waxmann, S. 87-164.

Faulstich, Peter/Oswald, Lena (2010): Wissenschaftliche Weiterbildung. In: Hans-Böckler-Stiftung (Hrsg.): *Arbeitspapier 200.* Online abrufbar: http://www.boeckler.de/pdf/p_arbp_200.pdf. Zuletzt geprüft: 24.01.2017.

Hanft, Anke (2007): Von der Weiterbildung zum Lifelong Learning. In: Hanft, Anke/Simmel, Annika (Hrsg.): *Vermarktung von Hochschulweiterbildung.* Münster: Waxmann, S. 45-59.

Hanft, Anke/Knust, Michaela (2007a): *Weiterbildung und lebenslanges Lernen in Hochschulen: eine internationale Vergleichsstudie zu Strukturen, Organisation und Angebotsformen.* Münster: Waxmann.

Hanft, Anke/Knust, Michaela (2007b): *Internationale Vergleichsstudie zur Struktur und Organisation der Weiterbildung an Hochschulen. Projektbericht.* Online abrufbar: http://doku.iab.de/externe/2007/k070718p03.pdf. Zuletzt geprüft: 13.04.2017

Hanft, Anke/Knust, Michaela (2008): Wissenschaftliche Weiterbildung: Organisation und Geschäftsfelder im internationalen Vergleich. In: *Report* H.1, S. 30-41.

Hanft, Anke (2014): *Management von Studium, Lehre und Weiterbildung an Hochschulen.* Münster: Waxmann.

Otto, Alexander/Wolter, Andrä (2013): Re-Organisation der wissenschaftlichen Weiterbildung an der Carl von Ossietzky Universität Oldenburg. In: *Hochschule und Weiterbildung,* H.2, S. 14-22.

Pellert, Ada (2013): Rollenkonzepte in der akademischen Weiterbildung. In: Cendon et al. (Hrsg.): *Vom Lehren zum lebenslangen Lernen.* Münster: Waxmann, S. 27-34.

Seitter, Wolfgang/Zink, Franziska (2013): *Eckpunkte für die Entwicklung von berufsbegleitenden, weiterbildenden Masterstudiengängen im Rahmen vom WM³ an der Philipps-Universität Marburg.* Online abrufbar: http://www.wmhoch3.de/images/dokumente/ Leitfaden_zur_Konzepterstellung_Master_der_UMR.pdf. Zuletzt geprüft: 13.04.2017

Seitter, Wolfgang (2014): Nachfrageorientierung als neuer Steuerungsmodus. Wissenschaftliche Weiterbildung als organisationale Herausforderung universitärer Studienangebotsentwicklung. In: Göhlich, M. u.a. (Hrsg.): *Organisation und das Neue.* Wiesbaden: VS, S. 141-150.

Wilkesmann, Uwe (2010): Die vier Dilemmata der wissenschaftlichen Weiterbildung. In: *ZSE Zeitschrift für Soziologie der Erziehung und Sozialisation,* H.1, S. 28-42.

Zilling, Michaela (2013): Organisatorische Verankerung von Lebenslangem Lernen in Hochschulen – Das Beispiel des C3L des Carl von Ossietzky Universität Oldenburg. In: Hanft, Anke/Brinkmann, Katrin (Hrsg.): *Offene Hochschulen.* Münster: Waxmann, S. 151-164.

Die Beratung von akademischen Leitungen bei der Entwicklung und Umsetzung von Angeboten der wissenschaftlichen Weiterbildung

Monika Braun[1]

Zusammenfassung

Im Zentrum dieses Beitrags steht die Beratung von Studiengangleitungen bei der Konzeption, Entwicklung und Umsetzung von Weiterbildungsangeboten. Im Beitrag werden die Beratungsbedarfe und -bedürfnisse von (potenziellen) akademischen Leitungen in der wissenschaftlichen Weiterbildung identifiziert und die Beratungsinhalte beschrieben. Ebenfalls werden drei Beratungsformen dargestellt, mit Hilfe derer die Beratungsinhalte an die Zielgruppe vermittelt werden sollen.

Schlagwörter

Studiengangleitung; Beratung; Entwicklung und Umsetzung von wissenschaftlichen Weiterbildungsangeboten

Inhalt

---

1   *Monika Braun* | Philipps-Universität Marburg | monika.braun@staff.uni-marburg.de

1   Einleitung

Professorinnen und Professoren sind für den Erfolg und die Qualität von wissenschaftlichen Weiterbildungsangeboten von zentraler Bedeutung. Sie übernehmen unterschiedliche Funktionen und Aufgaben, das heißt sie agieren unter anderem als Angebotsentwickelnde, als Lehrende, als Studiengangleitung, als Kooperationspartner, als Qualitätsmanager und als Netzwerker. Dennoch gibt es bisher nur wenige Publikationen über die Aufgaben und Funktionen von Professorinnen und Professoren in der wissenschaftlichen Weiterbildung. Auch ihre Bedeutung für eine erfolgreiche Entwicklung und Umsetzung von Angeboten in der wissenschaftlichen Weiterbildung wird bisher in der Literatur kaum thematisiert. Gleiches gilt für die Frage, wie Professorinnen und Professoren bei der Angebotsentwicklung und -umsetzung in der wissenschaftlichen Weiterbildung bestmöglich beraten und begleitet werden können.

Das Ziel dieses Beitrags besteht daher darin, die Beratungsbedarfe und -bedürfnisse von (potenziellen) Studiengangleitungen in der wissenschaftlichen Weiterbildung zu identifizieren und die Beratungsinhalte bezüglich der Entwicklung und Umsetzung von Weiterbildungsangeboten zu beschreiben. Darüber hinaus werden Beratungsformen vorgestellt, wie diese Beratungsinhalte an die Professorinnen und Professoren in ihrer Funktion als (potenzielle) Studiengangleitende vermittelt werden können. Empirisch-konzeptionelle Grundlage der Ausführungen sind Ergebnisse eines Arbeitspakets aus dem Verbundprojekt „WM³ Weiterbildung Mittelhessen".[2]

Zu Beginn dieses Beitrags werden die Aufgaben von Professorinnen und Professoren als (potenzielle) Studiengangleitung bei der Konzeptionierung, Entwicklung und Umsetzung von wissenschaftlichen Weiterbildungsangeboten erläutert. Zudem wird definiert, wie Beratung in diesem Beitrag verstanden wird. Danach werden die Inhalte der Beratungen dargestellt und den drei didaktischen Analyseebenen (Makro, Meso- und Mikroebene) zugeordnet. Außerdem werden die Beratungsinhalte in den verschiedenen Phasen der Entwicklung und

---

[2]   Die drei mittelhessischen Hochschulen Justus-Liebig-Universität Gießen, Philipps-Universität Marburg und Technische Hochschule Mittelhessen haben sich im Hinblick auf ihre gemeinsamen Entwicklungsplanungen im Bereich der wissenschaftlichen Weiterbildung zum Verbundprojekt „WM³ Weiterbildung Mittelhessen" zusammen geschlossen, um mit Hilfe des BMBF-Wettbewerbs „Aufstieg durch Bildung: offene Hochschulen" ein an wirtschaftlichen und gesellschaftlichen Interessen optimal ausgerichtetes Weiterbildungsangebot zu schaffen und zu einer nachhaltigen Stärkung der wissenschaftlichen Weiterbildung an den Hochschulen beizutragen. Dieses Vorhaben wurde in der ersten Förderphase (2011-2015) aus Mitteln des BMBF und aus dem ESF der EU mit den Förderkennzeichen 16OH11008, 16OH11009, 16OH11010 und in der zweiten Förderphase (2015-2017) mit den Förderkennzeichen 16OH12008, 16OH12009, 16OH12010 aus Mitteln des BMBF gefördert. Weitere Projektinformationen sind unter www.wmhoch3.de zu finden.

Umsetzung eines wissenschaftlichen Weiterbildungsangebots („Anreizphase", Konzeptionsphase, Entwicklungsphase und Implementierungsphase) konkretisiert und zeitlich eingeordnet. Danach werden mit der Direktberatung, dem Selbststudium und der kollegialen Beratung und Vernetzung drei Beratungsformen benannt, wie die Zielgruppe beraten werden könnte. Zugleich werden Bezüge zum in diesem Beitrag zugrunde gelegten Beratungsverständnis hergestellt. Abschließend wird ein Fazit formuliert sowie ein Ausblick auf den derzeitigen Stand der Anwendung der Beratungsformen an den Verbundhochschulen gegeben.

2 Begriffliche Klärungen: Studiengangleitung und Beratung

Innerhalb der Hochschulen werden unterschiedliche Bezeichnungen für die *Studiengangleitung* eines wissenschaftlichen Weiterbildungsangebots verwendet (z.B. akademische Leitung, akademische Gesamtleitung, wissenschaftliche Leitung, fachliche Leitung). Außerdem werden teilweise eigene Aufgaben- und Funktionszuschreibungen für die verantwortlichen Personen eines Weiterbildungsangebots vorgenommen. Ada Pellert schreibt über die Rolle der von einer Professur wahrgenommenen „wissenschaftlichen Gesamtleitung" eines Studiengangs an der Deutschen Universität für Weiterbildung (DUW): „Die wissenschaftliche Gesamtleitung hat vor allem in der Konzeption, Entwicklung und qualitätsentwickelnden Begleitung des Studiengangs eine wesentliche Rolle inne" (Pellert 2013, S. 99).

Im Allgemeinen übernimmt eine Professorin oder ein Professor die Studiengangleitung eines wissenschaftlichen Weiterbildungsangebots. Die Professorin oder der Professor ist für die Funktion und die damit verbundenen Aufgaben prädestiniert, da sie oder er zumeist über sehr gute Kontakte in das betreffende Berufs- und Praxisfeld verfügt, in dem das Weiterbildungsangebot angesiedelt ist. Selbstverständlich hat die Professorin oder der Professor auch einen besonderen inhaltlichen Bezug durch entsprechende wissenschaftlich-praxisbezogene Arbeiten (vgl. Pellert 2013, S. 99).

In der *Konzeptionsphase* eines Weiterbildungsangebots sind die akademischen Leitungen zunächst einmal Ideengeber und Initiatoren. Außerdem legen sie die Grundstruktur des Weiterbildungsangebots fest, das heißt die Lernziele, die inhaltlichen Schwerpunkte sowie die methodisch-didaktischen Grundlagen der Lerneinheiten. Weitere wichtige Aufgaben der akademischen Leitungen betreffen die Finanzkalkulation.[3] All dies wird dann in der *Entwicklungsphase* nä-

---

3 Diese Auflistung bezieht sich insbesondere auf die Erfahrungen bei der Angebotsentwicklung in der ersten Förderphase des „WM³"-Projekts.

her spezifiziert und ausgearbeitet. Darüber hinaus sind die akademischen Leitungen Ansprechpartner für die jeweils einschlägigen Akteure aus Politik, Wirtschaft und Gesellschaft, wie zum Beispiel Berufsorganisationen und Interessenvertretungen. Dies ist etwa bei Anrechnungs- und Anerkennungsfragen der Studieninhalte für andere Abschlüsse sehr bedeutsam.[4]

Bei der *Umsetzung* eines wissenschaftlichen Weiterbildungsangebots kommen in der Regel weitere Aufgaben hinzu, die sich – neben der Lehre – vor allem auf die Qualitätssicherung und das Qualitätsmanagement beziehen. Darüber hinaus sind das Networking und Marketing im Hinblick auf die Teilnehmerakquise äußerst relevant. Eine weitere Aufgabe besteht darin, „(…) die Auseinandersetzung mit dem Berufsfeld in immer neuen Kommunikationsformen nicht abreißen zu lassen und darauf zu achten, dass die Zusammensetzung des Lehrkörpers in entsprechender Weise sowohl den Wissenschafts- als auch den Praxisbezug widerspiegelt" (Pellert 2013, S. 99).

Oftmals wird die akademische Leitung durch einen Fachbeirat oder durch ein Fachkuratorium unterstützt, der bzw. das die inhaltliche und organisatorische Entwicklung und Durchführung eines Studiengangs begleitet. Von zentraler Bedeutung ist dabei die Beratung der Angebotsinhalte durch Fachexperten, die im Kontext der Ausrichtung des Angebots eine wichtige Rolle spielen (vgl. Pellert 2013, S. 99; Seitter/Zink 2013, S. 2).

In diesem Beitrag wird unter der Studiengangleitung die professorale Leitungsebene eines Angebots in der wissenschaftlichen Weiterbildung verstanden. Somit werden die Begrifflichkeiten Studiengangleitung in der wissenschaftlichen Weiterbildung, akademische Gesamtleitung und akademische Leitung synonym verwendet.

Nachdem die Aufgaben und die Rolle der Studiengangleitung näher umschrieben worden sind, wird im Folgenden der Begriff *Beratung* mit Blick auf die Zielgruppe definiert und eingegrenzt. Dies ist notwendig, da der Beratungsbegriff in den verschiedensten Zusammenhängen genutzt wird. Professionelle Beratung gibt es in zahlreichen Arbeitsbereichen; genauso vielfältig sind die theoretischen und methodischen Ansätze von Beratung (vgl. Stimm 2016, S. 3; Stimm/Gieseke 2016, S. 494).

In den letzten Jahren sind zwar einige Publikationen erschienen, in denen sich die Autoren mit dem Thema Beratung im Kontext des lebenslangen Ler-

---

4 Beispielsweise erfüllt der Masterstudiengang „Baurecht und Baubegleitung – von der Projektentwicklung bis zur Streitbeilegung" nach Auffassung des Fachausschusses für Bau- und Architektenrecht der Rechtsanwaltskammer Frankfurt am Main die Anforderungen der §§ 4b Abs. 1, 14e FAO über den Nachweis der notwendigen theoretischen Kenntnisse für die Fachanwaltschaft Bau- und Architektenrecht. Vgl. hierzu die Informationen auf der Website dieses Weiterbildungsangebots unter: http://www.baurecht-master.de/fachanwalt/ (Letzter Zugriff am 07.03.2017).

nens beschäftigt haben. Allerdings thematisieren diese Publikationen nicht explizit die Beratung von Studiengangleitungen in der wissenschaftlichen Weiterbildung. Vielmehr geht es zumeist um die Beratung der Teilnehmenden an wissenschaftlichen Weiterbildungsangeboten und den damit verbundenen Herausforderungen in der Beratung (z.B. Maier 2014; Hanft/Maschwitz/Hartmann-Bischoff 2013).

Aus diesem Grund wird in diesem Beitrag mit Blick auf die Zielgruppe ein eigenes Beratungsverständnis zugrunde gelegt. Dieses gründet sich erstens auf die Lektüre einschlägiger Literatur zur Bildungs- und Weiterbildungsberatung. Zweitens werden beim Beratungsbegriff bereits die Zielsetzung (Beratung bei der Entwicklung und Umsetzung von wissenschaftlichen Weiterbildungsangeboten) und die Zielgruppe (Studiengangleitungen) berücksichtigt.

Mit Blick auf die Zielgruppe und die Zielsetzung soll in diesem Beitrag die Beratung erstens als *informative Beratung* aufgefasst werden, da der Beratungsgegenstand und das Beratungsanliegen von der Rat suchenden Person benannt werden kann: „Bei einer informativen Beratung geht es darum, in einem gemeinsamen Prozess für eine von der/dem Ratsuchenden so gut wie getroffenen Entscheidung Passung zwischen Ort, Zeit und Finanzierung herzustellen und eine letzte Reflexion zu leisten" (Stimm 2016, S. 16). Im Mittelpunkt steht die Informationsweitergabe durch die beratende Person, die auf den aktuellsten Informationsstand zurückgreifen kann und Entscheidungsanregungen gibt (vgl. Gieseke 2000, S. 15). Eine solche Beratung möchte einen „Informationsservice" bieten, bei dem die beratende Person also auch die Funktion einer „Informationsschnittstelle" übernehmen kann. Diese Vermittlerfunktion meint zum Beispiel bezogen auf die Hochschule die Vermittlung der Rat suchenden Person an die jeweiligen Ansprechpartnerinnen und Ansprechpartner in der Verwaltung oder in anderen Einrichtungen (z.B. im Hochschulrechenzentrum).

Zweitens soll eine Art *Erfolgsberatung* und *Machbarkeitsberatung* geleistet werden, da die Beratung die Frage umfasst, ob ein wissenschaftliches Weiterbildungsangebot Aussicht auf Erfolg hat oder nicht. Auch hier kann eine Analogie zur informativen Beratung hergestellt werden: Letztendlich geht es bei der Beratung im Hinblick auf die mögliche Entwicklung eines wissenschaftlichen Weiterbildungsangebots darum, eine letzte Reflexion im gemeinsamen Prozess zu den wichtigsten Aspekten der Angebotsentwicklung zu leisten, wie zum Beispiel Finanzierung und Nachfrageorientierung.

Ein weiteres Ziel der Beratung liegt darin, dass die Angebote der wissenschaftlichen Weiterbildung qualitativ hochwertig gestaltet und erfolgreich umgesetzt werden. Somit wird die Beratung drittens als *Qualitätsberatung* aufgefasst, da eine wesentliche Grundlage für den Erfolg einer Hochschule auf dem Weiterbildungsmarkt die Hochwertigkeit der Programme darstellt, „deren Qualität nach außen hin sichtbar und überprüfbar ist" (Wetzel/Dobmann 2013, S. 26). Außerdem entspricht eine solche Qualitätsberatung den zentralen Aufgaben der Studiengangleitungen im Bereich der Qualitätssicherung und des Qualitätsmanagements.[5]

3   Inhalte der Beratung

Was sind nun die Inhalte und konkreten Themen der Beratung für (potenzielle) Studiengangleitungen in der wissenschaftlichen Weiterbildung? Wie lässt sich die Auswahl der Themen begründen?

Die nachstehenden Inhalte der Beratungen haben sich erstens bei der Sichtung der einschlägigen Literatur und der Publikationen aus der ersten Förderphase von „WM³ Weiterbildung Mittelhessen" herauskristallisiert.[6] Zweitens gründet sich die Auflistung auf Erfahrungswissen und einer Rekonstruktion der Gesprächsinhalte und -routinen der Projektleitungen und -koordinatorinnen von „WM³" mit (potenziellen) akademischen Leitungen, die bei der Entwicklung und Implementierung von wissenschaftlichen Weiterbildungsangeboten in den letzten Jahren gemacht worden sind. Drittens sind weitere informelle Gespräche mit Studiengangkoordinierenden in der zweiten Förderphase von „WM³" geführt worden, die ebenfalls eine Einschätzung zum Beratungs- und Fortbildungsbedarf von akademischen Leitungen gegeben haben. Viertens sind die anonymisierten Transkriptionen von drei Gesprächen aufschlussreich, die im Rahmen des Arbeitspakets 3 der zweiten Förderphase von Projektmitarbeiterinnen mit akademischen Leitungen geführt worden sind.[7] Dennoch ist in diesem Zusammenhang zu betonen, dass die nachstehend geschilderten Inhalte der Beratungen keineswegs einen Anspruch auf Vollständigkeit erheben.

Die Gliederung und Darstellung der identifizierten Inhalte erfolgt durch eine Kombination von didaktischen (Ebenen) und zeitlichen (Ablaufphasen) Ordnungsprinzipien: So werden die Inhalte der Beratungen für Studiengangleitun-

---

5   An dieser Stelle sei darauf verwiesen, dass im Jahr 2012 Qualitätsmerkmale guter Bildung als Ergebnis eines offenen Koordinierungsprozesses zur Qualitätsentwicklung für Beratung in Bildung, Beruf und Beschäftigung entwickelt und veröffentlicht worden sind. Zusammengewirkt haben in diesem Prozess Beratende aus der Studienberatung, der Berufs- und Weiterbildungsberatung, der Unternehmensberatung, der Supervision, dem Coaching und der Lernberatung unter dem Dach des Nationalen Forums Beratung in Bildung, Beruf und Beschäftigung (nfb) unter inhaltlicher sowie organisatorischer Führung von Schiersmann. Vgl. Nfb – Nationales Forum Beratung in Bildung, Beruf und Beschäftigung (Nfb) und Forschungsgruppe Beratungsqualität am Institut für Bildungswissenschaft der Ruprecht-Karls-Universität Heidelberg (Hrsg.) 2011.

6   Vgl. die Veröffentlichungen des Projekts „WM³ Weiterbildung Mittelhessen" unter: http:// www.wmhoch3.de/forschung-und-entwicklung/veroeffentlichungen (Zugriff am 07.03.2017).

7   Vgl. hierzu auch den Beitrag von Gronert/Rundnagel in diesem Band.

gen zum einen nach den drei didaktischen Analyseebenen „Mikroebene, Mesoebene und Makroebene" gegliedert.[8] Zum anderen wird in zeitlicher Hinsicht zwischen der „Anreizphase", der Konzeptionsphase, der Entwicklungsphase und der Implementierungsphase eines wissenschaftlichen Weiterbildungsangebots differenziert, da in diesen Phasen die Inhalte der Beratungen (zum Teil deutlich) differieren.

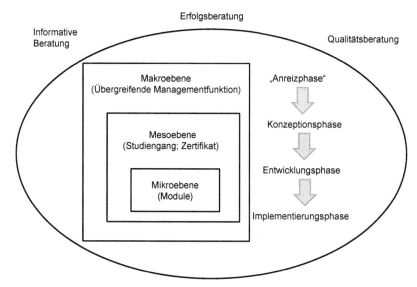

Abbildung 1:   Bezugspunkte der Beratungsinhalte (eigene Darstellung)[9]

---

8   Diese Gliederungsform ist auch ein Resultat der positiven Erfahrungen bei der Konzeption, Entwicklung und Umsetzung des Zertifikatsprogramms „Kompetenz für professionelle Hochschullehre mit dem Schwerpunkt wissenschaftliche Weiterbildung" (vgl. Braun 2012, S. 1 f.). Zudem entspricht diese Dreiteilung auch den „Analyseebenen der Gestaltung von Studiengängen" (vgl. Hanft/Zilling 2011, S. 135), die für eine externe Qualitätssicherung besonders bedeutsam sind: „Auf der Makro-Ebene sind dies die übergreifenden Management-Funktionen, auf der Meso-Ebene die Studienangebote selbst und auf der Mikro-Ebene die didaktischen Designs einzelner Module." Weiter heißt es: „Werden diese Ebenen unter Beachtung der Kriterien Effizienz, Effektivität und Appeal betrachtet, lassen sich Gestaltungsempfehlungen für Studiengänge und -angebote ableiten, die Weiterbildung in Form einzelner Module bis hin zu kompletten Studienprogrammen ermöglichen und den Anforderungen Erwachsener in besonderer Weise gerecht werden" (Hanft/Zilling 2011, S. 135). Somit werden auch hier der Ansatz und der Anspruch einer Qualitätsberatung besonders deutlich.
9   Die Einteilung in die drei didaktischen Ebenen ist angelehnt an: Hanft/Zilling 2011, S. 135 Abb. 20.

3.1 „Anreizphase" eines wissenschaftlichen Weiterbildungsangebots

Die so genannte „Anreizphase" beschreibt die Phase, in der ein Anreiz für ein wissenschaftliches Weiterbildungsangebot erzeugt werden soll. Interessante Erkenntnisse zu den Beteiligungsbedingungen an wissenschaftlicher Weiterbildung liefern die Ergebnisse der Akzeptanzanalyse aus der ersten Förderphase des „WM³"-Projekts (Kahl/Lengler/Präßler 2015, S. 291-408). Diese haben gezeigt, dass das Gelingen wissenschaftlicher Weiterbildung in entscheidender Weise vom Engagement einzelner Personen(gruppen) abhängig ist. Hierbei seien (Vor-)Erfahrungen, persönliche Ressourcen und die Motivation die wichtigsten Stellschrauben für eine erfolgreiche Arbeit (vgl. Kahl/Lengler/Präßler 2015, S. 338). Weiter heißt es im Bericht: „Allen voran ist die Verfügung über Zeit(räume) – bedingt durch innere Motive und den äußeren Rahmen – ein wichtiger Gradmesser für die Beteiligungsbereitschaft und somit für das künftige Ressourcenmanagement der Hochschulpersonen(gruppen)" (Kahl/Lengler/ Präßler 2015, S. 339). Hinzu komme, dass die beteiligten Hochschulpersonen einen Sinn hinter der Beteiligung an wissenschaftlicher Weitbildung erkennen müssten. Ein enorm wichtiger Aspekt der Motivation der Hochschulpersonen sei die Schaffung von Synergien zwischen Wissenschaft und Praxis (vgl. Kahl/Lengler/Präßler 2015, S. 339).

Welche Informationen benötigen die Professorinnen und Professoren vor dem Hintergrund dieser Ergebnisse der Akzeptanzanalyse in der „Anreizphase" eines wissenschaftlichen Weiterbildungsangebots?

Zu Beginn der Beratung sollten die Vorkenntnisse der Rat suchenden Person im Hinblick auf die wissenschaftliche Weiterbildung geklärt werden. Je nach Bedarf sind entsprechende Informationen zum Stellenwert wissenschaftlicher Weiterbildung an der Hochschule, zu den Unterschieden zwischen dem grundständigen Studium und einem berufsbegleitenden Weiterbildungsangebot und zu den Besonderheiten eines wissenschaftlichen Weiterbildungsangebots zu vermitteln. Auch zählen zu den allgemeinen Aspekten die Organisationsformen und Möglichkeiten der institutionellen Anbindung von wissenschaftlicher Weiterbildung an die Hochschule.[10] Diese Aspekte betreffen also analytisch die Makroebene.

Darüber hinaus ist es in der „Anreizphase" enorm wichtig, dass der (potenziellen) akademischen Leitung der Sinn und die Vorteile eines Engagements in der wissenschaftlichen Weiterbildung vermittelt werden. Als Vorteile und „per-

---

10 In der Akzeptanzanalyse konnte allgemein eine gewisse Unsicherheit wie auch Unwissenheit gegenüber der Weiterbildung als Bereich der Hochschule aufgezeigt werden, entsprechend der Bedeutung, Zielsetzung und Aufgabenstellung wissenschaftlicher Weiterbildung. Vgl. Kahl/Lengler/Präßler 2015, S. 352.

sönlicher Nutzen" wissenschaftlicher Weiterbildung sind vor allem die folgenden Aspekte zu nennen:[11]

- Wissenschaftliche Weiterbildung als Chance, neue interdisziplinäre Weiterbildungsangebote auf Hochschulniveau zu initiieren;
- Kooperationen mit Akteuren aus der Praxis; Aussicht auf weitere Förderungen (z.B. Drittmittel);
- Rückkoppelung der Praxiserfahrungen in die eigene Forschung, das heißt eine Bereicherung der eigenen Forschung;
- Vernetzung in der Region;
- Etablierung oder Stärkung des sozialen Netzwerks in Wissenschaft und Praxis;
- „Erprobung" der Integration von Praxiswissen in die Lehre, das auch eine innovative Vorreiterfunktion für die grundständige Lehre sein könnte;
- Wissenschaftliche Weiterbildung als Personalentwicklungs- und Stellensicherungsmaßnahme des akademischen Mittelbaus.

In der Beratung sollten aber nicht nur einseitig die Sinnhaftigkeit und die Argumente für die Initiierung wissenschaftlicher Weiterbildungsangebote benannt werden, sondern ebenfalls auf die Widersprüchlichkeiten, auf die Spannungsfelder und auf die möglichen Schwierigkeiten bei der Implementierung wissenschaftlicher Weiterbildung verwiesen werden.[12]

Somit betreffen die genannten Aspekte in der „Anreizphase" vorwiegend die Makroebene, die sich auf die übergreifenden Managementfunktionen im Hinblick auf ein Angebot in der wissenschaftlichen Weiterbildung bezieht.

3.2 Konzeptionsphase eines wissenschaftlichen Weiterbildungsangebots

In der Konzeptionsphase wird von den Initiatorinnen oder Initiatoren eines wissenschaftlichen Weiterbildungsangebots in der Regel ein Kurzkonzept zu einem geplanten Weiterbildungsstudiengang oder Zertifikatskurs verfasst, das unter anderem Informationen zum Alleinstellungsmerkmal des Angebots, zu möglichen Kooperationspartnern, zur Finanzierung, zur Teilnehmerakquise, zu den Verantwortlichkeiten und zur zeitlichen Planung enthält (vgl. Seitter/Zink 2013; Seitter/Zink/Hanak 2013). Dieses Konzept wird dann – zusammen mit einem

---

11 Vgl. zu den folgenden Aspekten nur Kahl/Schmitt 2014, S. 157 f.; Kahl/Lengler/Präßler 2015, S. 400.
12 Vgl. zu den Spannungsfeldern und Widersprüchen nur Kahl/Lengler/Präßler 2015, S. 396 f.; Büttner u.a. 2016, S. 195.

positiven Fachbereichsratsbeschluss über die Einrichtung des Weiterbildungs-
studiengangs oder Zertifikatskurses sowie der entsprechenden Vollkostenkalku-
lation – dem Präsidium der Hochschule zur Beschlussfassung vorgelegt.

Die nachfolgenden Inhalte sind für ein Kurzkonzept und somit für einen
Präsidiumsbeschluss bedeutsam und könnten dementsprechend Gegenstand einer Beratung für (potenzielle) akademische Leitungen in der Konzeptionsphase
sein (vgl. Seitter/Zink 2013; Seitter/Zink/Hanak 2013):

- Aspekte im Hinblick auf die inhaltliche Ausrichtung und das Alleinstellungsmerkmal des Studiengangs (z.B. Konkurrenzanalyse, Bedarfsanalyse,
  Marktanalyse);
- die Teilnehmerorientierung;
- die Einbindung von möglichen Kooperationspartnerinnen und Kooperationspartnern (Kooperationsmanagement);
- die Kalkulation und die Berechnung der kostendeckenden Entgelte; die
  Festlegung der Unter- und Obergrenzen für die Teilnehmerzahl;
- Klärungsprozesse mit dem Fachbereich, um den positiven Fachbereichsratsbeschluss herbeizuführen;
- Überlegungen zur Studierendenakquise;
- das Programmmanagement und die Aufteilung der Verantwortlichkeiten;
  die Kalkulation des Personalumfangs;
- die zeitliche Planung und Studienorganisation (Festlegung der Anzahl an
  Leistungspunkten nach ECTS-Punkten pro Semester/Jahr; Festlegung des
  Zeitraums des Weiterbildungsangebots; Zeitplan bis zum ersten Studien-
  durchlauf des Weiterbildungsangebots);
- Überlegungen zur Einbindung von externen Experten, zum Beispiel in
  Form von Fachkuratorien, welche die inhaltliche und organisatorische Ausgestaltung der Weiterbildungsangebote beratend beurteilen.

Im Ergebnis umfassen die genannten Aspekte in der Konzeptionsphase eines
wissenschaftlichen Weiterbildungsangebots analytisch die Makro- und Mesoebene, da sie sich sowohl auf die übergreifenden Managementfunktionen im
Hinblick auf ein Angebot in der wissenschaftlichen Weiterbildung (z.B. das
Kooperationsmanagement; das Programmmanagement) als auch auf die konkrete Gestaltung des Weiterbildungsangebots (z.B. die zeitliche Planung und Studienorganisation) beziehen.

3.3 Entwicklungsphase eines wissenschaftlichen Weiterbildungsangebots

Auf der Grundlage eines positiven Präsidiumsbeschlusses beginnt die Entwicklungsphase eines wissenschaftlichen Weiterbildungsangebots. Die Erfahrungen bei der Angebotsentwicklung in der ersten Förderphase des „WM³"-Projekts haben gezeigt, dass die Vorkenntnisse der (potenziellen) akademischen Leitungen bei der Studiengangentwicklung äußerst heterogen waren. Dies betraf gerade auch das Wissen über gestufte Studiengänge, Modularisierung und Curriculumentwicklung. Dementsprechend sind am Anfang der Beratung bestenfalls die Vorkenntnisse der (potenziellen) akademischen Leitung bezüglich der Studiengangentwicklung zu klären.

Bezogen auf die Makroebene eines wissenschaftlichen Weiterbildungsangebots sind in der Entwicklungsphase die folgenden Inhalte bedeutsam und könnten daher Gegenstand einer Beratung für akademische Leitungen sein (vgl. Seitter/Zink 2013; Seitter/Zink/Hanak 2013):

- Der Bologna-Prozess;
- die Rolle, Funktionen und Aufgaben der Kooperationspartnerinnen und Kooperationspartner (Kooperationsmanagement);
- die Rolle, Aufgaben und Funktionen von externen Expertinnen und Experten, zum Beispiel in Form von Fachkuratorien, die die inhaltliche und organisatorische Ausgestaltung der Weiterbildungsangebote beratend beurteilen;
- die Finanzierung des wissenschaftlichen Weiterbildungsangebots: die Berechnung und Kalkulation der kostendeckenden Entgelte (HHG § 16 Abs. 3), die Finanzierung der verantwortlichen Personen bei der Entwicklung des Weiterbildungsangebots sowie die Suche nach finanzieller Unterstützung durch Dritte;
- die eigene Rolle, die eigenen Funktionen und Aufgaben (Aufgabenmanagement);
- die Aufgaben des Studiengangentwicklers/der Studiengangentwicklerin;
- Überlegungen zum Marketing (z.B. Homepage-Gestaltung) und zur Vermarktung (z.B. Studierendenakquise);
- die Kooperation mit der zuständigen Stelle für Studiengangentwicklung in der Hochschule.

Die Mesoebene bezieht sich auf die konkrete Gestaltung des Weiterbildungsangebots. In der Entwicklungsphase sind die folgenden Themen von besonderer Relevanz:[13]

---

13 Vgl. zu den folgenden Inhalten insbesondere Seitter/Zink 2013; Lengler/Davie 2015, S. 14 f.

- Die methodisch-didaktische Entwicklung des Angebots, insbesondere unter dem Gesichtspunkt der berufsbegleitenden Organisation der Weiterbildung (z.B. der Faktor „Zeit");
- die Modularisierung und das Curriculum (die Integration der Leitideen: Kompetenzorientierung; „Constructive Alignment");
- die Gestaltung der Studien- und Prüfungsordnungen und die Auswahl der Prüfungsverfahren und -methoden;
- die Ausarbeitung der Gebührenordnung;
- Fragen der Anrechnung und Anerkennung bei der Zulassung von Teilnehmenden (vgl. Hanak/Sturm 2015, S. 82);
- Informationen zum Gremienweg; Ablauf und zeitliche Dimension (mit Verweis auf die zuständige Stelle für Studiengangentwicklung in der Hochschule);
- Informationen zur Akkreditierung (mit Verweis auf die zuständige Stelle für Studiengangentwicklung in der Hochschule).

Die mikrodidaktische Ebene bezieht sich auf die einzelnen Module der Angebote in der wissenschaftlichen Weiterbildung. In der Entwicklungsphase eines wissenschaftlichen Weiterbildungsangebots ist auf dieser Ebene insbesondere die Heterogenität der Teilnehmenden von Angeboten in der wissenschaftlichen Weiterbildung zu berücksichtigen (zum Beispiel bei den hochschulischen Zugangswegen, bei den eingebrachten Abschlüssen und Qualifikationen, bei den jeweiligen Berufs- und Familienerfahrungen, bei den Motivationen und Erwartungen). Ebenso haben die Teilnehmenden aufgrund ihres beruflichen Hintergrunds bestimmte Erwartungshaltungen mit Blick auf die Vermittlung von schnell verwertbarem Wissen und mit Blick auf den Praxisbezug der Studieninhalte (vgl. Braun/Rumpf/Rundnagel 2014, S. 19; Kahl/Lengler/Präßler 2015, S. 403). Auch sind angesichts der knappen zeitlichen Ressourcen der Studierenden eine an die Bedürfnisse der Teilnehmenden ausgerichtete zeitliche Programmplanung unabdingbar (z.B. im Hinblick auf die Anzahl und Ausgestaltung von Präsenzveranstaltungen, die Moduldauer und die Verteilung des Workloads) (vgl. Rahnfeld/Schiller 2015, S. 47).

Die folgenden Inhalte und Themen sind bezogen auf die mikrodidaktische Ebene besonders bedeutsam:[14]

- Die Entwicklung der Lehr- und Studienmaterialien und angemessener Lehr- und Lernsysteme;

---

14 Vgl. zu den folgenden Inhalten insbesondere Lengler/Davie 2015, S. 16 f.

- die Auswahl der Lehr- und Lernkonzepte (z.b. aktivierende Lehr- und Lernmethoden, welche die Interaktion zwischen Teilnehmenden und Lehrenden fördern);
- die Formulierung von Lernergebnissen und Lernzielen (fachlich und überfachlich; die Festlegung der Fähigkeiten und Kompetenzen, die Teilnehmende im Rahmen eines Weiterbildungsangebots erlangen);
- die Sensibilisierung für online-gestützte Lehre und Studienformate im Hinblick auf ein orts- und zeitunabhängiges Lernen der Teilnehmenden an den Weiterbildungsangeboten.

Im Ergebnis umfassen die genannten Aspekte bei der Beratung der (potenziellen) akademischen Leitungen im Hinblick auf die Entwicklung eines wissenschaftlichen Weiterbildungsangebots analytisch alle drei didaktischen Ebenen.

3.4 Implementierungsphase eines wissenschaftlichen Weiterbildungsangebots

Im Folgenden sollen auf die besonders wichtigen Aspekte in der Implementierungsphase eines wissenschaftlichen Weiterbildungsangebots eingegangen werden, zu denen die akademischen Leitungen gegebenenfalls Beratungsbedarf haben. Hierzu zählen auf der Makroebene:

- Das Programmmanagement
  - die Klärung der Verantwortlichkeiten bei der Umsetzung des Angebots (zum Beispiel im Hinblick auf die organisatorische Durchführung; die Einstellung des Personals; die Abstimmung mit der Verwaltung im Hinblick auf die Formulierung und den Abschluss von Verträgen)[15];
  - die Akquise und Auswahl der Lehrenden;
  - die genaue Definition der Aufgaben der Studiengangkoordination und der akademischen Leitung bei der Implementierung des Weiterbildungsangebots;
- die Pflege der Zusammenarbeit mit den Kooperationspartnern (Kooperationsmanagement);
- das Marketing und die Vermarktung im Hinblick auf die Teilnehmerakquise für den nächsten Durchgang;
- das Qualitätsmanagement und die Qualitätssicherung (die Evaluation des Angebots, zum Beispiel mit Hilfe einer Studiengangevaluation bzw. Zertifikatskursevaluation und mit Hilfe von Lehrveranstaltungsevaluationen).

---

15 Vgl. hierzu auch Hanft/Zilling 2011, S. 138 f.

Bezogen auf die Mesoebene könnten die Beratungen insbesondere die nachstehend gelisteten Inhalte und Themen umfassen, da sie für die erfolgreiche Umsetzung eines Angebots in hohem Maße einschlägig sind:

- Die Schaffung von klaren Verantwortlichkeiten in Bezug auf die Prüfungsorganisation; die Optimierung der Prüfungsformate und Prüfungsformen sowie der Beurteilungen;[16]
- die Finanzierung des konkreten Weiterbildungsangebots in Anbetracht der vorhandenen Teilnehmerzahlen;
- die Schaffung von Rechtssicherheit und Transparenz bei Fragen der Anerkennung und Anrechnung aus der Praxis; die Schaffung von klaren Verantwortlichkeiten in Bezug auf die Zulassungsorganisation (vgl. Wetzel/Dobmann 2013, S. 29);
- die Berücksichtigung des besonderen Beratungs- und Betreuungsbedarfs der nicht-traditionell Studierenden sowie die Bereitstellung von Angeboten zur „Sozialisation" der Studierenden untereinander und mit den Lehrenden (z.B. durch einführende Veranstaltungen) (vgl. Rahnfeld/Schiller 2015, S. 48; Wetzel/Dobmann 2013, S. 30).

Auf der mikrodidaktischen Ebene sind in der Implementierungsphase die folgenden Themen besonders wichtig, die womöglich in den Beratungen von Studiengangleitungen in der wissenschaftlichen Weiterbildung nachgefragt würden:

- Die methodisch-didaktische Überarbeitung und Optimierung des Angebots (z.B. Überarbeitung von Modulhandbüchern);
- die Konzipierung von vorgeschalteten Brückenkursen, zum Beispiel zum Thema „Wissenschaftliches Arbeiten", um das unterschiedliche Leistungsniveau der Teilnehmerinnen und Teilnehmer auszugleichen;
- die Anpassung und Erweiterung der Lehr- und Lernsysteme, die sich an den konkreten Lehrinhalten orientieren, und die Anpassung der eingesetzten Lehr- und Lernkonzepte sowie die Aktualisierung der Lehrmaterialien;[17]
- die Anpassung der Modultypen, zum Beispiel wenn Präsenzphasen zu dicht aufeinander gefolgt sind;
- die Anpassung und Optimierung des Zeitpunkts der Prüfungen und der Prüfungsformen;
- Verbesserungen bei der Lernumgebung und der online-gestützten Lehre, zum Beispiel durch inhaltliche Beratung und technische Unterstützung;

---

16 Vgl. hierzu auch Wetzel/Dobmann 2013, S. 29.
17 Vgl. hierzu auch Hanft/Zilling 2011, S. 136.

- die Vorbereitung und Qualifizierung der Lehrenden, zum Beispiel im Hinblick auf die Heterogenität der Teilnehmenden in wissenschaftlichen Weiterbildungsangeboten und die besonderen Bedürfnisse der Teilnehmenden.

In der Implementierungsphase eines wissenschaftlichen Weiterbildungsangebots scheint sich bei den Beratungsinhalten keine der drei didaktischen Ebenen als besonders wichtig herauszukristallisieren.
    In einer Gesamtschau der Beratungsinhalte ergibt sich folgendes Bild:

	Makroebene	Mesoebene	Mikroebene
„Anreizphase"	- Klärung der Vorkenntnisse zur wissenschaftlichen Weiterbildung - Vermittlung des Sinns und der Vorteile eines Engagements in der wissenschaftlichen Weiterbildung		
Konzeptionsphase	- Programmmanagement - Finanzierung - Kooperationen	- Inhaltliche Ausrichtung und Alleinstellungsmerkmal des Angebots - Teilnehmerorientierung - Zeitliche Planung und Studienorganisation	
Entwicklungsphase	- Rolle, Aufgaben und Funktionen der Kooperationspartner und Experten - Finanzierung - Aufgabenmanagement - Aufgaben des Studiengangentwicklers - Marketing und Vermarktung	- Methodisch-didaktische Entwicklung des Angebots - Modularisierung und Curriculum - Gestaltung der Studien- und Prüfungsordnung - Anrechnung und Anerkennung - Gremienweg - Akkreditierung	- Entwicklung von Lehr- und Studienmaterialien und angemessener Lehr- und Lernsysteme - Auswahl der Lehr- und Lernkonzepte - Formulierung von Lernergebnissen und Lernzielen - Blended Learning
Implementierungsphase	- Programmmanagement - Kooperationsmanagement - Akquise und Auswahl der Lehrenden - Marketing und Vermarktung - Qualitätsmanagement und Qualitätssicherung	- Prüfungsorganisation - Finanzierung des konkreten Durchgangs - Anrechnung und Anerkennung in der Praxis - Methodisch-didaktische Überarbeitung und Optimierung des Angebots	- Brückenkurse - Anpassung und Erweiterung der Lehr- und Lernsysteme sowie der Lehr- und Lernkonzepte - Aktualisierung der Lehrmaterialien - Verbesserung der Lernumgebung und der online-gestützten Lehre - Qualifizierung der Lehrenden

Abbildung 2:   Auswahl an Themen der Beratungs- und Fortbildungsformate nach zeitlichen Phasen und didaktischen Analyseebenen (eigene Darstellung)

4   Beratungsformen und -dimensionen

In diesem Kapitel werden nun die Möglichkeiten und Wege dargestellt, durch
wen und wie die (potenziellen) Studiengangleitungen in der wissenschaftlichen
Weiterbildung idealerweise über die Inhalte und Themen beraten werden können. Dabei werden auch Bezüge zum Beratungsverständnis – informative Beratung, Erfolgsberatung und Qualitätsberatung – sowie zu den Zielsetzungen der
Beratung hergestellt. Wie bei den Beratungsinhalten wird hier insbesondere auf
das Erfahrungswissen der Projektleitungen und -koordinatorinnen von „WM³"
mit (potenziellen) akademischen Leitungen zurückgegriffen, die bei der Entwicklung und Umsetzung von wissenschaftlichen Weiterbildungsangeboten
gemacht worden sind.

Eine zentrale Herausforderung im Hinblick auf die Umsetzung des Beratungsangebots besteht darin, Beratungsformate anzubieten, die dem Bedarf und
den Bedürfnissen der (potenziellen) Studiengangleitungen in der wissenschaftlichen Weiterbildung entsprechen, wie zum Beispiel den äußerst begrenzten zeitlichen Ressourcen der Zielgruppe. Eine Qualifizierung durch ganztägige Workshops kommt für die Professorinnen und Professoren allein schon aus
Zeitgründen nicht in Frage.[18] Darüber hinaus benötigen die Professorinnen und
Professoren in der Beratung aktuelle Informationen, die ihre dringlichen Fragen
beantworten und etwaige Probleme lösen.

4.1   *Direkte Beratung, Selbststudium und kollegiale Beratung/Vernetzung*

Die Inhalte der Beratung sollten erstens durch die direkte Beratung vermittelt
werden. Dabei sollte die Beratung der (potenziellen) akademischen Leitung die
für wissenschaftliche Weiterbildung zuständige Person (z.B. vom Präsidium be-
rufener Weiterbildungsbeauftragter) oder die Mitarbeitenden der für wissenschaftliche Weiterbildung zuständigen Stelle an der Hochschule (z.B. Zentrum,
Stabsstelle, Referat) übernehmen.

Bei Bedarf sollten weitere Mitarbeitende aus der Universitätsverwaltung
hinzugezogen werden, zum Beispiel bei rechtlichen oder finanztechnischen Fragen. Dies ist etwa bei Vertrags- und Personalangelegenheiten relevant, bei denen die Beraterin oder der Berater sofort an die zuständige Person verweisen
kann. Auch wird der Kontakt zu den verantwortlichen Personen in der Studien-

---

18   Die Teilnehmerdaten der Veranstaltungen innerhalb des Zertifikatsprogramms: „Kompetenz für
professionelle Hochschullehre mit dem Schwerpunkt wissenschaftliche Weiterbildung" haben
offenbart, dass nur sehr wenige Professorinnen und Professoren die Workshops besucht haben.
Vgl. hierzu auch die Ausführungen von Braun/Rumpf 2018.

beratung, im Bereich Einschreibung/Zulassung oder im Bereich (Weiter-)Entwicklung und Akkreditierung von Studiengängen im Sinne einer Informationsschnittstelle direkt hergestellt. Falls gewünscht, finden die Gesprächsrunden gemeinsam statt.

Neben der direkten Beratung sollten die (potenziellen) akademischen Leitungen zweitens die Möglichkeit bekommen, sich durch Selbststudium individuell je nach Vorkenntnissen und Bedarfen neue Themen und Inhalte zu erarbeiten. Zu diesem Zweck ist es sinnvoll, ihnen inhaltlich vorstrukturierte, anwendungsorientierte Unterlagen zur Verfügung zu stellen. Die themenbezogenen Dokumente sollten dabei medial so aufbereitet sein, dass sich die Professorinnen und Professoren eigenständig fortbilden und bestenfalls ihre Fragen bezüglich der Konzeption, Entwicklung und Implementierung von wissenschaftlichen Weiterbildungsangeboten selbst beantworten können.

Drittens sollten Vernetzungstreffen und „kollegiale Beratungen"[19] für (potenzielle) Studiengangleitungen angeboten werden. Derartige „Vernetzungstreffen" bieten auf der Ebene der akademischen Leitungen einen geeigneten Rahmen für einen intensiven Austausch zu einschlägigen Themen mit Kolleginnen und Kollegen auf der professoralen Ebene. Thematisch könnte zum Beispiel bei Bedarf eine kollegiale Beratung zur „Integration von Praxiswissen in die Lehre" oder zum Qualitätsmanagement angeboten werden. Somit werden das Wissen, die Erfahrungen und die Kompetenzen der akademischen Leitungen genutzt, um etwaige Probleme zu diskutieren und Lösungswege aufzuzeigen. Voraussetzung und Basis einer kollegialen Beratung wären selbstverständlich die Bereitschaft der Professorinnen und Professoren zu einem solchen Austausch, gegenseitige Wertschätzung und Vertraulichkeit.

Im Hinblick auf das in diesem Beitrag zugrunde gelegte Beratungsverständnis können die folgenden Schlussfolgerungen gezogen werden:

Die Direktberatung umfasst alle Formen und Zielsetzungen des Beratungsverständnisses, da bei diesem Beratungsformat die Weitergabe von Informationen, die Frage des Erfolgs und der „Machbarkeit" sowie die Qualität eines Weiterbildungsangebots im Mittelpunkt stehen. Beim Selbststudium hingegen ist nur die informative Beratung von zentraler Bedeutung, da es hier in erster Linie um die Vermittlung von Informationen geht. Bei der kollegialen Beratung und Vernetzung ist neben der informativen Beratung insbesondere die Qualitätsbera-

---

19 Eva-Maria Schumacher definiert „Kollegiale Beratung" wie folgt: „Lehrende treffen sich regelmäßig, um über Fragen der Lehre und andere Anliegen nach einer vorgegebenen und eingeübten Struktur zu arbeiten. Ein Teilnehmer fungiert dabei als Moderator. Häufig wird ein externer Moderator für die Anfangsphase hinzugezogen." Siehe: http://www.constructif.de/forschung-entwicklung/hochschulcoaching/ (Zugriff am 07.03.2017).

tung einschlägig. Mit Hilfe dieser Beratungsform soll vor allem die Qualität der Angebote in der wissenschaftlichen Weiterbildung gesteigert werden.

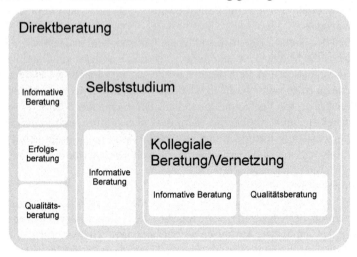

Abbildung 3:   Beratungsformen und ihre Bezüge zum Beratungsverständnis (eigene Darstellung)

4.2 Die Dimensionen der Beratung

Die Formen der Beratung lassen sich mit Blick auf die inhaltlichen, zeitlichen, sozialen und medialen Dimensionen von Beratung weiter ausdifferenzieren.

Die bisherigen Ausführungen zu den Themen haben verdeutlicht, dass die Inhalte und der Umfang der Beratungen je nach Vorwissen, Kenntnisstand und Fragen der (potenziellen) akademischen Leitungen deutlich differieren (können). Beratung kann sich inhaltlich auf (tendenziell) alle aufgeführten Themen beziehen oder nur anlassbezogen, selektiv, zu bestimmten Themen in Anspruch genommen werden.

In zeitlicher Perspektive kann sich die Beratung und Begleitung – sofern dies von der Rat suchenden Person gewünscht wird – als Prozessberatung von Beginn des „Anreizes" eines wissenschaftlichen Weiterbildungsangebots an über die Konzeption und Entwicklung des Angebots bis hin zu dessen Implementierung erstrecken. Möglich ist aber auch eine punktuelle Beratung nur an „kritischen Punkten". Somit kann die Beratung in zeitlicher Hinsicht höchst individuell gestaltet werden. Sie ist flexibel und reicht von einer einmaligen Beratung bis hin zu einer umfassenden, mehrmaligen, prozessbegleitenden Beratung.

Die im vorherigen Kapitel beschriebenen drei Beratungsformen haben verdeutlicht, dass die Beratung eine soziale Dimension hat. Sie wird entweder in der Form des Selbststudiums und damit sozial „isoliert" umgesetzt, durch eine einzelne Person oder durch mehrere Personen.

Schließlich hat die Beratung auch eine mediale Dimension: Sie erfolgt in erster Linie persönlich, telefonisch oder per Mail. Beim Selbststudium werden idealerweise Fortbildungsunterlagen und Materialien verwendet, bei denen dynamische Medien und interaktive Komponenten integriert werden. Somit erfolgt die Informationsvermittlung unter anderem durch Videos, Animationen oder Simulationen.

Abbildung 4: Beratungsformen und -dimensionen (eigene Darstellung)

5   Fazit und Ausblick

Das erste Ziel dieses Beitrags bestand darin, die Beratungsbedarfe und -bedürfnisse von (potenziellen) Studiengangleitungen in der wissenschaftlichen Weiterbildung zu identifizieren und zu beschreiben. Dabei wurden mit den drei didaktischen Ebenen und dem zeitlichen Aspekt zwei unterschiedliche Bezugspunkte gewählt. Im Ergebnis wurde im Hinblick auf die Beratungsinhalte deutlich, dass in der „Anreizphase" vorwiegend Beratungsbedarf auf Seiten der (potenziellen) akademischen Leitungen auf der Makroebene besteht. In der Konzeptionsphase kommen zusätzlich zu den Themen auf der Makroebene Aspekte auf der Mesoebene hinzu. Erst in der Entwicklungsphase sind Themen aller drei Ebenen relevant, da nun die konkreten Studieninhalte entwickelt werden müssen. In der Implementierungsphase – so scheint es – kristallisiert sich wie in der Entwicklungsphase analytisch keine der drei didaktischen Ebenen als besonders wichtig heraus.

Hinsichtlich der Umsetzung des Beratungsangebots wurde vorgeschlagen, die Inhalte und Themen über drei Beratungsformen an die Zielgruppe der akademischen Leitungen zu vermitteln: Durch die Direktberatung, durch das Selbststudium sowie durch die kollegiale Beratung und Vernetzung. Bezogen auf das in diesem Beitrag zugrunde gelegte Beratungsverständnis sind bei der Direktberatung alle drei Beratungsziele einschlägig (informative Beratung, Erfolgsberatung und Qualitätsberatung). Beim Selbststudium steht die informative Beratung im Mittelpunkt; bei der kollegialen Beratung und Vernetzung werden vor allem die informative Beratung und Qualitätsberatung praktiziert.

Das in diesem Beitrag beschriebene Beratungskonzept ist an den drei Verbundhochschulen bisher erst ansatzweise erprobt und umgesetzt worden. Bislang wurde bei der Entwicklung von wissenschaftlichen Weiterbildungsangeboten vor allem die Direktberatung praktiziert. Die Form des Selbststudiums wurde noch nicht eingesetzt, da die entsprechenden Unterlagen und Materialien in adäquater Form erst noch aufgearbeitet werden müssen. Die kollegiale Beratung und Vernetzung wird bereits auf der Ebene der Studiengangkoordinierenden von wissenschaftlichen Weiterbildungsangeboten erprobt: Auf dieser Ebene finden einmal pro Semester so genannte Vernetzungstreffen statt. Darüber hinaus gab es bereits ein erstes „Vernetzungstreffen" der akademischen Leitungen anlässlich der geplanten Gründung des Zentrums für wissenschaftliche Weiterbildung an der Philipps-Universität Marburg im November 2016.

Für die Zukunft wird weiter an den Voraussetzungen für die (vollständige) Umsetzung des Konzepts gearbeitet, um so empirische Erfahrungen in der multidimensionalen Beratung von Studiengangleitungen sammeln zu können.

Literatur

Braun, Monika (2012): *Das Zertifikat „Kompetenz für professionelle Hochschullehre mit dem Schwerpunkt wissenschaftliche Weiterbildung"*, abrufbar unter: http://www. wmhoch3.de/images/dokumente/Konzept_HDM_Zertifikat.pdf (Zugriff am 07.03.2017).
Braun, Monika (2015): *Evaluation des Zertifikatsprogramms: „Kompetenz für professionelle Hochschullehre mit dem Schwerpunkt wissenschaftliche Weiterbildung"*. Arbeitspaket 7: Evaluation und Optimierung des HDM-Zertifikats mit dem Schwerpunkt wissenschaftliche Weiterbildung, abrufbar unter: http://www.wmhoch3.de/ images/dokumente/Konzept_HDM_Zertifikat.pdf (Zugriff am 07.03.2017).
Braun, Monika/Rumpf, Marguerite (2018): Qualifizierung des Personals in der wissenschaftlichen Weiterbildung: Das Zertifikatsprogramm und die Modulwerkstatt von WM³ Weiterbildung Mittelhessen In: Seitter, Wolfgang/Friese, Marianne/Robinson,

Pia (Hrsg.): *Wissenschaftliche Weiterbildung zwischen Entwicklung und Implementierung*. Wiesbaden: Springer VS, S. 95-128.

Braun, Monika/Rumpf, Marguerite/Rundnagel, Heike (2014): Hochschuldidaktische Qualifizierung von Lehrenden in der wissenschaftlichen Weiterbildung. Das Zertifikatsprogramm „Kompetenz für professionelle Hochschullehre mit dem Schwerpunkt wissenschaftliche Weiterbildung. In: *Hochschule und Weiterbildung*, H. 2, S. 19-23.

Büttner, Beatrice C./Nerdinger, Friedemann W./Koscher, Kerstin/Schuldt, Juliane/Göbel, Stefan/Tauer, Jan (2016): Implementierung wissenschaftlicher Weiterbildung und Lebenslanges Lernen an der Universität Rostock. Projekt KOSMOS an der Universität Rostock. In: Hanft, Anke/Brinkmann, Katrin/Kretschmer, Stefanie/Maschwitz, Annika/Stöter, Joachim (Hrsg.): *Organisation und Management von Weiterbildung und Lebenslangem Lernen an Hochschulen. Ergebnisse der wissenschaftlichen Begleitung des Bund-Länder-Wettbewerbs Aufstieg durch Bildung: offene Hochschulen*, Band 2, Münster: Waxmann, S.187-204.

Gieseke, Wiltrud (2000): Beratung in der Weiterbildung – Ausdifferenzierung der Beratungsbedarfe. In: *Literatur und Forschungsreport Weiterbildung 46*, S. 10-17.

Hanak, Helmar/Sturm, Nico (2015): *Außerhochschulisch erworbene Kompetenzen anrechnen – Praxisanalyse und Implementierungsempfehlungen*. Wiesbaden: Springer VS.

Hanft, Anke/Maschwitz, Annika/Hartmann-Bischoff, Monika (2013): Beratung und Betreuung von berufstätigen Studieninteressierten und Studierenden. In: Hanft, Anke/Brinkmann, Katrin (Hrsg.): *Offene Hochschulen. Die Neuausrichtung der Hochschulen auf lebenslanges Lernen*. Münster: Waxmann, S. 110-119.

Hanft, Anke/Zilling, Michaela (2011): Qualitätssicherung und -management im Lifelong Learning an Hochschulen. In: Tomaschek, Nino/Gornik, Elke (Hrsg.): *The Lifelong Learning University*. Münster/New York/München/Berlin: Waxmann, S. 127-140.

Kahl, Ramona/Lengler, Asja/Präßler, Sarah unter Mitarbeit von Lutzmann, Franziska (2015): Akzeptanzanalyse. Forschungsbericht zur Akzeptanz innerhochschulischer Zielgruppen. Verwaltungspersonal, wissenschaftliches Personal. In: Seitter, Wolfgang/Schemann, Michael/Vossebein, Ulrich (Hrsg.): *Zielgruppen in der wissenschaftlichen Weiterbildung. Empirische Studien zu Bedarf, Potential und Akzeptanz*, Wiesbaden: Springer VS, S. 291-408.

Kahl, Ramona/Schmitt, Thomas (2014): Die Institutionalisierung wissenschaftlicher Weiterbildung zwischen organisations- und professionsbezogenen Herausforderungen. In: Weber, Susanne Maria/Göhlich, Michael/Schröer, Andreas/Schwarz, Jörg (Hrsg.): *Organisation und das Neue. Beiträge der Kommission Organisationspädagogik*, Wiesbaden: Springer VS, S. 151-160.

Lengler, Asja/Davie, Kristina (2015): *Hochschulübergreifende Qualitätsstandards und -kriterien des Verbundprojektes „WM³ Weiterbildung Mittelhessen"*, abrufbar unter: http://www.wmhoch3.de/images/dokumente1/Handreichung_Qualitaet.pdf (Zugriff am 07.03.2017).

Maier, Marc-Oliver (2014): *Beratung und Unterstützung an Hochschulen im Kontext lebenslangen Lernens*. Positionspapier. Querschnittsaufgabe Beratung. Perspektiven – Analysen – Empfehlungen.

Nfb – Nationales Forum Beratung in Bildung, Beruf und Beschäftigung (Nfb) und Forschungsgruppe Beratungsqualität am Institut für Bildungswissenschaft der Ruprecht-Karls-Universität Heidelberg (Hrsg.) (2011): *Qualitätsmerkmale guter Beratung. Erste Ergebnisse aus dem Verbundprojekt; Koordinierungsprozess Qualitätsentwicklung in der Beratung für Bildung, Beruf und Beschäftigung.* Berlin/Heidel-
berg, abrufbar unter: http://www.forum-beratung.de/cms/upload/Veroeffentlichun-
gen/Eigene_Veroeffentlichungen/qmm_guter_Beratung_2011.pdf. (Zugriff am
09.02.2017).

Pellert, Ada (2013): Rollenkonzepte in der akademischen Weiterbildung – eine Aufgabe
für die Personalentwicklung. In: Hofer, Christian/Schröttner, Barbara/Unger-
Ullmann, Daniela (eds.): *Akademische Lehrkompetenzen im Diskurs.* Theorie und
Praxis. A Discourse on Academic Teaching Competencies. Theory and Practice,
Münster/New York/München/Berlin: Waxmann, S. 95-102.

Rahnfeld, Romy/Schiller, Jan (2015): Der Zugang nicht-traditionell Studierender zur
wissenschaftlichen Weiterbildung. Erfordernisse an die Didaktik in der Studien-
gangsentwicklung. In: *Beiträge zur Hochschulforschung* 37, H. 1, S. 26-50.

Seitter, Wolfgang/Zink, Franziska (2013): *Eckpunkte für die Entwicklung von berufsbegleitenden, weiterbildenden Masterstudiengängen im Rahmen von WM³ an der Philipps-Universität Marburg,* abrufbar unter: http://www.wmhoch3.de/images/doku-
mente/Leitfaden_zur_Konzepterstellung_Master_der_UMR.pdf (Zugriff am
07.03.2017)

Seitter, Wolfgang/Zink, Franziska/Hanak, Helmar (2013): *Eckpunkte für die Entwicklung
von berufsbegleitenden, weiterbildenden Zertifikatsprogrammen im Rahmen von
WM³ an der Philipps-Universität Marburg,* abrufbar unter: http://www.wm-
hoch3.de/images/dokumente/Leitfaden_zur_Konzepterstellung_Zertifikate_der_U
MR.pdf (Zugriff am 07.03.2017).

Stimm, Maria (2016): Berufs- und Weiterbildungsberatung unter professionellem Anspruch. In: Gieseke, Wiltrud/Stimm Maria (Hrsg.): *Praktiken der professionellen
Bildungsberatung. Innensichten auf die Entscheidungsfindung im Beratungsprozess,* Wiesbaden, Springer VS, S. 1-26.

Stimm, Maria/Gieseke, Wiltrud (2016): Unterstützung von Entscheidungsprozessen
durch professionelle Bildungsberatungspraktiken. In: Gieseke, Wiltrud/Nittel, Diet-
er (Hrsg.): *Handbuch Pädagogische Beratung über die Lebensspanne,* Weinheim
und Basel, Beltz Juventa, S. 493-504.

Wetzel, Kathrin/Dobmann, Bernd (2013): Erwartungen an Qualität in der Weiterbildung
aus Hochschul- und Unternehmensperspektive – eine vergleichende Untersuchung.
In: *REPORT* 36, H. 3, S. 25-34.

Websites

WM³ Weiterbildung Mittelhessen: http://www.wmhoch3.de

Constructif, Institut für konstruktives Arbeiten, Leben und Lernen (inhaltliche Verantwortung: Eva-Maria Schumacher): http://www.constructif.de

Kooperationsmanagement in der wissenschaftlichen Weiterbildung. Ein Aufgaben- und Kompetenzprofil

Katharina Spenner[1]

Zusammenfassung

Kooperative Aktivitäten auf hochschulinterner und -externer Ebene gewinnen im Rahmen der wissenschaftlichen Weiterbildung immer mehr an Bedeutung. Durch die Bündelung von Ressourcen können gemeinsam entwickelte Angebote marktfähig beworben und durchgeführt und auf diese Weise auch die nachhaltige Verstetigung und kontinuierliche Optimierung der wissenschaftlichen Weiterbildung in die Hochschulstukturen befördert werden. Dafür bedarf es eines professionellen Kooperationsmanagements, welches aus entsprechenden Expertinnen und Experten besteht, die zur Umsetzung dieser umfassenden Aufgabe verschiedene Rollen und Funktionen einnehmen. Welche Aufgaben und Kompetenzen für Kooperationsmanagende im Bereich der wissenschaftlichen Weiterbildung anfallen können und wie ein entsprechendes Aufgaben- und Kompetenzprofil ausgestaltet sein kann, wird im vorliegenden Artikel aufgezeigt.

Schlagwörter

Kooperationsmanagement, Aufgaben- und Kompetenzprofil, Rollen und Funktionen, Wissenschaftliche Weiterbildung, Verstetigung, Professionalisierung

Inhalt

---

1   *Katharina Spenner* | Philipps-Universität Marburg

1 Einleitung

Sowohl die hochschulinterne Zusammenarbeit als auch hochschulexterne Kooperationen gewinnen in der wissenschaftlichen Weiterbildung immer mehr an Bedeutung. Durch die Bündelung unterschiedlicher Stärken der Partnerinnen und Partner kann es besser gelingen, wissenschaftliche Weiterbildung zu etablieren und die entwickelten Angebote am Markt zu festigen (vgl. Habeck 2015, S. 38f.; Alke 2015, S. 15; Maschwitz 2014, S. 6ff.; Dollhausen 2013, S. 27). Maschwitz bezeichnet kooperative Aktivitäten auch als „Mittel und Voraussetzung, um Bedarfen eines sich ändernden Arbeitsmarktes und sich ändernder Studienstrukturen gerecht zu werden" (Maschwitz 2014, S. 6). Dabei sind zum einen die hochschulinterne Zusammenarbeit und zum anderen externe Kooperationen zwischen Hochschulen und (organisationalen und individuellen) Partnerinnen und Partnern aus der Region gleichermaßen von Bedeutung. Da in der wissenschaftlichen Weiterbildung vielfältige Anspruchsgruppen auf interner und externer Seite zusammen kommen und die Herausforderung darin besteht, eine gemeinsame Basis der Zusammenarbeit zu finden, ist auch das Managen dieser kooperativen Aktivitäten höchst komplex und bedarf einer besonderen Betrachtung (vgl. Seitter/Schemmann/Vossebein 2015, S. 23; Dammer 2011, S. 38; Bornhoff/Frenzer 2006, S. 101f.). Ganz im Sinne der Öffnung der Hochschulen und des Lebensbegleitenden Lernens kann auch ihr „Potenzial[ ] zur Öffnung, programmatischen Erweiterung und strukturellen Innovation des Weiterbildungsbereichs" (Dollhausen/Feld 2010, S. 25) hervorgehoben werden.

Durch die Einrichtung eines professionellen Kooperationsmanagements kann der Erfolg der wissenschaftlichen Weiterbildung positiv beeinflusst werden. Um dies weiter zu spezifizieren, liegt der Fokus im Folgenden auf der Darstellung eines Aufgaben- und Kompetenzprofils für das hochschulinterne und -externe Kooperationsmanagement im Rahmen der wissenschaftlichen Weiterbildung. Empirische Grundlage des Artikels sind Forschungsergebnisse aus dem Arbeitspaket „Kooperationsmanagement und Dozierendengewinnung" des Verbundprojekts „WM³ Weiterbildung Mittelhessen".[2] Aufgrund der Komplexität

---

[2] Die drei mittelhessischen Hochschulen Justus-Liebig-Universität Gießen, Philipps-Universität Marburg und Technische Hochschule Mittelhessen haben sich im Hinblick auf ihre gemeinsamen Entwicklungsplanungen im Bereich der wissenschaftlichen Weiterbildung zum Verbundprojekt „WM³ Weiterbildung Mittelhessen" zusammen geschlossen, um mit Hilfe des BMBF-Wettbewerbs „Aufstieg durch Bildung: offene Hochschulen" ein an wirtschaftlichen und gesellschaftlichen Interessen optimal ausgerichtetes Weiterbildungsangebot zu schaffen und zu einer nachhaltigen Stärkung der wissenschaftlichen Weiterbildung an den Hochschulen beizutragen. Dieses Vorhaben wurde in der ersten Förderphase (2011-2015) aus Mitteln des BMBF und aus dem ESF der EU mit den Förderkennzeichen 16OH11008, 16OH11009, 16OH11010 und in der zweiten Förderphase (2015-2017) mit den Förderkennzeichen 16OH12008, 16OH12009,

und gleichzeitigen Bearbeitungsnotwendigkeit von internen und externen Strukturen in der wissenschaftlichen Weiterbildung werden sowohl die internen Zusammenarbeitsprozesse als auch die externen interorganisationalen Kooperationen betrachtet.

Diese dezidierte begriffliche Unterscheidung zwischen internen Zusammenarbeitsprozessen und externen Kooperationsaktivitäten wurde im Rahmen des Arbeitspaketes bewusst getroffen. Insbesondere in den Interviews mit hochschulinternem Personal, das wenig bis keinen Kontakt zu externen Akteurinnen und Akteuren hat, aber innerhalb der Hochschule eine Vielzahl von Zusammenarbeitsformen unterhält, wurde deutlich, dass der Begriff der internen Kooperation irreführend war und nicht mit intraorganisationalen Handlungen assoziiert wurde, sondern vielmehr als etwas ‚Außerhochschulisches‘ und ‚Offizielleres‘ angesehen wurde. Nuissl unterstützt diese Beobachtungen, indem auch er festhält, dass der Kooperationsbegriff *„für eine Zusammenarbeit innerhalb einer Einrichtung nicht gebraucht [wird].“* (Nuissl 2010, S. 20, Herv. i. O.). Insofern erscheint eine Differenzierung angemessen. Unter hochschulinterner Zusammenarbeit werden demnach die intraorganisationalen Aktivitäten der Zusammenarbeit zwischen Hochschulangehörigen verschiedener Abteilungen, Fachbereiche, Institute oder Einheiten verstanden. Hochschulexterne Kooperationen beziehen sich hingegen auf interorganisationale Handlungen der gemeinsamen Arbeit zwischen Hochschulangehörigen und externen institutionellen oder individuellen Partnerinnen und Partnern. Eine Unterscheidung mit Blick auf die anfallenden Aufgaben und die dafür notwendigen Kompetenzen nach internen und externen Bereichen erscheint allerdings aufgrund der derzeitigen empirischen Datengrundlage als nicht zielführend, weshalb eine umfassende Metaperspektive mit Blick auf das Aufgaben- und Kompetenzprofil angestrebt wird. Eine weitere Besonderheit des vorliegenden Untersuchungsfeldes besteht darin, dass es für den spezifischen Bereich der konkreten Ausgestaltung des Kooperationsmanagements für die wissenschaftliche Weiterbildung bisher wenige Ergebnisse gibt.[3] Aus diesem Grund wird sich der Frage, wie das Aufgaben- und Kompetenzprofil für Kooperationsmanagende in diesem speziellen Fall ausgestaltet sein sollte, in explorativer Weise genähert.

Nachdem zunächst erläutert wird, wie Kooperationsmanagement theoretisch in der Fachliteratur für den Bereich der Weiterbildung und im speziellen

16OH12010 aus Mitteln des BMBF gefördert. Weitere Projektinformationen sind unter www.wmhoch3.de zu finden.
3   Ausgenommen und gleichzeitig besonders hervorzuheben sind die Arbeiten von Annika Maschwitz, die sich schwerpunktmäßig mit dem Feld der externen Kooperationen zwischen Hochschulen und Wirtschaftsunternehmen im Kontext der wissenschaftlichen Weiterbildung beschäftigen. Ihre Dissertationsschrift bildet eine wichtige Grundlage für die hier vorgestellten Ergebnisse (vgl. Maschwitz 2014, 2015).

für die wissenschaftliche Weiterbildung dargestellt wird (Kap. 2), folgt im Anschluss daran die Vorstellung der empirischen Ergebnisse aus dem Projektkontext, die sich in Aufgaben (Kap. 3.1) und Kompetenzen im Kooperationsmanagement der wissenschaftlichen Weiterbildung (Kap. 3.2) untergliedern und
mit entsprechenden Zitaten unterlegt sind. Es folgen schließlich Schlussfolgerungen für das Aufgaben- und Kompetenzprofil (Kap. 4) und ein abschließender
Ausblick (Kap. 5).

2   Kooperationsmanagement in der Fachliteratur

Die steigende Notwendigkeit von kooperativen Aktivitäten in der wissenschaftlichen Weiterbildung auf hochschulinterner und -externer Ebene und das damit
einhergehende Erfordernis der Einrichtung eines professionellen Kooperationsmanagements bilden die Grundlage der weiteren Ausführungen. Diese sollen einen Überblick über das Kooperationsmanagement im Feld der (wissenschaftlichen) Weiterbildung auf der Basis einschlägiger Fachliteratur geben. Konkret
geht es um Begriffsdefinitionen, um die Bedeutung von Rollen und Funktionen
und die Klärung von Zuständigkeiten (Kap. 2.1) sowie um eine Ausführung
über die Aufgabenvielfalt von und die Kompetenzanforderungen an Kooperati-
onsmanagende(n) im Weiterbildungskontext (Kap. 2.2).

2.1   Grundlegende Informationen zum Kooperationsmanagement

Mickler und Dollhausen definieren Kooperationen als „das planvolle Zusam-
menwirken von Handlungen unter einer gemeinsamen Zielperspektive" (Doll-
hausen/Mickler 2012, S. 146) und verstehen unter Kooperationsmanagement alle „damit verbundenen Aufgaben der Planung, Initiierung, Organisation,
Steuerung, Kontrolle und ggf. Beendigung der Zusammenarbeit" (ebd., S. 147).
Sie sehen darin „eine vielseitige Managementaufgabe in Organisationen [...],
die eine zielgerichtete und ergebnisorientierte Zusammenarbeit gewährleisten
soll." (ebd., S. 147).
   Für die gemeinsame Zusammenarbeit sind die Besetzung von Funktionsrollen, die Klärung von Zuständigkeiten und die transparente und kollektive Zu-
weisung von Verantwortlichkeiten innerhalb der Kooperation von zentraler Bedeutung für den Erfolg derselben und das Erreichen der gesetzten Ziele (vgl.
Bornhoff/Frenzer 2006, S. 101; Dollhausen/Mickler 2012, S. 117f.). Eine vertrauensvolle und offene Kooperationskultur mit entsprechenden Kommunikationsstrukturen kann zu einer fairen und den Kompetenzen der einzelnen Akteurinnen und Akteure angemessenen Zuordnung beitragen (vgl. ebd., S. 81f.,

117ff.). Bornhoff und Frenzer zufolge verkörpern Kooperationsmanagende eine der zentralen Funktionsrollen in Kooperationen, da sie die Kooperationsabläufe koordinieren, begleiten und alle Partner zusammenbringen (vgl. Bornhoff/Frenzer 2006, S. 102; vgl. auch Quilling et al. 2013, S. 66).
Im Kooperationsmanagement fallen eine Vielzahl von Aufgaben an. Eine dieser Aufgaben bezieht sich auf eben diese Klärung und schriftliche Fixierung von Zuständigkeiten und Verantwortlichkeiten, die jedoch immer mit den Kooperationspartnerinnen und -partnern gemeinsam erfolgen sollte (vgl. Dollhausen/Mickler 2012, S. 118).

2.2 Aufgaben und Kompetenzen im Kooperationsmanagement

Die Aufgaben im Kooperationsmanagement[4] für den Bereich der (wissenschaftlichen) Weiterbildung können je nach Kooperationsphase in unterschiedlicher Form anfallen und an Bedeutung gewinnen oder verlieren (vgl. Tab. 1). Insgesamt umfasst das Kooperationsmanagement eine große Bandbreite an Zuständigkeiten und Verantwortlichkeiten. Diese können sich auf alle Kooperationsentwicklungsphasen beziehen, „motivierende, vertrauensfördernde und regulierende Maßnahmen" (Dollhausen/Mickler 2012, S. 112) beinhalten und sollten „die Sicherstellung der finanziellen, strukturellen, formalen und sozialen Bedingungen der Zusammenarbeit [...]" (ebd., S. 112) in den Fokus nehmen.

Phasen	Aufgaben des Kooperationsmanagements
Idee und Anstoß	Aufgreifen von Anstößen, Klären von Motiven, Überprüfen vorhandener Ressourcen und Kompetenzen
Aufbau	Suche nach und Ansprache von geeigneten Kooperationspartnern, Klären von Erwartungen, Forderungen und finanziellen Möglichkeiten
Konstituierung	Vereinbaren und Definieren von Zielen, Spielregeln und Kooperationsleitbild
Arbeitsphase	Entwickeln und Optimieren von Arbeitsformen, Meilensteinplanung, Umgang mit Konflikten und Krisen
Controlling	Prozessbegleitendes Monitoring, Controlling von Ergebnissen
Veränderungen	Management der Veränderung von Zielen, Absprachen und Arbeitsschwerpunkten, vertraglichen Regelungen
Abschluss	Auswertung der Kooperationsergebnisse und -erfahrungen, Evaluation, Abschlussgespräche, Maßnahmen zur Nachhaltigkeit

Tabelle 1:   Kooperationsphasen und -aufgaben (vgl. Dollhausen/Mickler 2012, S. 112f.).

---

4   Auf eine umfassende Darstellung unterschiedlicher Kooperationsmanagementansätze wird an dieser Stelle verzichtet. Eine detaillierte Übersicht findet sich bei Maschwitz 2014, S. 73ff.

So ist, Dollhausen und Mickler zufolge, beispielsweise in der Phase der Ideen-
findung und des Anstoßes besonders wichtig, die Motive der eigenen Organisation zu klären und die eigenen Ressourcen zu überprüfen, um die Ausgangslage
abzubilden, wohingegen in der unmittelbaren Arbeitsphase die Entwicklung von
konkreten Arbeitsformen und der Umgang mit Konflikten eine zentrale Rolle
einnehmen (vgl. ebd., S. 112f.). Quilling et al. fassen die wesentlichen Aufgaben im Kooperationsmanagement als Koordinieren, Kommunizieren, Moderie-
ren, Organisieren und Administrieren, Steuern und Kontrollieren, Bearbeiten
von Konflikten und Umsetzen von Serviceorientierung zusammen (vgl. Quilling
et al. 2013, S. 69). Bornhoff und Frenzer ergänzen die Aufgabenliste u.a. durch
ein generelles Vermitteln und Transportieren der Kooperationsidee, zur Entwicklung und Beschreibung neuer Ziele und Visionen, zur Ausgestaltung eines
Leitbildes, zur Unterstützung bei der Entwicklung von Strukturen und Rollen,
zur Außendarstellung, zur Mittelakquise, zur Konfliktklärung und zur Entwicklung einer Kooperationskultur (vgl. Bornhoff/Frenzer 2006, S. 102f.)

Zur Herausarbeitung zentraler Kompetenzen[5] für das Kooperationsmanagement wurden die Modelle von Kocot 2006 und Quilling et al. 2013 herangezogen, die im Folgenden erläutert und zur weiteren Argumentation zusammengefasst werden. Nach Kocot lassen sich vier Kompetenzfelder aufzeigen,
wie Abbildung 1 verdeutlicht.

Abbildung 1: Wichtige Kompetenzen für das Kooperationsmanagement in der
(wissenschaftlichen) Weiterbildung (vgl. Kocot 2006, S. 33;
eigene Darstellung)

---

5   Arnold (2010, S. 172) definiert Kompetenzen als „Handlungsvermögen der Person", „subjekt-
orientiert" und „ganzheitlicher ausgerichtet." Kompetenz „umfasst nicht nur inhaltliches bzw.
fachliches Wissen und Können, sondern auch außerfachliche bzw. überfachliche Fähigkeiten
[…]." (ebd., S. 172f.). Auf eine ausführliche Darstellung der Kompetenzarten und -formen wird
an dieser Stelle verzichtet.

Eine weitere Systematisierung nehmen Quilling et al. vor, indem sie die Kompetenzfelder „Kommunikative und soziale Kompetenzen", „Betriebswirtschaftliches Know-how", „Organisatorische Kompetenzen" und „Fachkenntnisse" aufführen (Quilling et al. 2013, S. 68).

Betrachtet man die beiden Systematisierungen zusammen, so können zu den zentralen Schlüsselkompetenzen für das Managen von Kooperationen Kommunikationskompetenz, Motivations- und Kritikfähigkeit, soziale Fähigkeiten, betriebswirtschaftlich relevante Kenntnisse, Flexibilität und Konfliktbearbeitungskompetenzen gezählt werden. Unter methodischen Kompetenzen können die Moderations- und Präsentationskompetenz und die Fähigkeit der Prozessstrukturierung gefasst werden, während sich zentrale organisatorische Kompetenzen beispielsweise auf das zeitlich effiziente Managen von Kooperationsprozessen und -abläufen beziehen (vgl. ebd., S. 68; Kocot 2006, S. 33). Unter die fachlichen und überfachlichen Kompetenzen fallen des Weiteren Kenntnisse über die jeweilige Branche, über die regionalen Strukturen sowie Wissen über das und Umsetzung des Gender Mainstreaming (vgl. Kocot 2006, S. 33).

3   Kooperationsmanagement in der wissenschaftlichen Weiterbildung

Welche Aufgaben und Kompetenzen für das Feld der wissenschaftlichen Weiterbildung wichtig sind, soll im Folgenden anhand der Vorstellung zentraler Ergebnisse der Expertenbefragungen aus dem Projekt „WM³ Weiterbildung Mittelhessen" verdeutlicht werden.[6] Die Forschungsergebnisse basieren auf den Aussagen aus leitfadengestützten Interviews, die mit Personen aus dem hochschulischen[7] und außerhochschulischen[8] Kontext zum Thema Kooperation geführt wurden (n= 20 für das gesamte Sample). Ein Themenblock des Leitfadens bezog sich dabei explizit auf das Aufgaben- und Kompetenzprofil für ein professionelles Kooperationsmanagement. Zur Auswertung des erhobenen Datenmaterials wurde die inhaltlich strukturierende qualitative Inhaltsanalyse unter

---

6   Das vorgestellte Kompetenzprofil beinhaltet eine Auswahl an relevanten Kompetenzen und kann je nach Branche, Kooperationsart und -ziel variieren.

7   Verwaltungsmitarbeitende, Studiengangkoordinierende, Akademische Leitungen und Studiengangentwickelnde sowie Hochschulangehörige, die speziell als Expertinnen und Experten für das Kooperationsmanagement ausgewiesen sind.

8   Dabei handelt es sich um Fachkuratoriums- und Weiterbildungsbeiratsmitglieder. Im Rahmen des Verbundprojekts „WM³ Weiterbildung Mittelhessen" wurden sogenannte Fachkuratorien gegründet, die in beratender Funktion die inhaltliche und organisatorische Entwicklung der weiterbildenden Angebote unterstützen. Der Weiterbildungsbeirat, der ebenfalls im Rahmen des Verbundprojektes eingerichtet wurde, besteht aus Vertreterinnen und Vertretern der Wirtschaft, Wissenschaft, Politik und Bildung. Er unterstützt die Projektverantwortlichen bei strategischen Fragen und Entscheidungen und fungiert als critical peer bei Forschung und Entwicklung.

Einsatz der QDA-Software Maxqda angewendet (vgl. Mayring 2010; Kuckartz 2012). Zur Bildung der für die Auswertung notwendigen Kategorien wurde ein deduktiv-induktives Vorgehen gewählt. Dabei wurden zunächst auf der Grundlage des Vorwissens sowie aus den zentralen Themen des Leitfadens Hauptkategorien entwickelt (deduktiv), die im Laufe der Auswertung und Arbeit am empirischen Material induktiv weiter ausgearbeitet wurden (vgl. Kuckartz 2012, S. 59ff.).

Auf Grundlage der empirischen Daten konnten zentrale Aufgaben und zu deren Ausführung notwendige Kompetenzen identifiziert werden. Aufgaben, die im Zuge des Managements von internen Zusammenarbeitsprozessen und externen Kooperationsaktivitäten anfallen können, hängen unweigerlich mit den zu ihrer erfolgreichen Ausführung notwendigen Kompetenzen zusammen. Denn Aufgaben können nur dann zielführend erfüllt werden, wenn die entsprechenden Kompetenzen entweder bereits vorhanden sind oder noch entwickelt bzw. erlernt werden können.

3.1 Aufgaben im Kooperationsmanagement

Die Aufteilung der in den Expertengesprächen genannten Aufgaben, die für das Kooperationsmanagement im Feld der wissenschaftlichen Weiterbildung anfallen können, lassen sich in zwei Kategorien unterteilen: a) Aufgaben, die den direkten Kontakt mit den Kooperationspartnerinnen und -partnern erfordern und demzufolge mit der Überschrift „Beziehungsaufgaben" versehen werden können, und b) Aufgaben, die sich mit der Schaffung und Bereitstellung von Rahmenbedingungen für eine erfolgreiche Kooperation und Zusammenarbeit beschäftigen und als „Rahmende Aufgaben" bezeichnet werden.[9]

3.1.1 „Beziehungsaufgaben"

Die aus den Interviews identifizierten Beziehungsaufgaben stellen einen wichtigen Teil in Kooperationen dar, da sie den für Kooperationen so zentralen Aspekt der Personenbezogenheit unterstreichen. Vertrauen, Fremdverstehen und eine gute kommunikative Basis bilden als sogenannte weiche Faktoren die Grundlage für den Erfolg von Kooperationen und sind auf eine für zwischenmenschliche Zusammenarbeitsprozesse maßgeblich wichtige Personenbezogenheit zurückzu-

---

9   Die im Folgenden vorgestellten Aufgaben – basierend auf den Aussagen der befragten Personen – lassen sich keiner bestimmten Phase zuordnen, sondern nehmen vielmehr eine übergeordnete wichtige Bedeutung im Kooperationsmanagement ein. Eine dezidierte Zuordnung der genannten Aufgaben zu den einzelnen Kooperationsphasen erscheint aufgrund der Gesamtsamplegröße von n= 20 im Arbeitspaket als wenig zielführend.

führen (vgl. Maschwitz 2014, S. 89; Dollhausen/Mickler 2012, S. 76, 78-84). Ihre Bezeichnung bezieht alle Aufgaben mit ein, die die direkte Interaktion mit den Kooperationspartnerinnen und -partnern betreffen und durch die – sofern sie von einem professionellen Kooperationsmanagement ausgeführt werden – die Zusammenarbeit, das Vertrauen und die Bindung der Partnerinnen und Partner aneinander befördert werden kann.

Kommunikationsaufgaben

Das erste und überaus zentrale Feld beschäftigt sich mit allen Aufgaben, die die Kommunikation und zwischenmenschliche Interaktion mit den beteiligten Akteurinnen und Akteuren betreffen. Dabei wurden insbesondere die allgemeine Pflege von Kontakten, die Entwicklung von Vertrauen und das Treffen von Absprachen über Ziele und Regeln der gemeinsamen Zusammenarbeit sowie über die Angebotsentwicklung getroffen:

> „Also ich glaube, dass [...] eine gute Kommunikationsstruktur das A und O in jeder Kooperation sind. Und zwar, wenn Kooperation sich so versteht, dass man gemeinsam gestalten möchte, erschließt sich das schon automatisch, dann geht es nur mit Kommunikation." (Studiengangkoordination 3, Z. 69)

So hält eine weitere befragte Person fest: „Ich glaube für [Hochschule 2] ist tatsächlich neu und auch nicht zu unterschätzen, diese Vielfalt an Kontaktpflege und Kommunikation, die man eben über sowas betreiben muss." (Fachkuratoriumsmitglied 2, Z. 87). Das Wissen um die Zuständigkeiten und Rollen sowie die bereits erwähnte Aufgabenverteilung innerhalb der Kooperation sind dabei von zentraler Bedeutung und können die Kommunikation entsprechend erleichtern (vgl. auch Kap. 3.1.5). Des Weiteren wurde von den befragten Personen die Entwicklung einer offenen, konstruktiven, verbindlichen und transparenten Kommunikationskultur als wichtige Aufgabe der/des Kooperationsmanagenden genannt (vgl. Weiterbildungsbeiratsmitglied 2, Z. 27). So kann zusammenfassend festgehalten werden:

> „Also, ich würde denken, eine wichtige Aufgabe ist [...] das Ziel, das man selbst hat, im Auge zu behalten, trotzdem alle abzuholen, wo sie sind und auch mit allen die Gesprächsfäden zu halten." (Verwaltungsmitarbeiter/-in 5, Z. 29)

Beratung und Informationsarbeit

Das nächste Aufgabenfeld bezieht sich auf den gesamten Bereich der Beratungs- und Informationsarbeit und ist eng verbunden mit den zuvor benannten Kommunikationsaufgaben. Von der/dem Kooperationsmanagenden wird erwartet, dass sie regelmäßig über neue Entwicklungen informieren und insgesamt sehr service- und kundenorientiert agieren (vgl. Verwaltungsmitarbeiter/-in 1, Z. 33; Studiengangkoordination 2, Z. 33).

> „Also das ist wieder Informationspflicht von uns, damit wir die Leute nicht verlieren." (Studiengangkoordination 3, Z. 63)

In dieser Informationsfunktion, die eine bestimmte Kommunikationsstruktur erfordert, liegt des Weiteren auch eine bindende Kraft, die zum einen die Kooperationspartnerinnen und -partner dem Projekt und der gemeinsamen Sache gegenüber verpflichtet, aber auch eine gemeinsame Identität befördern kann (vgl. Weiterbildungsbeiratsmitglied 4, Z. 89). Eine weitere Aufgabe besteht darin, Ansprechperson zu sein für die Anliegen der verschiedenen Kooperationspartnerinnen und -partner, diese zu beraten und gemeinsam Lösungen zu finden (vgl. Fachkuratoriumsmitglied 2, Z. 95).

> „Und dann eine entsprechende Stelle, an die man sich wenden kann, wenn man etwas nicht nachvollziehen kann und wenn die Stelle das nicht weiß, dann fragt sie an gewisser Stelle nach und weiß hoffentlich wo. Aber dass man so einen Informationsstand hat [...]." (Verwaltungsmitarbeiter/-in 4, Z. 64)

Eine weitere befragte Person hält dazu fest: „Also dass man wirklich einen Ansprechpartner hat, [...] die Auskünfte erteilen kann, die die ganzen Erfahrungs- und Wissensbestände für diesen Bereich auch [...] bereithält und weitergeben kann. Also das wäre eigentlich das Wichtigste und Wünschenswerteste momentan, um da auch serviceorientierter zu sein." (Verwaltungsmitarbeiter/-in 1, Z. 33).

Ziel- und Interessensarbeit

Die Ziel- und Interessensarbeit beinhaltet das Einigen auf und das Festlegen von gemeinsamen Zielen, die immer mit einer Zeit- und Meilensteinplanung verbunden sein sollte (vgl. Studiengangkoordination 3, Z. 75). Dabei hält eine befragte Person fest, dass sowohl die Interessen und Motive der eigenen Organisation als auch die des Kooperationspartners Relevanz besitzen und gleichermaßen vorangetrieben werden sollten (vgl. Verwaltungsmitarbeiter/-in 4, Z. 44, 60; Verwaltungsmitarbeiter/-in 5, Z. 29).

> Dann sollte man herausarbeiten, welche Ziele man hat, [...], welche Ziele, welche Maßnahmen, was soll umgesetzt werden, zu wann, bei Projektarbeit, Projektmeilensteine, mitdenken, nicht nur von Projektanfang zu Projektende." (Verwaltungsmitarbeiter/-in 4, Z. 60)

Konfliktmanagement und Perspektivenerweiterung

Das frühzeitige Erkennen und Bearbeiten von Konflikten stellt einen weiteren Aufgabenbereich dar, der von den befragten Expertinnen und Experten benannt wurde.

> „[U]nd vielleicht auch frühzeitig Probleme benennen, wenn man schon ziemlich schnell merkt: okay, das läuft jetzt nicht so rund in der Kooperation, ich habe da andere Vorstellung oder ich merke, mein Gegenüber hat andere Vorstellung als ich sie habe." (ebd., Z. 62)

Dabei wurde auch von einer Konfliktoffenheit gesprochen, die eine wichtige Voraussetzung dafür darstellt, dass Konflikte erkannt und konstruktiv bearbeitet werden können (vgl. ebd., Z. 68). Die Tatsache, dass Kooperationspartnerinnen und -partner oftmals aus unterschiedlichen organisatorischen und damit auch organisationskulturellen Kontexten zueinanderfinden, beinhaltet ebenfalls Konfliktpotenzial aufgrund unterschiedlicher Arbeitsweisen, Sprachen, Werte und Normen (vgl. Studiengangkoordination 2, Z. 69; vgl. auch Alke 2015, S. 368; Dollhausen/Mickler 2012, S. 78-81; Bornhoff/Frenzer 2006, S. 52-55, 62f.). Dies erfordere viele Absprachen, Verständnis, Offenheit und Frustrationstoleranz (vgl. Verwaltungsmitarbeiter/-in 4, Z. 70; Expert/-in Kooperationsmanagement 1, Z. 71).

Mit dieser Tatsache der unterschiedlichen Organisationskulturen und Arbeitslogiken ist die Notwendigkeit der Perspektivenerweiterung als eine weitere Aufgabe verbunden, die während der Interviews genannt wurde. Sie beinhaltet die Fähigkeit, sich von den Denkweisen und Handlungsmustern der eigenen Organisation lösen und sich gleichzeitig für neue Sichtweisen und Perspektiven öffnen zu können, um auf diese Weise die Entwicklung einer gemeinsamen neuen Kooperationskultur zu ermöglichen (vgl. Verwaltungsmitarbeiter/-in 4, Z. 39, 62).

> „Man denkt schon immer so in seine Richtung, also ich versuche dann schon manchmal mich da wieder so ein bisschen herauszunehmen und an andere Perspektiven zu denken [...]." (ebd., Z. 39)

Ein regelmäßiger „Blick über den Tellerrand" ist dabei entscheidend, so eine befragte Person (vgl. Weiterbildungsbeiratsmitglied 3, Z. 49).

Serviceorientiertes Arbeiten

Service-, Dienstleistungs- und Kundenorientierung dem Kooperationspartner, den Dozierenden, den Weiterbildungsteilnehmenden und den eigenen Hochschulkolleginnen und -kollegen gegenüber wird als weitere und sehr grundlegende Aufgabe angesehen, die sich zugleich als Organisationsphilosophie in allen Handlungen der Kooperationsakteurinnen und -akteure wiederfinden sollte (vgl. Studiengangkoordination 1, Z. 84, 86).

> „Also das [die Serviceorientierung] muss, im Prinzip muss das eine Philosophie einer Organisation sein." (Expert/-in Kooperationsmanagement 1, Z. 57)

Darin finden sich auch die Klärung von Zuständigkeiten und Ansprechpersonen wieder sowie die Etablierung und Aufrechterhaltung klarer Strukturen, die für alle hochschulinternen und -externen Kooperationspartnerinnen und -partner transparent sein sollten (vgl. Weiterbildungsbeiratsmitglied 2, Z. 35). Dazu zählt des Weiteren, Partizipation und Mitgestaltung zu ermöglichen, wie eine der Interviewpersonen festhält:

> „[I]ch sage mal, das Signal, nicht nur gesprächsbereit zu sein, sondern den anderen in eine bestimmte Entwicklung oder in einen Entwicklungsprozess mit einzubeziehen, mit der Perspektive, gemeinsam Zukunft zu gestalten, scheint mir ein sehr wichtiger Teil." (Studiengangkoordination 3, Z. 35).

3.1.2   Rahmende Aufgaben

Die zweite Kategorie der Aufgaben im Kooperationsmanagement, die von den befragten hochschulinternen und -externen Expertinnen und Experten benannt wurden, bezieht sich auf die Ermöglichung und Bereitstellung von Rahmenbedingungen der Zusammenarbeit.

Organisatorisch-administrative Aufgaben

Die organisatorisch-administrativen Tätigkeiten, die im Kooperationsmanagement im Rahmen der wissenschaftlichen Weiterbildung von Bedeutung sind, beziehen sich – den Aussagen der befragten Personen zufolge – auf das Strukturieren und Organisieren von Rahmenbedingungen, auf die Koordinierung von Aufgaben, Terminen und Treffen, auf allgemeine Verwaltungsaufgaben und auf die Durchführung betriebswirtschaftlicher Aufgaben (vgl. Fachkuratoriumsmitglied 1, Z. 101; Verwaltungsmitarbeiter/-in 5, Z. 33). Des Weiteren zählen auch das Festlegen und Überwachen von Meilensteinen und Fristen sowie das allgemeine Zeitmanagement zu wichtigen Aufgabenbereichen (vgl. Akademische Leitung/Studiengangentwickler/-in 1, Z. 48; vgl. auch Kap. 3.2.1.3).

> „Es muss auch jemanden geben, der die Kooperation koordiniert, also es muss ein Verantwortlicher benannt werden, denke ich mal, der darauf achtet, dass Meilensteine, Treffen, Inhalte von Treffen eingehalten werden, auch Abfragen mal startet [...]." (Verwaltungsmitarbeiter/-in 4, Z. 64)

Entwicklung einer Akzeptanzkultur

Von den befragten Expertinnen und Experten wurde ebenfalls die Entwicklung einer Kultur des Wohlwollens und der Akzeptanz der wissenschaftlichen Weiterbildung gegenüber innerhalb der Hochschule mit all ihren Facetten benannt (vgl. Weiterbildungsbeiratsmitglied 4, Z. 89-91; Studiengangkoordination 2, Z. 77; vgl. auch Kap. 3.1). Dazu bedarf es der Involvierung relevanter Akteurinnen und Akteure, wie das folgende Zitat verdeutlicht:

> „Also ich glaube, es ist ganz, ganz wichtig, dass die Personen, die wirklich da an den Hebeln sitzen, also das heißt die Hochschulleitung, die Vorgesetzten vielleicht auch in den Abteilungen oder Dezernaten positiv der Weiterbildung gegenüber eingestellt sind, das auch dementsprechend kommunizieren [...], das als Aufgabe der Hochschule anerkennen, befürworten und das Engagement in der Weiterbildung auch wertgeschätzt wird." (Verwaltungsmitarbeiter/-in 1, Z. 15)

Das Kooperationsmanagement kann demnach hochschulintern einen Beitrag dazu leisten, dass die Hochschulangehörigen die wissenschaftliche Weiterbildung akzeptieren und als Aufgabe der Hochschule anerkennen. Kommunikation und Informationen können hierbei wichtige Instrumente darstellen.

> „Ich glaube, dass das für Sie eine der größten Herausforderungen sein wird, überhaupt eine Kultur der universitären Weiterbildung zu schaffen innerhalb der Hochschule." (Fachkuratoriumsmitglied 1, Z. 89)

In einem nächsten Schritt können Kooperationsmanagende ebenfalls dazu beitragen, Räume der Begegnung zwischen bislang fremden „Welten" zu ermöglichen, sobald die interne Akzeptanz gestärkt ist, denn die Hochschule kann dann nach außen als Kooperationspartnerin auftreten. Nur durch Begegnungsmöglichkeiten zwischen Wissenschaft und Praxis können weitere Kontakte und neue Kooperationen entstehen und die Akzeptanz gesteigert werden. Die wissenschaftliche Weiterbildung wird so in der Lage sein, sich sowohl in der Hochschule als auch in der Region zu festigen und zu wachsen (vgl. Weiterbildungsbeiratsmitglied 2, Z. 37, 49).

Öffentlichkeitsarbeit

Neben der Schaffung von Begegnungsmöglichkeiten ist auch die Kommunikation der Entwicklungen, Fortschritte und weiterer Aktionen innerhalb der Kooperation nach außen als professionelle und wohldurchdachte Öffentlichkeitsarbeit eine weitere wichtige Aufgabe der Personen, die für das Kooperationsmanagement zuständig sind (vgl. Studiengangkoordination 1, Z. 11; Verwaltungsmitarbeiter/-in 4, Z. 44). Dazu zählen u.a. die Kommunikation mit der Presse, die

Pflege der Kooperations- bzw. Angebotshomepage und die entsprechende Werbung für die gemeinsam entwickelten Weiterbildungsangebote (vgl. Fachkuratoriumsmitglied 2, Z. 91).

> „Pressemitteilungen. Daran zu denken, dass man die Homepage pflegt, dass man Aktuelles und News immer auch sofort dort einstellt. Dass man halt dran denkt, dass man in so einem [Weiterbildungsangebot 13] dann auch mal einen guten Fotografen mitnimmt oder einen Film drehen lässt." (ebd., Z. 91)

Dozierendengewinnung und -betreuung

Zu den weiteren Aufgaben der/des Kooperationsmanagenden zählt außerdem die Suche nach und die Gewinnung von Dozierenden innerhalb und außerhalb der Hochschule und die Erbringung gewisser Serviceleistungen den Dozierenden gegenüber (vgl. Fachkuratoriumsmitglied 1, Z. 101). Da für die wissenschaftliche Weiterbildung nicht klar definiert ist, wer für das Managen von Kooperationen verantwortlich ist, können eine Vielzahl von Akteurinnen und Akteure im Hochschulkontext dafür in Frage kommen. In Bezug auf die Gewinnung, Bindung und Betreuung von Dozierenden kommt den Studiengangkoordinierenden eine große Bedeutung zu. Sie sind im Rahmen ihrer zentralen Schnittstellenfunktion und ihres umfangreichen Aufgabenbereichs unter anderem auch für die Dozierenden zuständig. Die zentrale und komplexe Funktion stellt ein Spezifikum im Rahmen der wissenschaftlichen Weiterbildung dar und erfordert ein weiteres Erforschen dieser besonderen Zielgruppe.[10] Studiengangkoordinierende bzw. Kooperationsmanagende müssen sämtliche organisatorische Aufgaben regeln, die den Dozierenden die Durchführung ihres Lehrauftrags ermöglichen, wie beispielsweise die Erstellung von Verträgen und die Bereitstellung von Räumlichkeiten und Arbeitsmaterialien, was wiederum eine Zusammenarbeit mit verschiedenen Verwaltungsabteilungen erforderlich macht (vgl. Studiengangkoordination 1, Z. 5, 21).

> „Jemand, der sich darum kümmert, dass der Dozent [...] einen vernünftigen Raum hat und dass das technische Equipment darin funktioniert und dass es mit dem Catering geregelt ist und dass auch das Material eingestellt ist, wo es eingestellt sein soll." (Fachkuratoriumsmitglied 1, Z. 101)

Eine weitere Aufgabe bezieht sich auf die Betreuung und Bindung der gewonnenen Dozierenden durch die bereits benannten Serviceleistungen, zu denen des

---

10 Im Rahmen des Projektes „WM³ Weiterbildung Mittelhessen" wird der Erforschung dieser zentralen Zielgruppe in Form eines eigenen Arbeitspakets mit dem Thema „Professionalisierungsbedarfe in der Studiengangkoordination" Rechnung getragen. Für weitere Informationen vgl. den Artikel von Laura Gronert und Heike Rundnagel in diesem Band.

Weiteren auch die generelle Ansprechbarkeit für sämtliche Fragen rund um die Lehre in der wissenschaftlichen Weiterbildung gehören sollte (vgl. ebd). Das Aufgabenfeld der Dozierendengewinnung und -bindung stellt eine Schnittstellenaufgabe dar, da sie sowohl Aspekte von Beziehungsaufgaben als auch von rahmenden Aufgaben enthält. Es wird somit deutlich, dass die rahmenden Aufgaben sich nicht immer trennscharf von den Beziehungsaufgaben unterscheiden lassen, denn immer dann, wenn Personen zusammenarbeiten, gewinnen die weichen Beziehungsparameter wie Vertrauen und Kommunikation an Bedeutung (vgl. Kap. 3.2.1).

Beaufsichtigen des Fortgangs der Kooperation

Eine zentrale und zugleich übergeordnete Aufgabe, die Kooperationsmanagende ausüben müssen, bezieht sich darauf, dafür Sorge zu tragen, dass die konkrete Umsetzung der Aufgaben und Ziele auch wirklich gelingt.

> „Das sind so die Aufgaben. Und dann die Umsetzung natürlich. Also dann konkret da dran bleiben." (Studiengangkoordination 2, Z. 59)

Personen, die für das Managen von Zusammenarbeitsprozessen zuständig sind, sollten demnach in der Lage sein, den Überblick über das Fortlaufen der Kooperation und über die Ereignisse innerhalb derselben zu behalten und flexibel und umsichtig zu handeln, was – je nach Kooperationsgröße und –ziel – durchaus sehr komplex sein kann (vgl. ebd.).

> „Also, es braucht jemanden, der da die Sache sozusagen am Laufen hält und die Akteure zusammen. Und wenn man das richtig betreibt, ist es mehr als abendfüllend." (Verwaltungsmitarbeiter/-in 4, Z. 29)

3.2 Kompetenzen im Kooperationsmanagement

In Anlehnung an die in Kapitel 2.2 vorgestellte Strukturierung der Kompetenzarten basierend auf den Modellen von Kocot und Quilling et al. werden die von den Expertinnen und Experten genannten Kompetenzen, die im Kooperationsmanagement der wissenschaftlichen Weiterbildung ihrer Meinung nach von Bedeutung sind, nach Schlüsselkompetenzen (Kap. 3.3.1), organisatorischen Kompetenzen (Kap. 3.3.2) und (über-)fachlichen Kompetenzen (Kap. 3.3.3) unterteilt.

3.2.1   Schlüsselkompetenzen

Schlüsselkompetenzen als zentrale und überfachliche Kompetenzen stellen wichtige Bausteine im Kompetenzgefüge von Personen dar, die mit dem Managen von Kooperationsaktivitäten betraut sind, da sie eine übergeordnete Funktion und grundlegende Relevanz innehaben und die generelle Handlungsfähigkeit der betreffenden Person maßgeblich befördern sollen (vgl. Arnold 2010, S. 172f.). Die von den befragten Expertinnen und Experten getroffenen Aussagen werden im Folgenden erläutert.

Serviceorientierung

Wenngleich dies zunächst irritieren mag, so wurde die Fähigkeit, im Rahmen von Zusammenarbeits- und Kooperationsprozessen service- und dienstleistungsorientiert zu handeln und zu denken, von den befragten Personen als Kompetenz benannt. Diese hängt maßgeblich mit entsprechenden organisationsstrukturellen Voraussetzungen zusammen. Die Kooperationsmanagenden müssen in der Lage sein, Strukturen und Prozesse, die die Kooperation im Rahmen der wissenschaftlichen Weiterbildung betreffen, service- und dienstleistungsorientiert zu gestalten und umzusetzen (vgl. Fachkuratoriumsmitglied 1, Z. 55-57). Dazu gehören, den interviewten Personen zufolge, auch die Zuordnung einer professionellen Ansprechperson, Erreichbarkeit sowie transparente und zeitnahe Informations- und Kommunikationsstrukturen (vgl. Weiterbildungsbeiratsmitglied 2, Z. 35, 51; Studiengangkoordination 3, Z. 63).

> „Also Serviceorientierung bedeutet für mich, wenn ich Fragen habe, dass mir die Fragen beantwortet werden können." (Weiterbildungsbeiratsmitglied 3, Z. 39)

Kundenorientiertes Handeln den verschiedenen Zielgruppen gegenüber ist ebenfalls ein wichtiges Element dieses Kompetenzfeldes (vgl. Kap. 3.2.1.5). Wenn Kooperationen für alle Partnerinnen und Partner einen Mehrwert erzeugen sollen, sollte auch der gegenseitige Service von den Akteurinnen und Akteuren erbracht werden.

> „[E]igentlich [...] sollte es ja im Sinne der Kooperation eine Win-Win-Situation sein, und von daher ist das ein Service und Dienstleistung, die gegenseitig stattfinden." (Studiengangkoordination 1, Z. 86)

All diese Punkte sollten Personen, die im Kooperationsmanagement tätig sind, für inner- und außerhochschulische Prozesse verinnerlichen und in ihrem Arbeitsalltag leben (vgl. Studiengangkoordination 2, Z. 67).

Kommunikations- und Beratungskompetenz

Beratungskompetenz sowie kommunikative Fähigkeiten im Umgang mit besonderen Situationen, Anlässen und Personen sind für Kooperationsmanagende dringend erforderlich.

> „Organisationsbegabt und sehr kommunikativ natürlich auf andere zugehend, auch eine gewisse Beratungskompetenz könnte ich mir vorstellen, ist auch wichtig […].“ (Verwaltungsmitarbeiter/-in 6, Z. 45)

Für interne Zusammenarbeitsprozesse der wissenschaftlichen Weiterbildung und deren Management ist es, den befragten Expertinnen und Experten zufolge, des Weiteren förderlich, wenn entsprechende Kommunikations- und Informationsstrukturen entwickelt werden, die sowohl die intra- als auch die interorganisatorische Zusammenarbeit regeln und es ermöglichen, strukturierte Prozesse zu etablieren (vgl. Studiengangkoordination 2, Z. 33; Verwaltungsmitarbeiter/-in 4, Z. 24-28, 45; vgl. auch Kap. 3.2.1.1). Dazu gehören auch das Festlegen gemeinsamer Ziele und ein ehrliches Interesse an seinem Gegenüber. Eine vertrauensvolle und authentische Kommunikationskultur wird von einer befragten Person als zentrales Element aufgeführt (vgl. Weiterbildungsbeiratsmitglied 2, Z. 27, 60, 64). Eine weitere befragte Person hält in Bezug auf gemeinsame Ziele Folgendes fest:

> „Also ganz wichtig ist natürlich der Informationsfluss, dass man weiß, was passiert jetzt gerade. Wichtig in der Kooperation ist eben, dass man an einem Strang zieht, dass man eben schaut, dass man gemeinsame Ziele definiert und dann eben schaut, wie man diese gemeinsamen Ziele erreicht.“ (Weiterbildungsbeiratsmitglied 3, Z. 31).

Die Fähigkeit, verschiedene Anspruchsgruppen, wie hochschulinterne und -externe Kooperationspartnerinnen und -partner, Teilnehmende und Dozierende, bedarfsgerecht rund um Themen der wissenschaftlichen Weiterbildung beraten und mit ihnen professionell und serviceorientiert kommunizieren zu können, sind zentrale Schlüsselkompetenzen im Hinblick auf das Managen von Kooperationen.

Sozialkompetenz und Empathiefähigkeit

Weiterhin sind für das Managen von hochschulinternen und -externen Kooperationen die sogenannten Soft Skills in Bezug auf verschiedene Zielgruppen relevante Kompetenzen. Sie beinhaltet, den Aussagen der befragten Personen zufolge, die Fähigkeit, sich auf verschiedene „Typen“ von Kooperationspartnerinnen und -partnern und deren Bedürfnisse einstellen zu können und schließt eine gewisse Menschenkenntnis und ein Gespür für soziale Situationen ein (vgl. Studiengangkoordination 1, Z. 41; Verwaltungsmitarbeiter/-in 5, Z. 19).

> „Klar, dazu gehören natürlich auch so Softskills einfach, wie geht man mit Menschen um, wie ernst nimmt man Menschen in ihren Sorgen dabei oder in den Problemlagen oder in den Diskussionsdebatten." (Weiterbildungsbeiratsmitglied 3, Z. 49)

Eng damit verbunden ist die Fähigkeit, auf andere Menschen empathisch eingehen und reagieren und sich in diese einfühlen zu können (vgl. Studiengangkoordination 3, Z. 27, 79).

> „Also an Kompetenzen natürlich ganz viel Empathie, das heißt, sich auch in die verschiedenen Kooperationspartner ein Stück weit reinzudenken, weil man kommt ja schon wirklich aus teilweise sehr unterschiedlichen Welten, logischerweise dann." (Weiterbildungsbeiratsmitglied 3, Z. 43)

Dies ist insbesondere vor dem Hintergrund unterschiedlicher Organisationskulturen und Arbeitsweisen sehr wichtig.

Konfliktlösungskompetenz

Eine weitere Kompetenz, die überall dort von Bedeutung ist, wo Menschen miteinander arbeiten und einen gemeinsamen Arbeitsrhythmus finden müssen, ist die Fähigkeit, Konflikte zu erkennen und diese gemeinsam mit den beteiligten Personen zu lösen (vgl. Verwaltungsmitarbeiter/-in 4, Z. 62). Auf diese Weise wird die weitere Zusammenarbeit gestärkt und es können neue Facetten, Motive und Ziele aufgedeckt und gemeinsam bearbeitet werden.

> „Es braucht ,problem solving' als Kompetenz und jemanden dann an dieser Schnittstelle wiederum, der sagt, ich mache es zu meiner Sache, dass das funktioniert." (Studiengangkoordination 3, Z. 41)

Somit können Konflikte immer auch Chancen für Kooperationen beinhalten und sollten, laut den befragten Expertinnen und Experten, niemals ignoriert werden (vgl. Expert/-in Kooperationsmanagement 1, Z. 71).

Motivationskompetenz, Selbstreflexivität und Durchsetzungsvermögen

Für das Kooperationsmanagement ist es außerdem wichtig, dass die Personen, die mit dieser Aufgabe betraut sind, in der Lage sind, sich und andere immer wieder von Neuem für relevante Themen, Anliegen und Aufgaben zu motivieren (vgl. Fachkuratoriumsmitglied 2, Z. 107). Dem muss ein tiefes Interesse am Erfolg der Zusammenarbeit zugrunde liegen.

„Es braucht an allen Stellen Menschen, die engagiert dafür sind, dass das funktioniert." (Studiengangkoordination 3, Z. 41)

Des Weiteren sprachen die interviewten Personen von Begeisterungsfähigkeit, mit der sie andere Akteurinnen und Akteure mitreißen können und von der zentralen Fähigkeit zur Selbstreflexion und Selbstkritik sowie „[…][ein] gewisses […] Durchhaltevermögen, auch an bestimmten Fragestellungen dranzubleiben, die nicht aus dem Auge zu verlieren […]." (Studiengangkoordination 3, Z. 79). Sie sollten demnach auch in der Lage sein, Themen und Fragestellungen zu verfolgen, und dabei einen bestimmten Durchsetzungswillen zeigen.

Kreativität, Offenheit und Flexibilität

Dieser Kompetenzbereich umfasst zum einen die Fähigkeit, sich für neue oder sich verändernde Sachverhalte öffnen sowie kreativ und konstruktiv mit diesen Veränderungen umgehen zu können (vgl. Weiterbildungsbeiratsmitglied 3, Z. 49).

„Vielleicht auch das kreative Potential, nämlich Ideen zu haben, dass die Ausgestaltung miteinander vielleicht eine andere sein könnte, als ich mir in meiner Konzeptvorstellung vorgestellt habe. Das beinhaltet dann auch sowas wie situative Wendigkeit, die Parameter verändern sich, also muss ich auch darauf reagieren können." (Studiengangkoordination 3, Z. 79)

Zum anderen bedarf es im Kooperationsmanagement, den befragten Personen zufolge, der Fähigkeit, neue Denkrichtungen einzuschlagen und die eigene Perspektive, wenn nötig, zu erweitern (vgl. Weiterbildungsbeiratsmitglied 4, Z. 93).

3.2.2   Organisatorische Kompetenzen

Im Folgenden werden die unter der Kategorie „Organisatorische Kompetenzen" subsumierten Äußerungen der befragten Expertinnen und Experten aufgeführt.

Organisationskompetenz

Die zunächst naheliegende Kompetenz umfasst den Bereich der Planung und klar strukturierten Organisation von Terminen, Fristen und für den Erfolg der Zusammenarbeit relevanten Abläufen (vgl. Fachkuratoriumsmitglied 2, Z. 105; Verwaltungsmitarbeiter/-in 4, Z. 67).

„Also ich denke, jemand muss sehr strukturiert sein generell. Organisationsbegabt und sehr kommunikativ natürlich, auf andere zugehend […]." (Verwaltungsmitarbeiter/-in 6, Z. 45)

Eine wichtige Rolle nimmt in diesem Kontext auch das Zeitmanagement ein, welches die verantwortlichen Personen im Blick behalten sollten (vgl. Studiengangkoordination 3, Z. 75).

Öffentlichkeitswirksamkeit

Die für das Kooperationsmanagement verantwortliche(n) Person(en) sollten in der Lage sein, die bereits entwickelten und sich in der Entwicklung befindlichen Weiterbildungsangebote in der Öffentlichkeit bekannt zu machen und entsprechend zu bewerben (vgl. Verwaltungsmitarbeiter/-in 4, Z. 44).

> „[D]as ist natürlich ein wichtiger Punkt, also die Plakate machen, die Flyer machen und überarbeiten, Pressemitteilungen schreiben und auch Artikel veröffentlichen für den Studiengang, das ist schon wichtig." (Studiengangkoordination 1, Z. 43)

Das professionelle Betreiben von Öffentlichkeitsarbeit zählt demnach zu den zentralen organisatorischen Kompetenzen im Kooperationsmanagement.

Umsichtigkeit, Transparenz und Strukturiertheit

An die Kommunikationskompetenz anschließend ist es für das professionelle Managen von kooperativen Arrangements ebenfalls von Bedeutung, umfassende Informationsstrukturen innerhalb der Kooperation aufbauen und pflegen zu können, die wiederum den Erfolg der Kooperation positiv beeinflussen (vgl. Weiterbildungsbeiratsmitglied 3, Z. 43).

> „Also, normalerweise haben sie es ja mit Einrichtungen zu tun, die auch wieder eine bestimmte Struktur haben. Und dann müssen eigentlich, sagen wir mal, die Parameter klar sein. In der Kommunikation. Wer ist wo wie zu erreichen und wer hat auch welche Entscheidungskompetenz." (Fachkuratoriumsmitglied 1, Z. 47)

Damit einher geht die Schaffung von Transparenz über die existierenden Strukturen und Zuständigkeiten und entsprechend serviceorientiertes Handeln (vgl. ebd., Z. 51).

3.2.3   (Über-)Fachliche Kompetenzen

Die von den befragten Personen benannten fachlichen und überfachlichen Kompetenzen beziehen sich auf betriebswirtschaftliche Kenntnisse, auf das Wissen um kulturelle Unterschiede innerhalb von Kooperationen und auf bestimmte notwendige fachliche Kompetenzen.

Betriebswirtschaftliche Kompetenzen

Da wissenschaftliche Weiterbildung auf der Entwicklung und Durchführung von vollkostendeckenden Weiterbildungsangeboten basiert, ist es für die Personen, die Kooperationen managen, von großer Wichtigkeit, betriebswirtschaftliche Prozesse unterstützen und selbst umsetzen zu können (vgl. Studiengangkoordination 1, Z. 57; Studiengangkoordination 3, Z. 49, 51).

> „Und dann natürlich (...) dieses Managementdenken auch. Und Handeln. Und Auftreten." (Studiengangkoordination 2, Z. 61)

Bewusstsein für Kulturunterschiede

Das Wissen um und das Verständnis für die Unterschiede zwischen der eigenen Organisationskultur und der des Kooperationspartners wurden ebenfalls von den befragten Expertinnen und Experten aufgeführt und beziehen sich auf einen sensiblen Umgang mit möglichen Kulturunterschieden (vgl. Fachkuratoriumsmitglied 2, Z. 53). Sie plädieren für gegenseitiges Verständnis und einen sensiblen Umgang mit diesen Unterschieden.

> „[E]in bisschen ein Bewusstsein dafür, dass unterschiedliche Einrichtungen ganz unterschiedlich ticken und funktionieren [...]." (ebd., Z. 69)

Dies geht mit der bereits erwähnten Empathiefähigkeit und dem Einnehmen anderer Perspektiven einher, die in Kooperationen von großer Bedeutung sind. Wie das folgende Zitat verdeutlicht, wird weiterhin vorausgesetzt, dass die Personen ihre eigene Organisationskultur und „Systemgrenzen" (vgl. Weiterbildungsbeiratsmitglied 4, Z. 93-95) kennen.

> „Sie brauchen Leute, die über Systemgrenzen hinaus denken können, aber die auch Systemgrenzen erst mal erkennen. Viele Leute erkennen gar nicht ihre systemischen Grenzen, die wissen gar nicht in welchem System sie denken." (vgl. ebd., Z. 93)

3.2.4 Fachliche Kompetenzen

Eine sehr grundlegende, aber dadurch nicht weniger wichtige Kompetenz bezieht sich auf das Vorhandensein von fachlichem Know-how, das dem jeweiligen Kooperationsanlass und -setting entsprechend angemessen ist und situationsgerecht zum Einsatz kommen kann (vgl. Studiengangkoordination 2, Z. 61).

> „[...] [D]as ist eine Kompetenz, die durchaus [...] – was unheimlich viel wert ist, wenn man sich [...] inhaltlich da auch drin wohlfühlt." (Studiengangkoordination 1, Z. 43)

4   Zusammenfassung und Schlussfolgerungen für das Aufgaben- und Kompetenzprofil

Aus den zusammengetragenen und systematisierten Aussagen der befragten Personen wird deutlich, dass das Aufgaben- und Kompetenzprofil sehr umfassend ist und je nach Kooperationsart und -ziel unterschiedliche Anforderungen beinhalten kann. Somit ergibt sich ein Bild aus vielfältigen Tätigkeiten und den damit eng verbundenen Kompetenzen, Fähigkeiten und Fertigkeiten zur Ausübung derselben. Aufgrund dieser umfangreichen und komplexen Anforderungen an das Kooperationsmanagement empfiehlt es sich, dass diese Aufgaben nicht von einer Person alleine wahrgenommen werden, sondern vielmehr von einem Team aus unterschiedlichen Akteurinnen und Akteuren, die jeweils eigene Stärken und Kompetenzen mitbringen und im Sinne einer *cooperational task force* gemeinsam agieren sollten. Insofern finden sich die in Kapitel 2.1 bereits hervorgehobene Aufgabenverteilung und Klärung von Zuständigkeiten auch im Kooperationsmanagement selbst wieder. Diese sollten für die weitere Kooperationsgestaltung entsprechend aufgegriffen und umgesetzt werden.

Des Weiteren konnte aufgezeigt werden, wie eng Aufgaben und Kompetenzen miteinander verflochten sind, da jede der aufgeführten Aufgaben wiederum spezielle Kompetenzen erfordert und daher zum einen höchst voraussetzungsreich ist und zum anderen offene Weiterbildungserfordernisse und Professionalisierungsbedarfe auf Seiten der Kooperationsmanagenden aufdecken kann. Im Hinblick auf notwendige Optimierungsschritte sollte daher die Professionalisierung und Weiterqualifizierung der für das Kooperationsmanagement relevanten Personen, wie beispielsweise der Studiengangkoordinierenden oder Verwaltungsmitarbeitenden, weiter vorangetrieben werden (vgl. hierzu auch die Aufsätze von Laura Gronert und Heike Rundnagel sowie von Monika Braun in diesem Band).

Aufgrund der großen Bedeutung von personenbezogenen Elementen innerhalb kooperativer Arrangements gilt es nun noch einmal, den Blick auf die Personen der Kooperationsmanagenden zu richten. Aus der Zusammenschau von Fachliteratur und Interviewaussagen lassen sich für das Aufgaben- und Kompetenzprofil vier Formen bzw. Rollen[11] der/des Kooperationsmanagenden identifizieren (Abbildung 2):

---

11 Mit der Darstellung der vier Formen wird kein Anspruch auf Vollständigkeit erhoben, sondern vielmehr ein Aspekt der unterschiedlichen Interviewaussagen zusammengefasst und auf das Kooperationsmanagement dargestellt. Für eine tiefergehende Bearbeitung und Verfeinerung dieser Formen bedarf es noch weiterer Erhebungen und Analysen.

Abbildung 2: Die vier Formen des Kooperationsmanagenden (eigene Darstellung)

Der Begriff der/des Kooperationsmanagenden gilt als der gängigste und bekannteste Begriff, der sowohl in der Fachliteratur als auch in den Interviews am häufigsten verwendet wird (vgl. Dollhausen/Mickler 2012, S. 110; Studiengangkoordination 3, Z. 75). Dammer hält des Weiteren fest, dass es eine der grundlegenden Aufgaben von Kooperationsmanagenden sei, sich „als 'Anwälte der Kooperation',, (Dammer 2011, S. 44) immer wieder dafür einzusetzen, dass das eigentliche Ziel der Kooperation und nicht jeweils spezifische Interessen der Partnerorganisationen verfolgt werden (vgl. ebd., S. 44). Damit geht einher, dass „sie selbst grundsätzlich von den Belangen der Kooperation aus denken, planen und handeln" (ebd., S. 44) sollten, so Dammer. Der Begriff der Kooperationsagentin und des Kooperationsagenten entstammt der Aussage einer interviewten Person, die vorschlägt, eine zentrale Stelle im Sinne einer zwischengeschalteten Agentur einzurichten, die „die Kooperationswilligkeit und -möglichkeiten der Hochschule transparent vermittel[t] mit den Bedarfen der Region oder auch von außen" (Weiterbildungsbeiratsmitglied 2, Z. 35) und generell über verschiedene Abläufe und Prozesse aus beiden Bereichen umfassend informiert ist (ebd., Z. 37, 68). Das Besondere an dieser Idee ist zum einen die intermediäre Position dieser Agentur, die als Dienstleister Kontakte zu beiden Seiten hat und entsprechend zusammenbringt, und zum anderen die Tatsache, dass das Agentur-Team nicht zwangsläufig an der Hochschule, sondern auch bei einer regionalen externen Organisation angesiedelt sein könnte (ebd., Z. 49, 64).

„Also mit Agent meine ich: Ganz bewusst ein Agenturverständnis, eine Agenturphilosophie – Agentur heißt ja auch Vermittlung von Marktteilnehmern [...]." (ebd, Z. 49).

Auch das Bild einer/eines „Kooperationskümmernden" wurde von einer Interviewperson genannt, die Folgendes äußerte: „Also, es braucht jemanden, der da die Sache sozusagen am Laufen hält [...]. Das braucht einen Kümmerer, das ist eigentlich Kooperationsmanagement, das braucht einen Kümmerer." (Verwaltungsmitarbeiter/-in 5, Z. 29). Die befragte Person drückt etwas überspitzt aus, dass neben den klassisch organisatorisch-administrativen Aufgaben die/der Kooperationsmanagende „zwischendrin allen über den Kopf streich[en] und sag[en] [soll]: Ihr seid auch ganz toll." (ebd., Z. 29).

Betrachtet man nun diese vier Formen, so beinhaltet jede einen anderen Aspekt, der in Kooperationen von Bedeutung ist. Daher wird nun die semantische Bedeutung dieser Begriffe mit Hilfe des Deutschen Universalwörterbuchs Duden beleuchtet. Eine Managerin und ein Manager sind „mit weitgehender Verfügungsgewalt und Entscheidungsbefugnis ausgestattete, leitende Persönlichkeiten [...]" (Duden 2007, S. 1108). Die Anwältin und der Anwalt sehen sich „als Verfechter einer Sache" (ebd., S. 162) und haben ebenfalls bestimmte (Macht-)Befugnisse im Hinblick auf Entscheidungen und Handlungen (vgl. ebd., S. 162). Die Agentin/der Agent hingegen ist, laut Duden, entweder eine „Person, die im Geheimauftrag bestimmte [...] Aufträge ausführen soll" oder „jemand, der – meist auf Provisionsbasis – Geschäfte vermittelt und abschließt" oder „Engagements vermittelt" (ebd., S. 113). Eine sich kümmernde Person ist wiederum jemand, die „sich einer Person oder Sache [annimmt] [und] sich helfend, sorgend um jemanden [oder] etwas bemüht" und gleichzeitig auch „jemandem [oder] etwas Aufmerksamkeit [schenkt]" (ebd., S. 1030). Die ersten drei Formen beziehen sich mehr auf den geschäftlichen, operativen und gewinnorientierten Aspekt einer Kooperation, wohingegen eine sich kümmernde Person den Fokus auf die zwischenmenschlichen und emotionalen Prozesse legt und sehr darauf bedacht ist, dass die persönlichen Beziehungen und Arbeitswege sowie die dafür notwendigen Rahmenbedingungen funktionieren. So wird schließlich deutlich, dass alle vier Komponenten eigene, aus ihrem semantischen Ursprung heraus relevante Eigenschaften für das Managen von Kooperationen beinhalten und daher auch alle gleichermaßen im Kooperationsmanagement-Profil Berücksichtigung finden sollten. Diese sich herausbildende, aber noch lange nicht erschöpfte Vielfalt an Rollen, Funktionen und Anforderungen, die an die Personen gestellt werden, die Kooperationen managen, verdeutlicht einmal mehr die Notwendigkeit von entsprechenden Qualifizierungs- und Weiterbildungsangeboten.

5 Aufgaben- und Kompetenzprofil für das Kooperationsmanagement in der wissenschaftlichen Weiterbildung – ein Ausblick

Die Professionalität eines Kooperationsmanagements hängt maßgeblich mit der Professionalität, der Qualifizierung und den vorhandenen Kompetenzen der managenden Personen zusammen. Diese wiederum vereinen eine Vielzahl von Rollen in sich (vgl. Kap. 4) und müssen sich verschiedenen Anforderungen stellen. Sie sollten außerdem in der Lage sein, auf unterschiedlichen internen und externen Ebenen als Ansprechperson zu agieren und dabei die unterschiedlichen Rollen zum Erfolg der Kooperation aktiv nutzen.

Die zentralen Faktoren für ein erfolgreiches und professionelles – hochschulinternes und -externes – Kooperationsmanagement in der wissenschaftlichen Weiterbildung gehen eng mit denen aus den Expertengesprächen ermittelten Aufgaben und Kompetenzen einher. Eine vertrauensvolle Informations- und Kommunikationskultur, die Einbeziehung aller an der Zusammenarbeit bzw. Kooperation beteiligten Personen, ein transparentes Konfliktmanagement und ein von allen getragenes und gefördertes Wissensmanagement sind Maschwitz und Quilling et al. zufolge zentrale Erfolgskriterien (vgl. Maschwitz 2014, S. 87ff.; Quilling et al. 2013, S. 71). Das im Rahmen von „WM³ Weiterbildung Mittelhessen" erhobene Material bestätigt diese Aussagen. Ein häufig als für das Kooperationsmanagement in der wissenschaftlichen Weiterbildung förderlich genannter Faktor bezieht sich auf die Entwicklung von Kommunikations- und Informationsstrukturen, die sich sowohl auf hochschulinterne als auch auf - externe Prozesse der Zusammenarbeit beziehen und deren Verlauf positiv beeinflussen können (vgl. Verwaltungsmitarbeiter/-in 4, Z. 28; Studiengangkoordination 3, Z. 69; vgl. hierzu auch den Aufsatz von Kristina Davie und Asja Lengler in diesem Band).

Des Weiteren sollten zentrale Ansprechpersonen benannt sein, an die sich die beteiligten Akteurinnen und Akteure mit ihren Anliegen wenden können und damit einher gehend sollten auch Aufgaben und Zuständigkeiten klar verteilt sein (vgl. u.a. Verwaltungsmitarbeiter/-in 4, Z. 24, 26; vgl. auch Kap. 2.1).

Ein weiterer relevanter Aspekt bezieht sich auf die Förderung der Akzeptanz von wissenschaftlicher Weiterbildung, die zum einen hochschulintern und zum anderen auch hochschulextern erzielt werden muss und den Fortgang der wissenschaftlichen Weiterbildung positiv beeinflussen kann (vgl. Studiengangkoordination 1, Z. 33). So äußert sich eine befragte Person sehr treffend darüber, dass es eine der Hauptaufgaben sei, Akzeptanz für die wissenschaftliche Weiterbildung und ihre Angebote zu schaffen (vgl. Fachkuratoriumsmitglied 1, Z. 89).

Abschließend kann festgehalten werden, dass die Bedeutung von intra- und interorganisationalen Kooperationen für das Feld der wissenschaftlichen Weiterbildung und die nachhaltige Verstetigung derselben in die Hochschulstrukturen unbestritten ist (vgl. Maschwitz 2014, S. 6ff.; Habeck 2015, S. 38; vgl. auch Kap. 1). Insofern bedarf es eines stärkeren Fokus auf die Pflege und Betreuung der Kooperationen und die entsprechende Qualifizierung der für das Management zuständigen Personen. Der Zusammenhang zwischen hochschulinternen Zusammenarbeitsprozessen und externen Kooperationsaktivitäten ist dabei von zentraler Bedeutung, denn nur mit Hilfe klarer interner Managementstrukturen können auch die Prozesse im Rahmen externer Kooperationen erfolgreich gesteuert werden. Ein professionelles Kooperationsmanagement kann den Erfolg der wissenschaftlichen Weiterbildung und damit auch ihre Optimierung und nachhaltige Verstetigung in die Hochschulstrukturen positiv unterstützen.

Literatur

Alke, Matthias (2015): Verstetigung von Kooperation. Eine Studie zu Weiterbildungsorganisationen in vernetzten Strukturen. Wiesbaden: Springer VS.

Arnold, Rolf (2010): Kompetenz. In: Arnold, Rolf/Nolda, Sigrid/Nuissl, Ekkehard (Hrsg.): Wörterbuch Erwachsenenbildung. 2. Auflage. Bad Heilbrunn: Klinkhardt, S. 172-173.

Bornhoff, Joachim/Fenzer, Stephanie (2006): Netzwerkarbeit erfolgreich gestalten. In: Wohlfahrt, Ursula (Hrsg.): Netzwerkarbeit erfolgreich gestalten. Bielefeld: Bertelsmann, S. 67-83.

Dammer, Ingo (2011): Gelingende Kooperationen („Effizienz"). In: Becker, Thomas/Dammer, Ingo/Howaldt, Jürgen/Loose, Achim (Hrsg.): Netzwerkmanagement. Mit Kooperation zum Unternehmenserfolg. Berlin/Heidelberg: Springer, S. 37-47.

Dollhausen, Karin (2013): Netzwerke als Impulsgeber für die Selbststeuerung und Organisationsentwicklung von Weiterbildungseinrichtungen. In: Dollhausen, Karin/Feld, Timm Cornelius/Seitter, Wolfgang (Hrsg.): Erwachsenenpädagogische Kooperations- und Netzwerkforschung. Wiesbaden: Springer VS, S. 13-31.

Dollhausen, Karin/Mickler, Regine (2012): Kooperationsmanagement in der Weiterbildung. Bielefeld: Bertelsmann.

Dollhausen, Karin/Feld, Timm Cornelius (2010): Für Lebenslanges Lernen kooperieren. Entwicklungslinien und Perspektiven für Kooperationen in der Weiterbildung. DIE Magazin, H.I, S. 24-26.

Habeck, Sandra (2015): Vom Einzelplayer zum Kooperationspartner. Kooperationsfähigkeit von Hochschulen aus Perspektive potentieller institutioneller Partner. In: Hochschule und Weiterbildung, H.1, S. 38-41.

Kocot, Sabina (2006): Das Kompetenzprofil von Netzwerkmanagerinnen und Netzwerkmanagern. In: Wohlfahrt, Ursula (Hrsg.): Netzwerkarbeit erfolgreich gestalten. Bielefeld: Bertelsmann, S. 33-34.

Kuckartz, Udo (2012): Qualitative Inhaltsanalyse. Methoden, Praxis, Computerunterstützung. Weinheim: Beltz Juventa.

Maschwitz, Annika (2015): „Unternehmerische Kultur" an Universitäten. Voraussetzungen für erfolgreiche Kooperationen mit Unternehmen in der Weiterbildung? In: *Hochschule und Weiterbildung*, H.1, S. 42-46.

Maschwitz, Annika (2014): *universitäten unternehmen kooperationen. Kooperationen zwischen öffentlichen Universitäten und Wirtschaftsunternehmen im Bereich weiterbildender berufsbegleitender Studiengänge.* Münster: MV-Wissenschaft.

Nuissl, Ekkehard (2010): Stichwort „Strategische Kooperationen". In: *DIE Magazin*, H.1, S. 20-21.

Quilling, Eike/Nicolini, Hans/Graf, Christine/Starke, Dagmar (2013): *Praxiswissen Netzwerkarbeit: Gemeinnützige Netzwerke erfolgreich gestalten.* Wiesbaden: Springer VS.

Seitter, Wolfgang/Schemmann, Michael/Vossebein, Ulrich (2015): *Zielgruppen in der wissenschaftlichen Weiterbildung. Empirische Studien zu Bedarf, Potential und Akzeptanz.* Wiesbaden: Springer VS.

Wissenschaftlicher Rat der Dudenredaktion (2007): *Duden – Deutsches Universalwörterbuch.* 6. überarb. u. erweit. Auflage. Mannheim: Dudenverlag.

Optimierung von Beratungsstrukturen für Studieninteressierte in der wissenschaftlichen Weiterbildung

Nico Sturm/Noell Bopf[1]

Zusammenfassung

Aufgrund der besonderen Merkmale nicht-traditioneller Zielgruppen (Berufstätigkeit, Familienpflichten, geografische Entkopplung vom Hochschulstandort) bedarf es der Schaffung spezifischer Rahmenbedingungen, um eine Teilnahme an Angeboten der wissenschaftlichen Weiterbildung möglich und attraktiv werden zu lassen. Der vorliegende Beitrag hebt die besonderen Beratungsbedarfe nicht-traditionell Studieninteressierter hervor und leitet daraus Herausforderungen und Entwicklungsaufgaben für die Optimierung von Beratungsprozessen an Hochschulen ab.

Schlagwörter

Beratung, wissenschaftliche Weiterbildung, nicht-traditionell Studierende, Beratungsstrukturen, Beratungstools

Inhalt

---

1   *Nico Sturm* | Philipps-Universität Marburg | nico.sturm@staff.uni-marburg.de
     Noell Bopf | Technische Hochschule Mittelhessen

1   Einleitung

In den vergangenen 15 Jahren ist die Zahl der Studienanfängerinnen und -anfänger bundesweit von 314.956 im Jahr 2000 auf 506.580 im Jahr 2015 gestiegen (vgl. Statistisches Bundesamt 2016, S.15). Dieser rasante Anstieg, begleitet von einer zunehmenden Heterogenisierung der Studieneingangskohorten durch die Schaffung vielfältiger neuer Zugangswege in das Hochschulsystem,[2] stellt die Hochschulen[3] bei der Beratung von Studieninteressierten vor besondere Herausforderungen. So fühlten sich nur 44% der Studienanfängerinnen und –anfänger im Wintersemester 2003/2004 gut oder sehr gut über das Studium und die Hochschule informiert, während jeder fünfte Befragte angab, über kaum oder gar keine entsprechenden Informationen zu verfügen (vgl. Wissenschaftsrat 2006, S. 93). Der Wissenschaftsrat leitete daraus die Forderung nach einer qualitativen Verbesserung und Ausweitung des bestehenden Beratungsangebotes der Hochschulen ab (vgl. ebd.).

Im gleichen Zeitraum hat die wissenschaftliche Weiterbildung im deutschen Hochschulraum zunehmend an Bedeutung gewonnen. Dazu haben auch die von Bund und Ländern aufgelegten Förderprogramme[4] einen wichtigen Beitrag geleistet. In einem engen Zusammenhang mit dem Bedeutungszuwachs der wissenschaftlichen Weiterbildung[5] als vergleichbar junges Tätigkeitsfeld von Hochschulen, steht die Öffnung der Hochschulen für neue Zielgruppen, den so genannten ‚nicht-traditionell‘[6] Studierenden. Dabei kann die Ermöglichung des Zugangs zu (weiterbildenden) Studienprogrammen als nur eine von vielen Bedingungen betrachtet werden, die erfüllt sein müssen, damit nicht-traditionell Studierende erfolgreich (weiterbildend) studieren können. Aufgrund der immer komplexer werdenden Erwerbsbiografien (vgl. Schiersmann/Weber 2013, S. 19) sowie der vielfältigen und individuellen Lebenssituationen (Erwerbsarbeit, Fa-

---

2   Beispielsweise durch die fachgebundene Hochschulzugangsberechtigung an Berufsschulen, die allgemeine Hochschulreife durch eine erfolgreich abgeschlossene Berufsausbildung oder eine Begabtenprüfung. Die individuellen Möglichkeiten und Regelungen des Hochschulzugangs können sich bundeslandspezifisch unterscheiden.

3   In diesem Beitrag sind mit ‚Hochschulen‘ alle Universitäten sowie Hochschulen angewandter Wissenschaften (of applied sciences), Fachhochschulen und sonstige fachliche Hochschulen gemeint.

4   Vgl. exemplarisch den Bund-Länder-Wettbewerb „Aufstieg durch Bildung: offene Hochschulen" (2011-2020).

5   Trotz der zunehmenden Entwicklung von weiterbildenden Studienangeboten an öffentlichen Hochschulen in den letzten Jahren spielt die wissenschaftliche Weiterbildung neben Forschung und Lehre nach wie vor eine untergeordnete Rolle und erhält in Praxis und Wissenschaft vergleichsweise wenig Aufmerksamkeit (vgl. Franz/Feld 2014, S. 30).

6   Zu ‚nicht-traditionell‘ Studierenden zählen im Wesentlichen Erwerbstätige, Personen mit Familienpflichten, Rückkehrende in den Beruf sowie beruflich Qualifizierte ohne klassische Hochschulzugangsberechtigung.

milienpflichten etc.) dieser heterogenen Zielgruppen[7] erscheint das Feld der Studienberatung als besonders bedeutsam.

Dabei wird angenommen, dass nicht-traditionell Studierende im Verhältnis zu traditionell Studierenden tendenziell einen abweichenden Beratungsbedarf aufweisen. Welche gruppenspezifischen Informations- und Beratungsbedarfe sich bei dieser Zielgruppe tatsächlich abzeichnen, wurde bisher jedoch wenig systematisch erforscht (vgl. Wiesner 2015, S. 19). Anknüpfend an diese Ausgangslage befasst sich der vorliegende Beitrag mit der Frage, mit welchen besonderen Beratungsbedarfen Hochschulen bei der Beratung von nicht-traditionell Studieninteressierten konfrontiert werden und welche Anforderungen diese abweichenden Beratungsbedarfe an die Optimierung von Beratungsstrukturen in der wissenschaftlichen Weiterbildung stellen.

Um sowohl die artikulierten Beratungsbedarfe nicht-traditionell Studieninteressierter als auch die Stärken und Schwächen der Beratungsstrukturen von Hochschulen zu erheben, wurden anhand einer Homepageanalyse Beraterinnen und Berater auf verschiedenen Ebenen und in unterschiedlichen Funktionen an den drei mittelhessischen Hochschulen im Kontext des Verbundprojektes „WM³ Weiterbildung Mittelhessen"[8] identifiziert und in Form einer explorativen Herangehensweise durch den Einsatz von Experteninterviews befragt.

In einem ersten Schritt (2) wird das methodische Vorgehen bei der Erhebung und Auswertung der Daten vorgestellt, um dann in einem zweiten Schritt die besonderen Beratungsbedarfe nicht-traditionell Studieninteressierter systematisiert herauszuarbeiten (3, 4). Daraufhin werden in einem dritten Schritt Herausforderungen für die hochschulinternen Strukturen und Funktionen von Beratung dargestellt und Entwicklungsaufgaben für die Optimierung von Beratungsprozessen an Hochschulen identifiziert (5). Ein Fazit fasst die Ergebnisse prägnant zusammen (6).

---

7   Für weiterführende Informationen zu den Besonderheiten nicht-traditionell Studierender siehe auch Präßler 2015.

8   Die drei mittelhessischen Hochschulen Justus-Liebig-Universität Gießen, Philipps-Universität Marburg und Technische Hochschule Mittelhessen haben sich im Hinblick auf ihre gemeinsamen Entwicklungsplanungen im Bereich der wissenschaftlichen Weiterbildung zum Verbundprojekt „WM³ Weiterbildung Mittelhessen" zusammen geschlossen, um mit Hilfe des BMBF-Wettbewerbs „Aufstieg durch Bildung: offene Hochschulen" ein an wirtschaftlichen und gesellschaftlichen Interessen optimal ausgerichtetes Weiterbildungsangebot zu schaffen und zu einer nachhaltigen Stärkung der wissenschaftlichen Weiterbildung an den Hochschulen beizutragen. Dieses Vorhaben wurde in der ersten Förderphase (2011-2015) aus Mitteln des BMBF und aus dem ESF der EU mit den Förderkennzeichen: 16OH11008, 16OH11009, 16OH11010 und in der zweiten Förderphase (2015-2017) mit den Förderkennzeichen 16OH12008, 16OH12009, 16OH12010 aus Mitteln des BMBF gefördert. Weitere Projektinformationen sind unter www.wmhoch3.de zu finden.

2   Methodisches Vorgehen

Im Folgenden wird das methodische Vorgehen sowohl für die Erhebung der besonderen Beratungsbedarfe nicht-traditionell Studieninteressierter (3, 4) als auch für die Identifizierung von Herausforderungen für Beratungsstrukturen und Beratungsfunktionen (5) an Hochschulen dargestellt.

2.1 Homepageanalyse

Um Akteurinnen und Akteure innerhalb der drei Verbundhochschulen, die mit der Beratung von Studieninteressierten betraut sind, zu identifizieren, wurde in Form einer explorativen Herangehensweise eine Homepageanalyse der Internetauftritte der Hochschulen vorgenommen. Auf der Grundlage der durch dieses Vorgehen identifizierten Akteurinnen und Akteure wurden gezielt Beratende in unterschiedlichen Funktionen und Organisationseinheiten für eine Befragung im Rahmen von Experteninterviews kontaktiert.

2.2 Experteninterviews

Es wurden 18 Experteninterviews an den drei Verbundhochschulen geführt, um die typischen Beratungsanliegen der (traditionell und nicht-traditionell) Studierenden in den jeweiligen Phasen (der Orientierungs-[9] und der Studienphase) zu erheben. Diese Methode wurde gezielt ausgewählt, da Experteninterviews auf einen „[...] exponierten Personenkreis [abheben], der im Hinblick auf das jeweilige Forschungsinteresse spezifisches Wissen mitbringt" und hinsichtlich des Erkenntnisinteresses einen deutlichen Wissensvorsprung aufweist (Liebold/ Trinczek 2002, S. 35). Mit diesem Schritt sollte Wissen von hochschulinternen Expertinnen und Experten bezüglich der Beratungsanliegen von Studierenden erhoben werden, die bereits auf fundierte Erfahrungen zurückgreifen können. Die Methode des Experteninterviews erwies sich für diese Zielsetzung als besonders geeignet, da so eine Erhebung von exklusiven Wissensbeständen vorgenommen werden konnte, die auf die Untersuchung des (hochschulischen) Betriebswissens abzielte. Neben der Erhebung der vorhandenen Wissensbestände sollte ermittelt werden, wie diese sich in alltäglichen Handlungsroutinen wiederfinden (vgl. Meuser/Nagel 1997, S. 481).

---

9   Unter dem Begriff der Orientierungsphase ist die Zeit vor der Einschreibung in ein Studienprogramm zu verstehen.

2.3 Der Interviewleitfaden

Der Leitfaden für die Experteninterviews konstituierte sich aus vier Themenblöcken, die sich sowohl aus dem Auftrag des Teilprojektes als auch aus dem Vorwissen und den Annahmen der Forschenden ableiteten. Für die im Rahmen dieses Beitrages vorgestellten Ergebnisse sind folgende zwei Blöcke von Relevanz[10]:

- Beratung von traditionell Studierenden (in grundständigen und konsekutiven Studienprogrammen)
- Beratung von nicht-traditionell Studierenden (mit dem Fokus auf weiterbildende Studienprogramme).

Während im ersten Themenblock die Erhebung der Beratungsanliegen von traditionell Studierenden im Mittelpunkt stehen, beschäftigt sich der zweite Themenblock vertiefend mit den besonderen Herausforderungen bei der Beratung von nicht-traditionell Studierenden.

2.4 Die Auswahl der Expertinnen und Experten

Die Auswahl der Expertinnen und Experten erfolgte aus den Ergebnissen von Homepageanalysen, die an allen drei mittelhessischen Hochschulen mit dem Ziel durchgeführt wurden, sowohl die organisationalen Beratungsstrategien als auch die relevanten Schlüsselpersonen zu identifizieren. Insgesamt konnten 18 Personen mit Beratungsfunktion für eine Befragung durch leitfadengestützte Experteninterviews gewonnen werden. Trotz organisationsspezifischer Unterschiede zwischen den drei Hochschulen bei der Organisation der Beratung von Studieninteressierten lassen sich die befragten Beratenden im Wesentlichen drei Ebenen zuordnen. Auf der obersten Ebene der Hochschule wird die Beratung in einer zentralen Organisationseinheit (Zentrale Studienberatung) organisiert. Auf der mittleren Ebene sind Beratungsleistungen an den jeweiligen Fachbereichen verankert (Studienfachberatungen). Auf der untersten Ebene konnten Beratende identifiziert werden, die direkt den jeweiligen weiterbildenden Studienprogrammen zugeordnet sind (Studiengangkoordinierende). Der Befragungszeitraum der 18 Beratenden auf den drei Ebenen an den mittelhessischen Hochschulen lag zwischen Dezember 2015 und Mai 2016.

---

10 Die weiteren, im Rahmen dieses Beitrages nicht weiter berücksichtigten Themenblöcke sind: ‚Informationen zu Person und Arbeitsfeld' sowie ‚Beratung zur Anerkennung und Anrechnung außerhochschulisch erworbener Kompetenzen'.

2.5   Aufbereitung und Analyse des Datenmaterials

Das Datenmaterial lag zunächst in Form von digitalen Aufzeichnungen vor. Die aufgezeichneten Interviews wurden wörtlich transkribiert. Hierbei wurden vereinfachte Transkriptionsregeln verwendet, da die Auswertung inhaltsbezogen und thematisch fokussiert ausgerichtet war (vgl. Meuser/Nagel 2009, S. 476). Entsprechend der den Interviewpartnerinnen und Interviewpartnern zugesicherten Anonymität wurden Namen, Orte, Fach- und Arbeitsorte sowie Kooperationspartnerinnen und Kooperationspartner im Sinne des Datenschutzes anonymisiert. Auf diese Weise konnte die Möglichkeit, Rückschlüsse auf beteiligte Personen und genannte Akteurinnen und Akteure zu ziehen, so gering wie möglich gehalten werden (vgl. Hopf 2005, S. 596).

Bei der Auswertung des Interviewmaterials wurde thematisch-inhaltlich vorgegangen. Im Fokus dabei stand die Zusammenführung von Textpassagen mit thematisch ähnlicher Schwerpunktsetzung (vgl. Meuser/Nagel 2009, S. 476). Demzufolge wurden sowohl Hauptkategorien als auch Subkategorien gebildet, die sich inhaltlich an dem Interviewleitfaden orientieren. Mit diesem Kategoriensystem wurden die 18 geführten Interviews mit der Software MAXQDA kodiert und nach der Inhaltsanalyse von Mayring (2003) ausgewertet.

3   Besondere Beratungsbedarfe nicht-traditionell Studierender

Aus der Aufbereitung und Analyse des Datenmaterials wurde deutlich, dass die Beratung nicht-traditioneller Zielgruppen insbesondere in der Phase vor der Einschreibung in ein (weiterbildendes) Studienprogramm eine besondere Herausforderung darstellt. Dies führen die Befragten zum einen darauf zurück, dass für die Beratung eingeschriebener Studierender bereits langjährige Erfahrungen vorliegen und umfassende Beratungsleistungen entwickelt werden konnten. Zum anderen ähneln sich die Beratungsanliegen traditionell und nicht-traditionell Studierender während des Studiums stärker als in der Phase vor der Einschreibung in ein Studienprogramm. In dieser Phase werden von der Gruppe der nicht-traditionell Studieninteressierten Beratungsbedarfe artikuliert, mit denen die Beratenden bisher seltener konfrontiert wurden.[11] Daher werden im Folgenden die besonderen Beratungsbedarfe nicht-traditionell Studieninteressierter vor der Aufnahme eines Studienprogramms (im Folgenden Orientierungsphase genannt) fokussiert. Um die gruppenspezifischen Besonderheiten kenntlich zu ma-

---

11 Auch in der Gruppe der eingeschriebenen Studierenden lassen sich gruppenspezifische Beratungsbedarfe nicht-traditionell Studierender identifizieren. Diese finden im Rahmen dieses Beitrages jedoch keine nähere Betrachtung.

chen, werden an einigen Stellen kontrastierend die entsprechenden typischen Beratungsanliegen traditionell Studieninteressierter gegenübergestellt. Das qualitativ erhobene Datenmaterial zeigt die Vielfalt der Anliegen, mit denen die befragten Studierendenberatenden konfrontiert sind. In der Gesamtschau lassen sich die Themenfelder in zwei übergeordnete Kategorien einteilen, die im Folgenden getrennt voneinander dargestellt werden.

Zum einen lassen sich Themenfelder identifizieren, in denen beide Gruppen – sowohl die traditionell als auch die nicht-traditionell Studieninteressierten – Beratungsbedarfe aufweisen. Allerdings sind innerhalb dieser Themenfelder besondere Ausprägungen und thematische Schwerpunktsetzungen seitens der Gruppe der nicht-traditionell Studieninteressierten zu beobachten. Diese zielgruppenspezifischen Ausprägungen innerhalb der zielgruppenübergreifenden Beratungsanliegen werden unter Punkt 3.1 detailliert betrachtet.

Zum anderen können zielgruppenspezifische Beratungsanliegen der nicht-traditionell Studierenden herausgearbeitet werden, die innerhalb der Gruppe der traditionell Studierenden nicht oder nur in sehr geringem Umfang sichtbar werden. Auf diese Anliegen wird unter Punkt 3.2 vertiefend Bezug genommen.

3.1 Zielgruppenübergreifende Anliegen mit zielgruppenspezifischen Ausprägungen

Als zielgruppenübergreifende Themenfelder, die zielgruppenspezifische Ausprägungen bei den nicht-traditionell Studierenden aufweisen, konnten im Einzelnen identifiziert werden:

- Studienwahl und Studieninhalte
- Passung[12]
- Bewerbung
- Zulassung
- Anrechnung
- Finanzierung

Im Folgenden werden die jeweiligen Themenfelder erläutert und die zielgruppenspezifischen Ausprägungen herausgestellt.

---

12 Unter dem Begriff ‚Passung' wird die Übereinstimmung zwischen den subjektiven Interessen und individuellen Bedarfen der Studieninteressierten und dem Studienangebot verstanden (vgl. hierzu Kapitel 3.1.2).

3.1.1   Studienwahl und -inhalte

Ein zentrales zielgruppenübergreifendes Beratungsthema sowohl für traditionelle als auch für nicht-traditionelle Studieninteressierte ist die Frage nach dem ‚geeigneten' Studiengang. Die Beratungsbedarfe liegen dabei zielgruppenübergreifend sowohl auf den konkreten Inhalten und Themen des Studiums als auch auf den Methoden und Fähigkeiten, die innerhalb des Studienprogramms erworben werden.

> „Also das Thema ist natürlich zunächst einmal was sind die Inhalte? Wie groß ist der Umfang?" (Akademische Leitung/Studiengangkoordination 33, Abs. 12).

Während die Informationen bei traditionell Studieninteressierten oft als Entscheidungsgrundlage für Studiengang und Hochschulstandort dienen, weisen nicht-traditionell Studieninteressierte bei ihrem Beratungsbedarf zu Studienwahl und Studieninhalten zielgruppenspezifische Besonderheiten auf. So stellt diese Gruppe oft spezifischere Fragen zu den jeweiligen Studieninhalten.

> „Aber so Beratungsgespräche, also die jetzt bei mir anrufen, die wollen auch jetzt gar keine grundlegende Weiterbildungsberatung haben, sage ich mal, sondern interessieren sich wenn für konkrete Angebote" (Verwaltungsmitarbeiter/-in 2, Abs. 9).

Darüber hinaus existiert – im Vergleich zu den traditionell Studieninteressierten – eine konkretere Vorstellung davon, wie das angestrebte Studium im Anschluss beruflich verwertet werden kann. Diese ausgeprägte Abschlussorientierung der nicht-traditionell Studierenden zielt stark auf die Verwertbarkeit der Studieninhalte mit dem Ziel der Sicherung des Arbeitsplatzes sowie der individuellen Karriereplanung ab. Während in Einzelfällen die individuelle Selbstverwirklichung Anlass für das Interesse an hochschulischen Weiterbildungsprogrammen darstellt:

> „Die Anfragen, wo jemand sagt: „Ich finde das total spannend und ich bin da an wissenschaftlicher Weiterqualifikation und persönlicher Weiterentwicklung interessiert", die gibt es auch, aber die sind seltener […]" (Fachstudienberatung 21, Abs. 19),

stehen bei dem überwiegenden Teil der nicht-traditionell Studieninteressierten der Wunsch nach beruflichem Aufstieg, Wiedereinstieg oder die Vermeidung des Verlustes des Arbeitsplatzes im Zentrum:

> „Es gibt welche, die gehen aus purer Not rein, die sagen einfach: „Ich bin Soziologin und ich arbeite in dem und dem Bereich. Und wenn ich jetzt diesen Abschluss nicht mache, bin ich raus mit 45" (ebd., Abs. 65).

Diese verschiedenen Motivatoren haben Auswirkungen auf die Anforderungen an die Beratungsleistungen.

Ein weiteres stark ausgeprägtes gruppenspezifisches Beratungsanliegen bei der Studienwahl betrifft die Vereinbarkeit des Studiums mit Beruf und Familienpflichten. Dieser Aspekt wird unter Punkt 4. noch einmal vertiefend aufgegriffen.

3.1.2 Passung

Im Fokus dieses Themenbereichs steht – noch stärker als bei der Studienwahl – die Kompatibilität der subjektiven Vorstellungen und Bedürfnisse mit dem Studienprogramm. Hier findet ein Abgleich zwischen den eigenen individuellen Wünschen, Interessen und Fähigkeiten und den im Laufe des Studiums zu erwerbenden Kompetenzen und deren späterer beruflicher Verwertbarkeit statt. Während bei traditionell Studieninteressierten der Fokus auf einer generellen Orientierung und der Passung des Studienprogramms mit den persönlichen Interessen und Fähigkeiten liegt:

> „Ist das mein richtiges Fach oder will ich vielleicht doch das andere studieren (…)?" (Fachstudienberatung 23, Abs.39)

fragen nicht-traditionell Studieninteressierte danach, ob das Studienprogramm zum einen die notwendigen Voraussetzungen für eine optimale spätere berufliche Verwertbarkeit bietet und zum anderen mit Erwerbsarbeit und Familienpflichten vereinbar ist:

> „[W]as kann ich beruflich damit machen? Wie passt das in meine ansonsten irgendwie berufliche Qualifikation? Welche Vorteile ergeben sich für mich, wenn ich daran teilnehme? Also eher so die Passung in den eigenen Berufsalltag" (Studienkoordination 22, Abs. 13).

Auch hier spiegelt sich die bereits bei Studienwahl und Studieninhalten (3.1.1) angesprochene Abschlussorientierung der nicht-traditionell Studieninteressierten wider.

3.1.3 Bewerbung

Unter diesem Begriff sind Anfragen zusammengefasst, die Ablauf, Modalitäten und Details von Bewerbungsverfahren betreffen. Zwar konnten innerhalb dieses Themenblockes nur zielgruppenspezifische Ausprägungen mit vergleichsweise geringer Relevanz auf den Beratungsprozess identifiziert werden, dennoch ist von den interviewten Expertinnen und Experten der Bewerbungsprozess vor dem Hintergrund der Zeitverausgabung als so bedeutsam artikuliert worden, dass seine Darstellung hier notwendig erscheint.

Die nicht-traditionelle Zielgruppe erwartet vom Verfahren sehr viel mehr Transparenz bezüglich Prozessverlauf und Status der eigenen Bewerbung:

> „Und häufig möchten die auch gerne eine Rückmeldung haben: Sind denn meine Unterlagen jetzt eingegangen? Wie sieht das denn jetzt aus, wie weit ist denn das Verfahren fortgeschritten?" (Akademische Leitung/Studiengangkoordination 33, Abs. 57).

Darüber hinaus besteht auch, im Gegensatz zu traditionell Studieninteressierten, ein ausgeprägter Beratungsbedarf im Falle einer negativen Bescheidung ihrer Bewerbung.

> „Es haben 66 Leute an der Prüfung teilgenommen, wir haben 31 zugelassen. Jetzt fragen 34 nach, warum sie nicht zugelassen sind" (Fachstudienberatung 22, Abs. 79).

3.1.4   Zulassung

In Verbindung mit den Anliegen zur Bewerbung werden regelmäßig auch Fragen gestellt, die sich auf die Zulassungsvoraussetzungen beziehen.

> „Also die erste typische Frage ist, bin ich dafür geeignet? Also bringe ich die notwendigen Voraussetzungen mit, um da teilnehmen zu können?" (Studiengangkoordination 22, Abs. 13).

Während sich traditionell Studieninteressierte dabei auf Informationen zum Numerus Clausus (NC) und ihrer grundsätzlichen Chance der Zulassung zu einem Studienprogramm beziehen, liegt innerhalb der Gruppe der nicht-traditionell Studieninteressierten der Fokus des Beratungsbedarfs auf beruflich erworbenen Kompetenzen.

> „Also das ist/ Einmal sind das die, die anfragen: ‚Bin ich zulassungsberechtigt? Ich habe den und den Abschluss oder ich habe den Abschluss eben nicht und ich habe so viel Praxiserfahrung, arbeite seit 25 Jahren als Bäckerin, ist das/' und so weiter. Zulassungsberechtigungen" (Studiengangkoordination 22, Abs. 13).

3.1.5   Anrechnung

Eng verbunden mit Fragen zum Einsatz beruflich erworbener Kompetenzen und dem Ziel der Zulassung zu Studienprogrammen (3.1.4) ist eine weitere Besonderheit der nicht-traditionell Studieninteressierten darin zu sehen, dass sie einen hohen Beratungsbedarf bezüglich der Anerkennung und Anrechnung außerhochschulisch erworbener Kompetenzen mit dem Ziel der Reduzierung des zu studierenden Workloads aufweisen. Während traditionell Studieninteressierte Anträge auf Anrechnung von an anderen Hochschulen erbrachten Leistungen (im Ausland erworbene Studienleistungen oder Studienfachwechsel) sowie von Sprachkursen stellen, weisen die nicht-traditionell Studieninteressierten einen hohen Beratungsbedarf bezüglich der Anrechnung beruflich erworbener Kompetenzen auf. Aber auch die Anrechenbarkeit von bereits erworbenen Zertifikaten auf Studienprogramme wird als Beratungsanliegen genannt.

> „Wenn ich die Zertifikate gemacht habe, kann ich mir die dann auf einen Studiengang anrechnen lassen an [Hochschule 1] oder nur auf einen Weiterbildungsstudiengang?" (Verwaltungsmitarbeiter/-in 2, Abs. 33).

3.1.6   Finanzierung

Das Thema der Finanzierung ist für beide Zielgruppen von großer Relevanz. Betrachtet man die Beratungsanliegen innerhalb dieser Kategorie zielgruppenspezifisch, lassen sich unterschiedliche Lebensumstände und sich daraus entwickelnde Motivationslagen identifizieren. Während traditionell Studieninteressierte danach fragen, wie sie ihren Lebensunterhalt neben dem Studium sicherstellen können (beispielsweise durch Leistungen des Bundesausbildungsförderungsgesetzes (BAföG)), fragen die nicht-traditionell Studieninteressierten, die in der Regel keinen Anspruch auf BAföG haben, danach, wie sie ihr Studium neben ihren sonstigen Verpflichtungen finanzieren können. Dies hat im Wesentlichen zwei Gründe: Zum einen sind berufsbegleitend studierbare weiterbildende Studienprogramme in der Regel durch Teilnehmenden-Entgelte kostendeckend zu finanzieren.[13] Zum anderen sind die nicht-traditionell Studieninteressierten aufgrund ihrer individuellen Lebenssituationen (Berufsrückkehrende, Personen mit Familienpflichten, Berufstätige, etc.) durch verschiedene Verpflichtungen auch finanziell gebunden. Da die Sicherstellung der Finanzierbarkeit des Studienprogramms für nicht-traditionell Studieninteressierte ein zentraler Entscheidungsfaktor für eine Einschreibung darstellt, besteht hier ein besonders großer Beratungsbedarf, mit dem die Studienberatenden konfrontiert werden. Es wird erwartet, dass sie zu Anliegen beraten wie:

> „Wo kann ich Fördergelder herbekommen? Kann ich es in Raten zahlen? Wie viel kostet das überhaupt und kann ich es zum Beispiel von der Steuer absetzen? Also die ganzen Fragen rund um Weiterbildungsfinanzierung" (Studiengangkoordination 22, Abs. 13).

Da die Rahmenbedingungen bei nicht-traditionell Studierenden stark divergieren, sind die Beratungen in diesem Themenfeld relativ komplex und lassen sich fast schon als Finanzierungsberatung charakterisieren. Aufgrund der bisherigen

---

[13] Das hessische Hochschulgesetz (HHG) fordert eine vollkostendeckende Finanzierung der wissenschaftlichen Weiterbildung durch Teilnehmenden-Entgelte. In anderen Bundesländern können abweichende Vorgaben gelten.

Erfahrungen mit dieser Zielgruppe wird das Thema auch proaktiv durch die Beratenden angesprochen.

> „Und insofern sprechen wir das sehr aktiv an, eben auch ein bisschen zur Finanzierung, was sagt die Familie eigentlich dazu, beziehungsweise die Familienkasse, es fehlt eben doch eine ganze Menge Geld, weil unser Klientel eben keine ist, die das so einmal schnell oder wo der Arbeitgeber das zahlt" (Fachstudienberatung 22, Abs. 59).

Die Unterstützung des Umfeldes ist demnach ein zentraler Faktor. Darunter sind die Hilfestellung der Familie, die Zustimmung (und eventuelle Förderung) des Arbeitgebers sowie sonstige finanzielle Unterstützung zu verstehen, die die Entscheidung zur Aufnahme eines weiterbildenden Studienprogramms stark beeinflussen.

3.1.7 Gesamtschau der zielgruppenspezifischen Ausprägungen

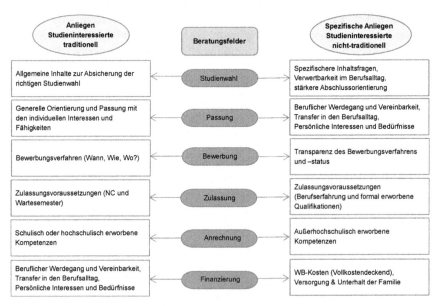

Abbildung 1: Zielgruppenübergreifende Anliegen mit den jeweiligen Ausprägungen (eigene Darstellung)

In der Gesamtschau der zielgruppenübergreifenden Beratungsanliegen mit dem Fokus auf die zielgruppenspezifischen Ausprägungen der nicht-traditionell Studieninteressierten wird deutlich, dass die Beratungstätigkeit an Hochschulen weiter professionalisiert werden muss. Obwohl Hochschulen aufgrund ihrer jahrzehntelangen Erfahrungen über umfangreiche Kompetenzen bei der Beratung von Studieninteressierten verfügen, sind mit Blick auf die Beratungsbedarfe der neuen nicht-traditionellen Zielgruppen jedoch weitere Professionalisierungsschritte notwendig. Hierzu bedarf es eines gruppenspezifischen Ausbaus von Beratungswissen. Der vertiefte Informationsbedarf über die Inhalte der Studienprogramme und deren berufliche Verwertbarkeit (3.1.1), die unterschiedlichen Zugangswege in Studienprogramme (3.1.4), die Anerkennung und Anrechnung außerhochschulisch erworbener Kompetenzen mit dem Ziel der Verkürzung der Studiendauer (3.1.5) und der hohe Beratungsbedarf zur Sicherstellung der Finanzierung von Studienprogrammen (3.1.6) sind Aspekte, mit denen Beratende an Hochschulen in der Vergangenheit kaum konfrontiert waren. Abbildung 1 gibt einen Überblick darüber, mit welchen zielgruppenspezifischen Beratungsanliegen Beraterinnen und Berater in der wissenschaftlichen Weiterbildung konfrontiert werden.

3.2 Zielgruppenspezifische Anliegen der nicht-traditionell Studierenden

Wie sich im vorherigen Kapitel gezeigt hat, sind die Beratungsanliegen der nicht-traditionell Studieninteressierten vor Studienbeginn innerhalb gemeinsamer Themenkomplexe durch gruppenspezifische Ausprägungen gekennzeichnet. Nach der Betrachtung der Themenkomplexe, die beide Gruppen betreffen, folgt nun die Darstellung der Beratungsbedarfe, die fast ausschließlich die Gruppe nicht-traditionell Studieninteressierter aufweist.

Als zielgruppenspezifische Themenfelder der nicht-traditionell Studieninteressierten konnten folgende zwei zentrale Aspekte identifiziert werden:

- Zeitverausgabung für das Studienprogramm
- Individuelle Eignung.

3.2.1   Zeitverausgabung für das Studienprogramm

Eine grundlegende Frage ist die nach der Dauer des Studienprogramms. Das primäre Beratungsanliegen ergibt sich aus dem Wunsch nach möglichst detaillierten Angaben über den notwendigen Zeitaufwand bis zum erfolgreichen Abschluss. Dieses zielgruppenspezifische Beratungsanliegen generiert sich überwiegend aus der besonderen Lebenssituation der Zielgruppe:

„Ist ja auch bei jedem Einzelnen, die kommen dann mit ihren individuellen Problemen und Situationen auf einen zu, und der eine beispielsweise auch fragt sich, ob er das von dem zeitlichen Aufwand her überhaupt hinkriegt, weil er berufstätig ist, das sind dann so Fragen" (Verwaltungsmitarbeiter/-in 2, Abs. 23).

Auch innerhalb dieses Themenfeldes wird wieder die besondere Relevanz der Vereinbarkeitsproblematik dieser Zielgruppe deutlich (vgl. 4.).

Um die mit dem Studienprogramm verbundenen Aufgaben und Pflichten koordinieren und gleichzeitig das Studium verwirklichen zu können, sind die Termine, Präsenz- und mögliche Fehlzeiten ein weiteres, wichtiges Thema dieser Zielgruppe.

> „Dann ist es, darf man auch mal fehlen? Wie oft darf ich fehlen? Dann die Termine, weil das ja alles berufstätige Personen sind, die dann auch planen müssen. Sie müssen entweder einen Ersatz besorgen oder [Name der Organisationseinheit] schließen. Sie müssen sich um die Kinderbetreuung kümmern. Also die Termine ist ein ganz wichtiger Punkt" (Akademische Leitung/Studiengangkoordination 33, Abs. 47).

Die Auswertung der Experteninterviews zeigt, dass der zeitbezogene Beratungsbedarf der nicht-traditionell Studieninteressierten sehr stark ausgeprägt ist, während die Zeitverausgabung im Studienprogramm in der Beratung von traditionell Studieninteressierten keine Rolle spielt.

3.2.2   Individuelle Eignung

Dieser ausschließlich bei der Gruppe der nicht-traditionell Studieninteressierten identifizierte Themenkomplex ist unabhängig von der Frage der Passung (3.1.2) und der Zulassung (3.1.4) zu betrachten. Während bei der Passung die Frage im Mittelpunkt steht, ob das Studienprogramm aus der Verwertungsperspektive das optimale Angebot darstellt, geht es bei der Zulassung darum, ob die Bewerbenden die formalen Voraussetzungen erfüllen, um in ein Studienangebot aufgenommen werden zu können. Der Beratungsbedarf zur Eignung beschäftigt sich darüber hinaus mit der Frage, ob die Bewerbenden die notwendigen individuellen Voraussetzungen mitbringen, um das Studienprogramm erfolgreich zu durchlaufen.

> „Also die erste typische Frage ist, bin ich dafür geeignet? Also bringe ich die notwendigen Voraussetzungen mit, um da teilnehmen zu können? Wir haben das zwar aufgelistet auf der Webseite, aber da gibt es viele Unsicherheiten und einfach Beratungsbedarf" (Studiengangkoordination 21, Abs. 13).

Oftmals offenbaren sich in den Beratungsgesprächen Unsicherheiten auf Seiten der Studieninteressierten. Diese Unsicherheiten können sich einerseits auf formale Qualifikationen beziehen, andererseits gibt es viele Fälle, bei denen sich die Interessierten grundsätzlich unsicher sind, ob sie für ein Studium geeignet sind. In diesen Fällen erreicht ein Beratungsgespräch schnell eine andere Beratungstiefe.[14]

3.2.3 Gesamtschau der zielgruppenspezifischen Anliegen

Aus der Betrachtung der zielgruppenspezifischen Anliegen lassen sich folgende Konsequenzen für die Beratung nicht-traditionell Studieninteressierter ableiten:

- Beratende sollten einen breiten Überblick über die notwendige Zeitverausgabung (sowohl der Präsenz- als auch der Selbstlernphasen) zur erfolgreichen Bewältigung der jeweiligen Studienprogramme geben können.
- Um die Studieninteressierten bei der Überprüfung der individuellen Eignung in Bezug auf die Studienprogramme unterstützend beraten zu können, müssen die Studienberatenden sehr gut über die jeweiligen Inhalte informiert sein.

Werden nicht-traditionell Studieninteressierte als Zielgruppe in der Beratung erwartet, sollten diese Aspekte Berücksichtigung finden.

4 Vereinbarkeit von Studium, Familie und Beruf

Sowohl bei der Betrachtung der zielgruppenübergreifenden Anliegen als auch im Rahmen der zielgruppenspezifischen Anliegen der nicht-traditionell Studieninteressierten tritt die Frage nach der Vereinbarkeit eines Weiterbildungsprogramms mit Berufstätigkeit und Familienpflichten immer wieder in Form einer Querschnittsthematik in den Mittelpunkt. Diese drei Lebensbereiche zu kombinieren, erfordert enorme organisatorische Fähigkeiten, ein hohes Maß an Selbstdisziplin und die Unterstützung des sozialen und beruflichen Umfeldes.

> „Die haben eher natürlich das Problem: Wie kriege ich das zeitlich geregelt mit der Familie, mit dem Job [...]?" (Fachstudienberatung 21, Abs. 27).

Neben den zeitlichen Ressourcen, die für die Präsenzphasen aufgewendet werden müssen, ist die Organisation des Arbeitsaufwandes für die Selbstlernphase zusätzlich zu den beruflichen und familiären Pflichten eine wesentliche Herausforderung.

---

14 Unter dem Begriff ‚Beratungstiefen' sind die verschiedenen Ebenen (Informative Beratung, Situative Beratung und Biografieorientierte Beratung) zu verstehen, auf denen die Beratungsanliegen, je nach Komplexitätsgrad, angesiedelt werden können. Vgl. Gieseke 2000.

„Wie kann man das Studium mit Beruf und Familie vereinen, verbinden?" (Fachstudienberatung 22, Abs. 58).

Die Vereinbarkeitsproblematik stellt – als vielleicht zentralste zielgruppenspezifische Besonderheit – hohe Anforderungen an die Studierendenberatung. Sie
beeinflusst die unterschiedlichen Themenfelder von der Studienwahl über die
Finanzierung bis hin zur Dauer des Studienprogramms. ‚Abbildung 2' zeigt den
Zusammenhang der Vereinbarkeitsthematik auf Beratungsanliegen nicht-
traditionell Studieninteressierter.

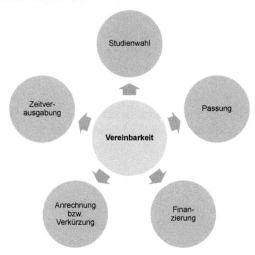

Abbildung 2:   Vereinbarkeit als Querschnittsthema in der Beratung (Quelle:
eigene Darstellung)

Im Rahmen der Beratung von traditionell Studieninteressierten, die von Hochschulen seit vielen Jahren erfolgreich betrieben wird, findet dieser Aspekt bisher
wenig Berücksichtigung. Werden in der Studienberatung perspektivisch ver-
mehrt nicht-traditionell Studieninteressierte erwartet, kann davon ausgegangen
werden, dass es einen erhöhten Bedarf an Beratung zu diesem Aspekt geben
wird.

5   Beratung von Interessierten an wissenschaftlicher Weiterbildung

Nachdem der Fokus auf die Gruppe der nicht-traditionell Studieninteressierten
und ihrer besonderen Beratungsbedarfe gelegt wurde, werden im Folgenden die
hochschulinternen Beratungsstrukturen fokussiert. Dabei wird zunächst betrach-

tet, bei welchen Funktionsstellen und Organisationseinheiten Anfragen nicht-traditionell Studieninteressierter zu Angeboten der wissenschaftlichen Weiterbildung auflaufen. Darauf aufbauend werden die Beratenden an den jeweiligen Organisationseinheiten sowohl bezüglich ihres Beratungswissens zu den besonderen Beratungsbedarfen nicht-traditionell Studieninteressierter als auch zu ihrem Wissen auf dem Feld der wissenschaftlichen Weiterbildung betrachtet.

5.1 Identifizierte Beratungsstrukturen

Die wissenschaftliche Weiterbildung ist an den drei mittelhessischen Hochschulen unterschiedlich organisational verankert. Während die Technische Hochschule Mittelhessen (THM) die wissenschaftliche Weiterbildung zentral im ‚Zentrum Duales Hochschulstudium' (ZDH) koordiniert und anbietet, werden Weiterbildungsaktivitäten der Justus-Liebig-Universität Gießen (JLU) im Referat für wissenschaftliche Weiterbildung administriert. Durchgeführt werden die Weiterbildungsangebote, im Unterschied zur THM, an den jeweiligen Fachbereichen der Universität. Die Philipps-Universität Marburg (UMR) befindet sich zurzeit in der Gründungsphase eines hochschuleigenen Zentrums für wissenschaftliche Weiterbildung, an dem die Kompetenzen auf diesem Feld gebündelt zusammengeführt werden. Die Durchführung der Weiterbildungsaktivitäten findet auch hier – wie an der JLU – an den jeweiligen Fachbereichen statt.

Wie bereits bei der Auswahl der Expertinnen und Experten (2.4) dargestellt, konnten unabhängig von der jeweiligen organisationalen Verankerung der wissenschaftlichen Weiterbildung und den hochschulspezifisch unterschiedlich ausdifferenzierten Beratungsstrukturen drei Organisationseinheiten ermittelt werden, die hochschulübergreifend mit Anliegen zur wissenschaftlichen Weiterbildung konfrontiert sind.[15] Neben der Zentralen Studienberatung[16] werden im Wesentlichen die Fachstudienberatungen17 der Fachbereiche, an denen wissenschaftliche Weiterbildung angeboten wird, sowie die Studiengangkoordinierenden[18] der jeweili-

---

15 Aufgrund der kleinen Fallzahl von 18 Experteninterviews hat diese Herangehensweise explorativen Charakter. Auffällig ist, dass die drei identifizierten Organisationseinheiten hochschulübergreifend mit entsprechenden Anliegen konfrontiert werden.

16 Die Zentrale Studienberatung dient als erste Kontaktstelle für Studieninteressierte und Studierende der grundständigen Lehre sowie der wissenschaftlichen Weiterbildung.

17 Die Fachstudienberatungen beraten Weiterbildungsstudieninteressierte und -studierende in dem jeweiligen Fachbereich.

18 Unter Studiengangkoordinierende werden Personen verstanden, die Angebote der wissenschaftlichen Weiterbildung sowohl fachlich als auch administrativ und organisatorisch begleiten und als Ansprechpartner sowohl für Bewerbende und Teilnehmende als auch für die Lehrenden und Verwaltungseinheiten der Hochschule fungieren.

gen Weiterbildungsangebote mit Beratungsanliegen nicht-traditionell Studieninteressierter konfrontiert.

Bei der näheren Betrachtung dieser Organisationseinheiten konnten vier wesentliche gruppenspezifische Unterschiede (Beratungsstruktur, Beratungstätigkeit, Beratungsinhalt und Implementierungsgrad) identifiziert werden, die im Folgenden dargestellt werden.

Während die Zentrale Studienberatung – wie der Name bereits ausdrückt – zentral organisiert ist, agieren die Studiengangkoordinierenden dezentral in den jeweiligen Weiterbildungsangeboten. Die Fachstudienberatung nimmt hier eine Hybridrolle zwischen der zentralen hochschulweiten Beratung und der dezentralen Beratung durch die Studiengangkoordinierenden ein.

Die Beratungstätigkeit stellt auf der Ebene der Zentralen Studienberatung und der Fachstudienberatung die Hauptaufgabe der Mitarbeitenden dar. Studiengangkoordinierende haben hingegen ein sehr heterogenes Aufgabenfeld, in dessen Rahmen die Beratung von Studierenden lediglich einen geringen Teil der Tätigkeit ausmacht.

Ein weiteres Unterscheidungsmerkmal besteht in den Beratungsinhalten. Die Beratung von Studieninteressierten auf der Ebene der Zentralen Studienberatung fokussiert primär übergreifende Aspekte wie Studienwahl, Zulassungsvoraussetzungen, Finanzierung oder persönliche Lebenssituation, während die Beratung der Studiengangkoordinierenden auf die wissenschaftliche Weiterbildung bzw. auf das jeweilige Weiterbildungsprogramm ausgerichtet ist.

Unter dem Begriff Implementierungsgrad wird die Integration der Beratungstätigkeit in der Organisationsstruktur verstanden. Während sowohl die Zentrale Studienberatung als auch die Fachstudienberatung in der Regel mit entfristeten Dauerstellen ausgestattet sind, wird die Studiengangkoordination meist in Form zeitlich befristeter Projektstellen aus dem wissenschaftlichen Mittelbau rekrutiert.

Tabelle 1 visualisiert in einer Übersicht die Besonderheiten der jeweiligen Organisationseinheiten auf den verschiedenen Ebenen (Hochschulebene, Fachbereichsebene und Programmebene) bei der Beratung von nicht-traditionell Studieninteressierten in der wissenschaftlichen Weiterbildung.

	Hochschulebene (Zentrale Studienberatung)	Fachbereichsebene (Fachstudienberatung)	Programmebene (Studiengangkoordination)
Beratungsstruktur	Zentral organisierte Beratung	Hybridform zentral/dezentral	Dezentral organisierte Beratung
Beratungstätigkeit	Beratung als wesentliche Tätigkeit	Beratung als wesentliche Tätigkeit	Beratung als ein Aufgabenfeld unter vielen
Beratungsinhalt	Allgemeine Beratung	Allgemeine/fachspezifische Beratung	Fachspezifische Beratung
Implementierungsgrad	Meist Dauerstellen	Meist Dauerstellen	Meist befristete Projektstellen

Tabelle 1: Charakteristika der auf verschiedenen Ebenen angesiedelten Organisationseinheiten (eigene Darstellung)

Nach der Identifizierung von generalisierbaren Beratungsstrukturen und der Charakteristika der jeweiligen Organisationseinheiten, die mit Beratungsanliegen nicht-traditionell Studieninteressierter konfrontiert werden, wird nun exemplarisch das vorhandene Wissen zu wissenschaftlicher Weiterbildung bei den jeweiligen Akteurinnen und Akteuren dargestellt.

5.2 Identifiziertes Beratungswissen

Die Beratungsleistungen, die durch die unterschiedlichen Organisationseinheiten erfüllt werden können, werden durch das Wissen über die potentiellen Beratungsanliegen nicht-traditionell Studieninteressierter (vgl. Kapitel 3), das Fachwissen zur jeweiligen akademischen Disziplin (bzw. zu den entsprechenden Studienprogrammen) und das Wissen zum Feld der wissenschaftlichen Weiterbildung bestimmt.

Bei der Auswertung der Experteninterviews wird deutlich, dass die Personen der Zentralen Studienberatung über umfangreiche Ausbildungen in professionellen Beratungstechniken[19] und über eine große Beratungsexpertise verfügen, jedoch auf der übergeordneten Hochschulebene meist nur sehr grundlegende fachspezifische Beratungsanfragen abschließend geklärt werden können.

„Denn ich bin auch in den Masterstudiengängen nicht in der Form drin, dass ich da sehr viel sagen könnte und das betrifft noch viel mehr eigentlich die Weiterbildungsstudiengänge. Also, das eine ist, zu wissen, wo wir Informationen im Netz finden. Wenn aber zum Beispiel je-

---

19 Hierunter lassen sich vielfältige Aus- und Weiterbildungen in den Bereichen Coaching, Klienten zentrierte Gesprächsführung, systemische Beratung etc. subsumieren.

mand kommt und sagt, habe ich auch schon alles gelesen, dann sind wir ja auch am Ende"
(Zentrale Studienberatung 21, Abs. 118).

„Zum formellen Ablauf, also so was grundsätzlich der Ablauf des Studienganges ist und was
die Bestandteile sind, ja. Aber wenn das auch stärker in die fachlichen Inhalte geht, verweisen
wir auch an die Studienfachberatung, weil diejenigen, die schon einen Abschluss haben, haben
oft noch spezifischere Fragen als ein Schüler zum Beispiel zum Studiengang hat, ja" (Zentrale
Studienberatung 32, Abs. 45).

Die Fachstudienberatungen verfügen – in ihrer ‚Hybridfunktion' zwischen der
allgemeinen Ebene der Zentralen Studienberatung und den dezentral organisierten Studiengangkoordinierenden – ebenfalls über einen hohen Ausbildungsstand
auf dem Feld der Beratungstechniken und über ein großes Fachwissen in Bezug
auf die jeweilige akademische Disziplin. Demzufolge können die Fachstudienberatungen den Studieninteressierten grundlegende Informationen zur inhaltlichen Ausrichtung der Weiterbildungsprogramme geben. Tiefergehende zielgruppenspezifische Anliegen nicht-traditionell Studieninteressierter zu dem Feld
der wissenschaftlichen Weiterbildung (vgl. Kapitel 3) können jedoch auch auf
Fachbereichsebene oft nicht abschließend beraten werden.

„Und ja, aber es gibt keine institutionalisierte, es gibt keinen Prozess, der mich einbezieht, so
der, wo ich mitgedacht bin und wo ich auf irgendeinem Verteiler oder so stehe und dann eine
Information bekomme" (Fachstudienberatung 23, Abs. 51).

Die Studiengangkoordinierenden auf Programmebene sind in der Regel gut in
dem spezifischen Sachgebiet vernetzt, in dem das jeweilige Weiterbildungsprogramm angeboten wird. Sie verfügen über eine hohe fachliche Expertise und
sind umfangreich mit dem Feld der wissenschaftlichen Weiterbildung und seinen besonderen Herausforderungen vertraut.

„Also inhaltlich bin ich einfach im Feld vernetzt. Ich habe die Fachzeitschriften abonniert. Ich
kriege die Newsletter von allen Verlagen, die irgendwie damit zu tun haben" (Studiengangkoordination 21, Abs. 27).
„Und ich habe natürlich nach wie vor habe auch Referenten hier eingeladen aus dem europäischen Ausland, und da gibt es eben auch [Programm 15]. Und insofern bin ich da schon sehr
auf dem Laufenden möchte ich sagen, was da auch jetzt im europäischen Umland angeboten
wird, ja, und wo wir uns da bewegen" (Akademische Leitung/Studiengangkoordination 33,
Abs. 16).

Im Gegensatz zu den beiden vorherigen Ebenen liegt jedoch in der Regel keine
einschlägige Expertise in Form einer Qualifizierung auf dem Feld der Beratung
vor.

*5.3 Identifizierte Beratungsprozesse und daraus abgeleitete
Entwicklungsaufgaben*

Aus den Erkenntnissen zu den besonderen Beratungsbedarfen nicht-traditionell Studieninteressierter (3, 4) auf der einen Seite und den identifizierten Beratungsstrukturen sowie dem Wissen der Beratenden zum Feld der wissenschaftlichen Weiterbildung (5.1, 5.2) auf der anderen Seite wird deutlich, dass eine optimale Beratung nicht-traditionell Studieninteressierter einer ausdifferenzierten Organisation von Beratungsprozessen bedarf. Nachfolgend werden anhand des Interviewmaterials zwei Perspektiven näher betrachtet.

Die Zuteilung der Beratungsleistungen zwischen Hochschul-, Fachbereichs- und Programmebene stellt die Hochschulen bei der Organisation von Beratungsprozessen für nicht-traditionell Studieninteressierte auf dem Feld der wissenschaftlichen Weiterbildung vor besondere Herausforderungen. Aus einer in die Hochschule gerichteten Perspektive nimmt daher die intraorganisationale Steuerung von Beratungsprozessen eine wichtige Rolle ein.

Im Unterschied zu den traditionell Studieninteressierten weist die Gruppe der nicht-traditionell Studieninteressierten abweichende Merkmale auf (geografische Entkopplung zum Hochschulstandort, geringe Zeitbudgets durch Erwerbsarbeit oder Familienpflichten), die den Einsatz von an den Bedürfnissen der Zielgruppe orientierten Beratungstools notwendig machen. Aus einer aus der Hochschule heraus auf die Zielgruppe gerichteten Perspektive bekommt daher die Wahl des Kommunikationsmediums der Beratung eine besondere Bedeutung.

Bei einer näheren Betrachtung dieser beiden skizzierten Perspektiven können Entwicklungsaufgaben formuliert und mögliche Handlungsstrategien abgeleitet werden.

5.3.1 Steuerung von Beratungsprozessen

Die Steuerung von Beratungsprozessen zwischen Hochschul-, Fachbereichs- und Programmebene unter Berücksichtigung der auf den jeweiligen Ebenen vorhandenen Beratungskompetenzen und Wissensressourcen erfordert ein auf die individuelle hochschulische Beratungsstruktur (Organisation der wissenschaftlichen Weiterbildung in einem hochschulinternen oder -externen Zentrum, einer Stabsstelle oder einem Referat etc.) angepasstes Konzept. Dieses sollte insbesondere zwei Aspekte berücksichtigen.

Zum einen besteht die Notwendigkeit der Klärung, auf welcher der drei Ebenen (Hochschulebene, Fachbereichsebene, Studienprogrammebene) bis zu welcher ‚Tiefe' beraten werden soll. Auf der zentralen Hochschulebene wird darauf verwiesen, dass dezentrale Studienberatungen oft allgemeine Beratungsanliegen klären.

> „Ich glaube, dass die Studienfachberatungen sehr viel mehr allgemein beraten, als wir studienfachvertieft beraten, weil dahinter teilweise auch Persönlichkeiten sitzen, die gerne beraten, so wie wir auch. Also, ich denke schon, dass die sich sehr viel mehr Arbeit machen, als sie müssten. Unsere Fachberatung hört meistens beim Masterthema Spezialisierung und solchen Sachen auf" (Zentrale Studienberatung 21, Abs. 74).

Währenddessen wird von Seiten der Beratenden auf Fachbereichsebene darauf hingewiesen, dass Beratungen von Akteurinnen und Akteuren, die über keine ausgewiesene Expertise auf dem jeweiligen Beratungsfeld verfügen, zu Problemen führen können.

> „Das Problem ist ein bisschen, dass natürlich von vielen Seiten beraten wird und das ist ja auch ganz schön so. Aber dadurch kursieren natürlich Informationen, die einfach nicht stimmen und das macht die Studierenden wahnsinnig gelegentlich. Das ist eher das Problem, dass wir einfach so/ (.) im Kollegium so viel Leute haben, die nur peripher damit zu tun haben, aber dann dennoch vielleicht irgendeine Auskunft geben, die dann aber nicht stimmt" (Fachstudienberatung 21, Abs. 33).

Um Ineffizienz durch Redundanzen und Unzufriedenheit durch die Streuung von Fehlinformationen zu vermeiden, erscheint es notwendig zu definieren, welche Beratungsebene für welche Beratungsanliegen bis zu welcher Beratungstiefe zuständig ist.

Zum anderen leitet sich daraus die Notwendigkeit zur Erarbeitung eines Konzeptes zur Informationsverteilung zwischen den Beratungsebenen ab. Es ist zu klären, welche Beratungsebene über welche Informationen verfügen muss und in welcher Form diese Informationen transportiert werden. Durch eine ressourcenschonende und verlässliche Kommunikationsstrategie können Neuerungen und Veränderungen auf dem Feld der wissenschaftlichen Weiterbildung an die entsprechend zuständigen Beratenden kommuniziert werden.

> „Ich werde nicht informiert. Das kann ich ganz kurz und knapp beantworten. Also ich schaue mir das an, wenn ich es mitbekomme, dass etwas im Fachbereichsrat zum Beispiel auf der Tagesordnung steht, dann schaue ich mir das an. Ich meine, klar, wenn es im Bereich Studium ist, interessiert es mich" (Fachstudienberatung 23, Abs. 51).

> „Aber es gibt, aus meiner Sicht, kaum eine Struktur hier an der [Hochschule 3], die dafür geeignet ist, spezifische Fragen für die wissenschaftliche Weiterbildung auf unserem Fachbereich zu beantworten" (Fachstudienberatung 22, Abs. 16).

> „Das heißt ich glaube, hier wird viel gemacht an der [Hochschule 3], aber ich glaube schon, wir haben einen Standortnachteil, weil wir keine strukturierte Beratung haben für die wissenschaftliche Weiterbildung" (Fachstudienberatung 32, Abs. 28).

Eine einheitliche Informationsstrategie würde den Beratenden auf den unterschiedlichen Ebenen die Möglichkeit geben, die jeweils aktuell benötigten Informationen abzurufen. Gerade vor dem Hintergrund, dass die wissenschaftliche Weiterbildung ein sehr junges Betätigungsfeld für Hochschulen darstellt und entsprechende Beratungsbedarfe – im Vergleich zu den typischen Fragen traditionell Studierender in der grundständigen Lehre – selten nachgefragt werden, erscheint eine solche Informationsstrategie als hilfreich.

Aus der in die Hochschule gerichteten Perspektive können somit zwei wesentliche Entwicklungsaufgaben zur Optimierung der Steuerung von Beratungsprozessen identifiziert werden.

Zum einen können strategische Entscheidungen darüber, welche Beratungsbedarfe den jeweiligen Funktionsstellen (Zentrale Studienberatung, Fachstudienberatung, Studiengangkoordinierende) auf den unterschiedlichen Ebenen (Hochschulebene, Fachbereichsebene, Programmebene) bis zu welcher fachlichen Beratungstiefe zugeordnet werden, dabei unterstützen, Zuständigkeiten eindeutig zu definieren und so optimale Beratungsleistungen erbringen zu können. So könnte beispielsweise eine grundsätzliche Beratung zu der Möglichkeit der Anrechenbarkeit außerhochschulisch erworbener Kompetenzen auf der Ebene der Zentralen Studienberatung (per Email) stattfinden, während eine tiefergehende Beratung zur Anrechnung informell erworbener Kompetenzen auf ein bestimmtes Modul in einem Weiterbildungsprogramm auf der Ebene der Studiengangkoordinierenden (in Form eines persönlichen Gespräches) vorgenommen wird.

Insofern die allgemeinen Beratungsstellen der Hochschule (Zentrale Studienberatung, Fachstudienberatung) intensiv in die Beratung nicht-traditionell Studieninteressierter für Angebote der wissenschaftlichen Weiterbildung eingebunden werden sollen, wäre zum anderen deren konjunkturelle Arbeitsbelastung durch Beratungstätigkeiten in der grundständigen Lehre (Juli/August: Orientierungsberatung; Oktober: Beratung von Studienanfängerinnen und -anfängern, etc.) zu berücksichtigen. Da die nicht-traditionell Studieninteressierten in der Orientierungsphase einen besonderen Beratungsbedarf aufweisen, würde sich insbesondere vor dem Hintergrund der für diese Beratung notwendigen hohen Zeitverausgabung eine antizyklische Organisation der Angebote der wissenschaftlichen Weiterbildung zu den konjunkturellen Spitzen der grundständigen Lehre anbieten.

5.3.2   Einsatz bedarfsgerechter Beratungstools

Die aus der Hochschule heraus auf die Zielgruppe gerichtete Perspektive fokussiert den zielgerichteten Einsatz effizienter und ressourcenschonender Beratungstools, die sowohl den besonderen Beratungsanliegen nicht-traditionell

Studieninteressierter als auch deren Lebenssituation gerecht werden. Weiter-
bildungsstudierende verlegen ihren Wohnort für die Studienzeit meist nicht an
den Hochschulstandort und nehmen demnach oft eine weitere Anreise in Kauf.
Daher gilt es zu vermeiden, dass persönliche Beratungstermine vereinbart
werden, in deren Rahmen das Beratungsanliegen nicht geklärt werden kann.

> „Aber da ist es schon wünschenswert, klar, dass die nicht umsonst hierher fahren und dass die
> schon irgendwie erfahren, wo sie fachliche Fragen auch stellen können so" (Zentrale Studien-
> beratung 32, Abs. 77).

Darüber hinaus erscheint es grundsätzlich notwendig, den besonderen Beratungsbedarfen nicht-traditionell Studieninteressierter anhand möglichst passge-
nauer und ressourcenschonender Beratungstools zu begegnen. Dadurch können
aus Hochschulperspektive, insbesondere vor dem Hintergrund der Anforderung,
wissenschaftliche Weiterbildung durch Entgelte der Teilnehmenden kostendeckend anzubieten, zeitliche und personelle Ressourcen möglichst effizient eingesetzt werden. Aus Perspektive der nicht-traditionell Studieninteressierten können deren besondere zielgruppenspezifische Merkmale (Berufstätigkeit,
Familienpflichten etc.) und die damit verbundene Anforderung nach möglichst
effizienter Zeitverausgabung Berücksichtigung finden.

Aus der auf die Zielgruppe gerichteten Perspektive kann eine Entwick-
lungsaufgabe zur Optimierung von Beratungsprozessen wie folgt formuliert
werden: Ein Beratungskonzept, welches den Beratenden Hinweise darauf gibt,
welche Beratungsbedarfe (Bewerbung, Zulassung, Anrechnung, Finanzierung,
Passung etc.) durch den Einsatz welcher Kommunikationsformate (Telefonbera-
tung, Mailberatung, Chat, persönliches Gespräch etc.) optimal bedient werden
können, hätte das Potential, den zeitlichen Aufwand – sowohl für Beratende als
auch für Ratsuchende – zu reduzieren. Besonders vielversprechend erscheint ein
solches Konzept, wenn es in Verbindung mit der Empfehlung, Zuständigkeiten
für Beratungsthemen bis zu unterschiedlichen Beratungstiefen zu definieren
(5.3.1), gebracht wird.

6   Abschließende Betrachtungen

Die Experteninterviews mit Beratenden an den drei mittelhessischen Hochschulen auf den unterschiedlichen Ebenen haben gezeigt, dass die Hochschulen sowohl über das Wissen als auch die Expertise verfügen, eine optimale Beratung
von nicht-traditionellen Zielgruppen organisieren zu können. Dass aus dem Interviewmaterial die besonderen Beratungsbedarfe nicht-traditioneller Zielgruppen dezidiert herausgearbeitet werden konnten, zeigt gleichzeitig, dass diese

Bedarfe den Beratenden bekannt sind und bereits jetzt entsprechende Beratungen stattfinden. Gleichzeitig weisen die befragten Beratenden eine überaus hohe fachliche Expertise auf. Diese dokumentiert sich in den vielfältigen Aus- und Weiterbildungen (Coaching, systemische Beratung, Klienten zentrierte Gesprächsführung u.v.m.), die von den Beratenden regelmäßig wahrgenommen werden. Das vergleichsweise neue Feld der wissenschaftlichen Weiterbildung und die sich daraus ergebenden neuen Beratungsbedarfe nicht-traditioneller Zielgruppen stellt die Hochschulen vor die Herausforderungen, das bereits vorhandene Wissen über die neuen Zielgruppen sowie die vorhandenen Beratungskompetenzen so zu organisieren, dass eine bedarfsorientierte Beratung in der Breite der Hochschulstrukturen sichergestellt werden kann. Hierzu können Maßnahmen, die sowohl die Beratungsprozesse innerhalb der Hochschule (geregelte Zuständigkeiten) als auch die Zielgruppe (Passung zwischen Beratungsanliegen und Kommunikationsformaten) fokussieren, einen wesentlichen Beitrag leisten.

Literatur

Alheit, Peter/Rheinländer, Kathrin/Watermann, Rainer (2008): Zwischen Bildungsaufstieg und Karriere. Studienperspektiven „nicht-traditioneller Studierender". In: *Zeitschrift für Erziehungswissenschaft* 11 (4), S. 577–606. DOI: 10.1007/s11618-008-0051-1.

Banscherus, Ulf/Kamm, Caroline/Otto, Alexander (2015). Information, Beratung und Unterstützung von nicht-traditionellen Studierenden. In: Hanft, Anke (Hrsg.): *Herausforderung Heterogenität beim Übergang in die Hochschule*. Münster u.a.: Waxmann, S. 81–96.

Deutsches Zentrum für Hochschul- und Wissenschaftsforschung GmbH (2004): *Übergänge von der beruflichen in die hochschulische Bildung (ANKOM)*. URL: www.ankom.his.de. Letzter Zugriff: 9. November 2016.

DGWF (Hrsg.) (2015): *Organisation der wissenschaftlichen Weiterbildung an Hochschulen*. DGWF-Empfehlungen, beschlossen am 16./17.07.2015 in Oestrich-Winkel.

Faulstich, Peter/Oswald, Lena (2010): *Wissenschaftliche Weiterbildung*. Arbeitspapier 200. Düsseldorf.

Franz, Melanie/Feld, Timm C. (2014): Steuerungsproblematiken im Prozess der Implementierung wissenschaftlicher Weiterbildung an Universitäten. In: *Report – Zeitschrift für Weiterbildungsforschung* H.4, S. 28–40.

Gieseke, Wiltrud (2000): Beratung in der Weiterbildung – Ausdifferenzierung der Beratungsbedarfe. In: *Literatur- und Forschungsreport Weiterbildung*, Nr. 46, S. 10–17.

Hanft, Anke (2013): Lebenslanges Lernen an Hochschulen – Strukturelle und organisationale Voraussetzungen. In: Hanft, A./Brinkmann, K. (Hrsg.): *Offene Hochschulen.*

Die Neuausrichtung von Hochschulen auf Lebenslanges Lernen. Münster: Waxmann, S. 13-29.

Hopf, Cristel (2005): Qualitative Interviews. Ein Überblick. In: Flick, Uwe/Kardoff, Ernst von/Steinke, Ines (Hrsg.): *Qualitative Forschung. Ein Handbuch*. 4. Aufl., Hamburg: Rowohlt, S. 349-359.

Jenschke, Bernhard/Schober, Karen/Frübing, Judith (2011). *Career Guidance in the Life Course, Structures and Services in Germany*. Bundesministerium für Bildung und Forschung (BMBF). Berlin. URL: http://www.forum-beratung.de/cms/upload/Veroeffentlichungen/Eigene_ Veroeffentlichungen/nfb_2014_Bildungs-_und_Berufs beratung in_DE.pdf. Letzter Zugriff vom 9. November 2016.

Liebold, Renate/Trinczek, Rainer (2002): Experteninterview. In: Kühl, Stefan/Strodtholz, Petra (Hrsg.): *Methoden der Organisationsforschung. Ein Handbuch*. Reinbek bei Hamburg: Rowohlt Verlag, S. 7-71.

Mayring, Philipp (2003): *Qualitative Inhaltsanalyse. Grundlage und Techniken*. 8. Auflage. Weinheim und Basel: Beltz Verlag.

Meuser, Michael/Nagel, Ulrike (1997): Das Experteninterview – Wissenssoziologische Voraussetzungen und methodische Durchführung. In: Friebertshäuser, Barbara/Annedore, Prengel (Hrsg.): *Handbuch Qualitative Forschungsmethoden in der Erziehungswissenschaft*. Weinheim/München: Juventa Verlag, S. 481-491.

Meuser, Michael/Nagel, Ulrike (2009): Das Experteninterview. Konzeptionelle Grundlagen und methodische Anlage. In: Pickel, Susanne/ Pickel, Gert/ Lauth, Hans-Joachim/ Jahn, Det-lef (Hrsg.): *Methoden der vergleichenden Politik- und Sozialwissenschaft. Neue Entwicklungen und Anwendungen*. Wiesbaden: VS Verlag, S. 465-479.

Präßler, Sarah (2015): Bedarfsanalyse. Forschungsbericht zu Bedarfen individueller Zielgruppen. In: Seitter, Wolfgang/Schemmann, Michael/Vossebein, Ulrich (Hrsg.): *Zielgruppen in der wissenschaftlichen Weiterbildung. Empirische Studien zu Bedarf, Potential und Akzeptanz*. Wiesbaden: Springer VS Verlag, S. 61-187.

Salland, Christina/Franz, Melanie/Feld, Timm C. (2015): Zur Gestaltung von Übergängen im Kontext der wissenschaftlichen Weiterbildung – Rolle und Herausforderungen von Universitäten. In: Schmidt-Lauff, Sabine/Felden, Heide von/Pätzold, Henning (Hrsg.): *Transitionen in der Erwachsenenbildung. Gesellschaftliche, institutionelle und individuelle Übergänge*. Opladen u.a.: Budrich, S. 331-344.

Schiersmann, Christiane/Weber, Peter (2013): *Beratung in Bildung, Beruf und Beschäftigung. Eckpunkte und Erprobung eines integrierten Qualitätskonzepts*. Bielefeld: W. Bertelsmann Verlag.

Statistisches Bundesamt (2016): *Bildung und Kultur. Studieren an Hochschulen*, Wintersemester 2015/2016. Fachserie 11 Reihe 4.1. URL: https://www.destatis. de/DE/Publikationen/Thematisch/BildungForschungKultur/Hochschulen/Studieren deHochschulenEndg2110410167004.pdf?__blob=publicationFile. Letzter Zugriff: 14.02.2017.

Teichler, Ulrich/Wolter, Andrä (2004): Zugangswege und Studienangebote für nicht-traditionelle Studierende. In: *Die Hochschule* 13 (2), S. 64–80. URL: http://www.hof.uni-halle.de/journal/texte/04_2/Teichler_Zugangswege_und_Studienangebote.pdf. Letzter Zugriff: 13.10.2016.

Wiesner, Kim-Maureen (2015): *Informationen und Beratung für beruflich Qualifizierte am Übergang zur Hochschule.* Ergebnisse aus einer ANKOM-Begleitstudie. In: Berufsbildung in Wissenschaft und Praxis (3), S. 19-22. URL: https://www.bibb. de/veroeffentlichungen/de/bwp/show/id/7622. Letzter Zugriff: 9. November 2016.

Wissenschaftsrat (2006): *Empfehlungen zur künftigen Rolle der Universitäten im Wissenschaftssystem.* Berlin. URL: http://www.wissenschaftsrat.de/download/archiv/ 7067-06.pdf. Letzter Zugriff: 08.02.2017.

Wolter, Andrä (2011): Die Entwicklung wissenschaftlicher Weiterbildung in Deutschland: Von der postgradualen Weiterbildung zum lebenslangen Lernen. In: *Beiträge zur Hochschulforschung* H.4, S. 8-35.

Anrechnungsberatung in der wissenschaftlichen Weiterbildung. Beratungswissen, Prozessstrukturen, Optimierungspotentiale

Nico Sturm[1]

Zusammenfassung

Durch die besonderen Bedürfnisse nicht-traditionell Studierender sehen sich Hochschulen auf dem Feld der wissenschaftlichen Weiterbildung mit besonderen Herausforderungen konfrontiert. Der vorliegende Beitrag erhebt intraorganisationale hochschulische Beratungsstrukturen und leitet generalisierbare Optimierungspotentiale für die Anrechnungsberatung von nicht-traditionell Studieninteressierten ab.

Schlagwörter

Beratung, Anrechnung, außerhochschulische Kompetenzen, wissenschaftliche Weiterbildung

Inhalt

---

1   *Nico Sturm* | Philipps-Universität Marburg | nico.sturm@staff.uni-marburg.de

1   Einleitung

Mit der flächendeckenden Entwicklung und Implementierung von Studienprogrammen der wissenschaftlichen Weiterbildung[2] an öffentlichen Hochschulen in
den vergangenen fünf Jahren, maßgeblich beeinflusst durch die Fördermittel des
Bund-Länder-Wettbewerbs „Aufstieg durch Bildung: offene Hochschulen",[3] hat
auch die Frage nach der Anerkennung und Anrechnung[4] außerhochschulisch
erworbener Kompetenzen einen starken Bedeutungszuwachs erfahren. Dabei
spielt neben der Frage nach der Ermöglichung des Zugangs zu hochschulischen
Weiterbildungsangeboten für nicht-traditionelle Zielgruppen[5] durch den Einsatz
außerhochschulisch erworbener Kompetenzen auch die Anerkennung dieser
Kompetenzen, mit dem Ziel der Anrechnung auf Hochschulprogramme zur
Verkürzung des zu studierenden Workloads, eine wesentliche Rolle. Denn im
Verhältnis zu traditionell Studierenden verfügen nicht-traditionell Studierende
als Zielgruppe der wissenschaftlichen Weiterbildung in der Regel über vielfälti-
ge außerhalb des Hochschulbereiches erworbene Kompetenzen, welche das Potential bieten, auf hochschulische Studienangebote angerechnet zu werden. Erste
Evaluationsergebnisse von weiterbildenden Studienprogrammen an der Philipps-Universität Marburg zeigen, dass die Studierenden mit den entwickelten
Verfahren zur Anerkennung und Anrechnung außerhochschulisch erworbener
Kompetenzen überaus zufrieden sind. So bewerteten (fast) alle befragten Studierenden die Anrechnungsverfahren positiv.[6] Bei diesen Betrachtungen ist jedoch
zu berücksichtigen, dass durch solche Evaluationen lediglich die Zufriedenheit
der Gruppe der Studierenden erhoben wird, die an den Weiterbildungsangeboten
teilnehmen. Rückschlüsse auf die Zufriedenheit der Gruppe derjenigen Studieninteressierten, die einen Beratungsbedarf zur Anrechnung außerhochschulisch
erworbener Kompetenzen artikulieren und die Ergebnisse dieser Beratung in ih-

---

2 Hierunter werden im Folgenden Weiterbildungsmasterstudiengänge sowie Zertifikatskurse verstanden.

3 Der Bund-Länder-Wettbewerb „Aufstieg durch Bildung: offene Hochschulen" ist Teil der 2008
   initiierten Qualifizierungsinitiative „Aufstieg durch Bildung".

4 Zur Definition von ‚Anerkennung' und ‚Anrechung' siehe Hanak/Sturm 2015a.

5 Hiermit sind Personen mit Familienpflichten, Berufstätige, Berufsrückkehrende, Studienabbre-
   chende und arbeitslose Akademikerinnen und Akademiker gemeint. (Bundesministerium für
   Bildung und Forschung)

6 51,2% der Studierenden sind mit dem Anrechnungserfahren voll zufrieden. Weitere 30,2% sind
   eher zufrieden und 7% sind teilweise zufrieden. An der Endbefragung haben insgesamt 43 Studierende aus drei Masterstudiengängen und zwei Zertifikatskursen teilgenommen. Fachkulturell
   gliedern sich die Studienprogramme in zwei erziehungswissenschaftliche und zwei sprachwis-
   senschaftliche Angebote sowie ein rechtswissenschaftliches Angebot. Die Bewertung erfolgte
   durch eine 5-stufige Itembatterie (1=trifft voll zu bis 5=trifft nicht zu). Der vollständige Evalua-
   tionsbericht wird mit Abschluss des WM[3] Projektes ab Oktober 2017 unter www.wmhoch3.de
   online abrufbar sein.

re Entscheidungsfindung einfließen lassen, sich in ein hochschulisches Weiterbildungsangebot einzuschreiben, lassen sich jedoch nicht ziehen. Dabei weist
Hanak (2016) auf die besondere Bedeutung der Anrechnungsberatung als ersten
Prozessschritt von Anrechnungsverfahren hin. Auch bei den Betrachtungen zu
den besonderen Beratungsbedarfen nicht-traditionell Studieninteressierter nimmt
die Anrechnungsberatung eine bedeutsame Rolle ein.[7] Wie diese Beratung in
den Hochschulen jedoch operationalisiert wird, ist bislang kaum erforscht und
somit weitestgehend unklar.

    Vor dem Hintergrund dieser empirischen Leerstelle geht der vorliegende
Beitrag der Frage nach, wie die Anrechnungsberatung nicht-traditionell Studieninteressierter an Hochschulen organisiert ist. Im Rahmen einer problemzentrierten
Vorgehensweise wird der Fokus dabei auf die Entwicklungs- und Optimierungsbedarfe von Anrechnungsberatung gelegt. Ziel ist es, Optimierungspotentiale auf
dem Feld der Anrechnungsberatung zu identifizieren und diese auf ihre Generalisierbarkeit hin zu untersuchen.

    Hierzu wird auf 18 Experteninterviews mit Beratenden auf unterschiedli-
chen Ebenen (Hochschulebene, Fachbereichsebene und Studienprogrammebene) an den drei mittelhessischen Hochschulen im Kontext des Verbundprojektes
„WM[3] Weiterbildung Mittelhessen"[8] zurückgegriffen, die auf Grundlage einer
Homepageanalyse identifiziert und zur Beratung nicht-traditionell Studieninteressierter im Allgemeinen sowie zur Thematik der Anrechnungsberatung im
Speziellen befragt wurden.[9]

    Neben einem kurzen Überblick über die gesellschaftliche und wirtschaftli-
che Bedeutung von Anerkennung und Anrechnung außerhochschulisch erworbener Kompetenzen wird anhand zentraler Vorgaben in einem ersten Schritt
aufgezeigt, dass die Hochschulen verpflichtet sind, von Verfahren der Anerkennung und Anrechnung Gebrauch zu machen (2). Daran anknüpfend wird in ei-

---

7   Siehe hierzu den Beitrag von Sturm und Bopf in diesem Band.

8   Die drei mittelhessischen Hochschulen Justus-Liebig-Universität Gießen, Philipps-Universität
    Marburg und Technische Hochschule Mittelhessen haben sich im Hinblick auf ihre gemeinsa-
    men Entwicklungsplanungen im Bereich der wissenschaftlichen Weiterbildung zum Verbund-
    projekt „WM[3] Weiterbildung Mittelhessen" zusammen geschlossen, um mit Hilfe des BMBF-
    Wettbewerbs „Aufstieg durch Bildung: offene Hochschulen" ein an wirtschaftlichen und gesell-
    schaftlichen Interessen optimal ausgerichtetes Weiterbildungsangebot zu schaffen und zu einer
    nachhaltigen Stärkung der wissenschaftlichen Weiterbildung an den Hochschulen beizutragen.
    Dieses Vorhaben wurde in der ersten Förderphase (2011-2015) aus Mitteln des BMBF und aus
    dem ESF der EU mit den Förderkennzeichen: 16OH11008, 16OH11009, 16OH11010 und in
    der zweiten Förderphase (2015-2017) mit den Förderkennzeichen 16OH12008, 16OH12009,
    16OH12010 aus Mitteln des BMBF gefördert. Weitere Projektinformationen sind unter
    www.wmhoch3.de zu finden.

9   Für eine umfassende Darstellung des methodischen Vorgehens siehe den Beitrag von Sturm und
    Bopf in diesem Band.

nem zweiten Schritt die besondere Bedeutung der Anrechnungsberatung (vor der Einschreibung in das Studienprogramm) für das gesamte Anrechnungsverfahren herausgearbeitet (3). Darauf aufbauend werden in einem dritten Schritt aus dem Material der Experteninterviews das bei den Beratenden vorhandene Wissen zu der Thematik, die Schwächen in den Beratungsprozessen sowie Vorschläge zur Optimierung dieser Prozesse gehoben (4). Durch die Gesamtschau aller Ergebnisse werden in einem vierten Schritt generalisierbare Optimierungspotentiale für die Anrechnungsberatung von nicht-traditionellen Studieninteressierten abgeleitet (5). Abschließend werden in einem Fazit die zentralen Erkenntnisse komprimiert dargestellt und in Form eines Ausblickes weitere Forschungs- und Entwicklungsperspektiven aufgezeigt.

2   Formale Vorgaben für Hochschulen zur Entwicklung von Anrechnungsverfahren

Die Forderung nach einer Öffnung von Hochschulen und damit einhergehend nach der Erhöhung der Durchlässigkeit in einem vernetzten Bildungssystem, operationalisiert durch Verfahren der Anerkennung und Anrechnung außerhochschulisch erworbener Kompetenzen, hat in den vergangenen zehn Jahren einen starken Bedeutungszuwachs erfahren. Maßgeblich bestimmt durch den demografischen Wandel erfordert der Fachkräftemangel die Kompetenzen der vorhandenen Mitarbeitenden auf die Bedürfnisse des Arbeitsmarktes hin weiter zu entwickeln. Aus dieser Perspektive werden insbesondere die älteren Arbeitnehmenden zu Schlüsselressourcen (vgl. Venema 2006, S. 30ff.). Gleichzeitig wird durch die Bevölkerungsalterung auch für die jüngeren Generationen *„die Validierung von relevanten Kenntnissen, Fähigkeiten und Kompetenzen für die Verbesserung der Funktionsfähigkeit des Arbeitsmarktes (...) wichtiger denn je"* (Rat der Europäischen Union 2012, S. C 398/3). Um diese notwendigen Prozesse zu beschleunigen und den Hochschulen belastbare rechtliche Rahmenbedingungen zur Verfügung zu stellen, wurden entsprechende Vorgaben entwickelt. Sie verweisen auf die Notwendigkeit für Hochschulen, sich offensiv mit der Anrechnungsthematik zu befassen. Im Folgenden werden die wichtigsten Rahmenbedingungen, die bundesweit und damit unabhängig von den Konkretisierungen der einzelnen Landeshochschulgesetze gültig sind, kurz skizziert.[10]

---

10 Weitere formale Aspekte auf europäischer und nationaler Ebene finden sich beispielsweise in Europarat (1953,1959,1964,1990,1997); Rat der Europäischen Union (2012); Bundesregierung (2007); Konferenz Kultusminister der Länder in der der Bundesrepublik Deutschland (2002, 2008a, 2008b, 2009, 2010). Die Hochschulgesetzte der Bundesländer können über die hier dargestellten Rahmenbedingungen hinaus unterschiedliche vertiefende Regelungen enthalten.

Die deutschen Hochschulen entscheiden in eigener Zuständigkeit „in allen Fällen, in denen Teile eines Studiums, das zu einem Hochschulabschluss führt, durch nichthochschulische Leistungen ersetzt werden soll" (KMK. 2008, S. 1). Mit der Übertragung dieser Entscheidungshoheit auf die einzelnen Hochschulen sind jedoch unterschiedliche Anforderungen verbunden. So sind die Hochschulen dazu verpflichtet, „[...] von den bestehenden Möglichkeiten der Anrechnung Gebrauch zu machen und Verfahren und Kriterien für die Anrechnung außerhalb des Hochschulwesens erworbener Kenntnisse und Fähigkeiten in den jeweiligen Prüfungsordnungen zu entwickeln" (ebd., S. 3). Demnach haben die Hochschulen entsprechende Verfahren zu entwickeln und zu implementieren. Zusätzlicher Handlungsdruck entsteht dadurch, dass seit „dem 01.01.2015 das Fehlen von Regelungen zur Anrechnung von außerhalb der Hochschule erworbenen Kenntnissen und Fähigkeiten von den Akkreditierungsagenturen zu beauflagen ist" (Akkreditierungsrat, 2014). Demnach werden nur noch Studienprogramme (re)akkreditiert, bei denen die Entwicklung solcher Verfahren nachgewiesen werden kann.

Damit die Hochschulen ihrer Verpflichtung nachkommen können, die Anerkennung früher erworbener Kenntnisse zu verbessern (vgl. Vogt 2012, S. 171) und als integralen Bestandteil innerhalb der Aktivitäten der Hochschulen zu verankern (vgl. Freitag 2010, S. 12), bedarf es einer konkreten Ausgestaltung dieser Anrechnungsverfahren von der Artikulation des Anrechnungswunsches durch die Antragstellenden bis zur Beschlussfassung durch die Hochschule. Im Folgenden wird die Bedeutung der Anrechnungsberatung innerhalb dieser auszugestaltenden Verfahren sowie die besondere Rolle der Studienberatenden näher betrachtet.

3 Die ‚Gate-Keeper'-Funktion der Anrechnungsberatung

Verfahren zur Anerkennung und Anrechnung außerhochschulisch erworbener Kompetenzen lassen sich, unabhängig von ihrer konkreten Ausgestaltung,[11] in mehrere Kernprozesse unterteilen (vgl. Hanak, 2016). ‚Abbildung 1' zeigt, dass die Anrechnungsberatung als erster zentraler Prozessschritt den Zugang in Anrechnungsverfahren darstellt.

---

11 Es können individuelle, pauschale oder kombinierte Verfahren angewendet werden, die formale, non-formale oder informelle Kompetenzen auf ihre Gleichwertigkeit und damit Anrechenbarkeit hin prüfen.

Abbildung 1:   Kernprozesse von Anrechnungsverfahren – (Hanak 2016, S.30)

Demnach kommt den Beratenden in diesem ersten Verfahrensschritt eine besondere Rolle zu. Die Qualität ihrer Beratung entscheidet bereits zu Beginn des
gesamten Prozesses darüber, ob es überhaupt zu einer Antragstellung durch die
Studieninteressierten und damit zu einer Eröffnung des Verfahrens kommt. Vor
diesem Hintergrund wird im Folgenden die besondere Bedeutung der ‚Gate-
Keeper-Funktion‘ der Anrechnungsberatenden noch einmal stärker in den Blick
genommen, bevor die Beratungsprozesse und -strukturen fokussiert werden.

Ghulam stellt heraus, dass die Studienberatung an Hochschulen oftmals die
erste Anlaufstelle für Studierende und Studieninteressierte darstellt – und zwar
unabhängig davon, ob das Anliegen im Zusammenhang mit einem grundständigen
oder einem Weiterbildungs- oder berufsbegleitenden Studium steht und ob das
Anliegen während des Studienverlaufs oder zu Studienbeginn entsteht (vgl. Ghulam 2013, S 28). Die explorative Herangehensweise von Sturm und Bopf zur Identifizierung von Studienberatenden an den drei mittelhessischen Hochschulen in
Form einer Homepageanalyse ergab, dass Studienberatende auf unterschiedlichen Ebenen verortet und in unterschiedlichen Funktionen verankert sind.[12] Im
Rahmen der Experteninterviews wurde deutlich, dass im Wesentlichen Beratende auf drei Ebenen mit Beratungsanliegen nicht-traditionell Studieninteressierter
konfrontiert werden. Die Mitarbeitenden der zentralen Studienberatung auf
Hochschulebene, die Beratenden in den Studienfachberatungen auf *Fachbereichsebene* und die Studiengangkoordinierenden der einzelnen Weiterbildungsangebote auf *Programmebene*.[13] An diese Funktionsstellen werden entsprechend
auch die Beratungsbedarfe zur Anerkennung und Anrechnung außerhochschulisch
erworbener Kompetenzen adressiert. Damit kommt den Studienberatenden eine
wesentliche Rolle in der Anrechnungsberatung zu. Sie müssen nicht nur selbst
durch entsprechende Beratung die Thematik verstanden haben, sondern gleichzei-

---

12 Siehe den Beitrag von Sturm und Bopf in diesem Band.
13 Neben den drei dargestellten Ebenen und Funktionsstellen konnten auch weitere Akteurinnen
    und Akteure identifiziert werden, die mit Beratungsbedarfen nicht-traditionell Studieninteres-
    sierter konfrontiert werden. Zu nennen sind hier Lehrende, Professorinnen und Professoren und
    Verwaltungsmitarbeitende. Eine Anrechnungsberatung von Studieninteressierten findet seitens
    dieser Akteurinnen und Akteure jedoch sehr selten statt, so dass sie im Rahmen der folgenden
    Betrachtungen ausgeklammert werden.

tig in der Lage sein, das sich angeeignete Wissen in adäquater und situationsbezogener Art und Weise weiterzugeben (vgl. Hanak 2016, S. 41). Damit haben die Studienberatenden eine ‚Gate-Keeper-Funktion' für den Zugang zu Anrechnungsverfahren (und somit unter Umständen für die Aufnahme eines weiterbildenden Studienprogramms[14]) inne. Mangelndes fachliches Wissen über die rechtlichen Rahmenbedingungen oder die konkreten Anrechnungsverfahren könnten bereits in diesem Stadium des Erstkontaktes zu einem vorzeitigen Scheitern des Anrechnungsansinnens führen, bevor eine Überprüfung der Gleichwertigkeit der außerhochschulisch erworbenen Kompetenzen mit den im Studienprogramm zu vermittelnden Kompetenzen überhaupt stattgefunden hat.[15]

4 Anrechnungsberatung – eine explorative Betrachtung

Im Folgenden werden die Ergebnisse aus den Experteninterviews mit Studienberatenden auf den unterschiedlichen Ebenen (Hochschul-, Fachbereichs- und Programmebene) mit Blick auf die Anrechnungsberatung dargestellt. Dabei werden die drei Aspekte: vorhandenes Beratungswissen (1), Schwächen im Beratungsprozess (2) und Optimierungspotentiale aus der Perspektive der Beratenden (3) explizit betrachtet und jeweils auf die Studienberatenden der drei Beratungsebenen bezogen (s. Abbildung 2).

Ziel ist es, durch eine problemzentrierte Vorgehensweise den Fokus auf generalisierbare Entwicklungs- und Optimierungsbedarfe von Anrechnungsberatung zu legen.

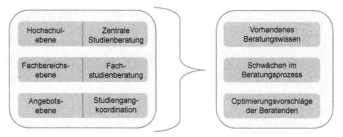

Abbildung 2: Rückbindung zentraler Aspekte auf die Beratungsebenen (eigene Darstellung)

---

14 Insofern die Anerkennung und Anrechnung außerhochschulisch erworbener Kompetenzen eine Voraussetzung für die Zulassung zu einem wissenschaftlichen Weiterbildungsangebot (beispielsweise durch das Schließen der ‚Bachelor-Master-Lücke') darstellt, kann die Anrechnung dieser Kompetenzen als Äquivalent zur Zulassung zu dem Angebot betrachtet werden.

15 Die Überprüfung der Gleichwertigkeit ist nicht Aufgabe der vorgelagerten Anrechnungsberatung, sondern obliegt in der Regel den Prüfungsausschüssen der jeweiligen Studiengänge bzw. den von diesen beauftragten Personen.

4.1 Vorhandenes Beratungswissen der Studienberatenden

Da es sich bei der Anerkennung und Anrechnung außerhochschulisch erworbener Kompetenzen um ein junges Tätigkeitsfeld von Hochschulen handelt, welches sich zudem nur langsam entwickelt, kann angenommen werden, dass seitens der Studienberatenden eher ein geringes Fachwissen zu dieser Thematik
vorhanden ist. Zu berücksichtigen ist darüber hinaus, dass die Gruppe mit dem
höchsten Anrechnungspotential (nicht-traditionell Studierende) an öffentlichen
Hochschulen, im Verhältnis zu den grundständig und konsekutiv Studierenden,
deutlich unterrepräsentiert ist, so dass entsprechende Beratungsanliegen zur Anrechnung die Ausnahme darstellen. Diese Annahmen wurden durch das Interviewmaterial bestätigt. Auf die Frage, ob sie über die notwendigen Informationen verfügen, um Anrechnungsanfragen zu bearbeiten, gab die überwiegende
Zahl der Studienberatenden auf allen drei Ebenen[16] (Hochschule, Fachbereich
und Studienprogramm) an, zu dieser Thematik nicht oder nicht hinreichend beraten zu können. Dabei ist die Wissenstiefe bei den einzelnen Personen(gruppen) nach eigener Einschätzung sehr unterschiedlich ausgeprägt ebenso wie die
Praktiken aktualisierter Informationsweitergabe.

> „Ich würde sagen, wir werden nicht über aktuelle Entwicklungen informiert, weil das eben ei-
> ne Einzelfallprüfung bei den Prüfungsämtern ist." (Zentrale Studienberatung 2, Abs. 95)

Insgesamt zeigt sich deutlich, dass bei den Studienberatenden, die sowohl auf
Hochschul- als auch auf Fachbereichs- und Programmebene mit Beratungsanfragen zur Anrechnung außerhochschulisch erworbener Kompetenzen konfrontiert werden, ein hoher Bedarf an Grundlagenwissen zu der Anrechnungsthematik vorliegt.

4.2 Schwächen im Beratungsprozess

Bei der Frage nach den Schwächen des aktuellen Beratungsprozesses zur Anerkennung und Anrechnung außerhochschulisch erworbener Kompetenzen verweist die überwiegende Zahl der Beratenden auf schwach ausgeprägte bzw. wenig transparente intraorganisationale Organisations- und Ablaufstrukturen. Auf
die Frage hin, ob eine Systematik vorliegt, anhand derer sich die Beratenden die

---

16 Insgesamt verfügen die Studiengangkoordinierenden, die ein Weiterbildungsprogramm betreuen, in dem geregelte Verfahren zur Anrechnung implementiert sind, über deutlich mehr
Wissen zur Anrechnungsthematik als die Koordinierenden, die ein Programm ohne geregeltes
Anrechnungsverfahren betreuen bzw. als die Studienberatenden auf Hochschul- oder Fachbereichsebene.

notwendigen Informationen zur Anrechnungsberatung beschaffen können, verweisen die meisten Befragten auf eine Leerstelle.

> „Nein, wir wissen, dass es das nicht gibt bis dato. Also, es gibt einfach keine Möglichkeit."
> (Zentrale Studienberatung 1, Abs. 139)[17]

Gleichzeitig ist bei einer großen Zahl der Befragten das Bewusstsein dafür vorhanden, dass auf diesem Feld Veränderungen und Optimierungen notwendig sind. Nicht zuletzt deshalb, weil die Implementierung von Verfahren zur Anerkennung und Anrechnung außerhochschulisch erworbener Kompetenzen seit Januar 2015 eine Voraussetzung für die (Re-)Akkreditierung von Studienprogrammen darstellt (vgl. Akkreditierungsrat 2014).

Die Entwicklung und Optimierung von Beratungsstrukturen und -prozessen stellt somit einen zentralen Gelingensfaktor für die Durchführung von Anrechnungsverfahren und somit für die Einhaltung von formalen Rahmenbedingungen dar.

4.3 Optimierungsvorschläge der Beratenden

Bei der Frage danach, welche Veränderungen zu einer Optimierung der Anrechnungsberatung beitragen würden, stellen die Studienberatenden auf allen drei Beratungsebenen die Kommunikation und Kooperation mit anderen Organisationseinheiten in den Mittelpunkt.

> „Ich könnte mir vorstellen, dass der Austausch mit den Prüfungsämtern insgesamt intensiver sein könnte, weil wir wenig Ahnung haben, was die eigentlich so machen und wie die unsere Verweispraxis empfinden." (Zentrale Studienberatung 2, Abs. 101)
>
> „Das wäre schon mal ganz interessant, sich mit anderen, also, Instituten oder Studiengängen auszutauschen und zu sagen: „Wie macht ihr das denn? Erkennt ihr da was an? Erkennt ihr da nichts an?" Das wird nicht einheitlich sein." (Studienfachberatung 1, Abs. 55)
>
> „Also ich fände es gut, wenn es auch noch mal irgendwo so eine thematische Teamsitzung oder Koordinatorentreffen zum Thema Anrechnung, Anerkennung geben würde. Einfach um so ein Erfahrungsaustausch anzuregen und zu schauen, mit welchen Techniken welche Organisation jetzt arbeitet." (Studiengangkoordination 1, Abs. 60)

---

17 Aus den Interviews heraus ist allerdings nicht klar ersichtlich, ob entsprechende Systematiken tatsächlich nicht existieren (z.B. bei einzelnen Studiengängen oder Fachbereichen) oder ob es (lediglich) ein entsprechendes Informationsdefizit seitens der Beratenden gibt. Beide Varianten verweisen auf einen entsprechenden Optimierungsbedarf.

Neben dem Bedarf nach einem Austausch mit anderen Organisationseinheiten, die mit der Bearbeitung zu Anrechnungsverfahren betraut sind, wird der Wunsch artikuliert, über Neuerungen und Veränderungen informiert zu werden.

> „Aber es gibt immer Stellen an der [Name der Hochschule], die dann für die Umsetzung zuständig sind und dann geht es ja darum, dass wir das mitbekommen. Dass überhaupt einer auf die Idee kommt zu sagen, oh, die Studienberatung müsste das wissen." (Zentrale Studienberatung 1, Abs. 180)

Der dritte Aspekt, der von den Studienberatenden zur Optimierung der Anrechnungsberatung genannt wird, ist der Wunsch nach einer zentralen Einheit, die als Wissensträger und Moderator zwischen den beteiligten Organisationseinheiten fungiert.

> „dass es da tatsächlich eine Struktur an der [Name der Hochschule] gibt in Form von [einem] Zentrum oder was auch immer. Aber ich glaube, das wäre wichtig, damit das auch institutionalisiert ist und nicht so [...] als Drittmittelprojekt läuft und das ist es ja im Moment im Grunde." (Studiengangkoordination 2, Abs. 43)

Trotz des insgesamt (noch) wenig verbreiteten Fachwissens zur Thematik der Anrechnungsberatung innerhalb der Gruppe der Studienberatenden (4.1) und den sichtbar gewordenen Schwächen in den jeweiligen Beratungsprozessen (4.2), artikulieren die mit Anfragen zur Anrechnung außerhochschulisch erworbener Kompetenzen konfrontierten Beratenden, konkrete Optimierungspotentiale (4.3). Diese werden abschließend aufgegriffen und auf ihre hochschulübergreifende Verwendbarkeit hin betrachtet.

5 Organisation von Anrechnungsberatung und mögliche Optimierungspotentiale

In einer Gesamtschau der aus dem Interviewmaterial gewonnenen Erkenntnisse wird unter Bezug auf die eingangs formulierte Fragestellung eine Einschätzung der aktuellen Organisation von Anrechnungsberatung an Hochschulen vorgenommen, um darauf aufbauend generalisierbare Optimierungspotentiale abzuleiten.

5.1 Organisation von Anrechnungsberatung

Die Ergebnisse der Experteninterviews mit Beratenden in unterschiedlichen Funktionen und auf unterschiedlichen Ebenen an den drei mittelhessischen

Hochschulen zeigen, dass für die Anrechnungsberatung bisher kaum formalisierte intraorganisationale Strukturen ausgebildet wurden. Bezogen auf die Ausgangsfrage bedeutet dies, dass aktuell keine einheitliche Organisation von Anrechnungsberatung für nicht-traditionell Studieninteressierte zu erkennen ist. Dies lässt sich auch darin begründen, dass entsprechende Anfragen aktuell eine Ausnahme in der Beratungstätigkeit von Studienberatenden darstellen. Sowohl politische Bestrebungen, die Hochschulen für nicht-traditionell Studierende (als Gruppe mit hohem Anrechnungspotential) zu öffnen, als auch der Bedarf an Weiterbildung durch anhaltende Transformationsprozesse auf dem Arbeitsmarkt deuten darauf hin, dass die Zahl der Anträge zur Anerkennung und Anrechnung außerhochschulisch erworbener Kompetenzen und damit auch der entsprechende Beratungsbedarf künftig ansteigen wird. Für die Hochschulen erhöht sich damit die Notwendigkeit, die aktuell uneinheitliche Organisation der Anrechnungsberatung so zu operationalisieren, dass sie einem einheitlichen und transparenten Verfahren folgt, in dem sichergestellt wird, dass allen Ratsuchenden die gleichen Beratungsleistungen zugänglich gemacht werden.

5.2 Optimierungspotentiale der Anrechnungsberatung

Bevor die drei zentralen, aus dem Interviewmaterial abgeleiteten Felder zur Optimierung von Anrechnungsberatung vor dem Hintergrund der Generalisierbarkeit betrachtet werden, ist auf die grundlegende Bedeutung der intraorganisationalen Wissensverbreiterung hinzuweisen.

Um eine Operationalisierung, Implementierung und nachhaltige Verstetigung von Optimierungsstrategien zur Beratung von Anfragen zur Anerkennung und Anrechnung außerhochschulisch erworbener Kompetenzen vornehmen zu können, ist es zunächst notwendig, dem intraorganisationalen Wissensdefizit bei den Studienberatenden entgegen zu wirken. Sie spielen in diesem Prozess durch ihre „Gate-Keeper" Funktion eine zentrale Rolle, da es wesentlich von ihrer Beratung abhängt, ob es überhaupt zu einer Antragstellung durch die Ratsuchenden kommt. Daher „muss sichergestellt werden, dass das entsprechende Personal zum einen ausreichend geschult ist, um voll umfänglich über das Anerkennungs- und Anrechnungsverfahren informieren zu können, zum anderen aber auch über die zeitlichen Ressourcen verfügt, dieser anspruchsvollen Aufgabe gerecht zu werden" (Hanak/Sturm 2015a, S. 14). Sind diese Voraussetzungen erfüllt, können weitere Optimierungen des Beratungsprozesses initiiert werden.

Kommunikation/Kooperation

Der Austausch mit anderen intraorganisationalen Organisationseinheiten und Funktionsstellen leistet aus Sicht der befragten Studienberatenden einen wesentlichen Beitrag zur Optimierung der Anrechnungsberatung. Neben einem Austausch mit den zuständigen Prüfungsämtern bzw. Prüfungsausschüssen erscheint der Aufbau enger Kommunikationsstrukturen zwischen den drei zentralen Beratungsstellen, die mit Anfragen zur Anerkennung und Anrechnung außerhochschulisch erworbener Kompetenzen konfrontiert werden (Allgemeine Studienberatung, Fachstudienberatungen und Studiengangkoordinierenden), besonders bedeutsam. Durch eine enge Kooperation der hier beratenden Akteurinnen und Akteure könnten Beratungsprozesse optimiert und Verweislogiken (bei welchen Fragen bzw. welcher ‚Beratungstiefe' wird an welche Stelle verwiesen) institutionalisiert werden. Aber auch über diese (exemplarisch dargestellten) Kommunikations- und Kooperationsformen hinaus kann es, je nach organisationaler Struktur der einzelnen Hochschule, weitere Organisationseinheiten und Funktionsstellen geben, die gezielt miteinander entsprechende Beziehungen aufbauen müssten, um eine gute Anrechnungsberatung sicherzustellen. Ein generalisierbares Optimierungspotential liegt demnach in der Aufgabe, die für die Anrechnungsberatung relevanten Wissens- und Informationsträgerinnen und –träger gezielt miteinander zu vernetzen, um dadurch Kommunikations- und Kooperationsprozesse zu initiieren.

Wissensmanagement

Die Materialauswertung zeigt, dass gerade auf den übergeordneten Beratungsebenen (Allgemeine Studienberatung und Fachstudienberatung) oft ein Mangel an (aktuellen) Informationen zu den praktizierten Anrechnungsverfahren vorliegt. Die Informationen zur Einführung von Anrechnungsverfahren, entsprechende Veränderungen an diesen Verfahren oder Präzedenzfälle müssen an die Studienberatenden kommuniziert werden, damit diese über das Wissen verfügen, auf dessen Grundlage eine kompetente Anrechnungsberatung durchgeführt werden kann. Da Anfragen zur Anerkennung und Anrechnung außerhochschulisch erworbener Kompetenzen, gemessen an der Gesamtzahl der Beratungsanliegen, mit denen Studienberatende an Hochschulen konfrontiert werden, noch relativ selten artikuliert werden, empfiehlt es sich, diese Informationen zentral aufzubereiten, strukturiert weiterzugeben und dauerhaft abrufbar zur Verfügung zu stellen.[18] Eine zentrale Informationsquelle, die fortlaufend aktualisiert wird

---

18 Hierfür könnten unterschiedliche Instrumente des Wissensmanagements einen bedeutsamen Beitrag leisten.

und auf die Studienberatende zu jeder Zeit Zugriff haben, bietet aus Sicht der befragten Beratenden einen erheblichen Mehrwert für die Anrechnungsberatung.

Zentrale Organisationseinheit

Die Implementierung einer klar definierten Kontaktperson oder Organisationseinheit sowohl als Wissensträgerin für das Feld der Anerkennung und Anrechnung außerhochschulisch erworbener Kompetenzen als auch als Verantwortlich für die Strukturierung der Informationsflüsse zwischen allen am Anrechnungsprozess beteiligten Akteurinnen und Akteuren ist aus Sicht der interviewten Studierendenberatenden ein weiteres zentrales Instrument zur Optimierung der Anrechnungsberatung.[19] An einer solchen Stelle innerhalb der Hochschule ließen sich sowohl der Aufbau und die Pflege von Kommunikations- und Kooperationsstrukturen als auch ein zentrales Wissensmanagement zur Anrechnungsthematik organisieren.

Demnach könnten die drei zentralen von den Studienberatenden artikulierten Optimierungspotentiale durch die Verankerung einer solchen Stelle aufgegriffen und operationalisiert werden. Die Organisationsstruktur der Hochschule oder der Hochschultypen spielen hierfür keine gesonderte Rolle. Die Implementierung der dargestellten notwendigen Strukturen muss an jeder Hochschule individuell angepasst auf die jeweiligen organisationalen Rahmenbedingungen hin erfolgen, um eine optimale Wirkung entfalten zu können. Allerdings führt die Einrichtung einer Organisationseinheit oder Funktionsstelle zur Anerkennung und Anrechnung außerhochschulisch erworbener Kompetenzen nicht zwangsläufig zu einer optimierten Anrechnungsberatung. Vielmehr unterstützt sie hochschulinterne Akteurinnen und Akteure dabei, Prozesse und Verfahren zu entwickeln, zu implementieren und zu verstetigen, die wiederum (unter anderem) eine Optimierung der Anrechnungsberatung zur Folge haben.

6 Fazit und Ausblick

Die Betrachtungen haben gezeigt, dass die Anrechnungsberatung eine zentrale Bedeutung für die rechtskonforme und zielgruppenfreundliche Operationalisie-

---

19 Am Zentrum Duale Hochschule (ZDH) der Technischen Hochschule Mittelhessen ist eine derart zentrale Kontaktperson bereits definiert. Die Prüfungsausschussvorsitzende der einzelnen Studiengänge ist zugleich für Anrechnungsfragen in allen Studiengänge zuständig – sowohl im Bereich der grundständigen dualen Studiengänge als auch für die wissenschaftliche Weiterbildung. Die Anrechnung außerhochschulischer Leistung wird verfahrensgeleitet nach einem verabschiedeten Prozedere (ggf. unter Einschaltung von fachlich passenden Kolleginnen und Kollegen) vorgenommen.

rung von Anrechnungsverfahren hat. Gleichzeitig wurde deutlich, dass es bisher kaum systematisierte intraorganisationale Beratungsstrukturen und -verfahren gibt, die in ein einheitliches Anrechnungsverfahren münden. Gleichzeitig artikulieren die in der Beratung sehr gut ausgebildeten Studierendenberatenden auf den unterschiedlichen Ebenen konkrete Optimierungspotentiale, deren Umsetzung aus ihrer Sicht wesentlich zu einer Verbesserung der Anrechnungsberatung beitragen kann.

Unabhängig von Hochschultyp (Volluniversität, Hochschule für angewandte Wissenschaften), Beratungsebene (Hochschul-, Fachbereichs- oder Programmebene) und Funktionsstelle (zentrale Studienberatung, Fachstudienberatung, Studiengangkoordinierende) verspricht die Berücksichtigung der drei identifizierten Querschnittsthemen ‚Kommunikation', ‚Wissensmanagement' und ‚zentrale Organisationseinheit/Funktionsstelle' ein hohes Potential, die Anrechnungsberatung spürbar zu optimieren. In welcher Form diese drei Aspekte an den einzelnen Hochschulen jeweils ausgestaltet werden, ist unter Berücksichtigung der jeweiligen organisationalen Rahmenbedingungen zu bewerten.

Dabei ist davon auszugehen, dass die sich aus der Realisierung der angeregten Optimierungspotentiale ergebenden Praxiserfahrungen wiederum neue Erkenntnisse und Herausforderungen für das Feld produzieren. Die drei hier vorgeschlagenen Strategien zur Optimierung der Anrechnungsberatung von nicht-traditionell Studieninteressierten sind demnach als ein erster Schritt zu bewerten, der weitere vertiefende Betrachtungen notwendig machen wird, um Anrechnungsberatung so zu organisieren, dass sie der Verpflichtung der Hochschulen gerecht wird, von den bestehenden Möglichkeiten der Anrechnung Gebrauch zu machen.

Literatur

Bundesregierung (2007): *Gesetz zu dem Übereinkommen vom 11. April 1997 über die Anerkennung von Qualifikationen im Hochschulbereich in der europäischen Region.* In: Bundesgesetzblatt von 2007, Teil II, Nr. 15, Bonn 22. Mai, 2007, S.712-732.
Bundesministerium für Bildung und Forschung (BMBF): *Bund-Länder-Wettbewerb „Aufstieg durch Bildung: offene Hochschulen!"* URL: http://www.wettbewerb-offene-hochschulen-bmbf.de/. Letzter Zugriff: 04. Juni 2016.
Europarat (1953): *Europäische Konvention über die Gleichwertigkeit der Reifezeugnisse.* Paris, 11.XII.1953.
Europarat (1959): *Europäisches Übereinkommen über die akademische Anerkennung von akademischen Graden und Hochschulzeugnissen.* Paris, 14.XII.1959.
Europarat (1964): *Zusatzprotokoll zur Europäischen Konvention über die Gleichwertigkeit der Reifezeugnisse.* Straßburg, 3.VI.1964.

Europarat (1990): *Europäisches Übereinkommen über die allgemeine Gleichwertigkeit der Studienzeiten an Universitäten.* Rom, 6.XI.1990.

Europarat (1997): *Übereinkommen über die Anerkennung von Qualifikationen im Hochschulbereich in der europäischen Region.* Lissabon, 11 IV.199.

Freitag, Walburga (2010): „Recognition of Prior Learning" – Anrechnung vorrangig erworbener Kompetenzen: EU Bildungspolitik, Umsetzung in Deutschland und Bedeutung für die soziale und strukturelle Durchlässigkeit der Hochschule. In: Hans Böckler Stiftung (Hrsg.): *Arbeitspapier 208.* Düsseldorf, S. 1- 50.

Ghulam, Mustafa (2013): *Auswirkung der Studienberatung auf Studierverhalten, Studiergewohnheiten und Leistungsmotivation von Studierenden.* Dissertation, Humboldt Universität zu Berlin. Berlin .

Hanak, Helmar (2016): *Anerkennung und Anrechnung außerhochschulisch erworbener Kompetenzen. Die multidimensionale Bedeutung von Beratung.* Dissertation, Philipps-Universität Marburg. Marburg/Lahn.

Hanak, Helmar/Sturm, Nico (2015a): *Anerkennung und Anrechnung außerhochschulisch erworbener Kompetenzen. Eine Handreichung für die wissenschaftliche Weiterbildung.* Wiesbaden: Springer VS.

Hanak, Helmar/Sturm, Nico (2015b): *Außerhochschulisch erworbene Kompetenzen anrechnen. Praxisanalyse und Implementierungsempfehlungen.* Wiesbaden: Springer VS.

Konferenz Kultusminister der Länder in der der Bundesrepublik Deutschland (2002): *Anrechnung von außerhalb des Hochschulwesens erworbenen Kenntnissen und Fähigkeiten auf ein Hochschulstudium (I).*

Konferenz Kultusminister der Länder in der der Bundesrepublik Deutschland (2008a): *Anrechnung von außerhalb des Hochschulwesens erworbenen Kenntnissen und Fähigkeiten auf ein Hochschulstudium (II). (Beschluss der Kultusministerkonferenz vom 18.09.2008)* http://www.akkreditierungsrat.de/fileadmin/Seiteninhalte/KMK/Vorgaben/KMK_Anrechnung_ausserhochschulisch_II.pdf. Letzter Zugriff: 04. Juli 2016.

Konferenz der Kultusminister der Länder in der Bundesrepublik Deutschland (2008b): *Ländergemeinsame Strukturvorgaben gemäß § 9 Abs. 2 HRG für die Akkreditierung von Bachelor- und Masterstudiengängen.*

Konferenz Kultusminister der Länder in der Bundesrepublik Deutschland (2009): *Hochschulzugang für beruflich qualifizierte Bewerber ohne schulische Hochschulzugangsberechtigung.*

Konferenz Kultusminister der Länder in der Bundesrepublik Deutschland (2010): *Ländergemeinsame Strukturvorgaben für die Akkreditierung von Bachelor- und Masterstudiengängen.*

Rat der Europäischen Union (2012): Empfehlungen des Rates vom 20. Dezember 2012 zur Validierung nicht formalen und informellen Lernens (2012/C 398/01). In: *Amtsblatt der Europäischen Union.* C 398/1 – C 398/5.

Venema, Charlotte (2006): Die demografische Entwicklung: Zeit für Entscheidungen. In: *Weiterbildung – Zeitschrift für Grundlagen, Praxis und Trends.* Heft 2, S. 30-33.

Vogt, Helmut (2012): Realisierungsbarrieren wissenschaftlicher Weiterbildung nach Bologna. Wissenschaftliche Weiterbildung der Hochschulreform der siebziger Jahre bis zum Bologna-Prozess. In: *Hessische Blätter für Volksbildung* H.2, S.167-174.

Organisation und Vernetzung

Homepages als ein zentraler Vertriebsweg von wissenschaftlichen Weiterbildungsangeboten. Erkenntnisse und Ableitungen einer Homepageanalyse

Laura Gronert/Simone Krähling/Sarah Präßler[1]

Zusammenfassung

Aufgrund der zunehmenden Digitalisierung gewinnen Homepages im Kontext des Vertriebs von wissenschaftlicher Weiterbildung an Bedeutung. Internetauftritte von Hochschulen und ihrer jeweiligen Angebote bilden eine wichtige Informationsquelle, da diese für Weiterbildungsinteressierte ein erster Kontaktpunkt im Prozess ihrer Studienentscheidung sein können. Eine übersichtliche und verständliche Informationsdarstellung bildet den Kern einer gezielten Ansprache und kann nachhaltiges Interesse bei den Zielgruppen wecken. Die zentrale Frage ist, welche Informationen in welchem Umfang auf einer Homepage verfügbar sind, um diesen Vertriebsweg bestmöglich gestalten zu können.

Schlagwörter

Homepage, Vertrieb, wissenschaftliche Weiterbildung, Homepageanalyse, Digitalisierung, Website

Inhalt

---

1   *Laura Gronert* | Justus-Liebig-Universität Gießen | laura.gronert@erziehung.uni-giessen.de
    Simone Krähling | Philipps-Universität Marburg | simone.kraehling@uni-marburg.de
    Sarah Präßler | Technische Hochschule Mittelhessen

1   Einleitung

Der Vertrieb stellt in Unternehmen neben der Produktentwicklung, Produktion und Finanzierung einen der Kernprozesse dar, was sowohl für materielle Güter als auch für Dienstleistungen gilt (vgl. Detroy u.a. 2009, S. 17). Bildungsdienstleistungen weisen dabei einige Besonderheiten auf, die im Vertrieb Berücksichtigung finden sollten und so die Anbieter vor unterschiedliche Herausforderungen stellen. Mit der Entwicklung von wissenschaftlichen Weiterbildungsangeboten stehen auch Hochschulen vor der Aufgabe, für jedes Angebot ausreichend Teilnehmende zu gewinnen, um die unterschiedlichen Weiterbildungsformate dauerhaft auf dem Markt etablieren zu können. Dabei ist zu bedenken, dass Weiterbildung „als immaterielles Gut in der Regel schwieriger zu vermarkten [ist] als ein sichtbares Produkt oder eine „handfeste" objektbezogene Dienstleistung wie die Autoreparatur" (Schlutz 2006, S. 19).

Um das Weiterbildungsangebot für Interessierte sichtbar und greifbar zu machen, stehen den Bildungsanbietern verschiedene Vertriebswege zur Verfügung. Der Vertrieb wird in den Wirtschafswissenschaften neben der Angebots-, Preis- und Kommunikationspolitik zu den klassischen Marketing-Instrumenten gezählt. Bruhn (2014) definiert darunter:

> „Die Vertriebspolitik (in der Literatur häufig auch als Distributionspolitik bezeichnet) bündelt sämtliche Maßnahmen, die erforderlich sind, damit der Kunde die angebotenen Leistungen beziehen kann. Hierzu zählt primär die Überbrückung der räumlichen und zeitlichen Distanz zwischen der Herstellung und dem Kauf des Produktes" (Bruhn 2014, S. 29).

Angesichts der immer weiter voranschreitenden Digitalisierung ist einer der meistgenutzten Vertriebswege das Internet, darunter wird insbesondere die Homepage gefasst. „Im geschäftlichen Bereich eignet sich das Internet hierbei als Werbeträger und Markplatz" (Rousseau 2007, S. 39). Eine professionelle, aktuelle und transparente Internetpräsenz kann die Chance erhöhen, dass Interessierte sich für ein Weiterbildungsangebot anmelden und/oder mit den Anbietern in Kontakt treten (vgl. Crowley/Harad 2015, S. 29).

Im Rahmen des Verbundprojekts „WM³ Weiterbildung Mittelhessen"[2] wurde zur Erfassung von Vertriebsstrategien und -instrumenten eine Home-

---

2   Die drei mittelhessischen Hochschulen Justus-Liebig-Universität Gießen, Philipps-Universität Marburg und Technische Hochschule Mittelhessen haben sich im Hinblick auf ihre gemeinsamen Entwicklungsplanungen im Bereich der wissenschaftlichen Weiterbildung zum Verbundprojekt „WM³ Weiterbildung Mittelhessen" zusammengeschlossen, um mit Hilfe des BMBF-Wettbewerbs „Aufstieg durch Bildung: offene Hochschulen" ein an wirtschaftlichen und gesellschaftlichen Interessen optimal ausgerichtetes Weiterbildungsangebot zu schaffen und zu einer nachhaltigen Stärkung der wissenschaftlichen Weiterbildung an den Hochschulen beizutragen. Dieses Vorhaben wurde in der ersten Förderphase (2011-2015) aus Mitteln des BMBF und aus

pageanalyse ausgewählter Hochschulen durchgeführt, deren Ergebnisse im Rahmen dieses Artikels dargestellt werden. Neben einer professionellen Gestaltung und einer übersichtlichen Navigation spielen inhaltliche Kriterien eine tragende Rolle, die in der genannten Homepageanalyse im Zentrum stehen. Der Fokus liegt demnach nicht auf der Erhebung der Attraktivität oder der Auffindbarkeit der Homepage, sondern auf den auf der Internetpräsenz zur Verfügung gestellten Informationen. Die zentrale Frage dabei ist, welche Informationen in welchem Umfang auf einer Homepage zur Verfügung stehen, um diese als einen effektiven Vertriebsweg nutzen zu können.

Hierfür wird zu Beginn der Vertriebsbegriff in seinen Dimensionen definiert und die Bedeutung im Bereich der wissenschaftlichen Weiterbildung herausgearbeitet. Im Anschluss wird das in der Homepageanalyse umgesetzte Vorgehen dargestellt und die Erhebungsmethode sowie die Zusammensetzung des Samples erläutert. Darauf aufbauend folgt die Auswertung der einzelnen Kategorien entlang der diesem Artikel zugrundeliegenden Ausdifferenzierung von Vertrieb. Auf Basis der Analyse werden Ableitungen formuliert, welche Informationen auf einer Homepage zur Verfügung gestellt werden sollten, um diesen Vertriebsweg optimal gestalten und Weiterbildungsangebote bestmöglich vertreiben zu können. Danach folgen das Fazit und ein Ausblick hinsichtlich einzelner Vertriebskomponenten.

2   Definition und Bedeutung von Vertrieb

Die Einbeziehung des Vertriebs in den (tertiären) Bildungssektor wird kontrovers diskutiert, da es keine direkte Parallele zum wirtschaftswissenschaftlichen Verständnis davon gibt und sich dieser entschieden vom Sachgüter- bzw. Produktionsbereich differenziert (vgl. Möller 2011, S. 98). Dies erfordert einen eigenständigen definitorischen Ansatz von Vertrieb, der die Besonderheiten von Bildungsprozessen berücksichtigt. So benötigen Bildungsprozesse eine hochgradige Integration und dichte Interaktion zwischen Lehrenden und Lernenden, was dem Prinzip der Koproduktion entspricht. Bildungsangebote sind kaum standardisierbar und in der gleichen Qualität zu wiederholen (vgl. Schlutz 2006, S. 21f.). Nach Bernecker (2009) umfasst die Vertriebspolitik alle Aspekte, die sich auf den Weg einer Bildungsleistung zu den (potentiellen) Teilnehmenden beziehen, und subsumiert darunter:

dem ESF der EU mit den Förderkennzeichen 16OH11008, 16OH11009, 16OH11010 und in der zweiten Förderphase (2015-2017) mit den Förderkennzeichen 16OH12008, 16OH12009, 16OH12010 aus Mitteln des BMBF gefördert. Weitere Projektinformationen sind unter www.wmhoch3.de zu finden.

- Festlegung der Absatzwege und Auswahl der Absatzorgane,
- Festlegung der Verteilung (physische Distribution) der Bildungsleistung,
- Festlegung und Ausstattung des Standortes sowie
- Termin- und Zeitplanung der Bildungsleistung (vgl. Bernecker 2009, S. 212).

Neben der Beschreibung der genannten Vertriebsdimensionen werden im Folgenden Homepages als ein zentraler Vertriebsweg von wissenschaftlichen Weiterbildungsangeboten vorgestellt.

2.1   Vertriebsdimensionen in der wissenschaftlichen Weiterbildung

Im Sinne der *Physischen Distribution* (vgl. Abbildung 1) ergeben sich im Bereich des Vertriebs von Weiterbildungsmaßnahmen zwei große Handlungsfelder, da mit der kostenpflichtigen Anmeldung an ein wissenschaftliches Weiterbildungsangebot kein fertiges Produkt übergeben wird, sondern die Leistungserstellung und -aneignung erst beginnen und durch einen gemeinsamen Austauschprozess vermittelt werden (vgl. Schlutz 2006, S. 14).

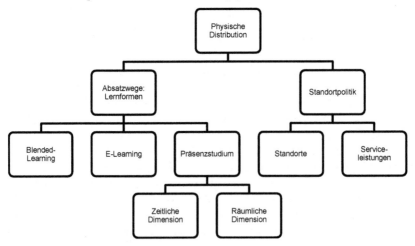

Abbildung 1:   Physische Distribution

Die beiden Handlungsfelder umfassen die Wahl der Absatzwege und die Standortpolitik (vgl. Haller 2015, S. 285). Wahl der Absatzwege heißt, wie und auf welchem Wege das Weiterbildungsangebot zu den Teilnehmenden gelangt bzw. wie dessen Inhalte vermittelt werden und wer eingeschaltet wird. Die Absatzwege können dabei sowohl direkt als auch indirekt erfolgen, d.h. das Weiterbildungsangebot kann direkt, also am Standort der Hochschule, abgesetzt werden oder indirekt über die Zwischenschaltung von Absatzmittlern, wie z.B. über E-Learning. Die Absatzwege können zudem in eine räumliche und zeitliche Dimension unterteilt werden. Die zeitliche Dimension umfasst dabei die Veranstaltungsplanung, z.B. Präsenztermine, Veranstaltungsblöcke und Selbststudium, sowie die Erreichbarkeit wie Öffnungs- und Servicezeiten. Die räumliche Dimension beinhaltet Informationen zu den Räumlichkeiten und der Technik- bzw. Laborausstattung. Die beiden Dimensionen beeinflussen im weiteren Sinne auch die Lernformen, darunter Blended-Learning, E-Learning oder Präsenz, die an der jeweiligen Zielgruppe des Weiterbildungsangebots orientiert sein sollten. Ein wichtiger Aspekt ist hierbei, Möglichkeiten zur Flexibilität zu schaffen, um die Vereinbarkeit mit beruflichen und privaten Verpflichtungen gewährleisten zu können (vgl. Schöll 2011, S. 444f.).

Die Spielräume beim zweiten Handlungsfeld der Standortpolitik sind hingegen begrenzt.[3] Darunter fallen Informationen zum Studienort, wie die Verkehrsanbindung oder die Verfügbarkeit von Parkplätzen. Da der Ort der Hochschule und damit die Verkehrsanbindung kaum zu beeinflussen sind, kann in diesem Rahmen nur indirekt über die Gestaltung des Standortes in Form von zusätzlichen Serviceleistungen, beispielsweise Beratungsangebote oder persönliche Betreuung, eingewirkt werden, die als so genannte Ersatzqualitäten fungieren (vgl. Wefers 2007, S. 102ff.).

Im weiteren Sinne können auch die *After-Sales-Services* (vgl. Abbildung 2) als Beitrag zur Verbesserung der Standortpolitik verstanden werden. „Da es sich bei den Bildungsdienstleistungen um extrem störanfällige soziale Dienstleistungen handelt" (Meisel 2011, S. 429), sind hierunter Dienstleistungen zur Kundenzufriedenheit und -sicherung gefasst. Dies beinhaltet beispielsweise die Verfügbarkeit ausreichender und transparenter Informationen über die zu erbringenden Leistungen, darunter Curricula, Studienkonzepte, Informationen zu inhaltlichen, zeitlichen und finanziellen Voraussetzungen, die Nennung von Alleinstellungsmerkmalen,[4] Zulassungskriterien, Angebote der Anerkennung und

---

3   Hierbei sind die Verbundhochschulen des Projekts „WM³ Weiterbildung Mittelhessen" jedoch differenziert zu betrachten. Während die Philipps-Universität Marburg und Justus-Liebig-Universität Gießen jeweils an einem Standort angesiedelt sind, gibt es bei der Technischen Hochschule Mittelhessen je einen Campus in Gießen, Friedberg und Wetzlar. Darüber hinaus können für die Weiterbildungsangebote die fünf Außenstellen (Bad Wildungen, Bad Hersfeld, Biedenkopf, Frankenberg und Bad Vilbel) von StudiumPlus als Standorte in Betracht gezogen werden, so dass hier ein größerer Spielraum über die Region Mittelhessen hinaus besteht.

4   Darunter werden u.a. das Studienkonzept, Dozierende, kumulative Belegung, Nischenbesetzung, Aktualität, Nachfrage und Kooperationspartnerinnen und -partner gefasst.

Anrechnung von (außer-)hochschulisch erworbenen Kompetenzen zur Verbesserung der Durchlässigkeit sowie Zertifizierungsnachweise.

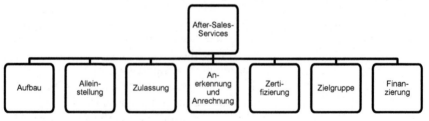

Abbildung 2:   After-Sales-Services

Schließlich werden in der Kategorie *Akquisitorische Distribution* (vgl. Abbildung 3) zwei unterschiedliche Verkaufsstrategien näher betrachtet. Der typische Verkaufsprozess im Sachgüterbereich lässt sich nach Seider (2006) in die Phasen der Kundensuche durch verschiedene soziale, berufliche oder öffentliche Informationsquellen, der Ermittlung von Ansprechpersonen und der Interessengenerierung, der Kundenbewertung, der Angebotspräsentation, des Verkaufsabschlusses sowie des Nachkaufservices, hier After-Sales-Service, einteilen. Dabei ist die Angebotspräsentation das zentrale Element im Verkaufsprozess (vgl. Seider 2006, S. 55ff.). Hierunter fallen sowohl Anmelde- als auch Kontaktmöglichkeiten.

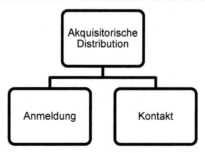

Abbildung 3: Akquisitorische Distribution

2.2   Homepages als ein zentraler Vertriebsweg in der wissenschaftlichen Weiterbildung

Homepages kommt eine zentrale Bedeutung im Rahmen der Rekrutierung von Weiterbildungsinteressierten zu. Diese können sich dort über konkrete Weiterbildungsmöglichkeiten sowie Standort- und Rahmenbedingungen informieren und einen Eindruck über eine Hochschule und ihre Angebote gewinnen. Eine zielgruppengerechte Darstellung der jeweiligen Weiterbildungsangebote ist von Vorteil, um im Rahmen eines Besuchs der Website[5] nachhaltiges Interesse zu wecken (vgl. Borgwardt 2012, S. 101). Insbesondere während der ersten Recherchen „[…] stellen die Online-Angebote der Hochschulen im Vorfeld der Studienentscheidung und -aufnahme eine wichtige Informationsquelle dar" (Banscherus/Kamm/Otto 2015, S. 88). Die Betrachtung von Homepages als ein zentraler Vertriebsweg ist in der einschlägigen Literatur jedoch bislang weder theoretisch noch empirisch fundiert. Entsprechende Ansätze behandeln Homepages schwerpunktmäßig aus der Sicht des Marketing-Instrumentes der Kommunikationspolitik, das vor allem im Bereich der Öffentlichkeitsarbeit und Werbung ausdifferenziert wird, oder sie werden hinsichtlich ihrer Bedeutung zur Rekrutierung international Studierender analysiert (vgl. z.B. Bode u.a. 2010; Borgwardt 2012). Eine für den vorliegenden Artikel zentrale Untersuchung ist ein Studienprojekt zur Internationalisierung von Hochschulwebsites mit dem Titel „Websitemarketing deutscher Hochschulen zur Anwerbung internationaler Studierender (WHAIS)" aus dem Jahr 2009 (vgl. Bode u.a. 2010). Einer Homepage schreiben Bode u.a. (2010) eine hohe Entscheidungsrelevanz bei der Hochschulwahl von Studieninteressierten zu, da diese nicht nur auf rationaler, sondern auch auf emotionaler Ebene wirkt. Sie zeichnet sich durch eine Vielzahl von Einsatz- und Gestaltungsmöglichkeiten aus, was zu einer positiven Wahrnehmung der Website der Hochschule oder eines Studienangebots beitragen und somit einen Vorteil gegenüber anderen Wettbewerbern bedeuten kann. Zudem schafft eine Homepage die Grundlage zur Interaktion zwischen einer Hochschule und ihren Besucherinnen und Besuchern. Sie gilt im Rahmen der Kundengewinnung daher als ein wesentliches Profilierungsinstrument (vgl. Bode u.a. 2010, S. 19).

Borgwardt (2012) fasst für einen erfolgreichen Internetauftritt einer Hochschule bzw. eines Studienangebots zusammen, dass bei dessen Konzeption die Wünsche, Interessen und Bedürfnisse von Studieninteressierten Berücksichtigung finden sollten. Bezogen auf das internationale Hochschulmarketing stellt die Autorin sechs Prozessphasen vor, die Studieninteressierte von der ersten Idee bis zur Entscheidung für ein Studium an einer Hochschule durchlaufen. Die Kundengewinnung über eine Website sollte je nach der Stufe des Entscheidungsprozesses die unterschiedlichen Erwartungen der Nutzenden berücksichtigen und dient somit nicht nur der Rekrutierung, sondern auch der dauerhaften Kundenbindung (vgl. Borgwardt 2012, 101ff.). Borgwardt (2012) skizziert folgende sechs Phasen:

---

5   Im vorliegenden Artikel werden die Begriffe „Homepage" und „Website" synonym verwendet.

- In der Phase der Interessenweckung und Suchfeldeingrenzung können Studieninteressierte meist noch nicht identifizieren, wonach genau sie suchen. Eine möglichst übersichtliche Informationsdarstellung kann dabei als Orientierungshilfe fungieren.

- Im Rahmen der Informationssammlung und Spezifizierung der Entscheidungskriterien sammeln Studieninteressierte meist detaillierte und umfangreiche Informationen über eine Hochschule bzw. ein Studienangebot und legen Prioritäten ihrer Auswahl fest. In der Phase kann eine verständliche und nutzerfreundliche Präsentation der Informationen von Vorteil sein.

- Die Informationsbewertung und Anbieterpriorisierung dient Studieninteressierten zur Eingrenzung der für sie attraktivsten Hochschulen. Im Rahmen dessen ist für eine Homepage entscheidend, Glaubwürdigkeit zu vermitteln und ein vorteilhaftes Gesamtbild der Hochschule zu präsentieren, beispielsweise durch die Hervorhebung von Alleinstellungsmerkmalen.

- In der Phase der Bewerbung und Bewertung des Anbieterfeedbacks beurteilen Studieninteressierte vor einer endgültigen Entscheidung, wie Hochschulen ihrer Bewerbung begegnen und wie transparent der Prozess ist, wie die Interessierten sich behandelt fühlen oder wie individuell und schnell auf ihre Fragen reagiert wird. Die Kundengewinnung ist daher mit der Bewerbungsphase nicht abgeschlossen und erfordert weiterführende Informationen und Verweise auf zusätzliche Dienstleistungen der Hochschule.

- Im Rahmen der Studienwahlentscheidung bzw. Kaufentscheidung hat die anhaltende Zufriedenheit mit der ausgewählten Hochschule hohe Bedeutung. Unter den Bindungsmaßnahmen können z.B. Beratungs- und Betreuungsleistungen subsumiert werden.

- Die Entscheidungszufriedenheit geht mit den zentralen Fragen einher, ob die Entscheidung der Hochschul- und Studienwahl als richtig empfunden wird und positive Bewertungen darüber verbreitet werden. Die Mundpropaganda über soziale Netzwerke und andere Medien, d.h. das virale Marketing,[6] nimmt dabei für eine langfristig erfolgreiche Rekrutierung von Studieninteressierten eine wichtige Rolle ein (vgl. Borgwardt 2012, S. 103).

Von Vorteil ist, wenn die Besucherinnen und Besucher in den genannten Phasen ihres Entscheidungsprozesses bzw. Kaufinteresses, auch Customer Journey genannt, relevante und verständliche Inhalte zur Verfügung gestellt bekommen (vgl. Keßler/Rabsch/Mandić 2015, S. 102). Dies kann auch auf den Bereich der

---

6 Das virale bzw. Social Media Marketing bezieht sich als Teilbereich des so genannten Guerilla-Marketings auf die strategische Nutzung sozialer Beziehungen im Internet und dient in der Regel ausschließlich kommerziellen Zielen (vgl. Möller 2011, S. 28).

wissenschaftlichen Weiterbildung übertragen werden. Beispielsweise können Weiterbildungsinteressierte – ähnlich wie international Studierende – wenig Vorwissen über die Hochschule und deren Portfolio aufweisen. Mehr als der Standort der Hochschule spielen unter Umständen inhaltliche Aspekte oder Serviceleistungen eine Rolle. So kommt im Rahmen der Teilnehmendengewinnung und -bindung insbesondere individuellen Informations-, Beratungs- und Unterstützungsangeboten eine zentrale Bedeutung zu (vgl. Banscherus/Kamm/Otto 2015, S. 82).

3 Homepageanalyse

Vor dem Hintergrund, dass Homepages auch in wissenschaftlichen Weiterbildungsangeboten nicht nur eine Kommunikations- und Informationsplattform darstellen, sondern auch gezielt für die Akquise potentieller Teilnehmender eingesetzt werden, stellt sich die Frage, welche Informationen in welchem Umfang zur Verfügung gestellt werden (sollen). Dieser wurde im Rahmen einer quantitativen Erhebung nachgegangen. Grundlage dafür bilden die Homepages wissenschaftlicher Weiterbildungsangebote ausgewählter öffentlicher und privater Hochschulen.

In den folgenden Punkten wird das in der Homepageanalyse umgesetzte Vorgehen aufgezeigt und sowohl die Erhebungsmethode und die Entwicklung des Kategoriensystems als auch die Zusammensetzung des Samples erläutert.

3.1 Erhebungsmethode Dokumentenanalyse

Zur Analyse der Homepages wird die Methode der inhaltsanalytischen Dokumentenanalyse eingesetzt. Diese kombiniert die quantitative Erhebung von Daten mit einer anschließenden Auswertung dieser nach dem Verfahren der Inhaltsanalyse. Dabei bilden die öffentlich zugänglichen Angebotswebsites der betrachteten Hochschulen und Verbundprojekte das zu erschließende Material der Dokumentenanalyse, das anschließend nach einem deduktiv entwickelten standardisierten Kategoriensystem ausgewertet wird. Die Analyse entlang von Kategorien birgt den Vorteil, dass die sehr unterschiedlich aufgebauten Websites durch die Anwendung eines systematischen Schemas vergleichbar gemacht werden können. Die Besonderheit in der Dokumentenanalyse liegt darin, dass der Forschungsgegenstand bereits vor der Analyse aus einem meist nichtwissenschaftlichen Kontext heraus entstanden ist (in diesem Falle die Homepages) und nicht durch das Forschungsteam selbst erzeugt wird. Zentral sind daher die Fragestellung und die Auswertung des Materials (vgl. Hoffmann 2012, S. 396f.).

Hoffmann (2012) beruft sich auf sechs Schritte von Denz (1989), nach denen eine Dokumentenanalyse durchgeführt werden kann. Hierbei ist zunächst wichtig, den Entstehungskontext zu analysieren (1). Im Anschluss daran wird die Stichprobe abgeleitet (2), das Kategoriensystem, das sich an der Forschungsfrage orientiert, entwickelt (3) und die Untersuchungseinheiten festgelegt (4). Anschließend erfolgt die Anwendung des Kategoriensystems für jedes Dokument (5). Im letzten Schritt werden die erhobenen Daten ausgewertet (6) (vgl. Hoffmann 2012, S. 400). Dieser Verfahrenslogik folgt auch die hier vorgestellte Homepageanalyse. Für die Analyse der Homepages wurde ein deduktives Kategoriensystem entwickeltt (siehe Anhang), das sich aus der theoretischen Rahmung des Vertriebsbegriffes im Bildungsbereich ableitet (vgl. Kapitel 2.1). So stellen die in der einschlägigen Literatur beschriebenen Vertriebsdimensionen „Physische Distribution", „After-Sales-Services" sowie „Akquisitorische Distribution" die drei Hauptkategorien des Kategoriensystems dar (vgl. Abbildung 4). Ziel des Kategoriensystems ist, eine kompakte Übersicht über die dargestellten Vertriebsinstrumente zu erhalten und eine einheitliche Auswertungsgrundlage zu schaffen.

Abbildung 4: Hauptkategorien der Homepageanalyse

3.2 Zusammensetzung des Samples

Das Sample der Homepageanalyse umfasst die drei WM³-Verbundhochschulen, vier Verbundprojekte aus der ersten Förderrunde (2011-2015) des Wettbewerbs „Aufstieg durch Bildung: offene Hochschulen" des Bundesministeriums für Bildung und Forschung (BMBF) sowie zwei private Hochschulen (vgl. Tabelle 1). Zum WM³-Sample zählen sowohl im Rahmen des Projekts neu entwickelte als auch über den Projektkontext hinaus bestehende Weiterbildungsangebote (N=28). Insgesamt wurden elf Verbundprojekte in der ersten Wettbewerbsrunde „Aufstieg durch Bildung: offene Hochschulen" gefördert. In der Homepageanalyse werden die Verbundprojekte mit den meisten Projektbeteiligten sowie das Verbundprojekt OHO aufgrund des bereits vorhandenen, breiten Weiterbildungsangebots der beteiligten Hochschulen betrachtet (Open C³S (N=3), Mobilitätswirtschaft (N=3), mint.online (N=5), OHO (N=11)). Überdies weisen die vier gewählten Verbundprojekte ein breites Spektrum an Absatzwegen (physische Distribution) und hierbei insbesondere an Blended- sowie E-Learning-Strukturen auf, welche einen guten Referenzrahmen vor allem für die WM³-Angebote der beiden Verbunduniversitäten Philipps-Universität Marburg (UMR) sowie Justus-Liebig-Universität Gießen (JLU) darstellen.

Aufgrund der regionalen Nähe und der langjährigen Erfahrung im Vertrieb bietet sich darüber hinaus ein Vergleich mit privaten Hochschulen an. Diese fokussieren im Gegensatz zu den Verbundprojekten aus dem BMBF-Wettbewerb einen anderen Absatzweg. Die Konzentration auf die Ausgestaltung eines berufsbegleitenden Präsenzstudiums sowie die zentrale Organisationsform der Weiterbildung entsprechen eher dem Lehr-Lernformat und der Weiterbildungsorganisation der Technischen Hochschule Mittelhessen (THM). Daher wurden die berufsbegleitenden Masterstudiengänge (in Teilzeit) und die Zertifikatskurse der Frankfurt School of Finance and Management (N=31) sowie der FOM Hochschule für Oekonomie und Management (N=12) als Vergleichsobjekte aufgenommen.

Das Sample liefert darüber hinaus wichtige Erkenntnisse über die Informationsgestaltung einer Angebotswebsite entlang der beiden Kategorien „After-Sales-Services" sowie „Akquisitorische Distribution". Der Einbezug des öffentlichen wie privaten (wissenschaftlichen) Weiterbildungssektors ermöglicht es, Ableitungen für die Gestaltung einer Homepage möglichst breit aufzustellen und vom bereits hoch professionell organisierten privaten Weiterbildungssektor zu lernen. Somit profitiert die Homepageanalyse von einem Sample, deren Internetauftritte sich zwischen Entwicklung, Implementierung und Optimierung der Darstellung von wissenschaftlicher Weiterbildung befinden.[7]

---

7   Die Erhebung konzentriert sich dabei auf das Vorhandensein der Informationen entlang der genannten Hauptkategorien (vgl. Kapitel 3.1) und bezieht sich nicht auf die „Klicktiefe" der Internetauftritte, d.h. die Anzahl der auszuwählenden internen Verlinkungen, um an die gesuchten Informationen zu gelangen.

	WM³			Mobilitäts-wirtschaft	mint. online	OHO (HS München)	Open C³S	Frankfurt School	FOM
	UMR	*JLU*	*THM*						
BA	-	-	1	-	-	-	1	-	-
MA	8	5	1	3	3	10	1	5	9
Zertifikat	4	4	1	-	2	-	-	26	3
Andere Formate	-	-	4	-	-	1	1 (v. 35)	-	-
Gesamt	12	9	7	3	5	11	3	31	12

Tabelle 1: Übersicht über Format und Anzahl der analysierten Weiterbildungsangebote

Im Folgenden werden die zentralen Erkenntnisse der Homepageanalyse, welche im Mai 2016 durchgeführt wurde, vorgestellt. Diese Analyse stellt eine Momentaufnahme dar. In Anbetracht des Entwicklungsstatus einiger Angebote kann sich das Material während des Auswertungsprozesses verändert haben. Bewertungen und insbesondere Kritikpunkte können somit möglicherweise obsolet sein. Die Auswertung vollzieht sich entlang der drei Hauptkategorien. Dabei werden sowohl Hochschulspezifika als auch vergleichende Betrachtungen aufgeführt. Zudem wird darauf verwiesen, dass fehlende Informationen auf den untersuchten Websites nicht mit einem fehlenden Vorhandensein der jeweiligen Elemente der Hauptkategorien gleichzusetzen sind.

3.3 Unterschiede und Gemeinsamkeiten der untersuchten Homepages

Die analysierten Homepages unterscheiden sich in ihrer Grundstruktur stark voneinander. So präsentieren Hochschulen wie die THM Angebote in einer interaktiven Datenbank. Weniger interaktiv, aber ebenso vereinheitlicht ist die Liste der Angebote und Studiengänge auf der Homepage der FOM. Hier haben die Studiengänge eigene, identisch aufgebaute Unterseiten. Etwas weniger einheitlich ist der Auftritt der Frankfurt School of Finance and Management, in der die Angebote zwar ein einheitliches Layout haben, aber die Unterseiten nur in Teilen vereinheitlicht sind. Eine solche, teilweise standardisierte Darstellung findet sich auch bei der Hochschule München, obwohl die Verantwortung für die Pflege bei den jeweiligen Fachbereichen liegt. Uneinheitlich sind hingegen die Auftritte der JLU und der UMR. Die Weiterbildungsangebote werden von den zuständigen Fachbereichen gepflegt, so dass keine einheitliche Informationsstruktur besteht, auch wenn sie in weiten Teilen inhaltlich deckungsgleich sind oder sich zumindest ähneln. Die Palette der Webauftritte der untersuchten hochschulübergreifenden Verbundprojekte reicht von Fließtexten (C³S) über unterschiedlich designte Unterseiten (Mobilitätswirtschaft) bis hin zu Kurzbeschreibungen, die für weitere Informationen auf die Homepage der Hochschule verweisen (mint.online).

Insgesamt lassen sich die untersuchten Internetauftritte der wissenschaftlichen Weiterbildungsangebote in Homepages unterscheiden, die in einem Projektkontext entstanden sind und von dort auf die Homepages der Herkunftsorganisationen verweisen oder die als eigenständiges Element im Rahmen des Regelbetriebs einer Organisation dargestellt werden.

4   Ergebnisdarstellung

Im Folgenden werden die Ergebnisse der Homepageanalyse dargestellt, welche die bereits genannten Kategorien „Physische Distribution", „After-Sales-Services" sowie „Akquisitorische Distribution" zur Untersuchung der Internetauftritte nutzt.

4.1 Physische Distribution

Wie bereits ausgeführt, definiert sich die physische Distribution über die Wahl der Absatzwege (Lernformen) und die Standortpolitik (vgl. Kapitel 2.1).

Absatzwege: E-Learning und Blended-Learning

Im Vergleich der Absatzwege fällt auf, dass die betrachteten BMBF-Projekte einen Schwerpunkt auf die Entwicklung von Blended- oder E-Learning-Strukturen gelegt haben, um das berufsbegleitende Studieren zeitlich und örtlich flexibler zu gestalten. Hierbei sticht in der Analyse insbesondere das Verbundprojekt „Open C³S" hervor, das sowohl im Master- als auch im Zertifikatsbereich ein breites E-Learning-Spektrum aufweist: Von der Nennung oder Beschreibung der Lernplattform über das Angebot von Web Based Trainings, E-Lectures, Webinaren und Chatrooms. Auch die Verbundprojekte „mint.online" und „OHO" umfassen insbesondere im Masterbereich ein umfangreiches E-Learning-Portfolio. Im „WM³"-Verbund sind Unterschiede zwischen den beiden

Universitäten und der THM erkennbar. Über die Hälfte aller Weiterbildungsprogramme der Universitäten verweisen auf das Angebot unterschiedlicher E-
Learning-Tools. Häufig wird dabei die Lernplattform beschrieben. Einige Programme werben explizit für eine bessere berufliche Vereinbarkeit durch spezielle E-Learning-Angebote, wie E-Klausuren, Online-Betreuung oder E-Lectures.
Die Weiterbildungsangebote der THM sind hingegen auf reine Präsenzlehre
ausgerichtet. In dieser Hinsicht ähnelt das Weiterbildungsprogramm der THM
dem der privaten Hochschulen, welche sich auf ein berufsbegleitendes Studium
in Präsenz spezialisiert haben. Während bei den Weiterbildungsangeboten der
FOM keine Angaben zu elektronischen Lernformen zu finden sind, weist zumindest ein international ausgerichtetes Masterprogramm der Frankfurt School
ein breites Blended-Learning-Konzept auf. Darüber hinaus bietet die Frankfurt
School individuell zugeschnittene E-Learning-Lösungen an. In einem gesonder-
ten Bereich sind Informationen über das Learning-Management-System, das
Lernprogramm sowie die Expertenberatung zu finden.

Präsenzstudium

Dem Fokus auf dem Präsenzstudium folgend, sind auf den Homepages der pri-
vaten Hochschulen ausreichend Informationen zum zeitlichen Ablauf und den
Terminen der Präsenzveranstaltungen zu finden. Diese haben – unabhängig vom
Angebot – denselben Aufbau: Meist finden die Vorlesungen im zweiwöchigen
Turnus freitags und samstags statt. Die FOM bietet zudem alternativ Abendkur-
se an unterschiedlichen Wochentagen an. Die kurzzeitigen Angebote (Zertifikate) sind meist auf einige wenige Präsenztermine begrenzt. Informationen zum
Selbststudium werden nur bei insgesamt vier Angeboten der privaten Hochschulen zur Verfügung gestellt und dort nicht weiter ausgeführt (z.B. Gruppenarbei-
ten, Projektarbeiten).

Demgegenüber werden bei der überwiegenden Mehrzahl der Angebote des
BMBF-Wettbewerbs Angaben zur Selbstlernphase gemacht. Unterschiede wer-
den jedoch hinsichtlich der Angabe von Veranstaltungsterminen sichtbar. Im
Gegensatz zu den primär auf E-Learning ausgerichteten Weiterbildungspro-
grammen innerhalb der Projekte „mint.online" sowie „Open C³S" stehen auf den
Angebotswebsites der Verbundprojekte „Mobilitätswirtschaft" sowie „OHO"
Informationen zum Zeitablauf zur Verfügung. Die Hochschulen im WM³-
Verbund weisen eine divergente Darstellung des Präsenzstudiums auf. Mit Aus-
nahme eines Online-Studiengangs sind auf allen Angebotsseiten der UMR An-
gaben zu den Präsenzterminen zu finden. Auch die Mehrzahl der Angebote der
JLU stellt Informationen zu den Präsenzeinheiten bereit. Etwa die Hälfte der
Angebote beider Universitäten beschreibt die Selbstlernphase. Dagegen sind bei

der Mehrzahl der Weiterbildungsangebote der THM kaum Angaben zur zeitlichen Dimension des Präsenzstudiums zu finden. Es wird auf eine rechtzeitige Bekanntgabe der kommenden Veranstaltungstermine verwiesen. Hervorzuheben ist ein berufsbegleitendes Bachelorangebot der THM, welches ausführliche Informationen über die Zeitstruktur bereitstellt.

Zeitliche und räumliche Dimension des Präsenzstudiums

Das Projekt „OHO" setzt auf ein ausführliches Blended-Learning-Konzept und stellt dementsprechend sowohl das E-Learning-Angebot als auch den zeitlichen Ablauf des Präsenzstudiums vor. Des Weiteren hebt es sich in Bezug auf die Beschreibung der Räumlichkeiten hervor. Während in den meisten Fällen kaum Informationen zur räumlichen Dimension gegeben werden, bewirbt das Projekt in mehreren Angeboten die Seminarräume, die vorhandene IT-Technik sowie die Bibliotheken. Auch ein kooperativer Master aus dem juristischen Fachbereich der JLU und der Deutschen Sporthochschule Köln hebt die Modernität und Technikausstattung der Hörsäle und Seminarräume sowie die sportliche Infrastruktur hervor. Des Weiteren ist bei einigen Programmen augenfällig, dass nicht die eigene Ausstattung, sondern die der Kooperationseinrichtung besondere Erwähnung findet. Die FOM stellt zudem einen Link mit angebotsübergreifenden Informationen zu dem jeweils gewählten Studienort bereit. Die Vernachlässigung der räumlichen Dimension könnte in Zusammenhang mit der thematischen Ausrichtung liegen. Werden besondere technische oder räumliche Bedingungen benötigt, wird häufig auch die Technik- und Laborausstattung hervorgehoben. Andernfalls hat die Beschreibung der Räumlichkeiten einen nachrangigen Stellenwert.

Es lässt sich feststellen, dass die Wahl des Absatzweges die Informationsbereitstellung in den beiden Subkategorien beeinflusst. Liegt der Fokus auf einer Online-Ausrichtung, ist das E-Learning-Konzept umfassend beschrieben, wohingegen kaum Informationen zur zeitlichen und insbesondere zur räumlichen Dimension zu finden sind. Werden die Inhalte jedoch primär über Präsenzveranstaltungen vermittelt, verschiebt sich die Bereitstellung von Informationen weg vom E-Learning-Modell hin zur Organisation und dem Ablauf der Präsenzphase. Außerdem ist zu erkennen, dass der Entwicklungsstatus einen Einfluss auf die Beschreibung der Absatzwege, insbesondere auf die zeitliche Dimension im Präsenzstudium, hat. Befindet sich das Angebot noch in der Entwicklung bzw. ist dessen Start noch nicht absehbar, sind auch weniger Informationen in dieser Kategorie zu finden. Als Beispiel kann auf die Weiterbildungsangebote der THM verwiesen werden. Während die Homepage des berufsbegleitenden Bachelorstudiengangs ausführlich über den zeitlichen Ablauf und die Zeitstruktur des Studiums informiert, sind bei den Weiterbildungsangeboten, deren Start noch nicht bekannt ist, kaum Angaben zur Veranstaltungsplanung zu finden. Haben sich genügend Teilnehmende an dem Programm angemeldet, sind aufgrund von Planungssicherheit – wie beim Bachelorprogramm oder beim Zertifikat ersichtlich – ausführliche Informationen auf der Homepage zu finden. Für Interessierte stellt jedoch neben anderen Kriterien auch der zeitliche Umfang – insbesondere bei reinen Präsenzstudiengängen – ein wichtiges Entscheidungskriterium bezogen auf die Frage dar, ob die Weiterbildung mit dem beruflichen und privaten Lebensbereich vereinbar ist.

Standortpolitik: Einflussfaktor zentrale und dezentrale Organisationsstruktur

Die Darstellung der Standortpolitik ist im starken Maße von der Organisationsstruktur der Weiterbildung abhängig. Ist die Weiterbildung zentral organisiert, können Informationen angebotsübergreifend über einen Link, der zu Kontakt- und Anfahrtsbeschreibungen führt, dargestellt werden. Da die Weiterbildung an den privaten Hochschulen sowie unter anderem an der THM oder der Hochschule München (OHO) zentral organisiert ist, können sie diesen strukturellen Vorteil nutzen. Darüber hinaus hebt sich die Frankfurt School hervor, da sie im Zertifikatsbereich alle Angebote auch als Inhouse-Schulungen anbietet. Dies ist eine Möglichkeit, die Standortfrage zu flexibilisieren und Bildungsangebote – unabhängig vom eigenen Hochschulstandort – nachfrageorientiert anzubieten. Andere Herangehensweisen, den Spielraum in der Standortfrage zu erweitern, bieten die FOM mit einem deutschlandweiten Netz an Hochschulzentren und diejenigen BMBF-Projekte, die E-Learning- und Blended-Learning-Konzepte zur flexibleren Wissensvermittlung einsetzen. Die Verfügbarkeit von Standortinformationen ist bei letzteren daher auch aufgrund ihrer Online-Ausrichtung eher begrenzt. So sind bei den Projekten „mint.online" (mit einer Ausnahme) und „Open C³S" keine Informationen zur Erreichbarkeit und Parkplatzsituation des Standortes vorhanden. Aber auch das Verbundprojekt „Mobilitätswirtschaft" gibt außer der Nennung des Standortes keine weiteren Informationen über die Erreichbarkeit oder die Parkplatzsituation preis.

Eine einheitlich aufgebaute Standortbeschreibung ist bei einer dezentralen Organisation mit angebotsabhängigen Standorten sowie dezentralen Anbietern schwer zu realisieren. Die Informationen zum Standort unterscheiden sich daher bei dieser Organisationsform der Weiterbildung stark von Angebot zu Angebot oder von Hochschule zu Hochschule. Die Mehrzahl der Angebote verzichtet weitestgehend auf Erläuterungen zum Standort. Eine weitere Schwierigkeit bezogen auf die einheitliche Informationsdarstellung tritt auf, wenn sich das Angebot aus mehreren Kooperationspartnerinnen und -partnern konstituiert, welche an verschiedenen Standorten sitzen. Besteht keine gemeinsame Homepage, gestaltet es sich schwierig, einheitliche Informationen über die jeweiligen Standorte bereitzustellen. Häufig werden daher die Kooperationspartnerinnen und -partner genannt und durch Links miteinander verknüpft. Beispielsweise ist ein gemeinsam entwickelter Studiengang der JLU und UMR aus dem medizinischen Fachbereich nicht auf einer gemeinsamen Homepage, sondern auf der jeweiligen Fachbereichsseite der Hochschulen angesiedelt. Der inhaltliche Aufbau und der Informationsgehalt sind weitestgehend deckungsgleich, jedoch in der Darstellung jeweils an das Layout der Hochschulwebsite angepasst.

Kooperationspartnerinnen und -partner können dagegen auch zur Steigerung des Standortfaktors beitragen. Zwei Angebote der UMR aus dem erziehungswissenschaftlichen und theologischen Bereich nutzen die Kooperationseinrichtung zur Unterbringung der Teilnehmenden während der Präsenzphasen. Angesichts nicht-kooperativer Weiterbildungsmaßnahmen werden (von der THM, der Hochschule München [OHO] sowie von der Frankfurt School) vereinzelt auch Hotelkontingente zur Verfügung gestellt.

Serviceleistungen: Beratung und Ansprechbarkeit

Hinsichtlich der Serviceleistungen, die im Rahmen der Programme angeboten werden, ist zunächst festzustellen, dass keine Sprechzeiten für Online-Beratungen angegeben sind. Lediglich im Verbundprojekt „Mobilitätswirtschaft" wird in einem Masterstudiengang die Möglichkeit zur Online-Beratung genannt. Es scheint demnach keine gängige Methode zu sein, um mit Interessierten oder Teilnehmenden in Kontakt zu treten.

Auch in Bezug auf persönliche Beratungen werden nur sehr selten konkrete Sprechzeiten angegeben. Die Möglichkeit zu einem persönlichen Gespräch ist in einigen Angeboten gegeben, allerdings werden häufig keine konkreten Zeiten hierfür zur Verfügung gestellt.

Lediglich an der FOM wird bei allen Angeboten eine Zeit genannt, zu der eine telefonische Kontaktaufnahme angeboten wird. Die Zeiten sind an den Bedarfen Berufstätiger ausgerichtet. So ist die FOM montags bis freitags im Zeitraum von 8 Uhr bis 19 Uhr und auch samstags von 7.30 Uhr bis 14 Uhr unter einer bundesweit kostenlosen Telefonnummer erreichbar. Auch die THM bietet im Rahmen von StudiumPlus eine Erstauskunft über eine allgemeine Servicehotline an, die von Montag bis Freitag von 7.30 Uhr bis 18.00 Uhr erreichbar ist. Die zentrale Organisation der Studienangebote ermöglicht es, Beratung in diesem Umfang für alle Angebote anzubieten. Bei den Programmen des Verbundprojekts „Mobilitätswirtschaft" werden ebenfalls in fast allen Fällen telefonische Sprechzeiten angegeben, ebenso wie bei einigen Angeboten der UMR.

Hier sind die angegebenen Zeiten allerdings in der Regel nicht an die Bedürfnisse von berufstätigen Personen angepasst. Lediglich in einem Masterprogramm des Verbundprojekts „Mobilitätswirtschaft" werden keine konkreten Zeiten für eine telefonische Kontaktaufnahme genannt. Hierbei handelt es sich allerdings um den einzigen Fall, in dem Online-Beratung angeboten wird.

Sonstige Beratungs- und Informationsmöglichkeiten sind zumeist FAQs und Flyer, die online abgerufen werden können. Einige Angebote bieten konkrete Informationsveranstaltungen an, bei denen sich Interessierte über das Programm informieren können. Auftritte auf Messen oder andere angebotsübergreifende Veranstaltungen werden nicht angegeben.

In allen untersuchten Angeboten werden Ansprechpersonen für die einzelnen Angebote aufgeführt. In den meisten Fällen ist dies die Studiengangkoordination oder die fachliche Leitung des Angebots. Bei einem Zertifikatsangebot der UMR werden darüber hinaus die zuständigen studentischen Hilfskräfte genannt. Eine klare Benennung der Funktion ist allerdings nicht in allen Fällen erkennbar, so dass eine Zuordnung der Aufgaben nicht immer möglich ist und es sich für Interessierte schwierig gestaltet, die richtige Ansprechperson zu identifizieren. In fast allen Fällen gibt es Personen, die für ein konkretes Angebot zuständig sind. Allerdings haben alle Angebote an der zentral organisierten FOM dieselbe Ansprechperson; hier wird immer auf das Beraterteam der Zentralen Studienberatung verwiesen. Ähnlich ist dies an der THM organisiert, allerdings sind die Beraterinnen und Berater hier auf unterschiedliche Weiterbildungsformate (Masterstudiengänge oder Zertifikate) spezialisiert. Teilweise wird eine sehr große Anzahl an Zuständigen genannt, so dass nicht klar erkennbar ist, wer für welchen Aufgabenbereich verantwortlich ist. Die Benennung von festen Ansprechpersonen, die zielgruppenspezifischen Informations-, Beratungs- und Unterstützungsangeboten zugeordnet sind, bildet hingegen im Rahmen der Teilnehmendengewinnung und -bindung eine zentrale Größe (vgl. Banscherus/Kamm/ Otto 2015, S. 89f.).

Alumnikontakte

In den wenigsten Fällen kann auf bestehende Alumni-Kontakte zurückgegriffen werden, was vermutlich damit zusammenhängt, dass der Großteil der Angebote (insbesondere aus dem Bereich der BMBF-Projekte) relativ neu ist und daher noch nicht die Möglichkeit besteht, Kontakte in dieser Richtung zu etablieren. Alumnikontakte existieren hauptsächlich im Bereich der privaten Hochschulen, allerdings auch hier nicht in besonders großem Umfang, lediglich bei vier Angeboten an der Frankfurt School (N=31) und bei drei Angeboten an der FOM (N=12). Auffällig ist, dass bei den Alumni der Frankfurt School viel Wert darauf gelegt wird, Personen aufzuführen, die beruflich höhere Positionen in bekannten Unternehmen bekleiden. Bei den öffentlichen Hochschulen finden sich keine Verweise auf Strukturen, die sich auf die konkreten Angebote beziehen. Es gibt dort zwar zumeist ein hochschulweites Alumni-Netzwerk, allerdings sind dort nicht die ehemaligen Teilnehmenden der Weiterbildungsangebote eingebunden.

Kooperationen

Kooperationen finden in einer Vielzahl der Angebote statt, insbesondere bei den Angeboten, die im Rahmen der BMBF-Projekte entwickelt wurden. So sind bei allen Angeboten, die im Verbundprojekt „mint.online" entstanden sind, Kooperationspartnerinnen und -partner vorhanden, ebenso bei fast allen Angeboten des Verbundprojekts „Mobilitätswirtschaft". Hier steht die Kooperation zwischen verschiedenen Universitäten im Vordergrund. Angesiedelt sind die Projekte allerdings zumeist an einer Universität, die mit der Administration betraut ist, während die anderen beteiligten Universitäten ihre Unterstützung in Form von Lehrbeteiligung einbringen (siehe „Open C³S"). Auffällig ist, dass die privaten Hochschulen fast keine Kooperationen angeben.

Bei vielen Kooperationen wird nicht klar benannt, in welcher Form die Zusammenarbeit stattfindet. So wird zwar erklärt, dass Kooperationspartnerinnen und -partner an der Entwicklung des Angebots beteiligt waren. Es wird allerdings nicht deutlich, ob diese Kooperationen auch während der Durchführung des Angebots aktiv sind, beispielsweise in der Form, dass Mitarbeitende dieser Institutionen durch Lehrtätigkeiten am Angebot beteiligt sind und auf diese Weise ihr Expertenwissen einbringen. Als Ausnahme ist an dieser Stelle beispielhaft die Darstellung der Zusammenarbeit der Universität Kassel und des Fraunhofer Instituts für Windenergie zu nennen, da es hier einen Reiter gibt, der beschreibt, wie der Wissenstransfer zwischen der Forschungseinrichtung und der Universität stattfinden soll.

4.2 After-Sales-Services

Wie bereits ausgeführt, werden unter After-Sales-Services Dienstleistungen zur Kundenzufriedenheit und -sicherung definiert (vgl. Kapitel 2.1).

Aufbau des Studiums

Die Informationen zum Aufbau des Curriculums/Studiums sind auf den untersuchten Websites in unterschiedlicher Vielfalt vertreten. Sowohl der Umfang in

ECTS-Punkten[8] als auch die jeweiligen Studienverlaufspläne, die eine Orientierungshilfe für ein zeitlich abgestimmtes Studium darstellen, sind bei allen ausgewählten Einrichtungen vorhanden. Zudem sind im Rahmen der Weiterbildungsangebote, die an den öffentlichen Hochschulen stattfinden, die jeweiligen
Modulbeschreibungen/Modulhandbücher und Studien- und Prüfungsordnungen
vorzufinden. Die JLU hält ebenfalls zu einem großen Teil Informationen zur
Kursgröße, die UMR Listen der Lehrenden und Informationen zu den Studien-
und Prüfungsausschüssen vor. Bei den anderen BMBF-Verbundprojekten
zeichnet sich ein ähnliches Bild ab: Die Informationen zu den ECTS-Punkten,
die Studienverlaufspläne, Modulbeschreibungen/Modulhandbücher und Stu-
dien- und Prüfungsordnungen sind in der Regel vorhanden. Die FOM und
Frankfurt School verweisen ebenfalls auf den Internetseiten ihrer Weiterbildungsangebote auf den Umfang in ECTS und den Studienverlaufsplan. Darüber
hinaus können Interessierte bei der Frankfurt School die Modulbeschreibungen
der jeweiligen Angebote finden. In der Gesamtschau der verfügbaren Informationen fällt auf, dass die bei der Angebotsentwicklung notwendigen Informationen
über den Aufbau des Curriculums/Studiums, die letztlich die Entscheidungsgrundlage sowohl für die Abstimmung in den entscheidenden hochschulinternen Gremien als auch für die Akkreditierungsverfahren der hochschulexternen Agenturen
bilden, einheitlich zur Verfügung stehen. Diese sind folgende:

- Informationen zum Umfang in ECTS
- Studienverlaufspläne
- Modulbeschreibungen/Modulhandbuch
- Studien- und Prüfungsordnung

Sie dienen den Weiterbildungsinteressierten vor allem bei langfristigen Weiterbildungsangeboten wie Masterstudiengängen als Nachweis einer eingehenden
Qualitätsprüfung, die hochschulintern und hochschulextern stattgefunden hat
und auf hohe inhaltliche und didaktische Standards mit wissenschaftlich-
reflexivem Niveau schließen lässt.[9] Dies kann im stark heterogenen Weiterbildungsmarkt gegenüber anderen Anbietern einen entscheidenden Wettbewerbs-
vorteil darstellen. Informationen über den Aufbau des Curriculums/Studiums

---

8   Das im Zuge von Bologna eingeführte Leistungspunktesystem auf der Basis des European Cre-
    dit Transfer Systems (ECTS) ist Teil der Implementierung eines gemeinsamen europäischen
    Hochschulraumes.
9   Wissenschaftliche Weiterbildungsangebote stellen immaterielle Dienstleistungen dar. Die Leis-
    tung kann somit im Vorfeld nicht getestet oder kontrolliert werden und ist im Nachhinein nicht
    speicherbar, so dass das Weiterbildungsangebot für potentielle Teilnehmende schwer zu bewer-
    ten ist. Hierbei können zusätzliche Serviceleistungen, z.B. die hochschulinterne und -externe
    Qualitätsprüfung, Aufschluss über die Qualität des Angebots geben und die Dienstleistung
    greifbar machen (vgl. Schlutz 2006, 16ff.; Wefers 2007, S. 49; Haller 2015, S. 25).

sowie die damit verbundenen Dokumente und (Akkreditierungs-)Urkunden bilden somit vertrauensbildende Elemente, die Einfluss darauf haben können, ob Interessierte sich weiter über das Angebot informieren bzw. sich zur Teilnahme entscheiden (vgl. Keßler/Rabsch/Mandić 2015, S. 81).

Alleinstellungsmerkmale

Im Rahmen der auf den Homepages aufgeführten Alleinstellungsmerkmale wird bei allen im Sample untersuchten Einrichtungen das Studienkonzept hervorgehoben. Darin werden klassischerweise Merkmale der Berufsbegleitung, Anwendungs- und Praxisorientierung (Theorie-Praxis-Transfer) oder Interdisziplinarität genannt. Die WM³-Verbundhochschulen UMR, JLU und THM verweisen bei einem Großteil ihrer Angebote auf deren Nischenbesetzung. Sie halten somit Angebote vor, die auf aktuelle Bedarfe eines (Praxis-)Feldes reagieren und eine Marktlücke schließen, in dem sie alleiniger oder einer der wenigen Anbieter auf dem (regionalen) Weiterbildungsmarkt sind. Daneben hebt die UMR, ähnlich wie die Hochschule München, bei vielen ihrer Weiterbildungsangebote die Dozierenden und – falls vorhanden – Kooperationspartnerinnen und -partner als Alleinstellungsmerkmale hervor. Im Rahmen der anderen BMBF-Verbundprojekte finden sich ebenfalls bei einem Großteil der Weiterbildungsangebote Hinweise auf Kooperationspartnerinnen und -partner. Diese werden in der Regel explizit als Besonderheit des jeweiligen Weiterbildungsangebots beschrieben und stehen für ein an den Bedarfen der Praxis ausgerichtetes Angebot, das eine entsprechende Anwendungsorientierung gewährleistet. Die privaten Hochschulen fallen – mit Ausnahme des Studienkonzeptes – durch wenige Verweise auf Alleinstellungsmerkmale auf. Die Frankfurt School verweist lediglich bei einigen Angeboten auf die Möglichkeiten der kumulativen Belegung und Nischenbesetzung.

Zulassungsvoraussetzungen

Informationen zu den Zulassungsvoraussetzungen sind auf den untersuchten Homepages teilweise vorhanden. Im Rahmen der wissenschaftlichen Weiterbildungsangebote des Verbundprojekts „WM³" sind diese einheitlich bei allen Angeboten der JLU und UMR zu finden. Die THM verweist in rund der Hälfte der analysierten Homepages explizit auf Zulassungsvoraussetzungen. Die anderen BMBF-Verbundprojekte zeigen ebenfalls kein einheitliches Bild auf. So sind im Rahmen der bereits etablierten Weiterbildungsangebote der Hochschule München im Verbund der „OHO" und im Verbund „Open C³S" Informationen zu den Zulassungsvoraussetzungen zu finden. Die Verbünde um „Mobilitätswirtschaft" und „mint.online" hingegen stellen entsprechende Informationen lediglich bei einigen Weiterbildungsangeboten zur Verfügung. Im privaten Bereich finden sich bei allen untersuchten Angeboten der FOM Verweise zu den Zulassungsvoraussetzungen, bei denjenigen der Frankfurt School lediglich zur Hälfte. Im Gesamten lassen weder die Differenzierung in zentrale und dezentrale Organisation der Weiterbildung noch die Differenzierung in öffentliche und private Einrichtung an dieser Stelle ein einheitliches Bild erkennen und bieten somit keine Interpretationsgrundlage. Die grundsätzliche Möglichkeit zur Aufnahme eines Studiums und die entsprechenden Zulassungsvoraussetzungen stellen dabei vor allem für die Zielgruppe von Weiterbildungsinteressierten, die über keine schulische Hochschulzugangsberechtigung verfügen, zentrale Fragen dar (vgl. Banscherus/Kamm/Otto 2015, S. 88).

Anerkennung und Anrechnung

Informationen zur Anerkennung und Anrechnung hochschulisch oder außerhochschulisch erworbener Kompetenzen sind auf den untersuchten Homepages teilweise vorzufinden. Im Rahmen der wissenschaftlichen Weiterbildungsangebote des Verbundprojekts „WM³" ist dies hauptsächlich bei einigen Angeboten der UMR gegeben. Eine Internetpräsenz weist beispielsweise explizit die Anrechnung von Studienleistungen und beruflicher Qualifikation als eigenen Reiter auf. Auch bei den Verbundprojekten „mint.online" und „OHO" weisen einige Weiterbildungsangebote Informationen zur Anerkennung und Anrechnung auf. Die FOM stellt im Sample die einzige Einrichtung dar, die diese Informationen bei fast allen Angeboten den Nutzerinnen und Nutzern bereitstellt. Da die Anerkennung und Anrechnung bereits erworbener Kompetenzen ein Instrument zur Zulassung zu einem Weiterbildungsangebot darstellen kann, ist eine Korrelation zwischen den Kategorien „Zulassungsvoraussetzungen" und „Angebote zur Anerkennung und Anrechnung" zu vermuten. Dies liegt jedoch im ausgewählten Sample, mit Ausnahme der FOM, nicht vor. Obwohl vor allem die Anrechnung von Studienzeiten sowie Studien- und Prüfungsleistungen in der Regel durch die Studien- und Prüfungsordnungen der Hochschulen gegeben ist, sind diesbezügliche Informationen lediglich partiell auf der jeweiligen Internetpräsenz der Weiterbildungsangebote vorzufinden.

Art des Abschlusses

Die Information zu der jeweiligen Zertifizierung/dem jeweiligen Abschluss ist auf allen analysierten Homepages einheitlich vorhanden. Im Rahmen des Verbundes von „WM³" überwiegen die Zertifikate als Qualifizierungsformate von kürzerer Dauer und stärkerer thematischer Fokussierung. Zudem wird an der UMR eine Auswahl an Weiterbildungsmasterstudiengängen angeboten. Personen, die keinen vollständigen Weiterbildungsstudiengang belegen möchten, haben vielerorts die Möglichkeit, einzelne Module aus dem Curriculum auszuwählen und nach erfolgreichem Abschluss dafür ein Zertifikat zu erwerben. Eine solche kumulative Belegung ist mit Ausnahme eines Angebots im Verbund von „WM³" (bisher) nicht möglich. Die anderen BMBF-Verbünde zeigen ein differenziertes Bild: Während das Projekt „Mobilitätswirtschaft" beispielsweise im Rahmen eines berufsbegleitenden Masterstudiengangs die Möglichkeit eines modularisierten Studiums bietet, in dem der Abschluss von Modulen mit einzelnen Zertifikaten bzw. Teilnahmebescheinigungen angeboten wird, hält die Hochschule München aus dem Verbund der „OHO" eine breite und differenzierte Auswahl an Weiterbildungsstudiengängen vor, die einem klassischem Studienaufbau folgen und somit nicht die Möglichkeit einer kumulativen Belegung bieten. Die FOM als größte private Hochschule Deutschlands stellt ebenfalls ein vielfältiges Spektrum an Zertifikatskursen und Studiengängen bereit, die Frankfurt School hingegen profiliert sich größtenteils mit dem Weiterbildungsformat der Zertifikate.

Zielgruppe

Informationen zu den inhaltlichen Voraussetzungen sind auf allen untersuchten Homepages einheitlich vorhanden. Diese Kategorie bildet einen zentralen Reiter auf der Homepage eines Weiterbildungsangebots, da darüber die Zielgruppe/Zielgruppen bestimmt wird/werden. Sie kann somit als wichtige Orientierungs- und letztlich Selektionshilfe verstanden werden, auf die die weiteren Informationen aufbauen (sollten).

Finanzierung

Die Kategorie der Finanzierungsmöglichkeiten stellt sich differenziert dar: Im Rahmen der Weiterbildungsangebote des Verbundprojekts „WM³" stehen in der Regel Informationen zu den Kosten und Zahlungsmodalitäten sowie die Gebührenordnungen auf den Homepages zur Verfügung. Darüber hinaus hält die UMR bei vielen ihrer Angebote Informationen zur Ratenzahlung bereit. Die ebenfalls untersuchten BMBF-Verbünde stellen einheitlich Informationen zu den Kosten zur Verfügung. Die Projekte „Mobilitätswirtschaft" und „OHO" halten daneben Informationen zu den Zahlungsmodalitäten und die Gebührenordnungen vor. Im privaten Bereich sind auf den jeweiligen Homepages der beiden untersuchten Einrichtungen ebenfalls die Kosten explizit benannt. Zudem bieten die FOM und Frankfurt School bei (fast) allen ihren Weiterbildungsangeboten die Möglichkeit der Ratenzahlung an – mit dem zusätzlichen Hinweis bei der FOM, dass die Übernahme der Kosten auch vonseiten des Arbeitgebers möglich ist. Der

Preis stellt dabei aufgrund der Immaterialität von Bildung vielfach ein Ersatzkriterium zur Qualitätsbeurteilung des jeweiligen Angebots dar (vgl. Böttcher/Hogrebe/Neuhaus 2010, S. 115) und kann somit eine starke Wirkung auf die Wahrnehmung und Beurteilung der angebotenen Bildungsleistung vonseiten der Interessierten haben. Obwohl die Möglichkeit der Ratenzahlung in der Regel durch die Gebührenordnung der Hochschulen gegeben ist, sind diesbezügliche Informationen lediglich partiell auf der jeweiligen Internetpräsenz der Weiterbildungsangebote vorzufinden.

4.3 Akquisitorische Distribution

Nicht bei allen betrachteten Angeboten kann zu dieser Kategorie eine Aussage getroffen werden, was mit den unterschiedlichen Entwicklungsständen zusammenhängt. Insbesondere die im Rahmen des BMBF-Wettbewerbs entwickelten Angebote befanden sich zum Zeitpunkt der Erhebung in der Pilotphase bzw. in der Auswertung eben dieser und es ist nicht ersichtlich, wann der Start des Angebots geplant ist. So ist beispielsweise bei dem Verbundprojekt „Open C³S" die Kategorie „Anmeldung/Information" auszuwählen, allerdings stellt sich dann heraus, dass lediglich die Möglichkeit besteht, eine telefonische Studienberatung zu erhalten. Ob im Rahmen dieser eine Anmeldung für das Programm angeboten wird, ist auf der Homepage nicht erkennbar.

Anmeldung

Eine Anmeldung zu den laufenden Angeboten ist in vielen Fällen online möglich, allerdings müssen für den verbindlichen Verkaufsabschluss noch weitere Unterlagen an die Hochschule geschickt werden, um den Anmeldeprozess abzuschließen. Es wird dann ein Online-Formular zur Verfügung gestellt, welches entweder direkt online verschickt oder ausgedruckt mit den noch erforderlichen Unterlagen postalisch zugesandt wird. Ein reines Online-Bewerbungsverfahren wird lediglich in einem Masterstudiengang innerhalb des Verbundes „mint.online" angeboten. Dabei wird das Bewerbungsverfahren mit einem externen Anbieter durchgeführt, um so auch Studierenden aus dem Ausland ein unkompliziertes Anmeldeverfahren zu ermöglichen. Verkaufsabschlüsse können nicht über Telefon oder Telefax erfolgen, da in der Regel beglaubigte Dokumente für eine Anmeldung vorausgesetzt werden.

Kontakt

Für den Abschluss des Verkaufsverfahrens werden keine konkreten Ansprech-personen genannt. Für die Abwicklung scheinen die gleichen Ansprechpersonen zuständig zu sein wie für die Beantwortung von Fragen von Interessierten oder die Betreuung von Teilnehmenden. Eventuell werden bei der Durchführung des Verkaufsprozesses weitere Personen auf die Bewerberinnen und Bewerber zu-kommen, die auf der Homepage nicht ersichtlich sind, da sie an einer anderen Stelle innerhalb der Einrichtung beispielsweise im Rahmen ihrer Arbeit im Stu-dierendensekretariat mit Bewerbungsverfahren allgemein betraut sind.

Angesichts der Bezeichnung der Kontaktpersonen werden häufig die Be-griffe „Studiengangs-/Programmleitung" oder „Studiengangs-/Programmkoordi-nation" bzw. bei englischsprachigen Angeboten „course director" verwendet. Die gewählten Bezeichnungen sind hochschulweit meist die gleichen, unabhän-gig davon, welche Organisationsstruktur die Hochschule aufweist.

Bei der zentral organisierten Hochschule FOM gibt es ein einheitliches Anmeldeformular, bei dem der gewünschte Studiengang angekreuzt wird. Auch bei der Frankfurt School wird ein Anmeldeformular zur Verfügung gestellt, auf dem die verschiedenen Zertifikatskurse zur Auswahl stehen. Das Anmeldefor-mular für die einzelnen Masterstudiengänge ist ebenfalls einheitlich gestaltet, al-lerdings muss sich hier über mehrere Seiten durch das Anmeldeverfahren ge-klickt werden. Das Verfahren an der UMR wird über einen externen Dienstleister (uni-assist) organisiert, so dass alle Bewerbungen denselben Auf-bau haben. Da an der JLU das Bewerbungsverfahren in Abstimmung mit dem Studierendensekretariat stattfindet, gibt es hier ein für alle Angebote einheitli-ches Bewerbungsformular, das in Zusammenarbeit mit dem Studierendensekre-tariat erstellt wurde.

Es lässt sich demnach zusammenfassen, dass die Organisationsstruktur keinen Einfluss auf die Einheitlichkeit der Anmeldeformulare hat, da auch bei einer dezentralen Organisation der Angebote häufig eine zentrale Instanz mit dem Bewerbungsverfahren betraut ist und so Inhalt, Aufbau und Layout der Formulare bestimmt.

5   Ableitungen aus der Homepageanalyse

Nach Becker (2010) bildet die Homepage als „das Aushängeschild des Unter-nehmens" (Becker 2010, S. 28) einen essentiellen „Informationskanal für Kun-den und andere Zielgruppen des Unternehmens" (ebd.) und führt „wichtige Ge-schäftsprozesse" (ebd.) durch. Daraus ergibt sich die Frage, welche Informationen

für Interessierte auf einer Homepage vorhanden und wie diese aufbereitet sein sollten.
Generell sollten die Informationen über ein Angebot innerhalb der Menüstruktur auffindbar sein, übersichtlich und transparent dargestellt werden, klar/intuitiv zuzuordnen sein, z.B. durch eindeutige (Zwischen-)Überschriften, sowie aktuell gehalten werden. Die Texte sollten möglichst prägnant und kurz gestaltet sowie Kernaussagen hervorgehoben werden. Einleitungssätze und Flash-Intros, die nicht übersprungen werden können, sollten vermieden werden. Aufzählungslisten und passende Bilder können einen Text auflockern (vgl. Keßler/Rabsch/Mandić 2015, S. 65f.). Außerdem bietet es sich an, dass die von einer Hochschule bzw. einem Projekt entwickelten Weiterbildungsangebote in ihrer Darstellung dem gleichen Aufbau folgen und somit deren Wiedererkennbarkeit gewährleistet werden kann. Ein Corporate Design ist dabei mit dem Ansatz einer einheitlichen Gestaltung von Zeichen, Formularen, Onlineauftritten, der Farbgebung oder akustischen Elementen von Vorteil (vgl. Hoepner 2011, S. 45). Bei der Zielgruppe sollte das Vertrauen in die Marke wissenschaftliche Weiterbildung geweckt werden. Damit sich eine Einrichtung mit ihren Angeboten hinsichtlich der Informationen auf ihrer Homepage gegenüber konkurrierenden Anbietern auf dem stark heterogenen Weiterbildungsmarkt abheben kann und einen positiven Eindruck hinterlässt, sollte eine einzigartige, unverwechselbare und prägnante Marke positioniert werden, die Interessierten Orientierung gibt, Vertrauen und somit Bindung befördert sowie letztlich eine Kaufentscheidung beeinflusst. Die Besonderheiten einer Hochschule bzw. eines Projekts und der jeweiligen Angebote können über einen Markenkern abgebildet werden, der sich im Inhalt, auch Content[10] genannt, einer Website widerspiegelt. Content ist sowohl für den Aufbau und die Gestaltung einer Marke als auch für deren Positionierung von zentraler Bedeutung. Dabei entscheiden der Stil, die Tonalität und das Qualitätsniveau über die Wahrnehmung der Inhalte auf einer Homepage, die zum einen von dem Informationsgehalt, dem „Was", zum anderen von der Art und Weise, dem „Wie", geprägt sind (vgl. Keßler/Rabsch/Mandić 2015, S. 100ff.).

Idealerweise sind folgende Punkte zu jedem Weiterbildungsangebot zu finden:

- Kurze Beschreibung des Themas

---

10 „Der Begriff Content umfasst grundsätzlich sämtliche Inhalte einer Website. Je nach Fokus können Inhalte nach ihrem Thema oder ihrer Funktion unterschieden werden. Inhalte sind die Basis für fast alle weiteren Online-Marketingmaßnahmen" (Keßler/Rabsch/Mandić 2015, S. 121).

- Informationen zu der Zielgruppe/den Zielgruppen als Orientierungshilfe zur Gestaltung der Ansprache auf den Homepages (in Abhängigkeit zur Fachkultur[11])
- Zulassungsvoraussetzungen mit der Verknüpfung von Angeboten zur Anerkennung und Anrechnung (wenn vorhanden)
- Darstellung der Studieninhalte und des Aufbaus des Angebots (Modulplan oder Kursverlaufsplan)
- Beschreibung möglicher E-Learning- oder Blended-Learning-Szenarien bzw. des Präsenzstudiums (allgemeine Struktur des Präsenzstudiums)
- Ausführung des Zeitmodells, unter anderem der Start und die Dauer des Angebots, Vorlesungszeiten (wenn vorhanden)
  Die Beschreibung des Zeitmodells ist für Personen mit beruflichen, familiären oder sozialen Verpflichtungen zentral. Um die Weiterbildung mit dem Arbeits- und Privatleben zu vereinbaren, ist unter anderem eine frühzeitige und verbindliche Auskunft über die Anzahl und die Termine der Präsenzzeiten notwendig.
- Nennung des Abschlusses und dessen Erläuterung und Bedeutung im akademischen und insbesondere im nicht-akademischen Bereich
  Diese Informationen können vor allem für Weiterbildungsteilnehmende ohne Hochschulzugangsberechtigung oder ohne ersten Hochschulabschluss von Interesse sein, da die Begriffe wie „Master of Arts/Master of Science" und deren Abkürzungen in der Regel erklärungsbedürftig sind. Im Rahmen dessen sind im Besonderen Erläuterungen zum Qualifizierungsformat der Hochschulzertifikate von Vorteil, da sich deren Aufbau und die von den Teilnehmenden zu erbringenden Leistungen von Einrichtung zu Einrichtung stark unterscheiden können.
- Anführung der Kosten und deren transparente Darstellung für Interessierte
  Dies schließt ebenfalls Informationen zu den Zahlungsmodalitäten und die Verfügbarkeit der Gebührenordnung mit ein. Eine transparente Darstellung der Möglichkeiten einer Ratenzahlung kann von Vorteil sein, da je nach Zielgruppe der monetäre Endpreis eines Weiterbildungsangebots die Entscheidung, ob das Angebot wahrgenommen wird oder nicht, maßgeblich beeinflussen kann. Durch Ratenzahlung kann somit ein Handlungsspielraum für die Nachfragenden geschaffen werden. Darüber hinaus können detaillierte Informationen zu Stipendien oder anderen Fördermöglichkeiten, falls vorhanden, die Attraktivität eines hochschulischen Weiterbildungsan-

---

11 Im Rahmen der Gespräche mit Expertinnen und Experten, die in diesem Entwicklungsprojekt auf die Homepageanalyse folgten, wurde thematisiert, dass in der Regel die jeweilige Fachkultur bestimmt, ob die Internetpräsenz eines Weiterbildungsangebots ein zentraler Vertriebsweg ist oder vielmehr anderen Kanälen zur Unterstützung dient.

gebots steigern. Im Rahmen der öffentlichen Fördermöglichkeiten (für spezielle Gesellschaftsgruppen), z.B. durch die Bundesagentur für Arbeit, die Bildungsprämie oder das Deutschlandstipendium, bietet es sich an, auch im Rahmen von dezentral organisierten Weiterbildungsangeboten ein einheitliches Paper mit relevanten Hinweisen und bestenfalls Ansprechpersonen (hochschulintern und/oder -extern) zu entwickeln. Auch der Verweis auf die steuerliche Absetzbarkeit kann die Entscheidung von Weiterbildungsinteressierten beeinflussen und könnte als allgemeiner Hinweis vor allem auf die Internetseiten eines Weiterbildungsangebots aufgenommen werden.

- Erläuterungen zum Studienort (Anfahrtsbeschreibung mit verschiedenen Verkehrsmitteln (eventuell mit Anfahrtsskizze), Parkplatzmöglichkeiten)
- Aufzeigen von Anmeldemöglichkeiten
  Insbesondere bei Angeboten, deren Zielgruppe sich im Ausland befindet, kann es sinnvoll sein, ein Anmeldeverfahren zu etablieren, das vollständig online durchgeführt werden kann.
- Nennung von Ansprechpersonen und die klare Zuordnung des Verantwortungsbereiches (Inhalt, Organisation und Betreuung)
  Eine überschaubare Anzahl von Ansprechpersonen verhindert Unsicherheiten über Zuständigkeiten. Ein Foto zu jeder Person ist wünschenswert, jedoch sollte das Layout einheitlich gestaltet sein.
- Angabe der Sprechzeiten
  Es sollten konkrete Zeiten genannt werden, zu denen Interessierte und Teilnehmende die Möglichkeit haben, sich zu einem Angebot beraten zu lassen. Hier ist es wichtig, darauf zu achten, dass diese Zeiten für Berufstätige realisierbar sind.

Welche Möglichkeiten bestehen, die Homepage darüber hinaus als einen effektiven Vertriebsweg zu nutzen? Wie kann sich diese von anderen Internetseiten abheben?

- Aufführung der Highlights und Besonderheiten des Angebots
- Sichtbarmachung der Akkreditierung (z.B. Bereitstellen oder Einsicht der Akkreditierungsurkunde)
  Die Qualität und Seriosität des Angebots kann somit hervorgehoben und Vertrauen bei Interessierten geschaffen werden.
- Veröffentlichung der Liste der Dozierenden und deren fachlichen Kompetenzen
  Dozierende bilden ein entscheidendes Qualitätsmerkmal, da sie aufgrund ihres Standings im Feld auch die Reputation und Attraktivität eines Angebots steigern können.

- Angabe weiterführender Informationen zum Studienort (Übernachtungsmöglichkeiten/-kontingente, Beschreibung der Räumlichkeiten und Ausstattung)
- Fact Sheets und Flyer zum Download
- Aussagen von Alumni
  Alumni können als Testimonials fungieren, denen ein hohes Maß an Authentizität und Glaubwürdigkeit zukommt. Sie geben durch ihre Meinungen, Erfahrungsberichte und Erfolgsgeschichten Zeugnis für das wissenschaftliche Weiterbildungsangebot, verweisen auf dessen Qualität und ermöglichen eine personenbezogene Identifikation. Sie erzeugen Vertrauen und können verdeutlichen, warum die Teilnahme an dem Programm sinnvoll ist und inwiefern erworbene Kompetenzen für die Berufstätigkeit nutzbar sind.
- Erstellung eines Seminarkalenders mit Überblick über kommende Veranstaltungen
- Hinweis auf eine zeitnahe Beantwortung von Anfragen

6   Fazit und Ausblick

Aufgrund der zunehmenden Digitalisierung ist die Bedeutung von Homepages zum Vertrieb eines wissenschaftlichen Weiterbildungsangebots stark gestiegen. Diese Entwicklung können auch Anbieter nutzen, um Teilnehmende für ihre Programme zu gewinnen. Um diesen Akquisitionsprozess erfolgreich zu gestalten, können verschiedene Aspekte bei der Erstellung einer Internetpräsenz beachtet werden (vgl. Kapitel 5). Die Erstellung einer Homepage nach den oben genannten Kriterien und ihre Einbindung in den Vertriebsprozess mit weiteren Kanälen kann die Wahrscheinlichkeit eines Verkaufsabschlusses erhöhen.

Aus der Homepageanalyse können entlang der drei Hauptkategorien „Physische Distribution", „After-Sales-Services" sowie „Akquisitorische Distribution" wichtige Erkenntnisse über die Informationsgestaltung einer Angebotswebsite gewonnen werden. Es fällt auf, dass der Aufbau und der Informationsgehalt der Homepages von der Organisationsstruktur der wissenschaftlichen Weiterbildung abhängig sind. Im Gegensatz zu einer intermediär ausgerichteten, fakultätsnahen Weiterbildungsorganisation können bei einer zentralen Organisation angebotsunspezifische Informationen, wie z.B. Informationen zum Standort, auf einer angebotsübergreifenden Seite zentralisiert und einheitlich dargestellt werden. Darüber hinaus kann auch die Darstellung jedes einzelnen Angebots nach einem einheitlichen Prinzip aufgebaut werden. Die Bündelung zentraler Informationen und deren einheitliche Darstellung kann für Interessierte eine höhere

Transparenz und Übersichtlichkeit bedeuten. Die Weiterbildung ist sowohl bei den privaten Hochschulen als auch bei der THM zentral organisiert. Auch einige andere Hochschulen der betrachteten Verbundprojekte verfügen über ein Weiterbildungszentrum, wie beispielsweise die Hochschule München oder die Hochschule Hannover. Dagegen bietet eine dezentrale Organisationsform den Vorteil, mit jeweils angebotsspezifischen Websites in der Gestaltung und Informationsdarstellung individuell auf die Zielgruppe des Weiterbildungsangebots eingehen zu können. Des Weiteren können Vertriebsstrategien und -instrumente von der Ausrichtung eines Angebots abhängen. Beispielsweise kann sich die Wahl der Lernformen eines Angebots (Präsenz-, E-Learning- oder Blended-Learning-Format) auf den Informationsgehalt einer Homepage, z.B. hinsichtlich der räumlichen und zeitlichen Informationen, auswirken.

Die Homepage stellt im gesamten Vertriebsprozess ein Element von möglichen Kanälen dar, die idealerweise mit den spezifischen Vorteilen anderer Offline- und Online-Maßnahmen verzahnt, aufeinander abgestimmt und parallel genutzt werden sollten (vgl. Bode u.a. 2010, S. 20). So können beispielsweise Synergien erzeugt werden, indem auf Flyer und Broschüren auf die Internetpräsenz hingewiesen wird, gleichzeitig bietet es Informationen auf eine komprimierte Weise an, wenn auf der Homepage Flyer und Broschüren verlinkt sind. Dieses Wechselspiel kann zu einer effektiven Nutzung der unterschiedlichen Kanäle führen und eine medienübergreifende Profilierung der wissenschaftlichen Weiterbildung befördern. Das Crossmedia-Marketing, d.h. ein umfassendes und abgestimmtes Marketing im Rahmen der eingesetzten Medien, kann eine höhere Wirkung in den unterschiedlichen Phasen des Entscheidungsprozesses bei Weiterbildungsinteressierten (vgl. Kapitel 2.2) erzielen (vgl. Keßler/Rabsch/ Mandić 2015, S. 869). „Gut informierte Studieninteressierte und -anfänger sind in der Regel zufriedener mit der Wahl des Studien- und Hochschulstandortes" (Bode u.a. 2010, S. 175).

Literatur

Banscherus, Ulf/Kamm, Caroline/Otto, Alexander (2015): Information, Beratung und Unterstützung von nicht-traditionellen Studierenden. Angebote der Hochschulen und deren Bewertung durch die Zielgruppe. In: Hanft, Anke/Zawacki-Richter, Olaf/Gierke, Willi B. (Hrsg.): *Herausforderung Heterogenität beim Übergang in die Hochschule*. Münster: Waxmann Verlag. S. 81-96.
Becker, Florian (2010): Homepage-Analyse – 10 Tipps für entscheidende Wettbewerbsvorteile. In: Gottschling, Stefan (Hrsg.): *Online-Marketing-Attacke. Das So-geht's-Buch für messbar mehr Verkäufe im Internet*. 1. Aufl. Augsburg: SGV-Verl., S. 25-38.

Bode, Jürgen/Koch, Ulrike/Kleinert, Alexandra/Klaes, Nina (2010): *Websitemarketing deutscher Hochschulen zur Anwerbung internationaler Studierender*. Eine Evaluation ausgewählter Websites sowie Hinweise zur Gestaltung der Websites im Interesse eines erfolgreichen internationalen Hochschulmarketings. Konsortium Internationales Hochschulmarketing „GATE-Germany". Bielefeld: W. Bertelsmann Verlag.

Borgwardt, Angela (2012): *Auf dem Weg zur globalen Hochschule – Internationales Marketing für morgen*. Konsortium Internationales Hochschulmarketing „GATE-Germany". Bielefeld: W. Bertelsmann Verlag.

Crowley, Maggie/Harad, Kristin (2015): Web Marketing Myths Debunked. Create a website that resonates, inspires, and generates leads. In: *Journal of Financial Planning*, S. 28-31. Online verfügbar unter: https://www.onefpa.org/journal/Documents/July2015_CoverStory.pdf, zuletzt geprüft am 30.05.2017.

Detroy, Erich-Norbert/Behle, Christine/Hofe, Renate vom (2009): *Handbuch Vertriebsmanagement*. München: FinanzBuch Verlag GmbH.

FOM Hochschule für Oekonomie & Management: *Die FOM im Zeitraffer*. Online verfügbar unter: https://www.fom.de/die-fom/chronik.html#!acc=2014, zuletzt geprüft am 30.05.2017.

Haller, Sabine (2015): *Dienstleistungsmanagement. Grundlagen – Konzepte – Instrumente*. 6. Aufl., Wiesbaden: Springer Gabler.

Hoepner, Ilka (2011): *Aktivierende Texte, begeisterte Alumni und Spender*. Themen finden, Ideen entwickeln und überzeugend texten für Social Media, Newsletter, Presse, Magazine, Mailings oder Homepages. Münster: Verlagshaus Monsenstein und Vannerdat OHG.

Hoffmann, Nicole (2012): Dokumentenanalyse. In: Schäffer, Burkhard/Dörner, Olaf (Hrsg.): *Handbuch Qualitative Erwachsenen- und Weiterbildungsforschung*. Opladen, Berlin & Toronto: Verlag Barbara Budrich, S. 395-406.

Keßler, Esther/Rabsch, Stefan/Mandić, Mirko (2015): *Erfolgreiche Websites*. SEO, SEM, Online-Marketing, Usability. 3. Aufl. Bonn: Rheinwerk Verlag

Meisel, Klaus (2011): Weiterbildungsmanagement. In: Tippelt, Rudolf (Hrsg.): *Handbuch Erwachsenenbildung/Weiterbildung*. 5. Aufl. Wiesbaden: VS, Verl. für Sozialwiss., S. 427-436.

Möller, Svenja (2011): *Marketing in der Erwachsenenbildung*. Bielefeld: W. Bertelsmann Verlag.

Rousseau, Marc-André (2007): *Der Vorteil des ersten Zugriffs durch „Webpositioning" – das Internet als Schnittstelle von Markenrecht und Wettbewerbsrecht*. Freiburg i. Br.: Dissertation zur Erlangung des Doktorgrades an der Rechtswissenschaftlichen Fakultät der Albert-Ludwigs-Universität Freiburg i. Br.

Schlutz, Erhard (2006): *Bildungsdienstleistungen und Angebotsentwicklung*. Münster, München [u.a.]: Waxmann (Studienreihe Bildungs- und Wissenschaftsmanagement, Bd. 4).

Schöll, Ingrid (2011): Marketing. In: Tippelt, Rudolf (Hrsg.): *Handbuch Erwachsenenbildung/Weiterbildung*. 5. Aufl. Wiesbaden: VS, Verl. für Sozialwiss., S. 437-451.

Seider, Uwe (2006): *Vertriebsintegration. Erfolgreiche Zusammenschlüsse von Unternehmen im Industriegütergeschäft*. Berlin: Schmidt (Personal – Organisation – Management, Bd. 12).

Anhang: Vertriebsdimensionen

Physische Distribution	Verfügbarkeit Ja/Nein	Kommentar
Absatzwege (Vermittlung der Inhalte): Lernformen		
Blended-Learning		
E-Learning		
Lernplattform		
Web-Based-Training		
E-Lectures		
Webinare		
Chatrooms		
Hoch-/Herunterladen von Dokumenten		
Aufbereitete Materialien (CD der Einrichtung, Reflexionsfragen etc.)		
Mentoren/Tutoren/Ansprechpersonen		
Sonstiges		
Präsenzstudium		
Zeitliche Dimension (Veranstaltungsplanung)		
Angabe der (gesamten) Präsenztermine/Veranstaltungsblöcke		
Beschreibung der Selbstlernphase (Unterstützung, Lerngruppen, Materialien etc.)		
Ansprechpersonen und Erreichbarkeit (Service- und Öffnungszeiten)		
Sonstiges		
Räumliche Dimension		
Beschreibung der Räumlichkeiten		
Technikausstattung (Hard- und Software)		
Laborausstattung		
Sonstiges		
Standortpolitik		
Standorte		
Orte/Städte		
Einzelstandort		
Mehrere Standorte		

Erreichbarkeit (Verkehrsanbindung)		
Parkplätze verfügbar		
Sonstiges		
Serviceleistungen im Rahmen des Angebots		
Persönliche Sprechzeiten/Beratung (in welchem Zeitraum)		
Telefonische Sprechzeiten/Beratung (in welchem Zeitraum)		
Online Sprechzeiten/Beratung (in welchem Zeitraum)		
Sonstige Beratungs- und Informationsformen (Infotag, Tag der offenen Tür, Messestände etc.)		
Kontaktmöglichkeiten		
Ansprechpersonen (Mentoren, akademische Leitung etc.)		
Kooperationspartner		
Alumni-Kontakte (Zufriedenheit der Absolventen, z.B. Aussagen)		
Sonstiges		
After-Sales-Services		
Verfügbarkeit ausreichender und transparenter Informationen		
Aufbau des Curriculums/Studiums		
Umfang in ECTS		
Studienverlaufsplan		
Modulbeschreibungen/ Modulhandbuch		
Studien- und Prüfungsordnung		
Beispiele von Lernmaterialien (Studienbriefe etc.)		
Liste der Lehrenden		
Kursgröße		
Sonstiges		
Alleinstellungsmerkmale		
Studienkonzept		
Dozierende		
Kumulative Belegung (einzelne Module, vom Zertifikat zum Master etc.)		
Nische/Aktualität/Nachfrage		
Kooperationspartner		

Sonstiges		
Zugangsvoraussetzungen		
Angebote zur Anerkennung und Anrechnung		
Zertifizierung/Abschluss		
Modul		
Zertifikat		
Master		
Sonstiges		
Informationen zu inhaltlichen Voraussetzungen (Zielgruppe)		
Informationen über Finanzierung(smöglichkeiten)		
Angabe der Kosten		
Gebührenordnung		
Informationen über Zahlungsmodalitäten		
Ratenzahlung		
Stipendium		
Sonstige Finanzierungsmöglichkeiten		
Akquisitorische Distribution		
Verkaufsabschluss		
Anmeldemöglichkeiten		
Online über Homepage		
Online über E-Mail		
Telefonisch		
Telefax		
Postalisch		
Sonstiges		
Kontaktmöglichkeiten		
E-Mail		
Telefon (Sprechzeiten)		
Persönlich (Sprechzeiten)		
Chat (Sprechzeiten)		

Kommunikations- und Informationsprozesse im Rahmen von Kooperationsaktivitäten. Empirische Befunde zu Gestaltung und Optimierung

Kristina Davie/Asja Lengler[1]

Zusammenfassung

Kommunikations- und Informationsprozesse sind die zentralen Erfolgsfaktoren von Kooperationsarrangements zwischen hochschulinternen und hochschulexternen Kooperationspartnerinnen und -partnern. Die Qualität der Kommunikation innerhalb des Arrangements stellt dabei einen entscheidenden Faktor für dessen Erfolg dar. Kooperationsprozesse müssen professionell aufgearbeitet werden und benötigen einen gewissen Zeitaufwand. Grundlegend in der Kommunikation ist das Identifizieren von gemeinsamen Zielen, Bedarfen und Interessen. Hierfür sind vor allem adäquate Kommunikationswege und ein Vertrauensverhältnis der Kooperierenden notwendig.

Schlagwörter

Kommunikation, Information, Koordination, Vernetzung, Transparenz, Dienstleistung

Inhalt

---

1   *Kristina Davie* | Justus-Liebig-Universität Gießen
    Asja Lengler | Justus-Liebig-Universität Gießen

1 Einleitung

Kooperationsstrukturen, hochschulintern sowie -extern, sind – aufgrund der engen Verwobenheit der Angebote im Bereich der wissenschaftlichen Weiterbildung mit den (regionalen) Bedürfnissen aus Wirtschaft und Gesellschaft – als Gelingensfaktoren wissenschaftlicher Weiterbildung in den Fokus gerückt. Eine wesentliche Grundlage für stabile und vertrauensvolle Kooperationsbeziehungen bilden die Informations- und Kommunikationsprozesse zwischen den beteiligten Akteurinnen und Akteuren (vgl. Maschwitz 2014, S. 93; Nuissl 2010, S. 78). Dies gilt sowohl im Rahmen der innerhochschulischen Zusammenarbeit als auch in Kooperationen mit externen Organisationen und Einzelpersonen.

Wissenschaftliche Weiterbildung als dritte Säule der Hochschule neben Lehre und Forschung erfordert Veränderungsprozesse in der hochschulinternen Zusammenarbeit. Die Vernetzung hochschulischer Instanzen, von der Gesamtleitung über die Verwaltung bis hin zu den einzelnen Fachbereichen, spielt im täglichen Organisationsablauf eine wichtige Rolle. Demnach müssen entsprechende Strukturen geschaffen werden beziehungsweise die gegenwärtigen „historisch herausgebildeten" Strukturen und Systeme an die Besonderheiten respektive Erfordernisse der wissenschaftlichen Weiterbildung angepasst werden (vgl. Kahl/Lengler/Präßler 2015, S. 319). Dabei kommt es darauf an, professionelle innerhochschulische Kommunikations- und Informationsprozesse zu entwickeln und zu etablieren. Diese sollen die Entwicklung von weiterbildenden Angeboten fördern, indem sie die interne Zusammenarbeit auf allen Ebenen und zwischen unterschiedlichen Funktionsbereichen unterstützen.

Darüber hinaus zieht ein Ausbau der wissenschaftlichen Weiterbildung auch Veränderungen in der Außenwirkung der Hochschule nach sich. Die Wettbewerbssituation der Hochschule mit externen Anbietern im Bereich der Weiterbildung trägt dazu bei, dass Hochschulen bestrebt sind, ihr Verhältnis zu identifizierten Stakeholdern sowie ihre Außendarstellung zu überprüfen und zu optimieren. Zentral für den Erfolg einer Hochschule ist es, mittels Kommunikation die eigenen Kompetenzfelder sichtbar zu machen und damit externen Akteurinnen und Akteuren Anknüpfungspunkte für potentielle gemeinsame Aktivitäten zu bieten (vgl. Oetker 2008 S. 31).

„Der Erkenntnis, dass Kommunikation eine zentrale Aufgabe in Kooperationen darstellt, muss in einem zweiten Schritt indes die Bereitschaft folgen, diese Kommunikation durch Instrumente und Strukturen dauerhaft zu verankern" (Hener/Eckardt/Brandenburg 2007, S. 47).

Die Entwicklung, Etablierung und Verstetigung von Kooperationsstrukturen bildet ein wesentliches Merkmal sowie ein zentrales Erkenntnisinteresse des

Verbundprojektes „WM³ Weiterbildung Mittelhessen".[2] Damit auch in Zukunft solche Kooperationsbeziehungen weiter ausgebaut und optimiert werden können, werden im Kontext eines professionellen Kooperationsmanagements auch serviceorientierte Kommunikations- und Informationsprozesse beforscht. Dabei wird das Ziel verfolgt, Konzepte zu entwickeln und in der Hochschule zu etablieren, die eine effektive Zusammenarbeit in hochschulinternen und -externen Kooperationsarrangements unterstützen und strukturieren.[1] Beide Ebenen sollten immer gemeinsam betrachtet werden, da Kooperationen mit externen Partnerinnen und Partnern nur dann erfolgreich sein können, wenn sich die Hochschule neu formiert und interne Strukturen im Sinne einer engeren Kooperation und Koordination ausbildet (vgl. Nickel 2012, S. 279).

Daran anknüpfend wird im folgenden Beitrag der Frage nachgegangen, welche Bedeutung Informations- und Kommunikationsprozesse für das Gelingen von hochschulinternen sowie -externen Kooperationsaktivitäten im Kontext der wissenschaftlichen Weiterbildung aufweisen und welche Optimierungsbedarfe an den Verbundhochschulen bestehen.

Hierfür erfolgen in Kapitel 2 eine Einführung in das Thema Kommunikation und Information im Kontext von Kooperationen und eine definitorische Eingrenzung der relevanten Begriffe. Anschließend werden das methodische Vorgehen beschrieben und ein Bezug zwischen dem vorgestellten Thema und dem Gesamtvorhaben des Verbundprojektes hergestellt. In Kapitel 4 werden die empirischen Befunde – systematisiert nach interner Zusammenarbeit und externen Kooperationen – vorgestellt. Im abschließenden Fazit werden die zentralen Erkenntnisse des vorliegenden Artikels resümierend zusammengetragen und ein Ausblick auf mögliche Optimierungspotentiale von Kommunikations- und Informationsprozessen im Bereich des Kooperationsmanagements gegeben.

---

2 Die drei mittelhessischen Hochschulen Justus-Liebig-Universität Gießen, Philipps-Universität Marburg und Technische Hochschule Mittelhessen haben sich im Hinblick auf ihre gemeinsamen Entwicklungsplanungen im Bereich der wissenschaftlichen Weiterbildung zum Verbundprojekt „WM³ Weiterbildung Mittelhessen" zusammen geschlossen, um mit Hilfe des BMBF-Wettbewerbs „Aufstieg durch Bildung: offene Hochschulen" ein an wirtschaftlichen und gesellschaftlichen Interessen optimal ausgerichtetes Weiterbildungsangebot zu schaffen und zu einer nachhaltigen Stärkung der wissenschaftlichen Weiterbildung an den Hochschulen beizutragen. Dieses Vorhaben wurde in der ersten Förderphase (2011-2015) aus Mitteln des BMBF und aus dem ESF der EU mit den Förderkennzeichen 16OH11008, 16OH11009, 16OH11010 und in der zweiten Förderphase (2015-2017) mit den Förderkennzeichen 16OH12008, 16OH12009, 16OH12010 aus Mitteln des BMBF gefördert. Weitere Projektinformationen sind unter www.wmhoch3.de zu finden.

2   Kommunikation und Information in Kooperationen

In der Fachliteratur zum Thema Weiterbildung finden sich verschiedene Definitionen, die den Begriff Kooperation mehr oder weniger eingrenzen und beschreiben. Bei Kooperationsarrangements zwischen Weiterbildungseinrichtungen und externen Akteurinnen und Akteuren wird häufig auf die Definition von Dollhausen und Mickler verwiesen, die darunter die Zusammenarbeit von selbstständigen und im Prinzip unabhängigen Partnerinnen und Partnern unter einer gemeinsamen Zielperspektive verstehen (Dollhausen/Mickler 2012, S. 9).

Dem folgenden Beitrag liegt die Definition gemäß Seitter, Schemmann und Vossebein (2015) zugrunde, die auch Hochschulangehörige als eine der vier zentralen Anspruchsgruppen wissenschaftlicher Weiterbildung[3] und folglich als innerhochschulische Kooperationspartnerinnen und -partner begreifen (vgl. Seitter/Schemmann/Vossebein 2015, S. 17). Im Rahmen des Verbundprojektes wird daher neben externen Kooperationsarrangements auch die innerhochschulische Vernetzung als weiteres Kooperationsfeld betrachtet.

Der Erfolg von hochschulinternen sowie -externen Kooperationsarrangements wird von einer Vielzahl von Faktoren, wie beispielsweise der Bereitschaft und Fähigkeit zum Perspektivwechsel und zur Innovation, d.h. sich auf Neues einzulassen, bestimmt (vgl. Quilling et al. 2013, S. 32). Als zentrale Erfolgsfaktoren von Kooperationsarrangements werden in der Fachliteratur jedoch oftmals Kommunikations- und Informationsprozesse hervorgehoben (vgl. Hener/Eckardt/Brandenburg 2007, S. 47; Quilling et al. 2013, S. 32). Solche Austauschprozesse erfordern ein gewisses Vertrauen zwischen den Kooperationspartnerinnen und -partnern und tragen maßgeblich zu einem guten Kooperationsklima bei (vgl. Oetker 2008, S. 32; Hener/Eckardt/Brandenburg 2007, S. 47).

Helmcke (2008) betont als wesentliches Ziel der Kooperationskommunikation – neben der gegenseitigen Identifikation mit den Zielen und Aktivitäten sowie dem Zugang zu relevanten Informationen – auch die Schaffung einer offenen, kreativen, kooperativen und innovativen Kooperationskultur. Aufgespannt in einem komplexen Wechselspiel von unterschiedlichen Faktoren (Abbildung 1) bestimmt diese über Qualität und Wirksamkeit von Kooperationsarrangements. Der Faktor Kommunikation erfüllt dabei eine besondere Aufgabe, da regelmäßige, ausreichende und angemessene Kommunikation als Medium für die Ausführung der übrigen Faktoren dient (vgl. Dammer 2011, S. 37 und 42). Somit kann der

---

3   Seitter, Schemmann und Vossebein (2015) unterscheiden hier zwischen internen und externen Zielgruppen in der wissenschaftlichen Weiterbildung. Zu den externen Anspruchsgruppen zählen die potentiellen Teilnehmenden sowie Organisationen, die ihren Mitgliedern eine Teilnahme ermöglichen, während die internen Anspruchsgruppen das Verwaltungspersonal sowie das wissenschaftliche Personal einer Hochschule umfassen.

Kooperationskommunikation eine Schlüsselstellung im gesamten Kooperationsprozess zugeschrieben werden.

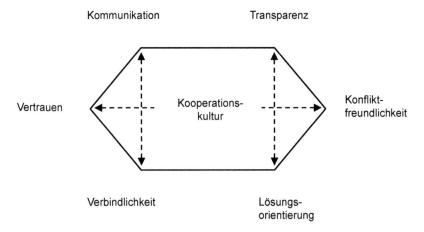

Abbildung 1:   Dammer 2011, S. 37 „Gelingende Kooperation: die Faktoren der Kooperationskultur im Überblick"

Ferner ist Kommunikation entscheidend für die Lebendigkeit kooperativer Zusammenschlüsse und sorgt für einen atmosphärischen Mehrwert im Kooperationsgefüge (vgl. Dammer 2011, S. 42). So können über Kommunikations- und Informationsprozesse einzelperspektivische Selbstverständlichkeiten seitens der Kooperationspartnerinnen und -partner überwunden und es kann eine gemeinsame, transparente Form der Zusammenarbeit entwickelt werden.

Hierbei ist jedoch festzustellen, dass Kommunikation nicht ohne Weiteres zu einer positiven Kooperationskultur führt. So lassen sich durchaus Unterschiede in der Qualität der Kommunikation innerhalb der Kooperationsarrangements identifizieren, die Einfluss auf den Erfolg haben. Laut Quilling et al. (2013) ist die Kommunikationsqualität abhängig von einer Vielzahl von Aspekten (Abbildung 2) sowohl bei der Ansprache von potentiellen Kooperationspartnerinnen und -partnern als auch im konkreten Kooperationsprozess bereits bestehender Kooperationsarrangements.

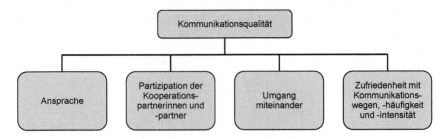

Abbildung 2:   Kommunikationsqualität nach Quilling et al. (2013) in eigener
                 Darstellung

Die regelmäßige Kontaktpflege sowie transparente Kommunikationswege
und -strukturen sind gemäß Quilling et al. (2013) wichtige Aspekte, um verlässliche Beziehungen aufbauen zu können (vgl. ebd., S. 32). Dabei ist eine offene
Gesprächskultur sowohl in bestehenden Kooperationen als auch bei der Anbahnung neuer Kooperationsarrangements förderlich. Auch eine ausgeprägte Feed-
back-Kultur, Form und Distribution der Protokolle und Dokumentationen sowie
ausreichend Raum und Anlass für Kommunikation bestimmen maßgeblich die
Kommunikationsqualität (vgl. ebd., S. 130).

3   Methodisches Vorgehen

Als Grundlage für den vorliegenden Artikel werden Daten aus dem Verbundprojekt „WM³ Weiterbildung Mittelhessen" verwendet. Dabei handelt es sich
um Ergebnisse aus einer qualitativen Erhebung in Form von leitfadengestützten
Expertinnen- und Experteninterviews mit Hochschulangehörigen und externen
Partnerinnen und Partnern zu hochschulinternen sowie -externen Kooperationen. Die Studie fundiert auf den Erfahrungen und (Forschungs-)Befunden der
ersten Förderphase, die gezeigt haben, wie wichtig es für externe Organisationen und Einzelpersonen ist, geklärte Kooperationsbeziehungen zu haben und die
Hochschulen als verlässliche, dienstleistungsorientierte Partner zu erleben (vgl.
Habeck/Denninger 2015). Daher war es in der zweiten Förderphase Ziel, ein
systematisches externes sowie auch internes Kooperationsmanagement voranzu-
treiben und professionelle Strukturen im Sinne einer stärkeren Service- und
Dienstleistungsorientierung weiterzuentwickeln. Befragt wurden neben externen
Kooperationspartnerinnen und -partnern auch Hochschulangehörige der Justus-
Liebig-Universität und der Philipps-Universität Marburg.

Gemäß dem vielfältigen Sample (Abbildung 3) wurden für jeden Personenkreis – entsprechend der vorhandenen Expertise der Interviewperson und dem Erkenntnisinteresse der Forschenden – zielgruppenspezifische Leitfäden entwickelt. Neben den bisherigen Kooperationserfahrungen standen auch die internen und externen Kommunikations- und Informationsprozesse im Fokus der Gespräche.

Abbildung 3:   Übersicht zur institutionellen Verortung und Funktion der befragten Personen

4   Empirische Befunde

Im Folgenden werden die Ergebnisse aus den Interviewgesprächen mit Hochschulangehörigen sowie externen Kooperationspartnerinnen und -partnern vorgestellt. Dabei wird zwischen Kommunikations- und Informationsprozessen in der innerhochschulischen Zusammenarbeit und in externen Kooperationen unterschieden.

4.1   *Kommunikations- und Informationsprozesse in der innerhochschulischen Zusammenarbeit*

Zur Bewertung der bisherigen Abläufe und zur Identifikation von Optimierungsbedarfen wurden Hochschulangehörige aus der Verwaltung, den Fachbereichen sowie hochschulischen Funktionsstellen der beteiligten Hochschulen befragt. Dabei konnten folgende Faktoren gelingender Kommunikations- und Informationsprozesse herausgearbeitet werden:

Abbildung 4:   Übersicht zu förderlichen Faktoren innerhochschulischer Kommunikations- und Informationsprozesse

Klärung von Zuständigkeiten

Im Rahmen der Interviewgespräche äußerten einige Studiengangkoordinationen Unsicherheit darüber, ob und auf welche Weise Probleme oder Unstimmigkeiten angesprochen werden sollten. Zum einen sind die Ansprechpartnerinnen und -partner nicht gänzlich bekannt und Abläufe unzureichend dokumentiert.

> „Wenn immer wieder Fach-, also Ansprechpartner wechseln, ist es natürlich schwierig, wenn unklar ist – und es kann natürlich auch auf unserer Seite passieren, ich meine, das haben wir auch immer wieder – wenn nicht klar ist, wer ist die richtige Ansprechperson […], ich meine, wir kriegen ja auch oft Anrufe, E-Mails, die da nicht klar zugeordnet sind […]" (Verwaltungsmitarbeiter/-in 4, Z. 24)

Zum anderen besteht bei den Interviewpartnerinnen und -partnern die Befürchtung, hierarchische Strukturen zu brechen oder nicht den richtigen Ton zu finden, was Auswirkungen auf die Art und Weise der Kommunikation und Zusammenarbeit nach sich ziehen kann. Stehen die Ansprechpartnerinnen und -partner dagegen fest und sind die entsprechenden Zuständigkeiten ausreichend geklärt, so kann sich dies auch positiv auf die Kommunikation auswirken.

> „[..] ich weiß, an wen wende ich mich, ich kenne die Kompetenzen oder den Arbeitsbereich des Kollegen, der Kollegin und dann geht man ganz anders strukturiert an so ein Problem heran." (ebd., Z. 26)

Prozessdokumentation

Eine genaue Prozessdokumentation kann gemäß den Aussagen der befragten Hochschulangehörigen dazu beitragen, die Zusammenarbeit zwischen der Verwaltung, den Fachbereichen und verschiedenen hochschulischen Funktionsstellen zu strukturieren und ein gewisses Maß an Routinen zu entwickeln.

„Ich glaube, es wäre für alle Beteiligten [...] hilfreicher gewesen, wir hätten es in ein Schema gemacht. Also nicht diese ewig langen Beschreibungen, sondern irgendwie eine Prozessdoku-Software genommen und mal versucht, das mal schematisch darzustellen. Dann sieht man nämlich [...] eher, wer agiert mit wem und wann muss wer mit wem agieren, damit hinten das Ergebnis rauskommt." (Verwaltungsmitarbeiter/-in 2, Z. 43)

Gleichzeitig wird von den Befragten mit Blick auf die Prozessdokumentation geschildert, dass sich effiziente Kommunikationsstrukturen teilweise erst in der konkreten Situation durch die Anpassung an konkrete Bedarfe der beteiligten Personen optimieren und etablieren (lassen). Detaillierte Prozessbeschreibungen scheinen daher im Alltag nicht im vollen Umfang den konkreten Bedarfen der Mitarbeitenden gerecht zu werden.

„Ich meine, was mache ich denn im Endeffekt damit? Wenn ich das so auf wirklich jeden einzelnen kleinsten Schritt festlege, kann ich ja eigentlich kaum noch davon abweichen, wenn es mal notwendig ist." (ebd., Z. 48)

Aus den analysierten Interviews geht zudem hervor, dass Mitarbeitende in der wissenschaftlichen Weiterbildung für konkrete Konflikte wiederholt individuelle Lösungen entwickelt haben, die in informellen Gesprächsrunden mit Beteiligten diskutiert und durchgeführt wurden. Festgelegte Kommunikations- und Informationsabläufe bieten meist nur eine generalisierte Anleitung für eine Vielzahl ähnlicher Konflikte. Sie können aber in der konkreten Situation, die zum Großteil von den beteiligten Individuen beeinflusst und geprägt wird, Schwächen in der individuellen Passung zeigen.

„Und ich muss ganz ehrlich sagen, häufig ist es deutlich einfacher, man bespricht etwas und versucht irgendwie lebensnah Lösungen herbei zu führen. Kurze unkomplizierte Lösungen, ohne dass ich aufschreiben muss, wer jetzt wem, welche Bescheinigung zuschickt. Wer da welche Daten einträgt und sie wieder da und dahin zurückschlägt." (ebd., Z. 46)

Adäquate Kommunikations- und Informationskanäle

Aus den Interviewaussagen wird deutlich, dass gute Erreichbarkeit und zügige Antworten auf Fragen die Zusammenarbeit mit internen sowie externen Akteurinnen und Akteuren erheblich verbessern kann. Werden alle beteiligten Abteilungen stets in den Informationsfluss mit eingebunden, kann zudem auf eine größere Bandbreite von Expertise zurückgegriffen werden und Anliegen können so professioneller bearbeitet werden. Hierfür ist es wichtig, geeignete Kommunikationskanäle zu benennen und effizient zur Informationsverbreitung und Kommunikation zu nutzen. In den Interviewgesprächen haben die befragten Hochschulangehörigen verschiedene Kommunikations- und Informationskanäle (Abbildung 5) benannt, die im Rahmen der innerhochschulischen Zusammenarbeit bei der Entwicklung weiterbildender Angebote verwendet werden und jeweils eine unterschiedliche Funktion erfüllen. Welcher Kanal genutzt wird, ist abhängig von dem Inhalt, den beteiligten Personen, dem Anlass sowie dem verfügbaren Zeitrahmen.

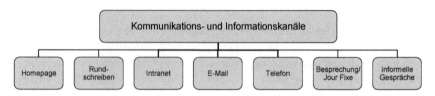

Abbildung 5:   Innerhochschulische Kommunikations- und Informationskanäle

Durch die kostengünstige, gleichzeitig aber zeitnahe Möglichkeit der Informationsverbreitung kommt Onlinemedien grundsätzlich eine zentrale Bedeutung im Rahmen der Informations- und Kommunikationsprozesse zu. So wird die Homepage der jeweiligen Hochschule primär dazu verwendet, grundlegende Informationen zum Thema „Wissenschaftliche Weiterbildung" zur Verfügung zu stellen oder zuständige Ansprechpersonen aufzuzeigen sowie über aktuelle Entwicklungen zu berichten. Eine ähnliche Funktion erfüllt auch das Versenden von Rundschreiben und die Nutzung von E-Mail-Verteilerlisten.

> „Also wir bemühen uns natürlich darum, transparent zu sein, also mit der Homepage auch wirklich zu informieren. [...] Also das und das gibt es in der wissenschaftlichen Weiterbildung, die und die Ansprechpartner haben wir." (Verwaltungsmitarbeiter/-in 1, Z. 27)

Darüber hinaus kann den Aussagen der Befragten zufolge das Intranet einer Hochschule ein geeignetes Instrument für den innerhochschulischen Informationsaustausch darstellen und als strukturiertes Verfahren für das Datenmanagement genutzt werden.

> „[...] Beispielsweise inneruniversitär, dass man eine gemeinsame Plattform schafft, wo man sich vielleicht auch kommunikativ austauschen kann. Nur sei es jetzt durch eine E-Mailliste oder halt auch durch eine Kommunikationsplattform, die vielleicht intern ist, wo man da zusammenarbeiten kann, wenn es dann halt wirklich über verschiedenste oder wenn es über bestimmte Reichweite ausgeht." (Experte/-in Kooperationsmanagement 2, Z. 55)

Als schnelle und unkomplizierte Art der Kommunikation werden das Versenden von E-Mails und Gespräche über das Telefon am häufigsten im Rahmen der innerhochschulischen Kommunikation verwendet. Gleichzeitig betonen die befragten Hochschulangehörigen die Bedeutung von persönlichen Gesprächen.

Hierbei werden sowohl regelmäßige Meetings und Besprechungen als auch informelle Gespräche als wichtiges Kommunikationsforum benannt.

> „Und nicht unwichtig, aber auch irgendwie nicht greifbar, ich würde sagen, für jede institutionelle Entwicklung sind die vielen kleinen Gespräche an der Kaffeemaschine wichtig, die man führt." (Studiengangkoordination 3, Z. 23)

Zentrale Koordination

Vor allem eine zentrale Stelle, die alle Aufgaben im Rahmen der wissenschaftlichen Weiterbildung an der Hochschule koordiniert und steuert, kann – wie aus der Analyse der Interviews deutlich hervorgeht – einen wertvollen Beitrag zu einer gelingenden Kommunikation und zum Erfolg des zu entwickelnden Weiterbildungsangebotes leisten.

> „Also dass man wirklich einen Ansprechpartner hat, sowohl für die Teilnehmenden und Interessierten als auch für die Fachbereiche, in deren Verantwortung die Angebote ja letztendlich auch liegen, als auch für die Verwaltung in Zentren, die an der Durchführung dieser Angebote beteiligt sind, wo dann wirklich auch alle Informationen zusammenfließen, die Auskünfte erteilen kann, die die ganzen Erfahrungs- und Wissensbestände für diesen Bereich auch, ja, bereithält und weitergeben kann. Also das wäre eigentlich das Wichtigste und Wünschenswerteste momentan, um da auch serviceorientierter zu sein." (Verwaltungsmitarbeiter/-in 1, Z. 33)

Entsprechend den Interviewaussagen benötigen einige Akteurinnen und Akteure im noch recht jungen Feld der wissenschaftlichen Weiterbildung eine Orientierungshilfe und wünschen sich daher eine helfende Hand zur Seite. Angesprochen wird hier wiederholt die Einrichtung einer zentralen Stelle, die sich ausdrücklich mit der Vernetzung aller an der wissenschaftlichen Weiterbildung beteiligten Personen und Funktionseinheiten beschäftigt, angefangen von der Hochschulleitung über die Dekanate bis hin zu den beteiligten Fachbereichen.

> „Genau, also wichtig ist es für mich, dass es, sage ich mal, eine federführende Stelle in der Universität gibt, die sich um wissenschaftliche Weiterbildung kümmert. Die dann natürlich auch entsprechend wieder Ansprechpartner für uns ist. Also es ist für mich ganz wichtig, es muss eine zentrale Anlaufstelle geben, die dann wieder weiter verteilt in die Universität. Also das heißt, wenn der Wissenschaftler Fragen zu Weiterbildungsangeboten hat, wendet er sich erst mal an die Stelle und diese Stelle vermittelt dann an die entsprechenden anderen Einrichtungen." (Verwaltungsmitarbeiter/-in 3, Z. 19)

Dabei ist es laut den befragten Hochschulangehörigen nicht relevant, auf welche Weise diese zentrale Stelle strukturell umgesetzt wird, solange die damit verbundenen Aufgaben in ausreichender Form erfüllt werden. *„Es muss kein Zentrum sein. Es kann eine Abteilung sein, es kann eine Person sein." (ebd., Z. 39)* Aufgrund der dezentralen Organisationsstruktur der wissenschaftlichen Weiterbildung an den beteiligten Hochschulen gewinnt eine solche Stelle, die als Schnittstelle zwischen den dezentralen Fachbereichen und den zentralen Bereichen wie der Verwaltung und der Hochschulleitung fungieren und auf diese Weise einen sogenannten „zentral-dezentralen Dialog" fördern kann, zusätzlich an Bedeutung.

> „Das gibt eine strukturelle Sicherheit, dort einfach ganz klare Ansprechpartner zu haben, wo Fragen oder Ungereimtheiten, die auch im Gesamtkontext der Verwaltung auftauchen, bearbeitet werden können. Da würde ich auch sagen, da hat man auch das Gefühl, man steht da nicht alleine auf weiter Flur." (Studiengangkoordination 3, Z. 47)

Begegnungsräume schaffen und Vertrauen aufbauen

Aus den Interviews wurde ersichtlich, dass es für Kommunikations- und Informationsprozesse förderlich ist, wenn sich die kommunizierenden Akteurinnen und Akteure persönlich kennen und in direktem Austausch miteinander stehen. Der dynamische Diskurs aller an der wissenschaftlichen Weiterbildung beteiligten Personen steht demnach im Zentrum einer gelingenden Kommunikation.

> „[...] wir haben regelmäßige Jour fixe in den verschiedensten Unterabteilungen auch. Da ist die Kommunikation ganz wichtig. Immer. Es gibt einzelne Referate, es gibt ein [Jour fixe der internen hochschulischen Einrichtung 2], es gibt Jour fixe auf [Ebene der Personen mit spezifischer Funktion], also das ist schon enorm wichtig. Ohne das wäre es schwierig im Alltag." (Verwaltungsmitarbeiter/-in 4, Z. 44)

Durch die Schaffung von sogenannten „Begegnungsräumen" kann die Hochschule aktiv dazu beitragen, Vertrauensverhältnisse aufzubauen und die innerhochschulische Akzeptanz zu fördern. Die Möglichkeiten des persönlichen Kennenlernens sind dabei vielfältig. So können zum Beispiel regelmäßige, abteilungsübergreifende Meetings genauso angedacht werden wie der Ausbau von Seminaren, Workshops oder sonstigen Treffen von allen an einem Thema arbeitenden Personen. Wichtig hierbei ist vor allem, dass die Akteurinnen und Akteure die Möglichkeit haben, sich persönlich kennenzulernen und in Austausch zu treten.

> „Wir haben auch eine Regelkommunikation. Wir treffen uns jeden Tag zu einer kleinen Besprechung, weil wir natürlich Schnittstellen haben. Wir werden oft zu den gleichen Dingen angesprochen, weil ja es manchmal so Übergänge gibt, wer ist für was zuständig und wir vertreten uns auch gegenseitig, teilweise wenn die Vertretung ausfällt." (Verwaltungsmitarbeiter/-in 6, Z. 13)

4.2 Kommunikations- und Informationsprozesse in hochschulexternen Kooperationen

Im Rahmen des Verbundprojektes „WM³ Weiterbildung Mittelhessen" wurden verschiedene Kooperationen mit regionalen Vertreterinnen und Vertretern der Wirtschaft, Wissenschaft, Politik und Bildung sowie mit Fachpersonen aus dem Kontext des jeweiligen Angebots angestoßen mit dem Ziel, den Praxisbezug und die Nachfrageorientierung der entwickelten Angebote sicherzustellen. Als unterstützende und beratende Instanz haben die Kooperationspartnerinnen und -partner im Wesentlichen zum Erfolg der ersten Förderphase beigetragen, indem sie u.a. ihr jeweiliges Praxiswissen in die Angebotsentwicklungen einbrachten und als Vermittler und Multiplikatoren fungierten. In der zweiten Förderphase wurden die bisherigen Erfahrungen mithilfe von leitfadengestützten Interviews erhoben und ausgewertet. Ziel war es, Erfolgsfaktoren für die Zusammenarbeit zu identifizieren und Entwicklungspotentiale aufzuzeigen. Die von den Interviewpartnerinnen und -partnern genannten Faktoren lassen sich verschiedenen Phasen (Abbildung 6) – unterteilt nach Kooperationsanbahnung sowie dem konkreten Kooperationsprozess – zuordnen.

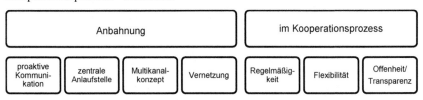

Abbildung 6: Übersicht zu förderlichen Faktoren für Kommunikations- und Informationsprozesse in externen Kooperationen

Anbahnung

Bevor eine Kooperation entstehen kann, ist die Phase der Anbahnung entscheidend für die weitere Zusammenarbeit. Aus den ausgewerteten Interviews geht hervor, dass die bestehenden Kooperationsbeziehungen durch eine persönliche, direkte Ansprache, also ein proaktives Zugehen seitens der Hochschule auf ihre Kooperationspartnerinnen und -partner, zustande gekommen sind. Diese Vorgehensweise wurde von den Kooperationspartnerinnen und -partnern positiv bewertet. Gleichzeitig appellierten die Befragten an die Hochschulen, ihre Prozesse im Hinblick auf eine serviceorientierte Gestaltung zu überprüfen und zu optimieren. Dabei spielt eine umfassende Informationsarbeit sowie die Darstellung der Kooperationsbereitschaft nach außen eine zentrale Rolle. Insbesondere die Ansprache von Profit-Organisationen kann für die Hochschulen eine besondere Herausforderung darstellen und eine stärkere Kommunikation nach außen erfordern.

> „[...] das Thema Transparenz und Kommunikation ist ganz entscheidend für die Überwindung des ersten Schrittes zur Kooperationskultur. Also ich sage es mal so, will man [...] enger kooperieren mit Mittelständlern oder mit Wirtschaft in der Region und meint es ernst, muss man Anstrengungen unternehmen, sein Leistungsspektrum offensiver zu kommunizieren." (Weiterbildungsbeiratsmitglied[4] 2, Z. 33)

So wird im Rahmen der Interviews von Seiten der Kooperationspartnerinnen und -partner an die Hochschulen herangetragen, eine zentrale Anlaufstelle für externe Akteurinnen und Akteure eigens für den Bereich der wissenschaftlichen Weiterbildung einzurichten, die im Sinne einer ausgeprägten Dienstleistungsorientierung innerhalb kurzer Zeit Anfragen beantwortet oder zumindest die Personen an die zuständigen Stellen weiterleitet. Eine solche „Lotsenfunktion" (ebd., Z. 53) kann auf Seiten der Hochschule sowie für alle externen Akteurinnen und Akteure eine Orientierungshilfe darstellen und die Anbahnung einer potentiellen Kooperation fördern.

> „[...] wenn Sie die 990 anrufen bei der Zentrale und sagen: Tach, ich bin Mittelständler, ich suche eine Kooperation – dann muss es schon losgehen, dann müsste schon die Dame oder der Herr an der Rezeption so gebrieft sein, [...] /das ist wie ein potenzieller Kunde, ja? Dass der weiß: Ah, jetzt, da will jemand kooperieren, ich stelle mal zu."(ebd., Z. 51)

Bei der Gestaltung von Informations- und Kommunikationsprozessen kann auch die Kommunikationsweise eine bedeutende Rolle spielen. So äußerten die befragten Kooperationspartnerinnen und -partner, dass Hochschulen einen „Ton" (ebd., Z. 29) finden sollten, der mit der Kommunikationskultur externer Akteurinnen und Akteure kompatibel ist.

> „Und (...) wenn man dann erfolgreich sein will, muss man auf Augenhöhe mit den Leuten kommunizieren, man muss Vertrauensbasen bilden, und muss, wie gesagt, eine gute Kommunikationsstruktur und -kultur aufbauen, das ist, glaube ich, sehr wichtig." (ebd.)

Ferner kann die Wahl eines geeigneten Mediums zur Kommunikation und Informationsverbreitung entscheidend in der Interaktion mit außerhochschulischen Akteurinnen und Akteuren sein. Die ausgewerteten Experteninterviews zeigen, dass für die Phase der Anbahnung eine übersichtlich gestaltete Homepage für externe Partnerinnen und Partner einen ersten guten Überblick über die Aktivi-

---

4   Im Rahmen des Verbundprojekts „WM³ Weiterbildung Mittelhessen" wurde ein Weiterbildungsbeirat, bestehend aus Vertreterinnen und Vertretern der Wirtschaft, Wissenschaft, Politik und Bildung, eingerichtet. Dieser unterstützt die Projektverantwortlichen bei strategischen Fragen und Entscheidungen und fungiert als critical peer bei Forschung und Entwicklung.

täten und Angebote im Bereich der wissenschaftlichen Weiterbildung bieten kann. Dabei geht es nicht nur darum, Kontaktpersonen für Kooperationen im Bereich der Hochschule zu benennen. Auch das Leistungsspektrum der Hochschule sowie bevorstehende Veranstaltungen im Bereich der wissenschaftlichen Weiterbildung können durch ein professionelles Onlineportal übersichtlich und kostengünstig beworben werden. Besonders die im Bereich der Weiterbildung noch wenig etablierten Hochschulen können laut den befragten Personen auf diese Weise schnell, effizient und mit hoher Reichweite ihre bisherigen Erfolge in diesem Bereich kommunizieren.

> „Da kann man die ganze Bandbreite einsetzen, vermutlich muss man auch die ganze Bandbreite der Kommunikationsmethoden einsetzen, also von Print über Online über Veranstaltungen über gemischte Strukturen." (Weiterbildungsbeiratsmitglied 4, Z. 89)

Darüber hinaus sollten bestehende Netzwerke und persönliche wie auch fachliche Kontakte genutzt, ausgebaut und verstetigt werden. Auch hier bietet sich an, die Art und Weise der bisherigen Informationsverbreitung zu überprüfen und gegebenenfalls zu optimieren. Ein E-Mail-Verteiler, der zur Verbreitung von Newslettern und sonstiger relevanter Informationen genutzt werden kann, hat sich in der Praxis als unbürokratisches, zeitnahes und damit adäquates Informationsmedium bewährt. Hier kann die Hochschule gezielt Kooperationspartnerinnen und -partner über aktuelle Angebote und zukünftige Planungen im Bereich der wissenschaftlichen Weiterbildung informieren und den Kontakt nachhaltig aufrechterhalten. Gleichzeitig stellen die Kooperationspartnerinnen und -partner fest, dass der persönliche Kontakt – bei Treffen, Veranstaltungen, Symposien oder Tagungen jeglicher Art – ein bedeutendes Medium und eine gute Möglichkeit für die Anbahnung neuer Kooperationsarrangements darstellen kann.

> „Sondern auch die Möglichkeiten schaffen, dass Mittelständler X Professor Y kennenlernt, die dann bei einem gemeinsamen Treffen oder gemeinsamen Begegnungen über Dinge mal schwadronieren und denken: Mensch, da könnten wir doch mal was zusammen machen. Das ist ja oft der beste Start für gute Sachen." (Weiterbildungsbeiratsmitglied 2, Z.37)

Kooperationsprozess

Die Auswertung der Interviews hat verdeutlicht, dass Kommunikations- und Informationsprozesse einen hohen Stellenwert für den Erfolg eines Kooperationsarrangements einnehmen, weshalb deren Gestaltung bereits zu Beginn eines kooperativen Verhältnisses festgelegt werden sollte.

> „Also es beginnt mit der Kommunikation. […] Also ich glaube, dass eine gute Kommunikationsstruktur, das A und O in jeder Kooperation sind. Und zwar, wenn Kooperation sich so ver-

steht, dass man gemeinsam gestalten möchte, erschließt sich das schon automatisch, dann geht es nur mit Kommunikation." (Studiengangkoordination 3, Z. 69)

Bei der Wahl geeigneter Kommunikations- und Informationsmittel kommt es auf eine adäquate Verhältnismäßigkeit an. Verschiedene Situationen erfordern verschiedene Arten der Informationsverbreitung. Dabei ist es sinnvoll, umfassende Möglichkeiten der Kommunikation ins Auge zu fassen und diese dem Kontext entsprechend anzupassen. So stellten die befragten Personen fest, dass die Gestaltung der Kommunikations- und Informationsprozesse eng mit der Art und der Intensität der Kooperation verbunden ist und diese sich im Verlauf der Kooperation wandeln können.

Kooperationen, die auf einem hohen Formalisierungsgrad aufbauen, verfügen über entsprechende Kommunikations- und Informationsprozesse mit regelmäßigen Treffen und Abstimmungsprozessen.

„Das bedeutet Einrichtung von Zeitfenstern, das bedeutet Klärung von Kommunikationswegen, das bedeutet, Zeiten auch gemeinsamer, also bei einer engen Kooperation, Zeiten gemeinsamer Klausuren zur Ideenentwicklung. Das bedeutet aber auch zum Beispiel gemeinsames Erleben." (ebd., Z. 71)

Andere Kooperationspartnerinnen und -partner sowie auch Studiengangkoordinierende berichten dagegen von losen Kooperationsformen, die auf informellen Kommunikations- und Informationswegen sowie einer stärkeren Flexibilität in den Abstimmungsprozessen beruhen.

„[…] hier braucht es eine gewisse Flexibilität und hier pflegen wir eigentlich nur einen losen Kommunikationsdraht. Also immer situativ eigentlich eher, halten aber die Kolleginnen und Kollegen der [außerhochschulischen Einrichtung 18] auf dem Laufenden". (ebd., Z. 69)

Im Hinblick auf die Kommunikationsmittel lässt sich festhalten, dass die Onlinekommunikation aufgrund der schnellen Möglichkeit der Informationsverbreitung und der hohen Reichweite eine gute Basis für eine umfangreiche Informationsarbeit bieten kann. Darüber hinaus werden für die Bearbeitung kurzfristiger Anfragen in der konkreten Arbeitsphase das Telefon sowie auch E-Mails als effizientes Kommunikationsmittel geschätzt. Gleichzeitig betonen die befragten Personen die Bedeutung persönlicher Gespräche zwischen den Kooperationspartnerinnen und -partnern, die es ermöglichen, gemeinsame Ideen zu entwickeln, und einen positiven Effekt auf die Beziehung zwischen den kooperierenden Parteien ausüben.

„Förderlich finde ich, dass man […], so oft wie möglich, seinen Partner auch mal wirklich Face to Face trifft. Weil man kommt auf mehr Dinge einfach. Man kann nicht alles durch die digitale Kommunikation ersetzen, da ist man da fokussiert auf eine bestimmte Fragestellung, aber wenn man sich trifft, kommt man auf mehr Dinge. Und es ist auch leichter, dann auf die Person immer wieder auch mal zu zugehen." (Verwaltungsmitarbeiter/-in 6, Z. 35)

Hierbei betonen die Interviewpartnerinnen und -partner die Bedeutung einer offenen, direkten und transparenten Kommunikation als Voraussetzung für die Überwindung der von ihnen wahrgenommenen organisationalen und kulturellen Unterschiede und des „ersten Schrittes zur Kooperationskultur" (Weiterbildungsbeiratsmitglied 2, Z.33).

5   Fazit

Sowohl hochschulinterne als auch -externe Kooperationsarrangements werden im Wesentlichen bestimmt durch die Kommunikations- und Informationsprozesse, auf denen sie aufbauen. Die Aussagen der interviewten Personen verdeutlichen, dass Kooperationsprozesse ein hohes Maß an Professionalität erfordern und mit einem gewissen Arbeitsaufwand verbunden sind. Ein Konzept für die Gestaltung der Informations- und Kommunikationsprozesse, passgenau zugeschnitten auf die Anforderungen der Hochschule, stellt sich als konstituierendes Mittel dar, um auch in Zukunft handlungsfähig und erfolgreich auf dem Markt der wissenschaftlichen Weiterbildung agieren zu können.

Aus den Gesprächen mit Hochschulangehörigen wie auch mit externen Kooperationspartnerinnen und -partnern konnten verschiedene Aspekte benannt werden, die aus der Perspektive der Befragten als förderlich bzw. hemmend für die gemeinsame Interaktion in Form von bestehenden Kommunikations- und Informationsprozessen empfunden werden. So ist es für Kooperationen essentiell, dass sich die beteiligten Partnerinnen und Partner bereits zu Beginn der Kooperation gemeinsam über Ziele, Bedarfe und Interessen verständigen und gemeinsame Schnittmengen identifizieren. Auf diese Weise werden die Weichen für eine erfolgreiche Zusammenarbeit bereits in der Initiierung gestellt und eine gute Basis für künftige Abstimmungsprozesse geschaffen. Denn auch im weiteren Verlauf müssen Entscheidungen und Absprachen gemeinsam und unter Berücksichtigung aller Interessen vereinbart und getroffen werden. Dies gelingt durch die Identifikation und Aushandlung adäquater Informations- und Kommunikationswege, die sich an der spezifischen Kooperationsstruktur orientieren. Die gemeinsam vereinbarten Kommunikationswege und damit eingeschlossen auch ein klares Informationssystem können Arbeitsprozesse vereinfachen und zu einem Vertrauensverhältnis zwischen den Kooperationspartnerinnen und -partnern beitragen. In diesem Kontext sind vor allem Offenheit, Transparenz und Strukturiertheit von großer Bedeutung.

Darüber hinaus ist das Zusammenspiel zwischen Kommunikations- und Informationsprozessen in der hochschulinternen Zusammenarbeit und in hochschulexternen Kooperationen ersichtlich geworden. Im Umgang mit Akteurinnen und Akteuren aus dem Umfeld der Hochschule kommt, wie aus den analysierten Interviews mehrfach deutlich wurde, einer ausgeprägten Service- und Dienstleistungsorientierung eine besondere Bedeutung zu. Dazu braucht es informierte, gut erreichbare Mitarbeiterinnen und Mitarbeiter, die zeitnah Fragen von externen Akteurinnen und Akteuren zufriedenstellend beantworten können. Dies kann auf Seiten der Hochschule nur dann gelingen, wenn sich alle an der wissenschaftlichen Weiterbildung beteiligten Bereiche innerhalb der Hochschule optimal vernetzen und untereinander schnell und umfangreich informieren. Somit legt das Vorhandensein ausgeprägter innerhochschulischer Kommunikations- und Informationsprozesse den Grundstein für ein Gelingen der Zusammenarbeit mit externen Partnerinnen und Partnern. Hierdurch wird ersichtlich, welche Bedeutung zunächst einer durchdachten, effizienten und damit funktionierenden innerhochschulischen Vernetzung aller an der wissenschaftlichen Weiterbildung beteiligten Akteurinnen und Akteure – angefangen von den einzelnen wissenschaftlichen Mitarbeiterinnen und Mitarbeitern an den Fachbereichen über die Verwaltung bis hin zur hochschulischen Gesamtleitung – für das Gelingen externer Kooperationen zukommt. Auf dieser organisationalen Grundlage lassen sich dann erfolgreich Kooperationsstrukturen mit Partnerinnen und Partnern aus dem Umfeld der Hochschule realisieren.

Im Sinne einer Optimierung von Kommunikations- und Informationsprozessen in Kooperationsaktivitäten sollte der Fokus daher zunächst auf der innerhochschulischen Vernetzung und Transparenz liegen. Des Weiteren ist die Service- und Dienstleistungsorientierung im Rahmen der Kommunikations- und Informationsprozesse weiter auszubauen und zu verstetigen. Neben der permanenten Erreichbarkeit spielen hier Zuverlässigkeit, Konfliktfähigkeit sowie Empathie eine große Rolle (vgl. dazu auch den Aufsatz von Katharina Spenner in diesem Band). Ferner können eine geeignete Dokumentation und die daraus resultierende Standardisierung effizienter Kommunikations- und Informationsstrukturen entscheidend dabei helfen, zufriedenstellende Lösungen für die Hochschule und ihre Partnerinnen und Partner zu etablieren.

Zusammenfassend kann festgehalten werden, dass Kooperationsarrangements zwischen Hochschulen und externen Partnerinnen und Partnern die Weichen für die Optimierung der wissenschaftlichen Weiterbildung stellen. Professionelle Kommunikations- und Informationsprozesse können maßgeblich dazu beitragen, dass Hochschulen den künftigen Herausforderungen mit Zuversicht begegnen und ihre Wettbewerbsposition frühzeitig sichern.

Literatur

Dammer, Ingo (2011): Gelingende Kooperation („Effizienz"). In: Becker, Thomas/ Dammer, Ingo/Howaldt, Jürgen/Loose, Achim (Hrsg.): *Netzwerkmanagement. Mit Kooperation zum Unternehmenserfolg*. Berlin, Heidelberg: Springer-Verlag, S. 37-47.

Dollhausen, Karin/Mickler, Regine (2012): *Kooperationsmanagement in der Weiterbildung*. Bielefeld: Bertelsmann.

Habeck, Sandra/Denninger, Annika (2015) unter Mitarbeit von Bianca Fehl, Heike Rundnagel und Ramin Siegmund: Potentialanalyse. Forschungsbericht zu Potentialen institutioneller Zielgruppen. Profit-Einrichtungen, Non-Profit-Einrichtungen, Stiftungen. In: Seitter, Wolfgang/Schemmann, Michael/Vossebein, Ulrich (Hrsg.): *Zielgruppen in der wissenschaftlichen Weiterbildung. Empirische Studien zu Bedarf, Potential und Akzeptanz*. Wiesbaden: Springer VS, S. 189-289.

Helmcke, Martina (2008): *Handbuch für Netzwerk- und Kooperationsmanagement*. Bielefeld: Kleine Verlag.

Hener, York/Eckardt, Philipp/Brandenburg, Uwe (2007): *Kooperationen zwischen deutschen Hochschulen*. Arbeitspapier Nr. 85. Online verfügbar unter: http://www.che. de/downloads/Kooperationen_zwischen_deutschen_Hochschulen_AP85.pdf [Abruf: 03.05.2017].

Kahl, Ramona/Lengler, Asja/Präßler, Sarah (2015): Akzeptanzanalyse. Forschungsbericht zur Akzeptanz innerhochschulischer Zielgruppen. In: Seitter, Wolfgang/ Schemmann, Michael/Vossebein, Ulrich (Hrsg.): *Zielgruppen in der wissenschaftlichen Weiterbildung. Empirische Studien zu Bedarf, Potential und Akzeptanz*. Wiesbaden: Springer VS Verlag, S. 291-408.

Maschwitz, Anika (2014): *universitäten unternehmen kooperationen. Kooperationen zwischen öffentlichen Universitäten und Wirtschaftsunternehmen im Bereich weiterbildender berufsbegleitender Studiengänge*. Münster: MV-Wissenschaft.

Nickel, Sigrun (2012): Engere Kopplung von Wissenschaft und Verwaltung und ihre Folgen für die Ausübung professioneller Rollen in Hochschulen. In: Wilkesmann, Uwe/Schmid, Christian J. (Hrsg.): *Hochschule als Organisation*. Wiesbaden: Springer VS Verlag, S. 279-291.

Nuissl, Ekkehard (2010): Stichwort: Strategische Kooperationen. In: *DIE Zeitschrift für Erwachsenenbildung*, Heft 1. Bielefeld: wbv, S. 20-21.

Oetker, Arend (2008): Innovationsfaktor Kooperation. In: Siebenhaar, Klaus (Hrsg.): *Unternehmen Universität. Wissenschaft und Wirtschaft im Dialog*. Wiesbaden: VS Verlag für Sozialwissenschaften, S. 27-36.

Quilling, Eike/Nicolini, Hans J./Graf, Christine/Starke, Dagmar (2013): *Praxiswissen Netzwerkarbeit. Gemeinnützige Netzwerke erfolgreich gestalten*. Wiesbaden: Springer VS Verlag.

Seitter, Wolfgang/Schemmann, Michael/Vossebein, Ulrich (2015): Einleitung. In: Seitter, Wolfgang/Schemmann, Michael/Vossebein, Ulrich (Hrsg.): *Zielgruppen in der wissenschaftlichen Weiterbildung. Empirische Studien zu Bedarf, Potential und Akzeptanz*. Wiesbaden: Springer VS Verlag, S. 15-21.

Vernetzung und Kooperationen als Instrumente zur Optimierung der wissenschaftlichen Weiterbildung

Nico Sturm/Franziska Sweers unter Mitarbeit von *Asja Lengler/ Katharina Spenner*[1]

Zusammenfassung

Bei der Entwicklung, Implementierung und Verstetigung von Angeboten der wissenschaftlichen Weiterbildung sehen sich Hochschulen mit vielfältigen Herausforderungen konfrontiert. Das Eingehen von Kooperationsbeziehungen und die Bildung von (regionalen) Netzwerken bieten dabei vielfältige Optimierungspotentiale. Am Beispiel des Verbundprojektes „WM³ Weiterbildung Mittelhessen" werden die im Rahmen der Projektlaufzeit eingegangenen Kooperationen und aufgebauten Netzwerkstrukturen analysiert, um daraus generalisierbare Potentiale für die Optimierung wissenschaftlicher Weiterbildung abzuleiten. Die dabei identifizierten Aspekte werden abschließend auf die Interaktion in interorganisationalen Zwischenräumen bezogen und theoretisch ausgedeutet.

Schlagwörter

Wissenschaftliche Weiterbildung, lebenslanges Lernen, Kooperation, Vernetzung, Optimierung

Inhalt

---

1 *Nico Sturm* | Philipps-Universität Marburg | nico.sturm@staff.uni-marburg.de
Franziska Sweers | Philipps-Universität Marburg | franziska.sweers@staff.uni-marburg.de
Asja Lengler | Justus-Liebig-Universität Gießen
Katharina Spenner | Philipps-Universität Marburg | katharina.spenner@gmx.de

1   Einleitung

Wissenschaftliche Weiterbildung ist ein relativ junges Aufgabenfeld staatlicher Hochschulen im Vergleich zu den traditionsreichen Feldern der Forschung und des grundständigen Studiums. An kommerziellen Einrichtungen der Erwachsenenbildung sowohl im außerhochschulischen Sektor als auch an privaten Hochschulen sind die Professionalisierungsprozesse auf diesem Gebiet in vielen Bereichen in der Vergangenheit bereits intensiver betrieben und auf Marktbedingungen hin ausgerichtet worden als an vielen öffentlichen Hochschulen.

In den vergangenen zehn Jahren hat dieses bisher wenig beachtete Feld im staatlichen Hochschulbereich jedoch, nicht zuletzt durch Förderprogramme wie der Bund-Länder-Wettbewerb „Aufstieg durch Bildung: offene Hochschulen", einen starken Bedeutungszuwachs erfahren. Die Öffnung für neue Zielgruppen und die Ausrichtung von (berufsbegleitenden) Weiterbildungsformaten an deren besondere Bedürfnisse, stellt die öffentlichen Hochschulen vor vielfältige, bisher weitestgehend unbekannte Herausforderungen. Sie treten in einen Wettbewerb mit privaten Marktteilnehmerinnen und -teilnehmern, indem sie – orientiert an den Bedarfen der Menschen und Unternehmen in der Region – zielgruppenorientierte Weiterbildungsformate zu konkurrenzfähigen Preisen[2] entwickeln, implementieren und vermarkten müssen. Damit einhergehend erhalten neue Handlungsfelder wie beispielsweise Marketing, Zielgruppenansprache, Anrechnung außerhochschulisch erworbener Kompetenzen, Dozierendengewinnung oder Serviceorientierung zunehmende Aufmerksamkeit. Um diesen vielfältigen und z.T. für deutsche Hochschulen neuartigen Aufgaben gerecht werden zu können, sind für die Entwicklung und Verstetigung von Angeboten der wissenschaftlichen Weiterbildung Kooperations- und Vernetzungsaktivitäten[3] mit verschiedenen hochschulischen und außerhochschulischen Partnerinnen und Partnern von großer Bedeutung (vgl. Habeck/Denninger 2015, S. 38f.; Maschwitz 2014, S. 6ff.).

Das Eingehen von Kooperationsbeziehungen und die Bildung von (regionalen) Netzwerken stellen in dieser Hinsicht nicht nur förderliche Rahmenbe-

---

2   In Hessen sind für die Teilnahme an Weiterbildungsangeboten insgesamt kostendeckende Entgelte zu erheben (vgl. HHG §16, Abs. 3, S.1). In anderen Bundesländern können abweichende Regelungen getroffen werden (Online: http://www.lexsoft.de/cgi-bin/lexsoft/justizportal_nrw. cgi?xid=3917776,17, zuletzt abgerufen am 31.07.2017)

3   Eine Abgrenzung der häufig synonym verwendeten Begriffe Kooperation und Netzwerk ist notwendig, wenngleich sie doch eng miteinander verknüpft sind (vgl. Feld 2008, S. 9). „Kooperationen sind sowohl Voraussetzung von Netzwerken als auch Ergebnis von Vernetzungsaktivitäten zwischen Organisationen" (ebd., S. 9) und sie weisen meist einen höheren Grad an Verbindlichkeit und eine geringere Zahl an beteiligten Partnern auf (vgl. Alke 2015, S. 24 f.; Franz 2014, S. 37; Helmcke 2008, S. 17). Im vorliegenden Artikel wird auf beide Formen gleichermaßen Bezug genommen.

dingungen für die erfolgreiche wissenschaftlich und berufsrelevante curriculare Ausrichtung sowie marktförmige Platzierung von wissenschaftlichen Weiterbildungsangeboten dar. In Kooperationsbeziehungen verbergen sich, wie im vorliegenden Artikel gezeigt werden wird, zahlreiche Vorteile, aus denen Optimierungspotentiale abgeleitet werden können. Kooperationen und Vernetzungen können darüber hinaus durch die ihnen inhärenten Reflexions- und Beobachtungschancen – so die hier vertretene These – auch als vielfältig zu nutzende Möglichkeitsräume zur Optimierung wissenschaftlicher Weiterbildung an Hochschulen insgesamt betrachtet werden.[4]

Diese These wird im Folgenden am Beispiel der vielfältigen Kooperationsbeziehungen beleuchtet, die die drei mittelhessischen Hochschulen im hochschultypenübergreifenden Verbundprojekt „WM³ Weiterbildung Mittelhessen"[5] eingegangen sind. Dazu werden in einem ersten Schritt die Kooperationsbeziehungen der drei mittelhessischen Hochschulen auf dem Feld der wissenschaftlichen Weiterbildung beschrieben und analysiert (1). Um eine Einordnung der durch das Verbundprojekt entstandenen Kooperationsbeziehungen vornehmen zu können, finden hier sowohl die Phase vor dem Verbundprojekt als auch die geplanten Kooperationsbeziehungen über das Verbundprojekt hinaus Berücksichtigung (2). In einem zweiten Schritt werden dann die Ergebnisse kooperations- bzw. vernetzungstheoretisch ausgedeutet (3).

Aus methodischer Perspektive rekurriert der vorliegende Aufsatz einerseits auf schriftliche Unterlagen, Projektberichte, Protokolle, etc. Andererseits wurde zur Generierung weiterer Daten eine retrospektive Betrachtung und Bewertung

---

4 Unter Optimierung werden in diesem Aufsatz Maßnahmen, Verfahren und Instrumente zur Verbesserung des Ist-Zustands verstanden. Ziel der diesbezüglichen Bestrebungen ist das Erreichen einer möglichst optimalen Situation. Bezogen auf die wissenschaftliche Weiterbildung bedeutet dies konkret eine Entwicklung von Weiterbildungsangeboten auf Hochschulniveau, die sich an der Nachfrage von Unternehmen und Menschen aus der Region orientieren, die neuesten Forschungserkenntnisse in die Lehre einbinden und hierbei zusätzlich Theorie und Praxis miteinander verzahnen sowie neben beruflichen und/oder familiären Verpflichtungen studierbar sind und unter Deckung der Vollkosten auf dem Weiterbildungsangebot erfolgreich angeboten werden.

5 Die drei mittelhessischen Hochschulen Justus-Liebig-Universität Gießen, Philipps-Universität Marburg und Technische Hochschule Mittelhessen haben sich im Hinblick auf ihre gemeinsamen Entwicklungsplanungen im Bereich der wissenschaftlichen Weiterbildung zum Verbundprojekt „WM³ Weiterbildung Mittelhessen" zusammen geschlossen, um mit Hilfe des BMBF-Wettbewerbs „Aufstieg durch Bildung: offene Hochschulen" ein an wirtschaftlichen und gesellschaftlichen Interessen optimal ausgerichtetes Weiterbildungsangebot zu schaffen und zu einer nachhaltigen Stärkung der wissenschaftlichen Weiterbildung an den Hochschulen beizutragen. Dieses Vorhaben wurde in der ersten Förderphase (2011-2015) aus Mitteln des BMBF und aus dem ESF der EU mit den Förderkennzeichen 16OH11008, 16OH11009, 16OH11010 und in der zweiten Förderphase (2015-2017) mit den Förderkennzeichen 16OH12008, 16OH12009, 16OH12010 aus Mitteln des BMBF gefördert. Weitere Projektinformationen sind unter www.wmhoch3.de zu finden.

von Erfahrungen und Ereignissen durch die Verfassenden des Artikels vorgenommen. Die Besonderheit dieser zur Daten- und Ergebnisgenerierung ange-
wendeten Methodik liegt in den multiplen Rollen begründet, in denen die Autorinnen und Autoren im Projektkontext aktiv waren. Aufgrund ihrer mehrfachen
Rollen als Koordinierende, Mitarbeitende, Entwickelnde und Forschende in ko-
operations- und netzwerkbezogenen Arbeitskontexten eröffnet sich auf der einen Seite ein vielfältiger Zugang zu Erfahrungen und Ereignissen und somit zur
Hebung eines Mehrwertes aus dem Projektkontext. Auf der anderen Seite war
das Projekt insgesamt als Forschungs-, Entwicklungs- und Implementierungs-
projekt mit der „durchgehenden Normalität doppelter Beobachtungskonstellati-
onen" (Seitter/Schemmann/Vossebein 2015, S. 41) konfrontiert. Eine ständige
Vergewisserung und Reflexion der methodologischen und methodischen Konsequenzen dieser Hybridrolle stellt in diesem Zusammenhang einen besonderen
Anspruch an die Verfassenden dar.

2   Kooperationen in der wissenschaftlichen Weiterbildung im Kontext des Verbundprojektes „WM³ Weiterbildung Mittelhessen"

Das WM³-Projekt war von Anfang an als ein Kooperationsprojekt angelegt, sowohl aufgrund seines Verbundcharakters als auch aufgrund der von Beginn an
intendierten und auch umgesetzten Kooperationsbeziehungen mit unterschied-
lichsten Partnerinnen und Partnern aus der Region. Im Folgenden werden diese
vielfältigen Kooperationsbeziehungen der drei mittelhessischen Hochschulen
sowohl im Projektkontext als auch darüber hinaus skizziert. Mit dem Fokus auf
das Feld der wissenschaftlichen Weiterbildung wird diese Entwicklung in drei
unterschiedlichen Abschnitten beschrieben: der erste Abschnitt der Kooperation
vor dem Verbundprojekt, der zweite Abschnitt des Verbundprojektes selbst und
der dritte Abschnitt der Kooperation über das Verbundprojekt hinaus. Innerhalb
der jeweiligen Abschnitte werden die Kooperationsformen nach unterschiedlichen Ebenen gegliedert.

2.1   Kooperationen vor dem Verbundprojekt

Die drei mittelhessischen Hochschulen blicken insgesamt auf eine langjährige
partnerschaftliche Zusammenarbeit als hochschultypenübergreifender Verbund
zurück. So wurde bereits im Jahre 1991 das Transferzentrum Mittelhessen
(TZM) als ein gemeinsames Büro für Wissens- und Technologietransfer ge-

gründet.[6] Durch die im Jahr 2005 geschlossene und im Jahr 2011 erneuerte Kooperationsvereinbarung zwischen den drei Hochschulen wurde die Strategie einer hochschulübergreifenden, mittelhessischen Kooperation mit dem Ziel einer gemeinsamen Profilierung in Forschung, Studium, Lehre und wissenschaftlicher Weiterbildung realisiert.

Eine für die spätere Entwicklung der wissenschaftlichen Weiterbildung besonders interessante Vorerfahrung lag in der Kooperation der drei Hochschulen auf der Ebene der Qualifizierung von Hochschulangehörigen. So wurde bereits im Jahr 2007 im Rahmen des Studienstrukturprogramms des Hessischen Ministeriums für Wissenschaft und Kunst (HMWK) das Hochschuldidaktische Netzwerk Mittelhessen (HDM) gegründet, um den Lehrenden ein hochschuldidaktisches Weiterbildungs- und Beratungsangebot zur Verfügung zu stellen. Die Ziele des HDM liegen dabei vor allem in der akademischen Personalentwicklung und in der Berufsqualifizierung für Jungakademikerinnen und -akademiker. Zu diesem Zweck wurde u.a. das ‚Zertifikat für professionelle Hochschullehre' entwickelt,[7] in dessen Rahmen Lehrende an den drei Hochschulen in unterschiedlichen Funktionen (Professorinnen und Professoren, Lehrbeauftragte, Privatdozierende, Lehrkräfte für besondere Aufgaben, Promovierende oder Habilitierende) ihre Kompetenzen in der Lehre systematisch ausbauen können.

Diese Kooperation auf der Ebene der Qualifizierung von Hochschulangehörigen bot für weiterführende Kooperationen auf dem Feld der wissenschaftlichen Weiterbildung zwei Anschlussperspektiven: Zum einen verfügten die Hochschulen durch die gemeinsame Konzeption und Umsetzung des Zertifikates für professionelle Hochschullehre bereits über Erfahrungen in der hochschulübergreifenden Kooperation bei der Entwicklung von (hochschuldidaktischen) Weiterbildungsangeboten. Zum anderen bot das HDM eine gemeinsame Plattform, auf der auch Qualifizierungen für das Feld der wissenschaftlichen Weiterbildungen durchgeführt werden konnten.

2.2 Kooperationen während des Verbundprojektes

Im Jahr 2011 schlossen sich die drei Hochschulen – auf der Grundlage ihrer bisherigen Kooperationserfahrungen – zum Verbundprojekt „WM³ Weiterbildung Mittelhessen" zusammen, um mit Hilfe des BMBF-Wettbewerbs „Aufstieg durch Bildung: offene Hochschulen" ein an wirtschaftlichen und gesellschaftlichen Interessen optimal ausgerichtetes Weiterbildungsangebot zu schaffen, die

---

6   Für mehr Informationen siehe www.forschungsallianz-gi-mr.de/projekte/weitere/transfer.
7   Für weiterführende Informationen zu dem Zertifikatskurs siehe www.hd-mittelhessen.de/zertifikate.cfm.

Weiterbildungsbedarfe der Region zu decken, die Synergien einer vernetzten, strukturierten sowie passgenauen Kooperation zu nutzen und so insgesamt zu einer nachhaltigen Stärkung der wissenschaftlichen Weiterbildung an den Hochschulen beizutragen. Im Rahmen dieser zweiten explizit weiterbildungsbezogenen Kooperationsphase lässt sich eine Vielfalt an Kooperationsbeziehungen auf ganz unterschiedlichen Ebenen (Angebote, Marketing, Qualifizierung, Forschung und Foren) beschreiben, die durch das Verbundprojekt entstanden sind bzw. in diesem Kontext weiter ausgebaut wurden. Um diese Ebenen zielorientiert und im Verbund abgestimmt umsetzen zu können, wurde gleich zu Beginn des Verbundprojektes eine Steuerungsgruppe eingerichtet. Sie besteht aus Vizepräsidentinnen, wissenschaftlichen Leitungen und Projektkoordinatorinnen der Verbundhochschulen und ist somit zu gleichen Anteilen von den Verbundpartnerinnen besetzt.

2.2.1   Kooperation auf Angebotsebene

Die Verbundkooperation ermöglicht den drei mittelhessischen Hochschulen, ein umfassendes Fächerspektrum in einem gemeinsamen Angebotsportfolio zu bündeln, die Verbindungen in die Region hinein zu stärken und durch die gemeinsame Ansprache unterschiedlicher Zielgruppen und Kontakte ein gemeinsames Angebot am Weiterbildungsmarkt zu etablieren. Eine besonders intensive Form der Kooperation in diesem Bereich liegt in der dezidiert ‚kooperativen Angebotsgestaltung'. So bündeln die Philipps-Universität Marburg und die Justus-Liebig-Universität Gießen beispielsweise ihre Expertisen auf dem Gebiet der Kinderzahnheilkunde und bieten als Ergebnis eines kooperativen Planungs- und Entwicklungsprozesses gemeinsam den gleichnamigen Weiterbildungsmaster „Kinderzahnheilkunde" (M.Sc.) an. Die Kooperation bezieht sich dabei sowohl auf die arbeitsteilige Organisation als auch auf die Administration und operative Durchführung des Studienprogramms.[8] Durch die Zusammenarbeit auf der Angebotsebene können auch unterschiedliche disziplinäre Expertisen der Hochschulen in gemeinsamen Angeboten zusammengeführt werden. Die Aufteilung der curricularen Inhalte und der administrativen Aufgaben führt zu einer Teilung der Belastung und des Ressourceneinsatzes sowohl an den kooperierenden Hochschulen als auch bei kooperierenden hochschulexternen Organisationen.[9]

In die Entwicklung und Durchführung des Weiterbildungsangebotes fließen sowohl die fachspezifischen Erfahrungen als auch die Expertise der Leh-

---

8   Für eine detaillierte Beschreibung des Angebotes speziell unter Kooperationsgesichtspunkten sowie zur kooperativen Angebotsgestaltung allgemein siehe Sweers/Lengler 2018.

9   Die Vorteile der Arbeitsteilung und der Teilung von Belastungen und des Ressourcenaufwandes pro Hochschule zieht sich durch alle Ebenen, wird jedoch zur Vermeidung von Redundanzen im Folgenden nicht jeweils aufgezählt.

renden beider Universitäten ein, wodurch das Qualitätsniveau des Angebots erhöht wird. Nicht zuletzt verhindert die Kooperation auf Angebotsebene die
Konkurrenz in einem fachlich relativ kleinen Forschungs- und Lehrgebiet. Die
beiden Universitäten gehen gemeinsam in den Wettbewerb um Weiterbildungs-
studierende, Renommee und Aufmerksamkeit und treten somit als Allianz gegen Mitbewerberinnen und Mitbewerber am Weiterbildungsmarkt an. Kooperationen bieten in diesem Kontext somit auch Potential zur Reduktion von
Konkurrenzsituationen zwischen den Hochschulen.

2.2.2   Kooperation auf Marketingebene

Im Rahmen des Verbundprojektes haben sich die drei Hochschulen dazu ent-
schlossen, ihre Weiterbildungsaktivitäten in Form einer kooperativen Marketingstrategie unter der gemeinsamen, neu entwickelten ‚Marke' „WM³ Weiterbildung Mittelhessen" zu bündeln. Dies betrifft neben einer gemeinsamen
Internetpräsenz[10] und Print-Publikationen auch die gebündelte Präsentation des
Weiterbildungsangebots bei unterschiedlichen Veranstaltungen und in verschiedenen Foren.

Anlass zur kooperativen Markenbildung gaben zwei zentrale Aspekte. Zum
einen werden die Hochschulen von der Breite der (mittelhessischen) Bevölke-
rung, beispielsweise im Vergleich zu Volkshochschulen oder privaten regionalen Weiterbildungsanbietern, kaum als Anbieterinnen von (wissenschaftlicher)
Weiterbildung wahrgenommen.[11] Der gemeinsame Auftritt unter den reputati-
onsträchtigen und bekannten Logos der drei Hochschulen soll daher eine größtmögliche Aufmerksamkeit und Sichtbarkeit in der Region und darüber hinaus
erzielen und Hochschulen als Orte des Lebenslangen Lernens für Weiterbil-
dungsstudierende bekannt machen. Die gemeinsame Dachmarke verdeutlicht,
dass die Hochschulen ihre Expertisen bündeln – nicht zuletzt auch im Bereich
der Öffentlichkeitsarbeit –, sich auf dem Feld der wissenschaftlichen Weiterbildung austauschen und dadurch ein breites, abgestimmtes und komplementäres
Angebot offerieren, um letztlich wechselseitig von den Stärken und Erfolgen der
Partnerinnen zu profitieren

Zum anderen sind die (hessischen) Hochschulen verpflichtet, Angebote der
wissenschaftlichen Weiterbildung durch das Erheben von Teilnehmendenentgel-
ten insgesamt kostendeckend zu kalkulieren. Demzufolge sind sämtliche Kosten,
die im Zusammenhang mit den weiterbildenden Studienprogrammen entstehen,
durch entsprechende Entgelte zu refinanzieren. Die durch Kooperationsbeziehungen entstehenden Synergien im Bereich des Marketings helfen die monetären und

---

10 Siehe hierzu die Projekthomepage www.wmhoch3.de.
11 Vergleiche hierzu auch Präßler 2015, S. 76.

personellen Aufwendungen der einzelnen Hochschulen zu reduzieren und wirken sich somit positiv auf die Gesamtkosten der Studienprogramme aus, d.h. die Teilnehmerentgelte fallen im Idealfall niedriger aus, als wenn die gesamten Vermarktungskosten nur von einer Hochschule getragen werden müssten.

2.2.3   Kooperation auf der Ebene der Qualifizierung von Hochschulangehörigen

Auf Grundlage der bereits existierenden Kooperationsbeziehungen und -strukturen der Verbundhochschulen im Kontext der Qualifizierung von Lehrenden im Rahmen des HDM wurde das bereits etablierte Qualifizierungsangebot ‚Zertifikat für professionelle Hochschullehre' genutzt, um – daran angelehnt und damit verbunden – das Zertifikatsprogramm ‚Kompetenz für professionelle Hochschullehre mit dem Schwerpunkt wissenschaftliche Weiterbildung' zu entwickeln. Über die bestehenden Strukturen des HDM wird das neue Programm den Hochschulangehörigen der drei Verbundhochschulen zugänglich gemacht. Durch die kooperative Entwicklung und Durchführung des Zertifikatskurses werden die an den einzelnen Hochschulen verorteten Kompetenzen gebündelt und zu einem qualitativ hochwertigen Qualifizierungsangebot für alle an der wissenschaftlichen Weiterbildung beteiligten Akteurinnen und Akteure (Lehrende, Beratende, Studiengangentwickelnde, Studiengangkoordinierende) zusammengefasst. Neben spezifischen didaktischen Herausforderungen in der Lehre für die Zielgruppe der nicht-traditionell Studierenden sind auch Themen wie Studiengangentwicklung, Beratung und Anrechnung außerhochschulisch erworbener Kompetenzen integrierter Bestandteil des Angebotsportfolios des Zertifikatskurses.[12]

Die Vorteile der Anknüpfung an das bereits jahrelang erprobte HDM liegen in der Möglichkeit, auf bestehende und etablierte hochschulische Prozesse, Strukturen und Abläufe aufzusetzen und diese für die Neuentwicklung nutzbar zu machen. Darüber hinaus war es hilfreich, an bewährte Schulungsinhalte anzuknüpfen bzw. diese als Grundlage und Ergänzung für die weiterbildungsspezifischen Themengebiete verwenden zu können.

2.2.4   Kooperation auf Forschungsebene

Ein weiterer zentraler Aspekt hochschulübergreifender Zusammenarbeit liegt in der Kooperation auf Forschungsebene. Das WM³-Projekt als drittmittelfinanziertes Projekt mit einem hohen Forschungsanteil verfolgt u.a. das Ziel, die wissen-

---

12 Für weitere Informationen zum Zertifikatskurs siehe auch www.hd-mittelhessen.de/zertifika te.cfm.

schaftliche Weiterbildung als relativ neues Arbeitsfeld in der Breite der deutschen Hochschullandschaft durch Forschung zu fundieren, als Forschungsgegenstand zu etablieren und gleichzeitig Optimierungspotenziale für die Planung, Entwicklung und Durchführung wissenschaftlicher Weiterbildung abzuleiten. Im Rahmen des Verbundprojektes können drei Formen von Kooperationen auf Forschungsebene identifiziert werden. Erstens kooperieren die Wissenschaftlerinnen und Wissenschaftler in themenbezogenen hochschultypübergreifenden Forschungsgruppen miteinander. Zweitens kooperieren die unterschiedlichen Forschungsgruppen (mit Mitarbeitenden aus allen Hochschulstandorten) untereinander, um aus der kombinatorischen Gesamtschau der jeweiligen (Teil-)Ergebnisse einen Mehrwert zu heben. Und drittens werden durch regelmäßigen Austausch mit den Mitgliedern wissenschaftlicher Fachgesellschaften Forschungskooperationen über das Verbundprojekt hinaus initiiert.

Kooperatives Forschen oder Forschen im Verbund, wie es im Rahmen von WM³ stattfindet, gewinnt durch die Möglichkeit unterschiedliche Formen der gemeinsamen Forschungstätigkeit umzusetzen. Forschungsthemen können beispielsweise entweder von unterschiedlichen Forschenden parallel und gleichzeitig bearbeitet, unterteilt in einzelne Arbeitsschritte beforscht oder auch aus unterschiedlichen disziplinären Perspektiven heraus analysiert und ausgedeutet werden. Im Idealfall bereichern sich die unterschiedlichen Forschenden wechselseitig und es entsteht ein disziplinübergreifender Diskurs, der maßgeblich zu einer Steigerung des Erkenntnisgewinns beiträgt. Im vorliegenden Fall ist noch zu ergänzen, dass durch die Beteiligung dreier Hochschulen ein erleichterter Feldzugang zu gleich drei verschiedenen Organisationen möglich war. Durch die organisationale Zugehörigkeit der Mitglieder der Forschungsteams zu den Verbundhochschulen konnten die institutionell geprägten ‚Insiderkenntnisse' bzw. die Binnenperspektive auf die untersuchte Organisation in die Auswertungen einbezogen werden. Im Umkehrschluss kommt es durch den ‚fremden Blick' innerhalb der Teams zu kreativen und anregenden Verfremdungseffekten auf das Datenmaterial. Diese Kombination aus abwechselnder Binnen- und Außensicht bereichert die Reflexion und Auswertung des empirischen Materials.

2.2.5   Kooperation auf der Ebene unterschiedlicher Foren

Die Kooperation mit unterschiedlichen hochschulinternen und hochschulexternen Partnerinnen und Partnern auf verschiedenen Ebenen hat einen besonderen Stellenwert im WM³-Projekt. Dabei können bei den vielfältigen Kooperations- und Vernetzungsbeziehungen vor allem drei Formen von Foren unterschieden werden:

Foren innerhalb des Verbundes

Zur Stärkung der verbundinternen Kooperationsbeziehungen trägt maßgeblich die Arbeit der Steuerungsgruppe bei. Im Rahmen der regelmäßigen Treffen von Vizepräsidentinnen, wissenschaftlichen Leitungen und Projektkoordinatorinnen wird die zentrale inhaltliche und strategische Steuerung des Gesamtprojektes vorgenommen. Durch die routinemäßigen Treffen, die in einem Turnus von etwa drei bis vier Monaten stattfinden, werden vertrauensvolle Beziehungen aufgebaut, Kommunikationsprozesse strukturiert, gebündelt und operative Arbeitsabläufe intensiviert. Die in der Steuerungsgruppe getroffenen strategischen Entscheidungen stellen die Handlungsfähigkeit der einzelnen Forschungs- und Entwicklungsprojekte sicher und tragen so auf übergeordneter Ebene zu einem Gelingen der wissenschaftlichen Weiterbildung bei. Weitere Foren innerhalb des Verbundes sind die regelmäßigen hochschulübergreifenden Verbundtreffen und die verschiedenen Kommunikationsformate (virtuell oder in Präsenz, schriftlich oder mündlich, geplant oder spontan u.a.) der hochschulspezifischen Forschungs- und Entwicklungsteams untereinander.

Foren innerhalb der Region

Im Kontext von externen Kooperations- und Vernetzungsbeziehungen ist der sogenannte WM³-Weiterbildungsbeirat hervorzuheben. Für dieses Gremium konnten bedeutende Akteurinnen und Akteure für den Raum Mittelhessen aus Politik, Wirtschaft und Bildung gewonnen werden. Im Rahmen der zweimal im Jahr stattfindenden Sitzungen hat das Verbundprojekt Gelegenheit, den relevanten Expertinnen und Experten aus der Region ausgewählte Forschungs- und Entwicklungsergebnisse zu präsentieren und auf der Grundlage entsprechender Rückmeldungen und Anregungen Modifikationen und Optimierungen vorzunehmen. Die regionalen Akteurinnen und Akteure profitieren von den Treffen des WM³-Weiterbildungsbeirates, indem sie die Informationen in ihr jeweiliges Feld zurückspiegeln. Weitere externe Vernetzungsbeziehungen des Verbundprojektes in die Region bestehen zur hessischen Landesgruppe der Deutschen Gesellschaft für wissenschaftliche Weiterbildung und Fernstudium (DGWF), zum Netzwerk Bildung und zum Regionalmanagement Mittelhessen.

Foren innerhalb des deutschsprachigen Raums mit explizitem Fokus auf die wissenschaftliche Weiterbildung

Foren der Vernetzung bestehen auch über die Region hinaus. Diese bieten den Rahmen, um insbesondere die Expertise aufzubauen und zu teilen, die notwendig ist, um die Herausforderungen der Hochschulen bei der Entwicklung und Implementierung von Angeboten der wissenschaftlichen Weiterbildung zu bewältigen. Das Verbundprojekt steht daher sowohl mit seinen Erkenntnissen und Ergebnissen als auch mit seinen Fragen und Anliegen im Rahmen verschiedener Foren in einem intensiven Austausch. Beispiele für derartige externe Vernetzungen des Verbundprojektes auf nationaler Ebene sind die regelhaften Kontakte zur Deutschen Gesellschaft für Wissenschaftliche Weiterbildung und Fernstudium (DGWF), zur wissenschaftlichen Begleitung des Bund-Länder-Wettbewerbs „Aufstieg durch Bildung: offene Hochschulen" sowie zu den drei regionalen Netzwerkknoten des Bundesprogramms und unterschiedlichen (Verbund-)Projekten im gesamten Bundesgebiet.

Der Mehrwert in der Kooperation und Vernetzung auf Ebene der Foren zeigt sich in der gemeinsamen Steuerung und zentralisierten Bündelung der Ansprache über das Verbundprojekt. Darüber hinaus tritt WM³ bei den Veranstaltungen oder sonstigen Kontakten als ein Verbund auf und führt die eigenen Veranstaltungen arbeitsteilig durch. Es kommt durch diese kooperativen Aktivitäten zu einer Steigerung der verbundinternen (Vor-) Absprachen sowie zu einer Minimierung terminlicher Verpflichtungen für die einzelnen Kooperationspartnerinnen und -partner (in der Region) und somit nicht zuletzt auch zu einer Ressourcenschonung in zeitlicher, personeller und finanzieller Hinsicht.

2.2.6   Potentiale zur Optimierung wissenschaftlicher Weiterbildung durch Kooperation

Aus der Gesamtschau der unterschiedlichen Ebenen von Kooperationsbeziehungen während des Verbundprojektes lassen sich vielfältige Optimierungspotentiale für die wissenschaftliche Weiterbildung ableiten.

Angebotsebene

Auf Angebotsebene kann eine kooperativ ausgerichtete Angebotsplanung, -entwicklung und -durchführung auf unterschiedliche Weise zu einer Optimierung der wissenschaftlichen Weiterbildung beitragen. Eine Kooperation ermöglicht, dass die verschiedenen Kompetenzen der Partnerinnen und Partner gebündelt eingesetzt werden und dass – wie am Beispiel des konkreten Falls der Kinderzahnheilkunde – die durch Forschung beider Universitäten ständig wachsende Expertise in die Lehre des Weiterbildungsmasterstudiengangs einfließt und somit zu einem qualitativ hochwertigen und forschungsstarken Weiterbildungsangebot beiträgt. Die kooperationsbedingte Möglichkeit der Konzentration der jeweiligen Hochschulen auf einzelne Inhalte und fachliche Spezialisierungen führt zu einer thematischen Professionalisierung der beteiligten Hochschulen bzw. Lehrenden. Diese Option zur Optimierung und Professionalisierung besteht neben der Ebene der Wissenschaft auch auf der Verwaltungsebene. Aufgrund der kooperativen Aufteilung bezogen auf einzelne Verwaltungsabschnitte kann sich das administrativ tätige Personal an allen beteiligten Hochschulen auf bestimmte Aufgaben konzentrieren und deren Bearbeitung wiederum unter Berücksichtigung der besonderen Anforderungen der wissenschaftlichen Weiterbildung an Service- und Dienstleistungsorientierung optimieren.

Marketingebene

Optimierungspotentiale von wissenschaftlicher Weiterbildung liegen bei der Kooperation auf Marketingebene einerseits in der Erhöhung der Wettbewerbsfähigkeit auf dem (regionalen) Weiterbildungsmarkt, indem die öffentliche Wahrnehmung von Hochschulen als Anbieterinnen wissenschaftlicher Weiterbildung gesteigert wird. Andererseits können der durch eine kooperative Marketingstrategie erhöhte Wahrnehmungsgrad und die dadurch kommunizierte Qualitätsbündelung auch dazu beitragen, die wissenschaftliche Weiterbildung als junges und (noch) randständiges Arbeitsfeld innerhalb der einzelnen Hochschulen bekannter zu machen.

Die gemeinsame Marke führt dazu, dass Erfolge der Kooperationspartnerinnen und -partner der wissenschaftlichen Weiterbildung insgesamt (in der Region) zugeschrieben werden. Von dieser Profilierung profitieren letztlich auch die einzelnen Hochschulen – sowohl in ihrer Wahrnehmung von außen als auch innerhalb der eigenen Organisationen.

Qualifizierungsebene

Auf der Ebene der Qualifizierung von Hochschulangehörigen trägt ein kooperativ durchgeführtes Qualifizierungsangebot, das speziell auf die besonderen Rahmenbedingungen des Arbeitsfeldes der wissenschaftlichen Weiterbildung hin entwickelt wurde, zu einer stetigen Optimierung der wissenschaftlichen Weiterbildung sowohl in der Lehre als auch im Management und in der Betreuung von nicht-traditionell Studierenden bei. Zudem wird durch dieses Angebot die Gelegenheit des kollegialen Austauschs zur Weiterbildungspraxis über die Grenzen der eigenen Hochschule hinweg ermöglicht. Durch die verschiedenen Anlässe des gemeinsamen Reflektierens und Diskutierens zwischen den Mitgliedern der kooperierenden Organisationen und – allen voran – durch die hochschulgemischten Teilnehmendengruppen entstehen Räume, um von den Erfahrungen und Umgangsweisen der Partnerinnen und Partner zu erfahren und davon für die eigene Weiterbildungspraxis zu lernen. Somit bietet sich auf der Qualifizierungsebene nicht nur die Möglichkeit der Professionalisierung des Personals an, sondern es ergibt sich auch die Option der Professionalitätssteigerung der Organisationen im Bildungssegment der wissenschaftlichen Weiterbildung allgemein.

Forschungsebene

Eine Optimierung wissenschaftlicher Weiterbildung durch kooperativ angelegte Forschung erfolgt in unterschiedlicher Hinsicht. Kooperative Forschungsprojekte – insbesondere bei hochschultypübergreifenden Forschungsteams wie im WM³-Projekt – werden sowohl durch die unterschiedlichen organisationalen Strukturen der jeweiligen Hochschule als auch durch die hochschultypübergreifenden Besonderheiten bereichert, die sich im gemeinsamen Forschungsgegenstand der wissenschaftlichen Weiterbildung an den jeweiligen Hochschulen manifestieren. Aufgrund der Analyse feldbezogener Varianzen werden Adaptierungs- und Generalisierungspotentiale sichtbar, die auch Optimierungshinweise für die Ausgestaltung wissenschaftlicher Weiterbildung liefern. Zum anderen generieren Forschungskooperationen mit Partnerinnen und Partnern über den Verbundkontext hinaus ebenfalls Potentiale für die Optimierung wissenschaftlicher Weiterbildung. Exemplarisch sei hier auf das – durch WM³ initiierte – ‚Netzwerk außerhochschulisch erworbene Kompetenzen anrechnen‘ (NaKa)[13] verwiesen. Dieses Netzwerk besteht aus Forschenden aus dem gesamten Bundesgebiet und geht der Frage nach, warum der Implementierungsgrad von Verfahren zur Anrechnung außerhochschulisch erworbener Kompetenzen – trotz des Vorliegens sowohl von rechtlichen Rahmenbedingungen als auch von erprobten operativen Anrechnungsverfahren – in der deutschen Hochschullandschaft so gering ist. Von den Ergebnissen dieser und ähnlicher Forschungskooperationen können Erkenntnisse und Ableitungen für die Optimierung wissenschaftlicher Weiterbildung erwartet werden.

Ebene unterschiedlicher Foren

Mit dem Blick auf die Optimierungspotentiale wissenschaftlicher Weiterbildung durch Kooperationen auf der Ebene unterschiedlicher Foren soll hier zunächst die Funktion des Weiterbildungsbeirates exemplarisch vertieft werden. Die Kooperationsbeziehungen über den Weiterbildungsbeirat sind für die Verbundhochschulen in dreifacher Hinsicht von besonderer Bedeutung. Erstens liefern die Impulse der Expertinnen und Experten wertvolle Informationen für die inhaltliche sowie für die strukturelle und organisatorische Konzeption von Weiterbildungsangeboten. Aufgrund der spezifischen Anforderungen, die Weiterbildungs-

---

13 Für weitere Informationen zu dem Forschungsnetzwerk siehe auch: http://www.wmhoch3. de/forschung-und-entwicklung/zweite-foerderphase/vernetzung/30-forschung-und-entwicklung/ arbeitspakete/151-das-netzwerk-ausserhochschulische-kompetenzen-anrechnen-naka.

studierende mit ihren heterogenen Lebenslagen an die Weiterbildungsangebote stellen, ist ein Perspektivwechsel von der Angebots- zur Nachfrageorientierung sinnvoll. Das bedeutet konkret, dass für ein geplantes Weiterbildungsangebot die Nachfragedimension systematisch einbezogen werden soll. Die Mitglieder des Weiterbildungsbeirats geben dabei in gemeinsamen Sitzungen Anregungen und Hinweise, um eine nachfrage- und vor allem auch praxisorientierte Angebotsentwicklung zu ermöglichen. Zweitens sind die Mitglieder des Gremiums wertvolle Multiplikatorinnen und Multiplikatoren des Verbundes und seiner Weiterbildungsprogramme in der Region und darüber hinaus. Drittens leistet die Partizipation dieser Akteurinnen und Akteure an den Forschungsergebnissen und Programmentwicklungen des Projektes einen wichtigen Beitrag zum Austausch zwischen Vertreterinnen und Vertretern unterschiedlicher Bildungssegmente. Dadurch werden neben Klärungsprozessen – etwa bezüglich der Zuständigkeiten von institutionellen Akteurinnen und Akteure für die Entwicklung von Weiterbildungsangeboten in den unterschiedlichen Bildungsbereichen – auch Potentiale für segmentübergreifende Kooperationen als Voraussetzung für die Entwicklung von sinnvollen Komplementärangeboten sichtbar. Der Austausch im Forschungsprozess über erste Erkenntnisse ermöglicht einen Abgleich, ggf. eine Kontrastierung mit den Selbstbeschreibungen und Erfahrungen des Feldes. Diese Form des forschungs- und entwicklungsbegleitenden Austauschs bezieht einerseits die Expertise des Feldes systematisch mit ein und ermöglicht andererseits eine schnelle Verfügbarkeit der Ergebnisse für die Praxis.

Neben dem Beispiel des Weiterbildungsbeirates bieten auch Kooperationen in überregionalen (wissenschaftlichen) Foren Potentiale zur Optimierung der wissenschaftlichen Weiterbildung. Von der vollkostendeckenden Finanzierung der Studienprogramme über die Entwicklung (berufsbegleitender) Weiterbildungsformate inklusive entsprechender innovativer didaktischer, an den besonderen Bedürfnissen nicht-traditionell Studierender ausgerichteter Lernformate bis zur Anrechnung außerhochschulisch erworbener Kompetenzen sind die Hochschulen aufgefordert, entsprechende Lösungen für die besonderen Anforderungen des Feldes der wissenschaftlichen Weiterbildung zu finden. Dazu ist die aktive Beteiligung und Kooperation im Rahmen von nationalen Foren ein wichtiges Instrument. Das Verbundprojekt begibt sich sowohl mit seinen Erkenntnissen und Ergebnissen als auch mit seinen Fragen und Anliegen in einen intensiven Austausch. Durch ein eigens für Vernetzung und Kooperation konzipiertes Arbeitspaket[14] sowie den Aufbau und die Pflege von Kooperationsbeziehungen können wichtige Erkenntnisse für die Optimierung der wissenschaftli-

---

14 Für weiterführende Informationen zu den Aufgaben des Arbeitspaketes siehe: http://www.wmhoch3.de/forschung-und-entwicklung/zweite-foerderphase/vernetzung

chen Weiterbildung an den mittelhessischen Hochschulen gewonnen werden. Die intensive Partizipation in solchen Foren, in denen Lösungen auf anstehende Probleme gemeinsam gefunden und diskutiert werden, steigert die Effizienz und Effektivität der Hochschulen, die jeweils von den Problemen und Lösungen der anderen in den Foren vertretenen Hochschulen lernen und so flexibler auf Anforderungen des Feldes reagieren können.

Aus der Zusammenfassung der Ebenen der Kooperation (Angebote, Marketing, Qualifizierung, Forschung und Foren) sowie der in ihnen liegenden Vorteile und darauf aufbauenden Optimierungspotentiale ergibt sich folgendes Schaubild:

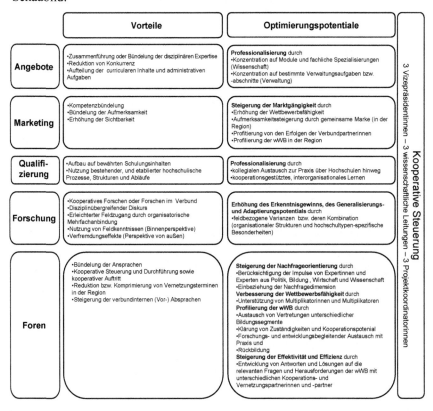

Abbildung 1: Vorteile und Potentiale zur Optimierung wiss. Weiterbildung durch Kooperation und Vernetzung während des Verbundprojektes

Ein zusätzlicher Mehrwert in fachlicher, organisationaler und regionaler Hinsicht auf den zuvor genannten Ebenen entsteht aus deren vielfältigen Kombinationsmöglichkeiten, Bezügen und wechselseitigen Beeinflussungen. So lassen sich beispielsweise, wie bereits angedeutet, die Erkenntnisse aus der Forschung bzw. deren Transferpotentiale nutzbringend für die *Qualität* der Angebote verwenden, ebenso wie die Erfahrungen und Hinweise aus den Foren. Die *Professionalität* des wissenschaftlichen und des administrativen Personals in der wissenschaftlichen Weiterbildung kann ebenfalls durch Forschung sowie Qualifizierung ausgebaut werden. Die *Marktfähigkeit* der Angebote im Speziellen und die *Akzeptanz* der wissenschaftlichen Weiterbildung im Allgemeinen wird allen voran durch Marketing optimiert, aber auch der Austausch in Foren sowie die Unterstützung der Vernetzungspartnerinnen und -partner kann zur Optimierung auf diesen Gebieten beitragen. Alles in allem kann festgehalten werden, dass der *Erkenntnisgewinn* durch die intelligente Verknüpfung aller Ebenen gesteigert wird. Um dies zu realisieren, bedarf es eines intensiven und austauschaffinen Kooperationsmanagements, das durch eine effektive Steuerung lanciert und protegiert wird.

2.3   Kooperationen über das Verbundprojekt hinaus

Auch nach dem Ende der sechsjährigen Projektlaufzeit von WM[3] (September 2017) werden die aufgebauten Kooperations- und Vernetzungsstrukturen fortgeführt, um den Mehrwert des Verbundes für die drei Hochschulen nachhaltig zu sichern. Dabei werden die unterschiedlichen Kooperations- und Vernetzungsformen strukturell im Regelbetrieb der Hochschulen verankert. Bezogen auf die einzelnen Ebenen lässt sich dies wie folgt konkretisieren:

Kooperation auf Angebotsebene: Der durch die beiden Universitäten kooperativ entwickelte Masterstudiengang Kinderzahnheilkunde wird über das Ende der Projektlaufzeit weitergeführt. Die Entwicklung weiterer kooperativ angelegter Weiterbildungsangebote ist möglich. Diese wird insbesondere auf Zertifikatsebene dadurch erleichtert, dass hochschulübergreifend eine gemeinsam abgestimmte Rahmenordnung für Zertifikatskurse entwickelt und von allen drei Hochschulen in Kraft gesetzt wurde.

Kooperation auf Marketingebene: Auf Marketingebene wird die gemeinsam betriebene WM[3]-Homepage weitergeführt. Dort wird fortlaufend über die aktuellen Weiterbildungsangebote informiert. Die Marke WM[3] wird weiterhin für die wissenschaftliche Weiterbildung in Mittelhessen werben.

Kooperation auf der Ebene der Qualifizierung von Hochschulangehörigen: Die umfangreich wahrgenommenen Qualifizierungsangebote zu Themen der wissenschaftlichen Weiterbildung bleiben im Rahmen der Angebote des HDM bestehen. Es ist geplant, besonders nachgefragte Workshops regelmäßig zu wiederholen und bei Bedarf neue thematische Seminarkonzepte zu entwickeln.

Kooperation und Vernetzung auf der Ebene unterschiedlicher Foren: Sowohl der Weiterbildungsbeirat als auch die hochschulinterne Steuerungsgruppe werden verstetigt. Durch jährlich stattfindende Treffen wird eine dauerhafte Grundlage für interorganisationale Kooperationsbeziehungen zwischen den Hochschulen und ihren externen Partnerinnen und Partnern geschaffen.

Alle aufgeführten Kooperationsformen und -ebenen bieten weiterhin – wie in Kapitel 2.2.6 bereits ausgeführt – die Möglichkeit, die wissenschaftliche Weiterbildung an den drei Verbundhochschulen in unterschiedlichen Dimensionen und Aufgabenfeldern zu optimieren. Eine genauere Bestimmung dieser (zukünftigen) Optimierungsmöglichkeiten könnte und sollte zu einem späteren Zeitpunkt wissenschaftlich eruiert werden.

2.4 Gesamtbetrachtungen des Kooperationsverlaufes

Bei einer Gesamtbetrachtung des Verlaufs der Kooperationsbeziehungen über die Dauer der drei zuvor beschriebenen Phasen (Kooperationen vor, während und nach dem Verbundprojekt) hinweg zeigt sich, dass durch das hochschultypübergreifende Verbundprojekt sowohl bestehende Kooperationsbeziehungen und Vernetzungen intensiviert als auch neue Beziehungen aufgebaut und über die Projektlaufzeit hinaus verstetigt werden konnten. Dabei wurden nicht nur die Optimierungspotentiale für die wissenschaftliche Weiterbildung durch Kooperation sichtbar, sondern auch eine Optimierung der Kooperation und Vernetzung selbst erkennbar. Insbesondere durch die verstetigte Kommunikation innerhalb der Kooperationsstrukturen und Vernetzungen konnte ein wechselseitiges Vertrauen und gegenseitiges Verständnis aufgebaut werden, das Kommunikationsabläufe und Aushandlungsprozesse beschleunigte, entscheidungsbezogenes Vorgehen ermöglichte und ein gemeinsames Problembewusstsein von zu bearbeitenden Themen und Fragen erzeugte.[15] Beide Perspektiven – Optimierung durch Kooperation und Vernetzung und Optimierung der Kooperation und Ver-

---

15 Insofern bestätigt sich auch an diesem Kooperationsfall der in der Literatur häufig hervorgehobene Effekt, dass sich regelmäßige Treffen als Möglichkeiten des Austausches auf einer strukturierten Kommunikationsbasis sowie die Bereitstellung von Begegnungsräumen positiv auf den Fortgang von Kooperationen auswirken (vgl. Dollhausen/Mickler 2012, S. 119f.).

netzung – waren dabei schwerpunktmäßig auf das Feld der wissenschaftlichen Weiterbildung bezogen, gingen aber in Teilen auch weit darüber hinaus. Insofern bestätigte, bekräftigte und vertiefte das Verbundprojekt WM[3] die Kooperation der drei mittelhessischen Hochschulen sowohl feldspezifisch als auch feldübergreifend.[16]

3   Vernetzung und Kooperationen als Möglichkeitsräume der Optimierung wissenschaftlicher Weiterbildung – eine theoretische Ausdeutung

Die Vielfalt der im zweiten Kapitel skizzierten Kooperationsbeziehungen lässt sich in einer theoretisch-systematisierenden Perspektive nach Art und Zugehörigkeit der Kooperationspartnerinnen und -partnern in horizontale, vertikale und diagonale Kooperationen unterteilen.[17] In einer horizontalen Perspektive kooperieren die drei Verbundhochschulen als Weiterbildungseinrichtungen mit dem gleichen Bildungsauftrag miteinander. In einer vertikalen Perspektive kooperieren die Verbundhochschulen bildungssegmentübergreifend mit Einrichtungen aus nicht hochschulischen Bereichen des Bildungswesens (u.a. Volkshochschulen). In einer diagonalen Perspektive lassen sich schließlich Kooperationen der Verbundhochschulen mit Akteurinnen und Akteuren identifizieren, die nicht dem Bildungssystem, sondern anderen Funktionssystemen angehören (u.a. Unternehmen, Stiftungen).[18]

In all diesen Kooperationszusammenhängen fungieren die handelnden Akteurinnen und Akteure als Scharnier sowohl zwischen den an der Kooperation beteiligten Organisationen als auch zwischen dem Innen und Außen der eigenen Organisation (vgl. Feld 2011, S. 42f.). Seitter bewertet diese Kooperationsarbeit daher als

> „eine Mobilisierung über die Grenzen der eigenen Organisation hinweg. Kooperieren ist ein gleichzeitiges Operieren im Innen und Außen der Organisation, im Innen, an der Grenze und im Außen der Einrichtung durch positional-räumliche Veränderungen der jeweils beteiligten Kooperationsakteure" (Seitter 2013, S. 45).

---

16 Die produktiven Wechselwirkungen zwischen der wissenschaftlichen Weiterbildung und anderen Aufgabenfeldern der Hochschulen können an dieser Stelle nicht weiter vertieft werden.

17 Zu einer ausführlichen Plausibilisierung der Modi siehe Seitter 2013.

18 Eine ausführlichere Beschreibung und Analyse dieser drei Kooperationsperspektiven auf der Ebene der Angebotsgestaltung sowie entsprechende Beispiele finden sich bei Sweers/Lengler 2018.

Diese Interaktion in interorganisationalen Zwischenräumen macht die beteiligten Akteurinnen und Akteure zu organisationalen Grenzgängern, die durch die Beobachtung der eigenen Organisation von außen wiederum das Beobachtungspotential ihrer Einrichtung erhöhen (vgl. ebd. S. 45f.). Diese institutionalisierten wechselseitigen Beobachtungsverhältnisse eröffnen einen spezifischen Raum für Kommunikation und Interaktion sowie für Möglichkeiten institutionalisierter Selbstbeobachtung, die aus dem Außen zu einer organisationsbezogenen Professionalisierung und Professionalitätsentwicklung beitragen können. Die Etablierung von interorganisationalen Kooperationsbeziehungen als Instrumente dauerhafter Selbst- und Fremdbeobachtungsverhältnisse ermöglicht sowohl eine Komplexitätssteigerung als auch eine Umweltsensibilisierung, die zu verhaltenswirksamen Folgeeffekten führen kann (vgl. ebd. S.47).

Überträgt man die angenommenen positiven Folgeeffekte von institutionalisierten Selbst- und Fremdbeobachtungsverhältnissen in Kooperationsbeziehungen auf die Frage nach Optimierungspotentialen für das Feld der wissenschaftlichen Weiterbildung, lassen sich am Beispiel des hochschulübergreifenden Verbundprojektes zwei zentrale Dimensionen herausarbeiten:

Horizontale Kooperationsbeziehungen zwischen den Verbundhochschulen:
Vor dem Hintergrund, dass das Feld der wissenschaftlichen Weiterbildung für alle drei Verbundhochschulen ein relativ junges Tätigkeitsfeld darstellt, auf dem bisher (verglichen mit der grundständigen Lehre) verhältnismäßig wenig Erfahrungen vorliegen, bietet sowohl die Fremdbeobachtung der anderen Verbundorganisationen als auch die Selbstbeobachtung der eigenen Organisation aus einem Zwischenraum kommunikativ verstetigter Kooperationsbeziehungen heraus deutliche Optimierungspotentiale. Durch die Beobachtung der eigenen Organisation – als Selbst- und Fremdbeobachtung – können Übersetzungsleistungen in beide Richtungen (nach innen und nach außen) erfolgen. Die Impulse, die aus dem Kooperationsraum durch die entsendeten Mitarbeitenden in die eigene Organisation zurückgetragen werden, initiieren intraorganisationale Selbstreflexionsprozesse. Auf der Ebene der horizontalen Kooperationsbeziehungen kann sich dies besonders dort als hilfreich erweisen, wo die anderen Hochschulen Lösungen und Operationalisierungsstrategien für Herausforderungen entwickelt haben, die in der eigenen Organisation noch unbearbeitet oder ungelöst sind. Neben der organisationalen Verankerung der wissenschaftlichen Weiterbildung innerhalb der Hochschule können hier auch Felder wie die Kalkulation von Vollkosten, die Gewinnung von Dozierenden oder die didaktische Aufbereitung von Studienmaterialien vor dem Hintergrund der Zeitverausgabung nichttraditionell Studierender genannt werden.

Vertikale und diagonale Kooperationsbeziehungen: Die Zusammenarbeit und der Austausch mit Organisationen und Bildungseinrichtungen, die bereits über langjährige Erfahrung in der Konzeption von (Weiterbildungs-)Angeboten an den Bedürfnissen des Marktes haben, bieten den Hochschulen vielfältige Adaptierungspotentiale. Das Operieren in interorganisationalen Zwischenräumen und die damit verbundene wechselseitige Beobachtung der eigenen Organisation schaffen Potentiale für die Entwicklung neuer Handlungsstrategien zur Optimierung wissenschaftlicher Weiterbildung. Dies gilt auf dieser Ebene insbesondere für Tätigkeitsfelder, auf denen die Hochschulen – aus ihrer Historie her begründet – bisher einen eher geringen Professionalisierungsgrad aufweisen, wie Marketing, Serviceorientierung, Teilnehmendengewinnung, marktadäquate und konkurrenzfähige Preiskalkulation.

Aus der Gesamtbetrachtung heraus lässt sich resümieren, dass durch Kooperationen (und auch durch Vernetzungen) Möglichkeitsräume geschaffen werden, in denen Interaktionen, Kommunikationen und (wechselseitige) Beobachtungen stattfinden, aus denen wiederum eine Optimierung wissenschaftlicher Weiterbildung resultieren kann. Kooperieren stellt in dieser Perspektive nicht nur eine spezifische Form der Ressourcenbündelung, Risikominimierung oder Markterschließung dar, sondern auch einen – auf Dauer gestellten – Modus organisationaler Professionalisierung (vgl. Seitter 2013, S. 47).

Literatur

Alke, Matthias (2015): *Verstetigung von Kooperation. Eine Studie zu Weiterbildungsorganisationen in vernetzten Strukturen.* Wiesbaden: Springer VS.

Dollhausen, Karin/Mickler, Regine (2012): *Kooperationsmanagement in der Weiterbildung.* Bielefeld: W. Bertelsmann.

Feld, Timm C. (2011): *Netzwerke und Organisationsentwicklung in der Weiterbildung.* Bielefeld: wbv.

Feld, Timm C. (2008): *Anlässe, Ziele, Formen und Erfolgsbedingungen von Netzwerken in der Weiterbildung.* (online: http://www.diebonn.de/doks/feld0801.pdf, zuletzt abgerufen am 20.06.2017).

Franz, Melanie (2014): *Widerstand in kooperativen Bildungsarrangements.* Wiesbaden: Springer VS.

Habeck, Sandra/Denninger, Anika (2015): Potentialanalyse. Forschungsbericht zu Potentialen institutioneller Zielgruppen. In: Seitter, Wolfgang/Schemmann, Michael/Vossebein, Ulrich (Hrsg.): *Zielgruppen in der wissenschaftlichen Weiterbildung. Empirische Studien zu Bedarf, Potential und Akzeptanz.* Wiesbaden: Springer VS, S. 189-289.

Helmcke, Martina (2008): *Handbuch für Netzwerk- und Kooperationsmanagement.* Kleine Verlag: Bielefeld.

Maschwitz, Annika (2014): *Universitäten, Unternehmen, Kooperationen: Kooperationen zwischen öffentlichen Universitäten und Wirtschaftsunternehmen im Bereich wei-*

terbildender berufsbegleitender Studiengänge. Münster: Verlag Haus Monsenstein und Vannerdat.

Präßler, Sarah (2015): Bedarfsanalyse. Forschungsbericht zu Bedarfen individueller Zielgruppen. Erwerbstätige, Bachelorabsolvent_innen, Personen mit Familienpflichten, Berufsrückkehrer_innen. In: Seitter, Wolfgang/Schemmann, Michael/Vossebein, Ulrich (Hrsg.): *Ziel-gruppen in der wissenschaftlichen Weiterbildung. Empirische Studien zu Bedarf, Potential und Akzeptanz*. Wiesbaden: Springer VS, S. 61-187.

Seitter, Wolfgang/Schemmann, Michael/Vossebein, Ulrich (2015): Bedarf – Potential – Akzeptanz. Integrierende Zusammenschau. In: Seitter, Wolfgang/Schemmann, Michael/Vossebein, Ulrich (Hrsg.): *Zielgruppen in der wissenschaftlichen Weiterbildung. Empirische Studien zu Bedarf, Potential und Akzeptanz*. Wiesbaden: Springer VS, S. 23-59.

Seitter, Wolfgang (2013): Professionelles Handeln im Kooperations- und Vernetzungskontext. In: Dollhausen, Karin/Feld, Timm C./Seitter, Wolfgang (Hrsg.): *Erwachsenenpädagogische Kooperations- und Netzwerkforschung, Theorie und Empirie Lebenslangen Lernens*. Wiesbaden: Springer VS, S. 33-48.

Sweers, Franziska/Lengler, Asja (2018): Kooperative Angebotsgestaltung in der wissenschaftlichen Weiterbildung – am Beispiel des WM³-Verbundprojektes. In: Seitter, Wolfgang/Friese, Marianne/Robinson, Pia (Hrsg.): *Wissenschaftliche Weiterbildung zwischen Entwicklung und Implementierung. WM³ Weiterbildung Mittelhessen*. Wiesbaden: Springer VS, S. 57-93.

Gesamtschau

Zusammenfassende Gesamtschau und Kommentierung. Ergebnisse – Prozesse – Ausblicke

Wolfgang Seitter/Marianne Friese/Pia Robinson[1]

Zusammenfassung

In der abschließenden Gesamtschau und Kommentierung wird der Mehrwert der durch die Einzelbeiträge präsentierten Ergebnisse eruiert. Als übergreifende Dimensionen, die sich in den Ergebnissen, Prozessen und Ausblicken gleichermaßen dokumentieren, lassen sich Zielgruppenmatching, Kooperativität, Kommunikativität und Transdisziplinarität samt den damit verbundenen Herausforderungen an Professionalitätsentwicklung identifizieren.

Schlagwörter

Professionalitätsentwiklung, Zielgruppenmatching, Kooperativität, Kommunikativität, Transdisziplinarität

Inhalt

1   *Wolfgang Seitter* | Philipps-Universität Marburg | seitter@staff.uni-marburg.de
     Marianne Friese | Justus-Liebig-Universität Gießen | Marianne.Friese@erziehung.uni-giessen.de
     Pia Robinson | Technische Hochschule Mittelhessen | pia.robinson@w.thm.de

Rekapituliert man die Auswahl und Zusammenstellung der Themen nach Lektüre der einzelnen Aufsätze oder in der gleichzeitigen Sicht auf das Inhaltsverzeichnis, so lässt sich fragen, was – jenseits der vielen präsentierten Einzelbefunde – das Verbindende oder gar den Mehrwert des vorliegenden Sammelbandes ausmacht/ausmachen könnte. Dieser Frage wollen wir in einer zusammenfassenden Gesamtschau und aufsatzübergreifenden Kommentierung nachgehen, indem wir einerseits versuchen, inhaltliche Verbindungen zwischen den einzelnen Beiträgen herauszuarbeiten (1. Ergebnisse), und indem wir andererseits den prozessualen Mehrwert bzw. die hinter den Ergebnissen ablaufenden (abgelaufenen) performativen Prozesse in ihrer wechselseitigen Verschränkung fokussieren (2. Prozesse). Abschließen wollen wir die kommentierende Gesamtschau mit Ausblicken auf die zukünftige Entwicklung und Gestaltung der wissenschaftlichen Weiterbildung im Verbund WM[3] und darüber hinaus (3. Ausblicke).

1   Ergebnisse

Die Gliederung des Sammelbandes nach Bedarf, Angebote/Teilnehmende, Personal und Organisation/Vernetzung suggeriert einen – mehr oder weniger – idealtypischen Prozessverlauf bei der Entwicklung und Ausgestaltung wissenschaftlicher Weiterbildung. Sie entspricht damit Phasenmodellen der Angebotsgestaltung, wie sie prominent etwa von Hanft (2014) vorgelegt wurden. Von der Erhebung externer Bedarfe bei (institutionellen) Adressaten wissenschaftlicher Weiterbildung über die Entwicklung flexibel-passgenauer Angebote und Ausrichtung derselben an den Wünschen/Erwartungen/Lerngewohnheiten der faktisch anwesenden Teilnehmerinnen und Teilnehmer bis hin zur Vorbereitung und Qualifizierung des eingesetzten Personals und der Implementierung der für die Angebotsgestaltung notwendigen Organisationsprozesse bei gleichzeitiger Vernetzung der vielfältigen internen und externen Aktivitäten entfaltet sich der phasenbezogene Zyklus der Angebotsgestaltung wissenschaftlicher Weiterbildung.

Gleichzeitig ergeben sich über die zeitliche Prozessbetrachtung hinaus zahlreiche präzisierbare Problemstellungen und Herausforderungen, die sich – phasenbezogen, aber auch über die Phasen hinweg – inhaltlich bündeln und aufeinander beziehen lassen. Diese Problemstellungen und Herausforderungen betreffen

- die Spezifika der externen Zielgruppen,
- die Qualitätssicherung und Optimierung der Angebote,
- die Bedarfe an hochschulischer – individueller und organisationaler – Professionalitätsentwicklung (interne Zielgruppen),

- das Matching aller Zielgruppen und didaktischen Ebenen durch Kooperation und Kommunikation.

Spezifika der externen Zielgruppen

Ein erstes Themencluster, das die Aufsätze durchzieht, fokussiert die spezifischen Ausgangslagen und Erwartungshaltungen der externen – institutionellen wie individuellen – Zielgruppen. Dieses Themenfeld umfasst zum einen die konkreten Schwierigkeiten der Bedarfsartikulation von Unternehmen und Einrichtungen vor dem Hintergrund wechselseitiger Unkenntnis und Intransparenz. Hochgradig organisationskulturell gerahmte Formen betrieblicher Bedarfsartikulation treffen auf hochschulische Angebotsmöglichkeiten, deren Potentiale als solche (noch) kaum im Horizont der gängigen betrieblichen Weiterbildungsformate angekommen sind.

Daraus ergeben sich zum anderen spezifische Beratungsbedarfe sowohl für die Unternehmen und Einrichtungen als auch für die individuellen Nachfragerinnen und Nachfrager, die als nicht traditionell Studierende neben ihren Berufs- und Familienpflichten auch – aber eben nur auch – Studierende sind bzw. sein wollen. Derartige Beratungsbedarfe betreffen u.a. Zulassungsvoraussetzungen und Finanzierungsmöglichkeiten des Studiums, Fragen der Anerkennung und Anrechnung außerhochschulisch erworbener Kompetenzen, berufliche Verwertbarkeit oder die Vereinbarkeit von Studium und Beruf/Familie/Freizeit.

Ein weiterer Problembezug mit erheblicher Brisanz sind Zeitknappheit und Möglichkeiten der Zeitverausgabung sowie die darauf bezogene Flexibilität in der Angebotsgestaltung. Auch dieses Thema betrifft institutionelle und individuelle Adressaten gleichermaßen. Zeitrestriktionen bei Leitungspositionen, branchen-, konjunktur- und jahreszeitbedingte Formen der Geschäftsverdichtung, der Vorrang beruflicher/privater Tätigkeiten vor kontinuierlicher und verpflichtender Lernbeteiligung, die spannungsreiche Verknüpfung von Arbeits-, Lern- und Familienzeiten mit vielfältigen Prozessen der Aushandlung sind nur einige der Themen in diesem Bereich, die zudem eine hohe geschlechtsspezifische Komponente aufweisen.

Eng verbunden mit dem Thema Zeit- und Ressourcenknappheit sind hohe Service- und Dienstleistungserwartungen der nachfragenden Einrichtungen und Individuen an die Angebotsgestaltung. Dies betrifft etwa die gebündelte Weitergabe relevanter Informationen, die zeitnahe Beratung und Kommunikation, die Flexibilität und Verbindlichkeit in der Termin- und Prüfungsgestaltung oder die effiziente Bereitstellung von Studienmaterialien. Eine herausgehobene Position haben in diesem Kontext die Studiengangkoordinatorinnen und -koordinatoren,

die mit einem umfassenden Aufgabenportfolio maßgeblich zu einer serviceori-
entierten Umsetzung der Angebotsgestaltung beitragen (s.u.).

Nicht zuletzt fokussieren sich die Erwartungshaltungen auf die zielgerichtete Umsetzung der Lehre, insbesondere auf eine Entsprechung von Lehre und
Prüfung. Gerade bei abschlussorientierten Angeboten der wissenschaftlichen
Weiterbildung ist der Prüfungsbezug der Lehre (was geprüft wird, soll auch gelehrt werden) entscheidend und wird als Qualitätsmerkmal erwartet.

Qualitätssicherung und Optimierung der Angebote

Mit Blick auf diese zielgruppenbezogenen Erwartungshaltungen geht es im
zweiten Themencluster um die qualitätsgesicherte Angebotsgestaltung und deren kontinuierliche Optimierung. Qualitätssicherung und Qualitätsoptimierung
sind daher ebenfalls durchgehende – phasenspezifische und phasenübergreifen-
de – Themen des Sammelbandes. Sie dokumentieren sich in den Aufsätzen u.a.
in der Frage, wie Studienmaterialien auf Qualität hin überprüft werden können,
welche Prüfungsformate – auch gerade in ihrer elektronischen Variante – sinnvoll einsetzbar sind, wie Beratung in ihren Strukturen, Modi der Umsetzung und
in ihrer Wissensbasis optimiert werden kann, welches Ausmaß an Flexibilität in
der Angebotsgestaltung möglich ist oder wie über Studiengang- und Veranstal-
tungsevaluation wissensgenerierende, bewertungsintendierte und optimierungsorientierte Einsichten in die Angebotsqualität gewonnen werden können.

Bedarfe an hochschulischer – individueller und organisationaler –
Professionalitätsentwicklung (interne Zielgruppen)

Eng verbunden mit den Spezifika der externen Zielgruppen und den Notwendigkeiten einer qualitätsgesicherten Angebotsgestaltung ist der Bedarf an hochschulischer Professionalitätsentwicklung sowohl auf der Ebene der Lehrenden
und Studiengangverantwortlichen als auch auf der Ebene der Verwaltung. Beide
Ebenen und Personenkreise können als interne Zielgruppen bezeichnet werden,
da auch ihr Einsatz motiviert, begleitet und entwickelt werden muss (zum vierfachen Zielgruppenbezug der wissenschaftlichen Weiterbildung vgl. Seitter/Kahl
2018). Diese Notwendigkeit einer umfassenden kollektiven Professionalitätsentwicklung konkretisiert sich in den Aufsätzen u.a. bei den individualisierten
Beratungsangeboten für akademische Leitungen oder beim Kompetenzprofil
und den Professionalisierungsbedarfen für Studiengangkoordinierende. Diese
haben – gerade bei dezentral, in den Fachbereichen verantworteten Studienangeboten – eine Vielfalt an höchst unterschiedlichen Aufgaben zu bewältigen, für
die sie kontinuierliche Fortbildungs- und Austauschmöglichkeiten benötigen.
Ein besonders hervorzuhebender Aspekt ihres Kompetenzprofils ist das Koope-

rationsmanagement, das in seinen internen und externen Bezügen maßgeblich für eine erfolgreiche Angebotsgestaltung verantwortlich zeichnet. Dienstleistungserwartungen aufzunehmen und sich entsprechend zu professionalisieren, betrifft schließlich auch das Verwaltungspersonal. In dieser Hinsicht sind entsprechende Qualifizierungsmaßnahmen sowohl zentral als auch dezentral – so zeigen die Erfahrungen und Befunde – noch relativ wenig entwickelt.

Matching von Zielgruppen und didaktischen Ebenen durch Kooperation und Kommunikation

Ganz entscheidend für den Erfolg wissenschaftlicher Weiterbildung sind das Matching der verschiedenen Zielgruppen und das Ineinandergreifen der unterschiedlichen didaktischen Ebenen. Exemplarisch zeigt sich diese Matchingherausforderung etwa auf der Ebene der Lehr-/Lerninteraktion in der Kooperations-, Kommunikations- und Vernetzungsarbeit der Studiengangkoordinatorinnen und -koordinatoren, die insbesondere für die Teilnehmenden als ‚one stop office' alle relevanten Informationen gebündelt bereithalten (sollen). Auf der Ebene der (inter-)organisationalen Gestaltung ist Matching hingegen mit einem ausgeprägten Stakeholdermanagement verbunden, das die unterschiedlichen Zielgruppen der wissenschaftlichen Weiterbildung kontinuierlich und aktiv einbindet und dabei auch die ordnungspolitische Absicherung (Region, Kammern, Ministerien) nicht vernachlässigt. Dabei sind die (offensive) Sichtbarmachung und Sichtbarkeit der weiterbildungsbezogenen Aktivitäten, die zeitnahe Ansprechbarkeit von/nach innen und außen sowie die Transparenz der Kommunikation unter Nutzung unterschiedlicher Kommunikationsformate und Vertriebskanäle von nicht zu unterschätzender Wichtigkeit. Matching im Sinne des Zusammenbringens und des Aufeinander-Abstimmens unterschiedlicher Perspektiven und Akteure – gerade auch unter den Bedingungen von knappen zeitlichen und finanziellen Ressourcen – erfordert schließlich ein professionelles Kooperationsmanagement, das in einer sensiblen, akzeptanzförderlichen und verstetigten Kommunikation und Vernetzungsarbeit die Akteure zu einem gemeinsamen zielorientierten Handeln für die und in der Angebotsgestaltung zusammenbringt.

Zwischenfazit

Gleicht man die hier dargelegten Ergebnisse und Themencluster mit den Forschungsbefunden und der Literaturproduktion innerhalb des Wettbewerbs ‚Aufstieg durch Bildung: Offene Hochschulen' ab, so zeigt sich, dass auch die wissenschaftliche Begleitung die Literaturproduktion in der ersten Förderphase des Wettbewerbs in ähnlicher Weise inhaltlich geclustert hat. Die drei vorgelegten Bände nach Abschluss der ersten Förderphase systematisieren die Themenfelder

‚Zielgruppen' (Wolter/Banscherus/Kamm 2016), ‚Theorie und Praxis verzahnen' (Cendon/Mörth/Pellert 2016) sowie ‚Organisation und Management'
(Hanft u.a. 2016) und sind damit den hier vorgestellten Themenclustern in ihrer
inhaltlichen Ausrichtung recht ähnlich.

Mit ‚Matching' schlagen wir allerdings ein weiteres, die bisherigen Themenfelder verbindendes Cluster vor, das die Herausforderung fokussiert, wie –
in einem zeitgleichen Umsetzungsbezug – externe Zielgruppen (institutionelle
und individuelle Adressaten), Angebote (in einer qualitätsgesicherten Perspektive) und interne Zielgruppen (wissenschaftliches Personal und Verwaltung) zu-
sammengebracht, wie also die unterschiedlichen Zielgruppen der wissenschaftlichen Weiterbildung mit Blick auf spezifische Angebotsformate und –gestal-
tungen koordiniert und aufeinander bezogen werden können. Als wichtige
Matchingelemente für eine erfolgreiche Realisierung wissenschaftlicher Weiterbildung identifizieren wir dabei ‚Kooperativität' und ‚Kommunikativität', die als
Modus des Agierens so einfach zu benennen, in ihrer praktischen Umsetzung
jedoch so anspruchsvoll, voraussetzungsreich und schwierig zu realisieren sind.

2   Prozesse

Was in dem hier vorgelegten Sammelband in den einzelnen Aufsätzen als Ergebnisse vereint dargestellt ist und in der analogen Lektüreabfolge der Seiten
nachvollzogen werden kann, stellt sich im konkreten Projektgeschehen und in
der kumulativen Schreibarbeit als ein prozesshaftes, gleichzeitig ablaufendes
und – im besten Fall – ineinandergreifendes Geschehen dar. Der Mehrwert des
Verbundprojektes zeigt sich gerade auch in dieser operativen Seite des Prozes-
sierens, die schon allein aufgrund ihrer Größe und Vielschichtigkeit immer darauf abzielte/abzielen muss, in der wechselseitigen Erschließung der parallel
und simultan ablaufenden Arbeit der einzelnen Arbeitsgruppen an den drei
Hochschulen die unterschiedlichen Ebenen und Zielgruppen wissenschaftlicher
Weiterbildung aufeinander zu beziehen und dadurch einen Entwicklungs-, Im-
plementierungs- und Optimierungsmehrwert zu erzeugen. Allerdings hat eine
derartige Vernetzungsperspektive zur Voraussetzung, ständig einen Blick auf
die wechselseitige Abhängigkeit, Durchdringung und Erschließung der einzelnen Arbeitspakete einzuüben und eine kontinuierlich mitlaufende Form der
diesbezüglichen Ergebnissicherung vorzuhalten. Auch hier sind Kooperation
und Kommunikation wesentliche Bedingungen wechselseitiger Bezugnahmen,
die sich etwa in der Offenlegung und gegenseitigen Kenntnisnahme des methodischen Vorgehens, der theoretischen Fokussierung oder der handlungsrelevan-

ten Ableitungen im Kontext der einzelnen Arbeitspakete dokumentiert (zu den spezifischen Herausforderungen kooperativen Forschens vgl. Seitter 2018). Was für die wissenschaftliche Weiterbildung im operativen Prozess der forschungsbasierten Entwicklung, Implementierung und Optimierung gilt, kennzeichnet auch den spezifischen Aspekt des wissenschaftlichen Schreibens über die wissenschaftliche Weiterbildung. Auch das Schreiben vollzieht sich zwischen Entwicklung, Implementierung und Optimierung in einem kollektiven Prozess der Professionalitätsentwicklung,

- der in einer bestimmen Projektphase der Aufsatzerarbeitung in die Gleichzeitigkeit des Schreibens und Lesens aller Beteiligten einmündet,
- der Entwürfe, Kommentierungen, Reflexionen, Präzisierungen, Optimierungshinweise und Optimierungsschlaufen durchläuft,
- der durch wechselseitige Lektüre, Rückmeldung und gegenseitige Befruchtung eine Optimierung des Schreibprodukts durch eine Optimierung des Schreibens erreicht,
- der in der gleichzeitigen Bezugnahme auf das WM³-Projekt und den übergreifenden Wettbewerb sowie in der dadurch erzeugten Verhältnisbestimmung von Partikularität und Generalisierbarkeit eine Verfremdung, Distanzierung und Kontextuierung der eigenen Fragestellung erfährt,
- der eine theoretische Schärfung und systematische(re) Bestimmung grundlegender Begrifflichkeiten zur Folge hat und
- der schließlich zu einem (intendierten) Matching zwischen den verschriftlichten Projektergebnissen und den (imaginierten) Zielgruppen von Leserinnen und Lesern innerhalb des Wettbewerbs und der allgemeinen Fachöffentlichkeit führt.

In all diesen operativen Prozessen der Entwicklung, Schärfung, Theoretisierung und schreibproduktbezogenen Optimierung gab und gibt es zudem vielfältige Rückkoppelungsschleifen zum bereits etablierten Regelbetrieb der wissenschaftlichen Weiterbildung an den drei Verbundhochschulen.

3   Ausblicke

Welche Zukünfte lassen sich für die wissenschaftliche Weiterbildung nach Ende des WM³-Verbundprojektes prognostizieren?

Diese Überlegung betrifft zum einen generell die Frage nach der Nachhaltigkeit und der Verankerung der wissenschaftlichen Weiterbildung in die Hochschulstrukturen (vgl. dazu auch den Sammelband von Sturm/Spenner 2018). Sie betrifft zum anderen die Frage nach der Innovationskraft, die wissenschaftliche Weiterbildung entfalten kann – in der Ansprache von Zielgruppen, als Cross-Selling-Element von Forschung, in ihrer Verbindung zur grundständigen Lehre, in der Vorreiterrolle für ein neues Verhältnis von Anwesenheit/Abwesenheit der Studierenden und eine darauf bezogene veränderte Lehr-/Lernorganisation. Vor allem ist sie aber eine Frage des intelligenten Matchings mit den hochschulischen Zentralaufgaben von Forschung und (grundständiger) Lehre und der daraus resultierenden organisationskulturellen Akzeptanz einer Hybridstruktur, die wissenschaftliche Weiterbildung in ihrem ‚Dazwischensein' zwischen Angebot und Nachfrage, Staat und Markt, Theorie- und Praxisbezug auszeichnet.

Die Zukunft der wissenschaftlichen Weiterbildung im Verbund WM^3 liegt – ganz konkret – zunächst in der Verstetigung der entwickelten und implementierten Angebote unter Marktbedingungen sowie im Rahmen der hessischen Gesetzesvorgabe einer (Voll-)Kostendeckung. Des Weiteren liegt sie in der Verstetigung als eigenständig ausgewiesenes Programmsegment hochschulischer Studienangebote an den einzelnen Verbundhochschulen samt den damit verbundenen organisationalen – langfristig ausgerichteten – Strukturen. Darüber hinaus liegt sie in der Verstetigung des WM^3-Verbundes selbst als Fortsetzung der Verbundkooperation auf den unterschiedlichen Ebenen der Zusammenarbeit (Marketing, Angebote, Qualifizierung des Personals, Weiterbildungsbeirat, Steuerungsgruppe, etc.). Schließlich ist bei alledem nicht zu unterschätzen der diskursive, programmatische, förderpolitische, öffentlichkeitswirksame und ebenfalls verstetigungsbedürftige Rückenwind, der vom Programm der ‚Offenen Hochschulen' insgesamt ausgeht und der auch die (mittel-)hessischen Hochschulen von unterschiedlichen Seiten her zu einer lebenslaufbezogenen Ausrichtung ihrer Angebote und Strukturen weiter motivieren und anreizen kann.

Nicht zuletzt ist die Verstetigung der wissenschaftlichen Weiterbildung – gerade an Hochschulen – auch eine Frage danach, ob und wie es ihr gelingt, ihr eigenes Tun und Wirken als Forschungsaufgabe und Forschungsherausforderung zu begreifen und sich selbst in ihren vielfältigen Praxen als Forschungsgegenstand an Hochschulen zu etablieren. Die Wissenschaftlichkeit der wissenschaftlichen Weiterbildung und ihre Chancen der Verstetigung resultieren somit nicht nur aus einer angemessenen Theorie-, Forschungs- und Reflexionsorientierung ihrer Lehre, sondern auch aus dem Forschungsbezug auf sie selbst als hochschulische und gesellschaftliche Praxis. Als besondere Herausforderung ist dabei die spezifische Form des Forschens zu nennen, die sich aus einer doppelten Codierung dieser Forschung und der an ihr Beteiligten speist. Forschung von Hochschulangehörigen über die (eigenen) Hochschulen – und hier ist wissenschaftliche Weiterbildung in derselben Position wie etwa Hochschuldidaktik, Lehrerbildung oder Hochschulentwicklung – ist ‚Betroffenenforschung', da der

Forschungsgegenstand sich auf die eigene Organisation und Organisationsmitgliedschaft bezieht. Der Grad der Betroffenheit kann sich dabei insofern steigern, als dass die Forschenden selbst in die Entwicklungs-, Implementierungs- und Optimierungspraxis der wissenschaftlichen Weiterbildung involviert sind und damit in einer Doppelrolle als distanziert Beobachtende *und* als praktisch Beteiligte agieren (vgl. zu diesen Mehrfachrollen im Kontext des Wettbewerbs und den damit verbundenen Herausforderungen auch Hanft u.a. 2016 , S. 76ff.). Eine zusätzliche Forschungsherausforderung liegt schließlich in der doppelten Transdisziplinarität wissenschaftlicher Weiterbildung, da die Hochschulen als verantwortliche Organisationen ebenso wie die – institutionellen und individuellen – Endabnehmerinnen und Endabnehmer der wissenschaftlichen Weiterbildung häufig auch in Forschungsprojekten kooperativ eingebunden sind und die wechselseitigen Perspektiven auf den Gegenstand der Forschung von Anfang an kommunikativ ausgelotet und zusammengeführt werden müssen. All diese komplexen Herausforderungen in der Forschung über wissenschaftliche Weiterbildung zu meistern und diese gleichwohl als Forschungsgegenstand an Hochschulen regelhaft zu institutionalisieren, ist eine weitere Frage nach der Zukunftsfähigkeit von wissenschaftlicher Weiterbildung, die sowohl im Verbund WM^3 als auch im Ensemble der ‚offenen Hochschulen' insgesamt beantwortet werden muss.

Literatur

Cendon, Eva/Mörth, Anita/Pellert, Ada (2016) (Hrsg.): *Theorie und Praxis verzahnen. Lebenslanges Lernen an Hochschulen. Ergebnisse der wissenschaftlichen Begleitung des Bund-Länder-Wettbewerbs „Aufstieg durch Bildung: offene Hochschulen ".* Band 3. Münster: Waxmann

Hanft, Anke (2014): *Management von Studium, Lehre und Weiterbildung an Hochschulen.* Münster: Waxmann.

Hanft, Anke/Brinkmann, Katrin/Kretschmer, Stefanie/Maschwitz, Annika/Stöter, Joachim (2016): *Organisation und Management von Weiterbildung und Lebenslangem Lernen an Hochschulen. Ergebnisse der wissenschaftlichen Begleitung des Bund-Länder-Wettbewerbs „Aufstieg durch Bildung: offene Hochschulen ".* Band 2. Münster: Waxmann.

Seitter, Wolfgang (2018): WM^3 Weiterbildung Mittelhessen: Ziele, Strukturen und Erträge eines transdisziplinären Forschungs-, Entwicklungs- und Implementierungsprojektes. In: Seitter, Wolfgang/Friese, Marianne/Robinson, Pia (Hrsg.): *Wissenschaftliche Weiterbildung zwischen Entwicklung und Implementierung. WM³ Weiterbildung Mittelhessen.* Wiesbaden: Springer VS, S. 7-31.

Seitter, Wolfgang/Kahl, Ramona unter Mitwirkung von Michael Schemmann, Ulrich Vossebein, Anika Denninger, Sandra Habeck, Asja Lengler und Sarah Präßler (2018): Bedarfe und Zielgruppen in der wissenschaftlichen Weiterbildung als relationale Größen. In: Seitter, Wolfgang/Friese, Marianne/Robinson, Pia (Hrsg.): *Wissenschaftliche Weiterbildung zwischen Entwicklung und Implementierung. WM³ Weiterbildung Mittelhessen.* Wiesbaden: Springer VS, S. 35-55.

Seitter, Wolfgang/Friese, Marianne/Robinson, Pia (2018) (Hrsg.): *Wissenschaftliche Weiterbildung zwischen Entwicklung und Implementierung. WM³ Weiterbildung Mittelhessen.* Wiesbaden: Springer VS.

Sturm, Nico/Spenner, Katharina (2018) (Hrsg.): *Nachhaltigkeit in der wissenschaftlichen Weiterbildung. Beiträge zur Verankerung in die Hochschulstrukturen.* Wiesbaden: Springer VS.

Wolter, Andrä/Banscherus, Ulf/Kamm, Caroline (2016) (Hrsg.): *Zielgruppen Lebenslangen Lernens an Hochschulen. Ergebnisse der wissenschaftlichen Begleitung des Bund-Länder-Wettbewerbs „Aufstieg durch Bildung: offene Hochschulen".* Band 1. Münster: Waxmann.

Printed by Printforce, the Netherlands